中国农业科学院智库报告

U0884324

海外农产品市场研究(2020)

◎ 聂凤英　李辉尚　主编

中国农业科学技术出版社

图书在版编目（CIP）数据

海外农产品市场研究. 2020 / 聂凤英，李辉尚主编. --北京：中国农业科学技术出版社，2021. 12

ISBN 978-7-5116-5569-1

Ⅰ. ①海… Ⅱ. ①聂… ②李… Ⅲ. ①农产品市场—研究—世界—2020 Ⅳ. ①F304.3

中国版本图书馆CIP数据核字（2021）第223175号

责任编辑 穆玉红 李美琪
责任校对 贾海霞
责任印制 姜义伟 王思文

出 版 者 中国农业科学技术出版社
北京市中关村南大街12号 邮编：100081
电　　话 （010）82109707（编辑室）（010）82109702（发行部）
（010）82109709（读者服务部）
传　　真 （010）82106626
网　　址 http：// www.castp.cn
经 销 者 各地新华书店
印 刷 者 北京建宏印刷有限公司
开　　本 210 mm×297 mm 1/16
印　　张 17.75
字　　数 600千字
版　　次 2021年12月第1版 2021年12月第1次印刷
定　　价 128.00元

《海外农产品市场研究（2020）》

编 委 会

序言

2020年，干旱等极端气候、草地贪夜蛾等病虫害、非洲猪瘟等疫病对世界主要农产品供给的影响尚未消退，新冠肺炎疫情在全球大范围暴发，导致国际农产品贸易严重受阻，国际市场主要农产品区域性、结构性供需矛盾加剧，国际价格大幅波动，给全球粮食安全带来巨大冲击和影响。为有效应对新冠肺炎疫情等带来的全球农产品供应链不稳定等影响，国家适时提出了“加快形成以国内大循环为主体、国内国际双循环相互促进的新发展格局”的战略部署。为此，中央和地方政府有关部门进一步强化国内粮食生产，持续增强供给保障能力，并取得了显著成效。据国家统计局数据显示，2020年我国粮食总产量达1.34万亿斤，比上年增加113亿斤，增长0.9%，产量连续6年保持在1.3万亿斤以上，实现粮食生产“十七连丰”。与此同时，国家继续推进“一带一路”共建共享，对东南亚、非洲等农业灾害严重的重点国家开展多种形式的技术支持和援助，并通过多种形式“点对点”帮扶“走出去”企业复工复产，为区域农产品有效供给和市场总体稳定做出了重要贡献。

随着全球农产品市场一体化进程持续推进，国际农产品市场供求形势、价格波动等对国内农产品市场的影响越来越明显，两者的联动性、互动性更加频繁和紧密；与此同时，区域性灾害天气、动物疫病及新冠肺炎疫情等对全球农产品市场供应链的影响仍将持续。如何在新形势下继续利用好“两种资源”优势、发挥好“两个市场”作用，确保国内重要农产品有效供给显得尤为重要。这就需要进一步把好国内市场的“基本盘”，盯牢国际市场的“晴雨表”，开展前瞻性、战略性和综合性研判，为新时期新形势我国农产品市场有效供给、农业国际竞争力持续提升和农业国际贸易新格局构建提供有力支撑。

近年来，中国农业科学院海外农业研究中心强化全球农产品市场监测预警研究，并取得了丰硕成果和积极进展。2020年，海外农业研究中心针对全球农产品供需新形势新变化，组织中国农业科学院相关研究所、农业农村部农村经济研究中心、中国热带农业科学院、中国农业大学、内蒙古大学、云南省农业科学院和黑龙江八一农垦大学等单位的专家，对稻米、小麦、玉米、大豆等重要农产品的海外市场展开系统研究，形成了《海外农产品市场研究（2020）》一书，旨在加强对农业国际合作和农产品贸易工作的智库服务力度。

该书是海外农产品市场监测预警团队立足中国、着眼全球，对当前国际重要农产品市场供需形势的最新研判。全书汇集了对粮食、棉花、油料、食糖、牛奶、肉类等20种重要农产品的研究成果，包括全球供需形势、国际贸易变化、主要国家产业政策等。全书内容丰富、系统性强、信息量大，全面反映了这些重点农产品国际市场的最新形势和发展趋势，此书的出版为我国农业对外合作和农产品贸易工作者提供了一本高水平的专业性参考书，对服务我国农业国际合作和推动面向全球的农业智库建设工作有重要价值。

孙坦

2021年4月25日

目录

第一部分　粮薯类 …… 1
专题一：稻　米 …… 3
一、世界供需现状 …… 3
二、国际价格走势 …… 6
三、国际贸易格局 …… 8
四、世界主要国家产业竞争力 …… 11
五、主要国家产业支持政策新变化 …… 20
六、世界供需形势展望 …… 21
专题二：小　麦 …… 24
一、世界供需现状 …… 24
二、国际价格走势 …… 27
三、国际贸易格局 …… 28
四、世界主要国家产业竞争力 …… 30
五、主要国家产业支持政策新变化 …… 33
六、世界供需形势展望 …… 33
专题三：玉　米 …… 35
一、世界供需现状 …… 35
二、国际价格走势 …… 37
三、国际贸易格局 …… 39
四、世界主要国家产业竞争力 …… 40
五、主要国家产业支持政策新变化 …… 45
六、世界供需形势展望 …… 45
专题四：马铃薯 …… 48
一、世界供需现状 …… 48
二、国际价格走势 …… 51
三、国际贸易格局 …… 53
四、世界主要国家产业竞争力 …… 57
五、主要国家产业支持政策新变化 …… 59
六、世界供需形势展望 …… 60

第二部分　棉油糖 …… 63

专题一：棉　花 …… 65
一、世界供需形势 …… 65
二、国际价格走势 …… 67
三、国际贸易格局 …… 68
四、世界主要国家产业竞争力 …… 70
五、主要国家产业支持政策新变化 …… 73
六、世界供需形势展望 …… 75
专题二：大　豆 …… 77
一、世界供需现状 …… 77
二、国际价格走势 …… 78
三、国际贸易格局 …… 80
四、世界主要国家产业竞争力 …… 83
五、主要国家产业支持政策新变化 …… 90
六、世界供需形势展望 …… 90
专题三：油菜籽 …… 92
一、世界供需现状 …… 92
二、国际价格走势 …… 94
三、国际贸易格局 …… 96
四、主要国家产业支持政策新变化 …… 97
五、世界供需形势展望 …… 98
专题四：糖　料 …… 99
一、世界供需现状 …… 99
二、国际价格走势 …… 101
三、国际贸易格局 …… 102
四、世界主要国家产业竞争力 …… 104
五、主要国家产业支持政策新变化 …… 108
六、世界供需形势展望 …… 108

第三部分　畜水产品 …… 111

专题一：猪　肉 …… 113
一、世界供需现状 …… 113
二、国际价格走势 …… 116
三、国际贸易格局 …… 116
四、世界主要国家产业竞争力 …… 118
五、世界供需形势展望 …… 121
专题二：禽　肉 …… 127
一、世界供需现状 …… 127
二、国际价格走势 …… 130
三、国际贸易格局 …… 131

四、世界主要国家产业竞争力 …… 133
五、主要国家产业支持政策新变化 …… 139
六、世界供需形势展望 …… 141
专题三：牛　肉 …… 144
一、世界供需现状 …… 144
二、国际价格走势 …… 145
三、国际贸易格局 …… 146
四、世界主要国家产业竞争力 …… 147
五、主要国家产业支持政策新变化 …… 148
六、世界供需形势展望 …… 150
专题四：羊　肉 …… 152
一、世界供需现状 …… 152
二、国际价格走势 …… 155
三、国际贸易格局 …… 157
四、世界主要国家产业竞争力 …… 161
五、主要国家产业支持政策新变化 …… 162
六、世界供需形势展望 …… 162
专题五：乳制品 …… 165
一、世界供需现状 …… 165
二、国际价格走势 …… 169
三、国际贸易格局 …… 173
四、主要国家产业支持政策新变化 …… 177
五、世界供需形势展望 …… 179
专题六：对　虾 …… 181
一、世界供需现状 …… 181
二、国际价格走势 …… 184
三、国际贸易格局 …… 187
四、世界主要国家产业竞争力 …… 193
五、主要国家产业支持政策新变化 …… 195
六、世界供需形势展望 …… 196
第四部分　热作产品 …… 199
专题一：香　蕉 …… 201
一、世界供需现状 …… 201
二、国际价格走势 …… 204
三、国际贸易格局 …… 206
四、世界主要国家产业竞争力 …… 209
五、世界供需形势展望 …… 210
专题二：咖　啡 …… 212
一、世界供需现状 …… 212

二、国际价格走势 …… 214
三、国际贸易格局 …… 215
四、主要国家产业支持政策新变化 …… 218
五、世界供需形势展望 …… 219
专题三：天然橡胶 …… 221
一、世界供需现状 …… 221
二、国际价格走势 …… 223
三、国际贸易格局 …… 225
四、世界主要国家产业竞争力 …… 226
五、主要国家产业支持政策新变化 …… 227
六、世界供需形势展望 …… 228

第五部分　农　资 …… 231

专题一：化　肥 …… 233
一、世界供需现状 …… 233
二、国际价格走势 …… 238
三、国际贸易格局 …… 239
四、世界主要国家产业竞争力 …… 245
五、世界供需形势展望 …… 246
专题二：农　药 …… 248
一、世界供需现状 …… 248
二、国际价格走势 …… 249
三、国际贸易格局 …… 250
四、主要国家产业支持政策新变化 …… 251
五、世界供需形势展望 …… 254
专题三：农　机 …… 256
一、世界供需现状 …… 256
二、国际贸易格局 …… 260
三、主要国家产业支持政策新变化 …… 263
四、跨国企业发展形势 …… 265
五、世界供需形势展望 …… 270

第一部分

粮薯类

专题一：稻　米

2019/2020年度，世界水稻种植面积小幅下降，总产量保持稳定，大米消费量稳步增长，库存水平继续提高；国际大米市场价格震荡上行，总体水平高于2018年；国际大米出口贸易集中在少数国家，进口国家则相对分散。2019/2020年度，世界水稻种植面积1.61亿公顷、产量7.38亿吨，分别比2018/2019年度减少0.01亿公顷和0.03亿吨，减幅分别为0.62%和0.40%；世界大米消费量4.88亿吨，比上年度增加0.04亿吨，增幅0.83%；世界稻谷库存1.81亿吨，比上年度增加0.04亿吨，增幅2.53%。国际大米市场价格震荡上行，2020年6月泰国100%B级大米和泰国15%破碎率大米市场价格分别比2019年1月上涨26.80%和28.24%。2019年，世界前五大大米出口国家累计出口大米3 166.80万吨，占世界大米出口量的73.18%；世界前五大进口国家（地区）累计进口大米1 088.40万吨，占世界大米进口量的25.15%。预计2020/2021年度世界稻谷产量将实现恢复性增长，消费量继续稳步增加，期末库存继续保持稳定，贸易量小幅增加；从中长期来看，世界稻米产量、贸易量、需求量仍将以增长为主，但增速可能逐步放缓，尤其是产量保持较快增长势头难度很大。

一、世界供需现状

（一）水稻生产高位稳定

根据美国农业部数据统计[①]，2019/2020年度世界水稻种植面积小幅降低，达1.61亿公顷，比2018/2019年度减少0.01亿公顷，减幅0.62%；预计2020/2021年度世界水稻种植面积1.63亿公顷，同比增加0.02亿公顷，增幅1.24%（表1）。

世界稻谷产量保持高位稳定，2019/2020年度世界稻谷总产量7.38亿吨，比2018/2019年度减产0.03亿吨，减幅0.40%；预计2020/2021年度世界稻谷总产量7.49亿吨，再创历史新高，同比增产0.11亿吨，增幅1.49%（表1）。

世界稻谷单产继续稳定在4 600千克/公顷左右，2019/2020年度世界稻谷单产达4 600千克/公顷，比2018/2019年度提高40千克/公顷；预计2020/2021年度世界稻谷单产能够继续稳定在4 600千克/公顷，与2019/2020年度相比基本持平，总体看继续提高难度很大（表1）。

世界水稻生产主要集中在亚洲的东亚、东南亚、南亚的季风区以及东南亚的热带雨林区，主要呈现3个显著特点：一是种植面积逐步扩大。近10年（2009—2018年）世界水稻种植面积总体呈现稳步扩大趋势，2018年世界水稻种植面积比2009年增加933.93万公顷，增幅达5.90%。其中，非洲水稻面积增加了538.75万公顷，增幅60.80%，呈现了良好的发展潜力；亚洲、大洋洲水稻面积分别增长3.61%和410.92%。二是生产集中度高。世界水稻生产多集中在温带季风、热带季风和热带雨林地区，以亚洲的东亚、东南亚和南亚地区最为集中，是亚洲20多亿居民的主食，故有“亚洲粮食”之称。亚洲水稻种植面积和总产量常年占世界的88%和90%左右。世界水稻种植面积前十位的国家，除尼日利亚外，均分布在亚洲。2019/2020年度，中国、印度、印度尼西亚、孟加拉国、越南、泰国和缅甸7个国家稻谷产量合计5.85亿吨，占世界稻谷总产量的80%左右（表2）。三是单产水平差距

① 数据来源：美国农业部（USDA），大米产量是指糙米的产量。

大。在种植面积超过1亿[①]亩的7个国家中，2019/2020年度中国水稻单产最高，达7 060千克/公顷，比最低的泰国高出4 320千克/公顷（表3）。单产水平差距大，除受生产目标、科技水平、气候条件和农资投入等因素影响外，熟制差异也是重要原因之一。如泰国水稻生产以优质为主攻方向，主要目的是增加出口量、提高出口市场价格、增加外汇收入，但对于水稻单产要求不高；中国目前也正在加快转变水稻生产发展方式，由高产导向转为绿色优质高效导向，预计未来对水稻单产的要求也会适当降低。

表1 世界水稻生产情况

年 度	世界水稻面积/亿公顷	世界水稻单产/（千克/公顷）	世界水稻总产量/亿吨
2018/2019	1.62	4 560	7.41
2019/2020	1.61	4 600	7.38
2020/2021	1.63	4 600	7.49

数据来源：美国农业部（USDA）。

表2 世界水稻主产国家水稻总产量　　单位：亿吨

年 度	中国	印度	印度尼西亚	孟加拉国	越南	泰国	缅甸
2018/2019	2.12	1.75	0.54	0.52	0.44	0.31	0.21
2019/2020	2.10	1.77	0.53	0.54	0.44	0.27	0.20
2020/2021	2.13	1.77	0.55	0.54	0.44	0.31	0.20

数据来源：美国农业部（USDA）。

表3 世界水稻主产国家水稻单产情况　　单位：千克/公顷

年 度	中国	印度	印度尼西亚	孟加拉国	越南	泰国	缅甸
2018/2019	7 030	3 960	4 680	4 450	5 800	2 850	2 900
2019/2020	7 060	4 060	4 670	4 550	5 830	2 740	2 900
2020/2021	7 050	4 020	4 780	4 540	5 800	2 840	2 930

数据来源：美国农业部（USDA）。

（二）稻谷消费稳步增长

稻谷消费类型相对单一，世界稻谷消费主要以口粮消费为主，还包括少量饲料粮消费、工业消费、种子消费和贮运损耗等。稻谷生产大国一般都是大米消费大国。与世界稻谷生产布局一致，世界大米消费也主要集中在亚洲地区，占世界大米消费总量的90%左右，主要以口粮消费为主。特别是东南亚、南亚地区总体膳食水平偏低，可替代食品较少，大米消费量较高。

随着世界人口尤其是亚洲地区人口刚性增长，大米消费总体呈现稳步增长趋势，但近年来增速逐步放缓。2019/2020年度，世界大米消费量4.88亿吨，比2018/2019年度增加0.04亿吨，增幅0.83%；预计2020/2021年度世界大米消费量达4.95亿吨，同比增长1.43%。中国仍是世界大米第一消

① 1亩≈666.67平方米，1公顷=15亩，全书同。

费大国，2019/2020年度大米消费量达1.45亿吨，占世界大米消费总量的29.71%；其余大米消费大国依次是印度、印度尼西亚、孟加拉国、越南、菲律宾、泰国和缅甸，大米消费量分别为1.02亿吨、0.35亿吨、0.36亿吨、0.21亿吨、0.14亿吨、0.11亿吨和0.10亿吨，合计消费量3.74亿吨，同比增加0.05亿吨，增幅1.36%，各国消费量总体均呈小幅增长趋势（表4）。

表4　世界主要大米消费国家大米消费情况　　单位：亿吨

年　度	中国	印度	印度尼西亚	孟加拉国	越南	菲律宾	泰国	缅甸
2018/2019	1.43	0.99	0.36	0.35	0.21	0.14	0.11	0.10
2019/2020	1.45	1.02	0.35	0.36	0.21	0.14	0.11	0.10
2020/2021	1.47	1.04	0.35	0.36	0.21	0.14	0.11	0.11

数据来源：美国农业部（USDA）。

值得注意的是，根据日本、韩国等以大米消费为主的发达国家在经济发展中的经验，稻米消费量的变化趋势并非不断增加或是长期稳定不变，而是在达到中等收入阶段之后，人均稻米口粮直接消费量开始稳步下降。根据联合国粮农组织（FAO）数据，1961—1970年、1971—1980年、1981—1990年、1991—2000年、2001—2010年和2011—2018年6个时期，日本人均稻谷消费量分别为175.3千克、134.0千克、109.3千克、100.1千克、88.9千克和85.2千克；韩国人均稻谷消费量分别为177.1千克、198.5千克、196.3千克、154.4千克、136.5千克和117.1千克（表5）。其中韩国人均稻谷消费量先增后减，日本人均稻谷消费量持续减少。

表5　1961—2018年日本和韩国人均稻谷消费量　　单位：千克

不同时期	日本人均稻谷消费量	韩国人均稻谷消费量
1961—1970年	175.3	177.1
1971—1980年	134.0	198.5
1981—1990年	109.3	196.3
1991—2000年	100.1	154.4
2001—2010年	88.9	136.5
2011—2018年	85.2	117.1

数据来源：联合国粮农组织（FAO）统计数据测算。

（三）稻谷库存逐年增加

由于世界主产国稻谷持续增产，同时深加工转化手段有限，推动世界稻谷库存量快速增长。2019/2020年度，世界稻谷库存量达1.81亿吨，比2018/2019年度增加0.04亿吨，增幅2.53%；预计2020/2021年度世界稻谷库存量达1.85亿吨，同比增长2.26%。

2019/2020年度，库存水平最高的中国稻谷库存量达1.17亿吨，占世界稻谷库存总量的64.27%；印度、印度尼西亚、泰国和菲律宾稻谷库存量分别为0.35亿吨、0.03亿吨、0.04亿吨和0.03亿吨，分别占世界稻谷库存总量的19.31%、1.69%、2.42%和1.75%，对世界稻谷库存水平影响显著（表6）。与2018/2019年度相比，中国和印度稻谷库存量分别增加了0.02亿吨和0.04亿吨，增幅分别为1.30%和18.64%，印度尼西亚、泰国和菲律宾的稻谷库存水平略有下降，均降低了0.01亿吨，日本和美国稻谷库存保持稳定。

表6 世界主要国家稻谷库存量情况 单位：亿吨

年度	世界	中国	印度	印度尼西亚	泰国	菲律宾	日本	美国
2018/2019	1.77	1.15	0.30	0.04	0.05	0.04	0.02	0.01
2019/2020	1.81	1.17	0.35	0.03	0.04	0.03	0.02	0.01
2020/2021	1.85	1.18	0.38	0.03	0.04	0.03	0.02	0.01

数据来源：美国农业部（USDA）。

二、国际价格走势

（一）2019年国际大米市场价格震荡下行

受全球粮食供给总体宽松、泰国持续干旱、泰铢走强、世界贸易保护主义抬头等因素综合影响，2019年世界粮食价格整体震荡下行，但谷物价格指数略有提高。根据联合国粮农组织公布的粮食价格指数，2019年世界谷物价格指数平均值为167，比2018年上涨1.4%。但国际大米市场波动较大，价格震荡下行，总体水平仍然高于2018年（图1）。具体走势如下。

第一阶段，1—3月的快速下跌阶段。以泰国含碎25%大米FOB价格为例，2019年世界稻米总产量仍然维持高位；受年初供求关系宽松、需求低迷等因素综合影响，国际大米市场价格整体下行，市场价格从1月的421.00美元/吨快速下降至3月的398.50美元/吨，下跌了22.50美元，跌幅5.34%；与2018年同期相比，3月国际大米价格大幅上涨25.50美元/吨，涨幅高达6.84%。

第二阶段，4—9月的震荡下行阶段。2019年第二季度以后，受国际大米市场需求变化影响，国际大米市场价格由4月的403.00美元/吨稳步上涨至6月的410.75美元/吨，上涨7.75美元/吨，涨幅1.92%；此后又小幅下降至9月的401.00美元/吨，比6月每吨下跌9.75美元，跌幅2.37%；与2018年同期相比，9月国际大米价格每吨上涨了25.00美元，涨幅为6.65%。

第三阶段，10—12月的小幅回升阶段。进入2019年第四季度，受主要进口国家大米需求带动，国际市场大米价格逐步回升，由10月的388美元/吨上涨至12月的393.00美元/吨，每吨上涨5.00美元，涨幅1.29%；但与1月相比，国际大米市场价格每吨下跌28.00美元，跌幅6.65%；与2018年同期相比，12月国际大米价格每吨上涨了19.00美元，涨幅5.08%。

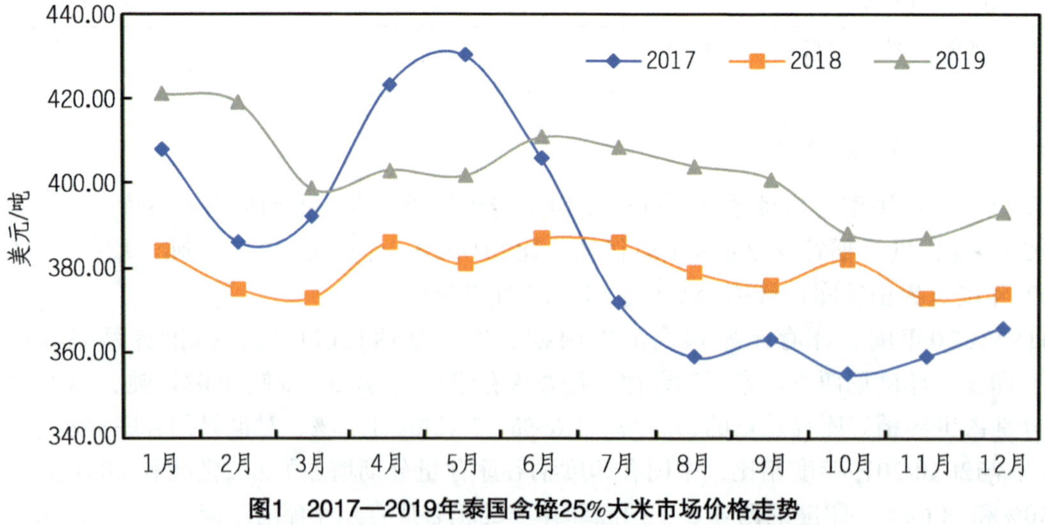

图1 2017—2019年泰国含碎25%大米市场价格走势

数据来源：泰国大米出口商协会，大米价格为泰国含碎25%大米FOB价。

（二）2019年以来国际市场不同种类大米市场价格震荡上行

大米是泰国出口创汇的重要农产品，泰国是国际市场上最主要的大米出口国家之一，其中100%B级大米是泰国出口价格最高的产品，5%破碎率大米、15%破碎率大米和25%破碎率大米则是市场交易量较大的产品。近年来，随着越南大米市场竞争力不断提升，大米出口量快速增加，占国际大米市场贸易的比重也越来越大，越南5%破碎率大米价格对于国际大米市场价格走势也具有较大影响力，需要持续保持关注。

2019年以来，国际大米市场价格总体呈现震荡上行趋势，泰国100%B级大米和泰国15%破碎率大米市场价格在2020年4月达历史高峰。2020年4月，泰国100%B级大米、泰国15%破碎率大米和越南5%破碎率大米市场价格分别为564美元/吨、548美元/吨和470美元/吨，分别比2019年1月上涨161美元/吨、162美元/吨和111美元/吨，涨幅分别达到39.95%、41.97%和30.92%；此后泰国大米市场价格有所下滑，泰国15%破碎率大米表现尤为明显。截至2020年6月，泰国100%B级大米和泰国15%破碎率大米市场价格分别跌至511美元/吨和495美元/吨，均分别比2020年4月下跌53美元/吨，跌幅分别为9.40%和9.67%；与2019年1月相比，泰国100%B级大米和泰国15%破碎率大米市场价格分别上涨108美元/吨和109美元/吨，涨幅分别为26.80%和28.24%（图2）。2019年1月以来，越南5%破碎率大米市场价格持续上涨，2020年6月涨至475美元/吨，比2019年1月上涨116美元/吨，涨幅高达32.31%。

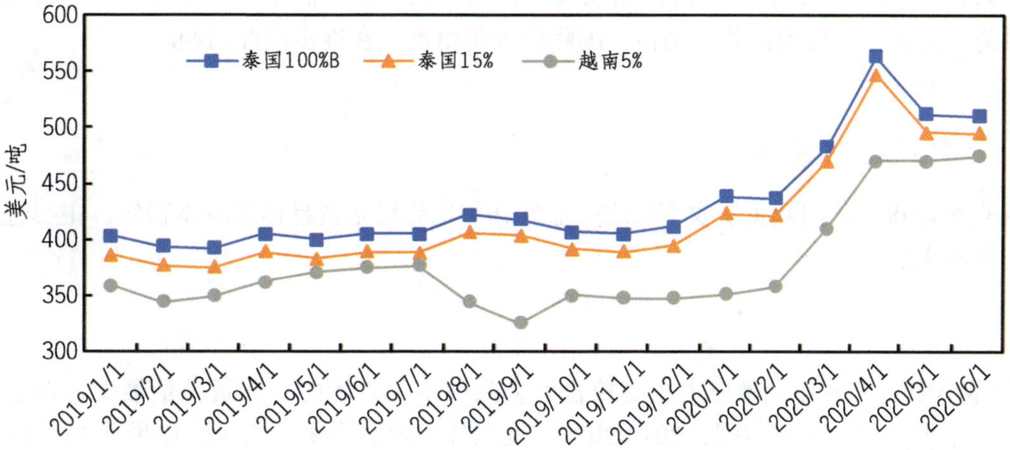

图2　2019年以来国际市场不同种类大米月度价格走势

数据来源：美国农业部（USDA）。

（三）影响国际大米市场价格走势的主要因素

1. 供应总体宽松

根据美国农业部数据，2019/2020年度世界稻谷总产量7.38亿吨，比2018/2019年度减少0.03亿吨，减幅0.40%，但仍处于历史高位；稻谷库存量达到1.81亿吨，库存消费比高达34.80%，远高于国际上公认的17%~18%的粮食安全线水平，世界大米总体供应宽松，有利于稳定市场价格。

2. 需求小幅增长

2019年，世界经济同步复苏，大宗商品整体价格继续保持温和上涨，但不同产品存在分化，特别是2019年全球食品价格指数保持稳定，为169.9，比2018年同期提高3.3%。世界大宗粮食仍处于供求过剩格局，粮食价格相对较低且保持稳定。根据美国农业部数据，2019/2020年度世界大米消费量达4.88亿吨，比2018/2019年度略增0.04亿吨，增幅0.83%，难以有效支撑粮价上涨。

3. 中美贸易摩擦持续升级

2017年8月，美国总统特朗普签署行政备忘录，指示对中国发起贸易调查。2018年3月，美国正式批准对进口钢铁和铝产品全面征税，税率分别为25%和10%；2018年9月，美国正式对2 000亿美元的中国进口商品征收10%的关税。美国政府表示这一比例将在2019年1月1日上调至25%。2019年5月，美国贸易代表办公室宣布对华约3 000亿美元商品拟加征25%关税清单。2019年11月，美国贸易代表办公室公布了针对中国加征关税商品的第16批商品排除清单，主要涉及2 000亿美元加征关税商品中的24个税号32个品种。中国政府为维护正当权益，及时采取了相应的反制措施。2020年中美贸易摩擦也是反反复复，中国停止了对美国大米的进口配额。总体看，中美贸易摩擦对世界经济产生了不良影响，对世界粮食贸易市场也将产生显著影响。

4. 疫情仍处于全球大流行阶段

2020年以来，新冠肺炎疫情在全球范围内迅速暴发，目前仍未得到有效控制，应对疫情的储备粮采购计划仍将持续。为了防止疫情蔓延，越来越多的国家陆续采取“封城”、关闭边境等措施，囤积粮食和生活用品成为常态；多国政府也陆续启动了粮食库存计划，一些粮食生产大国开始限制出口或提高出口价格，以此保障本国粮食供应充足。印度采取“封国”措施，导致大米出口陷入停滞；越南从2020年3月24日开始短暂禁止以任何形式出口各种大米产品，并将4月大米出口量限制在50万吨，但5月又宣布全面恢复大米出口贸易；柬埔寨也宣布将自4月5日起禁止部分大米出口，但2020年前7个月柬埔寨大米出口量同比增长38.33%；缅甸自3月发现首例新冠肺炎病例后，政府将大米出口许可证有效期缩短一半，以此来收紧出口政策，但目前已经将大米出口许可证的有效期从7月延长至9月。疫情期间，各国恐慌性囤积粮食行为不断增加，推动世界粮食市场价格短期快速上涨，但目前部分国家贸易政策陆续调整，国际粮食价格也正在逐步理性回调。

三、国际贸易格局

稻谷是全球重要的国际贸易农产品之一。2019年世界稻米贸易格局基本稳定，主要进出口国家和地区变化不大。

（一）贸易总量在三大粮食作物中最少

在世界小麦、玉米和大米三大主要粮食贸易品种中，大米的国际贸易量最少、占生产量的比重也最小。根据美国农业部数据，2019/2020年度世界大米、小麦、玉米出口量分别为4 165万吨、18 582万吨和16 949万吨，分别占当年产量的8.43%、24.31%和15.22%。小麦在世界范围消费区域广泛，大部分国家都将其视为重要的战略物资，国际贸易程度较高，是世界第一大粮食贸易品种；玉米是世界上最重要的饲料粮作物，同时燃料乙醇工业用途也得到快速发展，世界贸易量也较大。世界小麦、玉米、大米贸易量年度间略有差异，但总体均呈小幅增长趋势（表7）。

表7　世界大米、小麦和玉米产量及贸易情况　　单位：万吨，%

年度	大米			小麦			玉米		
	产量	出口量	占比	产量	出口量	占比	产量	出口量	占比
2018/2019	49 646	4 371	8.80	73 084	17 356	23.75	112 334	18 118	16.13
2019/2020	49 429	4 165	8.43	76 441	18 582	24.31	111 350	16 949	15.22
2020/2021	50 209	4 490	8.94	77 343	18 885	24.42	118 848	18 250	15.36

数据来源：美国农业部（USDA）。

（二）出口贸易格局总体集中

2019年，世界大米出口总量为4 327.30万吨，比2018年减少440.30万吨，减幅9.24%（表8）。世界稻谷生产主要集中在亚洲国家，大米出口国家也主要集中在亚洲，包括印度、泰国、越南、巴基斯坦、中国、缅甸、柬埔寨等水稻主产国，印度、泰国、越南等国家均将大米出口作为外汇主要来源；美国水稻种植面积较小，但将大米作为一种重要的战略资源，生产的大米主要用来进入国际贸易市场，也是世界上重要的大米出口国家之一。2017年美国农业部正式与中国政府达成协议，美国大米首次进入中国市场，当年进口量为9.81吨；2018年进口量为4.45吨，2019年进口量为0.33吨。

表8　2018—2020年世界大米主要出口国出口量　　单位：万吨

国家（地区）	2018年	2019年	2020年
世界	4 767.60	4 327.30	4 451.00
印度	1 179.10	979.00	1 050.00
泰国	1 105.60	756.20	750.00
越南	659.00	658.10	700.00
巴基斯坦	391.30	460.00	440.00
美国	278.00	313.50	322.50
中国	205.90	272.00	340.00
缅甸	275.00	250.00	270.00
柬埔寨	130.00	135.00	140.00
巴西	124.50	95.30	50.00

数据来源：美国农业部（USDA），2020年为预测数据。

2019年，世界大米出口国家前五名依次为印度、泰国、越南、巴基斯坦和美国，出口量分别为979.00万吨、756.20万吨、658.10万吨、460.00万吨和313.50万吨，合计3 166.80万吨，占世界大米出口贸易量的73.18%。与2018年相比，印度、泰国、越南、缅甸、巴西大米出口量分别减少200.10万吨、349.40万吨、0.90万吨、25.00万吨和29.20万吨，巴基斯坦、美国、中国、柬埔寨大米出口量分别增加68.70万吨、35.50万吨、66.10万吨和5.00万吨。2019年中国大米出口量比2018年增加66.10万吨，增幅达32.10%，快速增加的主要原因是加快国内稻谷“去库存”，大幅增加出口至埃及、科特迪瓦、喀麦隆等非洲国家的大米数量，减轻国内库存压力，巩固并提升与非洲国家的贸易伙伴关系；印度大米出口量大幅减少的主要原因是2019年5月份遭遇热浪、干旱等自然灾害，对水稻生产和出口带来不利影响。泰国大米出口量大幅减少的主要原因是泰铢升值超过40%以及泰米品质没有明显提升。从2020年上半年看，尽管受新冠肺炎疫情影响，世界大米贸易短期受阻，但越南、缅甸、柬埔寨等主要大米出口国家大米出口量均有不同程度增长。

（三）进口贸易格局较为分散

世界大米进口贸易量也呈下滑趋势，进口贸易格局总体较为分散。2019年世界大米进口量4 327.3万吨，比2018年减少440.30万吨，减幅9.24%（表9）。近年来，世界大米进口格局变化不大。出口国家（地区）较为集中相比，进口国家（地区）分布较为分散。

表9　2018—2020年世界大米主要进口国家（地区）进口量　　单位：万吨

国家（地区）	2018年	2019年	2020年
世界	4 767.60	4 327.30	4 451.00
菲律宾	250.00	290.00	250.00
中国	450.00	260.00	230.00
欧盟	192.20	215.90	220.00
尼日利亚	210.00	180.00	150.00
沙特阿拉伯	129.00	142.50	145.00
科特迪瓦	150.00	140.00	145.00
伊拉克	120.00	122.00	115.00
伊朗	125.00	120.00	105.00
马来西亚	80.00	100.00	100.00
塞内加尔	110.00	100.00	105.00

数据来源：美国农业部（USDA），2020年数据为预测数据。

2019年世界大米进口国家（地区）前五名依次为菲律宾、中国、欧盟、尼日利亚和沙特阿拉伯，进口量分别为290.00万吨、260.00万吨、215.90万吨、180.00万吨和142.50万吨，合计1 088.40万吨，占世界大米进口总量的25.15%。与2018年相比，中国、尼日利亚、科特迪瓦、伊朗和塞内加尔大米进口量分别减少190.00万吨、30.00万吨、10.00万吨、5.00万吨和10.00万吨，中国大米进口量大幅减少的主要原因是国内外大米价差逐步缩小，价差型进口量相应减少；菲律宾、欧盟、沙特阿拉伯、科特迪瓦和马来西亚大米进口量分别增加40.00万吨、23.70万吨、13.50万吨、2.00万吨和20.00万吨，菲律宾大米进口量大幅增加的主要原因是国内稻谷减产，大米消费需求增加。预计2020年世界大米进口量将略有增加，主要是受新冠肺炎疫情影响，主要大米进口国家陆续推出增加进口计划（表9）。

（四）杂交水稻种子国际贸易量减少

根据中国海关统计数据，2019年中国杂交水稻种子出口量为1.75万吨，比2018年减少0.28万吨，减幅13.73%；出口额为6 310.44万美元，比2018年减少655.15万美元，减幅9.41%，但高于2017年水平（表10）。

表10　2017—2019年中国水稻种子出口贸易情况

年份	出口量/万吨	比上年涨幅/%	出口额/万美元	比上年涨幅/%
2017	1.63	−29.10	5 502.80	−26.00
2018	2.03	24.50	6 965.60	26.60
2019	1.75	−13.73	6 310.44	−9.41

数据来源：中国海关。

按照出口国国别统计，2019年中国杂交水稻种子出口量最大的国家为巴基斯坦，出口量达1.05万吨，占杂交水稻种子出口总量的59.96%；第二是越南，杂交水稻种子出口0.37万吨，占21.25%；第三是菲律宾，杂交水稻种子出口0.23万吨，占12.93%；出口孟加拉国、尼泊尔杂交水稻种子数量分别为0.07万吨、0.01万吨，分别占杂交水稻种子出口总量的3.74%和0.60%（表11）。

表11　2019年中国杂交水稻种子主要出口国家出口量

国家	出口量/万吨	占比/%
巴基斯坦	1.05	59.96
越南	0.37	21.25
菲律宾	0.23	12.93
孟加拉国	0.07	3.74
尼泊尔	0.01	0.60

数据来源：中国海关。

（五）跨国粮商积极参与国际大米贸易

ADM、邦吉、嘉吉和路易达孚四大跨国粮商控制着世界80%的粮食交易量。不仅如此，农业跨国公司在农业科研、生产、加工、运销等价值链环节的垄断都达到了非常高的程度。在国际大米贸易方面，法国跨国粮商路易达孚从印度、越南、泰国和巴基斯坦等东南亚主要稻米生产国家向中国、菲律宾等世界各地销售各类大米，操纵全球大米贸易现货价格。当前，随着粮食在国家关系中比重加大，包括中国在内的亚洲跨国粮商正在努力崛起，以打破固有的全球贸易格局，中粮集团已经成为中国第一大粮油食品企业、世界第五大粮商。2017年，路易达孚全球大米业务部门与中粮米业强强联合，共同扩大中国大米在非洲的市场份额。近3年，柬埔寨稻米协会与中粮集团之间进行了密切合作，推动中国进口柬埔寨大米数量快速增加，目前中粮占柬埔寨大米出口总量的40%左右，而且这一比重还在提高，为柬埔寨稻农开辟了广阔的市场。中粮集团计划实现投资100亿元，粮食经营量3 000万吨，掌控一手粮源1 000万吨，打造对接“一带一路”的进口粮食陆路和海路两大粮食物流通道。预计到2020年，中粮集团海外营业收入占比将超过60%，海外粮源掌控量超过5 000万吨，第三国贸易量超过1亿吨，总经营量2亿吨。

四、世界主要国家产业竞争力

（一）美国

1. 种植面积

2000年以来，美国水稻种植面积波动较大，年度间呈现明显的调整轨迹。2000年，美国水稻种植面积为123.83万公顷，此后持续震荡发展，基本呈现“增—减—增”的波动局面，最高的2010年水稻种植面积达147.14万公顷，比2000年增加23.31万公顷。2019年，美国水稻种植面积降至102.79万公顷，比2000年减少21.04万公顷（图3）；单产8 373.87千克/公顷，比2000年提高1 333.81千克/公顷；总产量837.67万吨，比2000年减产28.11万吨。

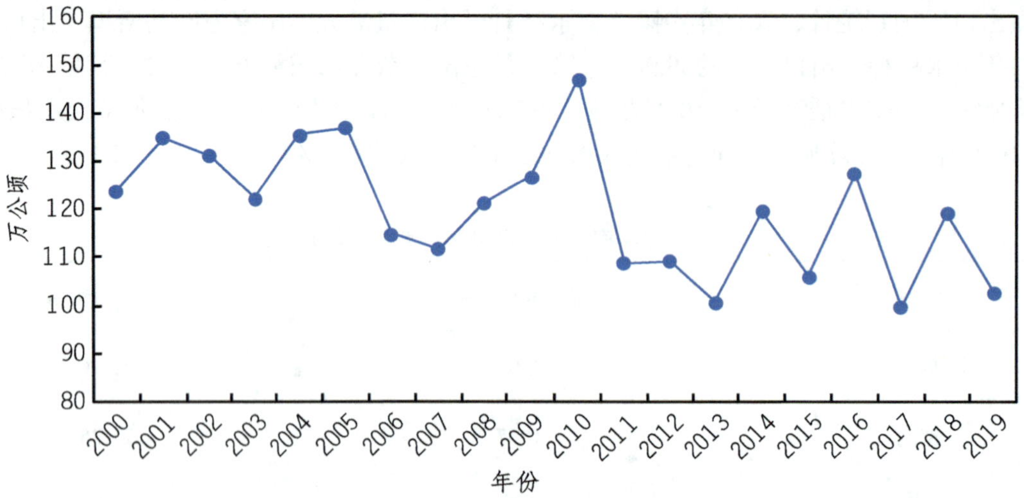

图3　2000—2019年美国水稻种植面积变化情况

数据来源：美国农业部（USDA）。

2. 种植成本

（1）生产成本先增后减。2010—2019年，美国水稻生产成本稳步增长，总体呈现先快速上涨后逐步回落的基本特征（图4）。水稻生产成本由2010年的2 039.21美元/公顷持续上涨至2013年的2 511.53美元/公顷，涨幅达23.16%；此后逐步下降至2019年的2 465.05美元/公顷，比2013年下降了46.48美元/公顷，减幅1.85%。从成本构成看，运营成本先增后减，间接费用持续上涨。2010—2019年，美国水稻每公顷运营成本、间接费用分别上涨20.11%和21.79%。其中，运营成本由2010年的1 102.36美元/公顷快速上涨至2013年的1 488.86美元/公顷，涨幅35.06%，此后逐步回落至2019年的1 324.04美元/公顷，比2013年下降11.07%；间接费用则由2010年的936.85美元/公顷稳步上涨至2019年的1 141.01美元/公顷，每公顷上涨204.16美元，涨幅21.79%（图4）。

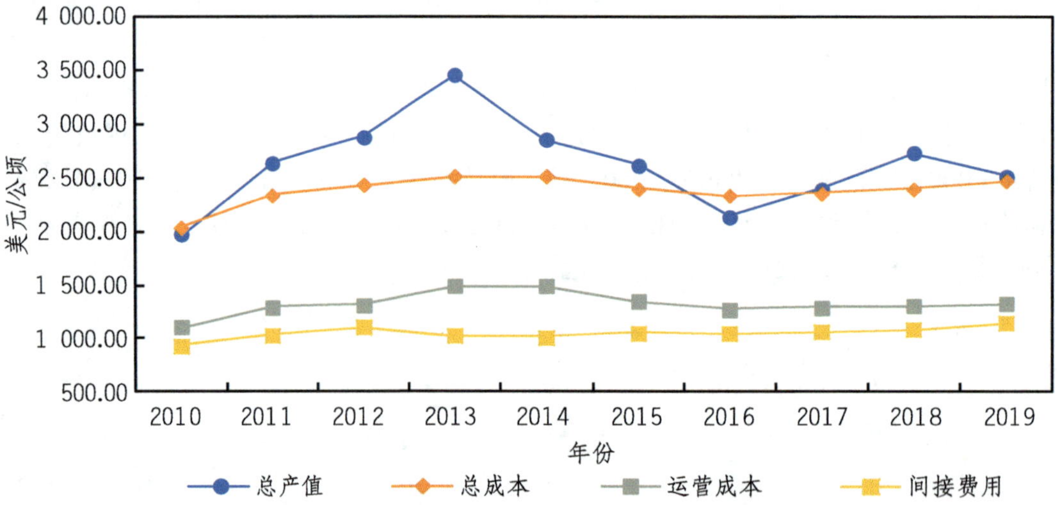

图4　2010—2019年美国水稻生产投入产出情况

数据来源：美国农业部（USDA）。

（2）农资和劳动力机会成本增加。运营成本上涨的主要原因是种子成本、肥料费、农药费等农资成本增加，燃料动力费则减幅明显。2010—2019年，种子成本、肥料费和农药费分别上涨了51.23%、20.45%和30.20%，燃料动力费下降了34.88%。间接费用上涨的主要原因是人工成本（包括雇工费用和家庭劳动力机会成本）增幅较大。与2010年相比，2019年美国水稻生产的雇工费用、家庭劳动力机会成本上涨较快，增幅分别高达64.61%和86.41%。

（3）水稻种植效益波动较大。美国水稻种植效益不高，主要依赖政府的高额补贴。2010年以来美国水稻种植效益波动较大，年度间表现极不稳定。2010年和2016年每公顷水稻种植净利润均为负值，最高的2013年水稻种植净利润达到936.16美元/公顷；2019年，美国水稻种植净利润仅为53.45美元/公顷，比2013年大幅减少882.65美元/公顷，比2010年略增加126.32美元/公顷（图5）。

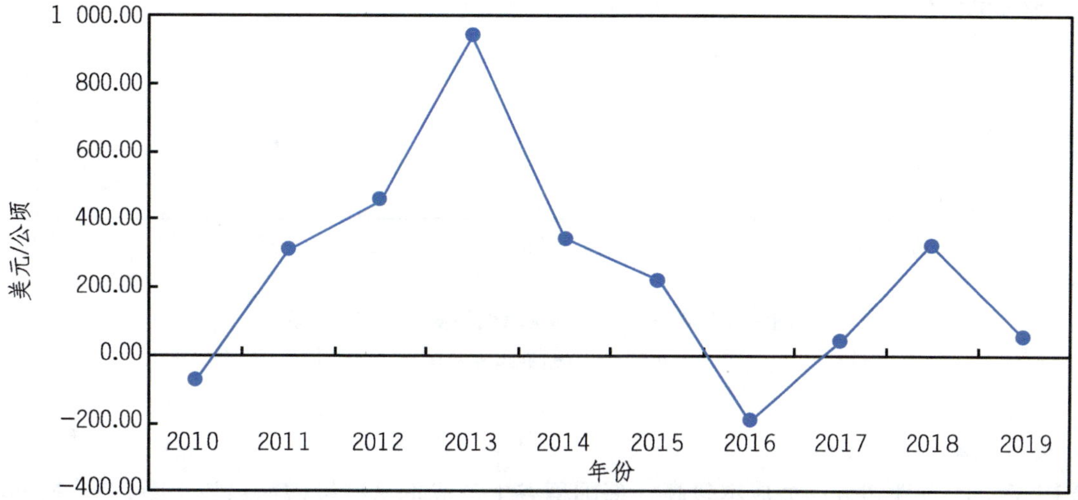

图5　2010—2019年美国水稻生产投入产出情况

数据来源：美国农业部（USDA）。

3. **稻米质量**

出口创汇是美国稻米生产的主要目的，其大米商品率很高，这一方面得益于优质品种的使用，另一方面与其先进的稻米分级技术和严格的质量标准密切相关。经过近百年发展，美国稻米已经逐步形成科学、合理、严格的以碾磨程度和粒型为主要指标的标准体系，尤其是先进的检测技术成为推动美国稻米研究和生产标准化的重要手段。美国稻米根据异种粒、热损伤粒、红米和损伤粒、垩白粒等共分为6个等级和等外级，每个等级都有严格划分，并采用先进的检测技术实行稻米质量评估；同时建立了系统完善的稻米卫生质量标准与检测技术，对119种农药残留做了严格规定。此外，美国大力推广开发高效、低毒农药，严格控制农药残留。在国际稻米市场上，大部分美国稻米因其米质优异、碾磨品质好、外观漂亮，非常适合广大大米消费地区人们的喜好，在国际稻米市场上具备较强竞争力。主要出口市场是中美洲的墨西哥、洪都拉斯、危地马拉，北美洲的加拿大，东亚的日本、朝鲜，西亚的伊拉克、沙特阿拉伯以及加勒比海北部的海地等国家。

（二）韩国

水稻是韩国第一大粮食作物，常年种植面积在75万公顷左右，占韩国耕地面积的50%左右。与中国东北地区类似，韩国全部种植粳稻品种，稻米品质较好。受耕地资源限制，韩国粮食自给率不高，但稻米能够实现基本自给。

1. **种植面积**

2000年以来，韩国水稻种植面积总体呈现持续下滑趋势，种植面积从2000年的107.24万公顷减少至2019年的72.98万公顷，减少了34.25万公顷，减幅31.94%（图6）；单产从2000年的6 711.00千克/公顷提高至2019年的6 873.10千克/公顷，提高了162.10千克/公顷，增幅2.42%；总产量则从2000年的719.66万吨降至2019年的501.61万吨，减产218.05万吨，减幅30.30%。在世界贸易组织规定下，韩国逐步放开大米市场，所以尽管水稻产量下降，但大米仍然存在过剩问题。为此，韩国从

2018年起引进“大米生产调整制”，主要是鼓励水稻种植户耕种其他农作物来代替大米，政府弥补农户的经济损失。

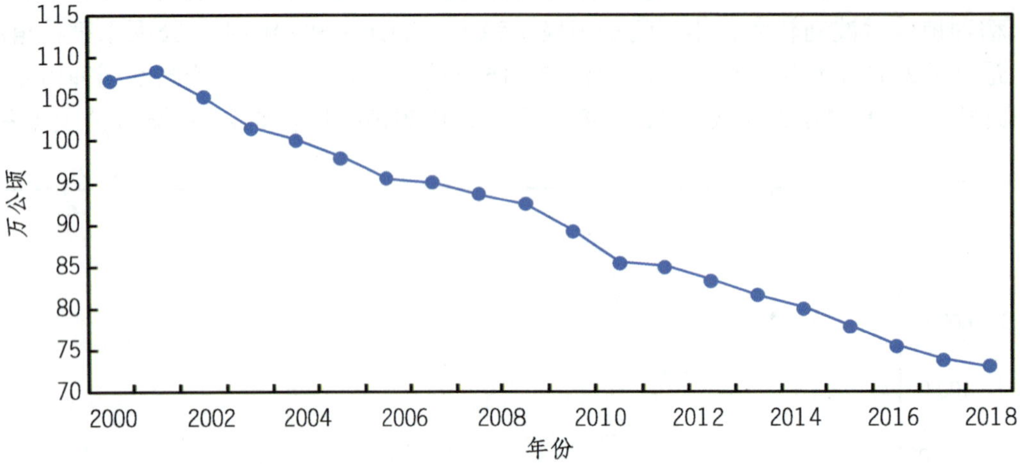

图6 2000—2019年韩国水稻种植面积变化情况

数据来源：韩国国家统计局。

2. 生产成本

受限于生产条件和劳动力成本较高，韩国稻谷生产成本总体呈增加趋势（图7）。据韩国统计局发布的报告显示，2019年韩国稻米生产成本较上年有所下降，但仍然是近5年次高水平。2019年稻米种植成本为每1 000平方米77.32万韩元，折合人民币4 581.24元，比2018年的79.64万韩元下降2.91%。从成本构成看，土地成本、劳动力成本和作业成本是水稻生产最主要的成本来源。

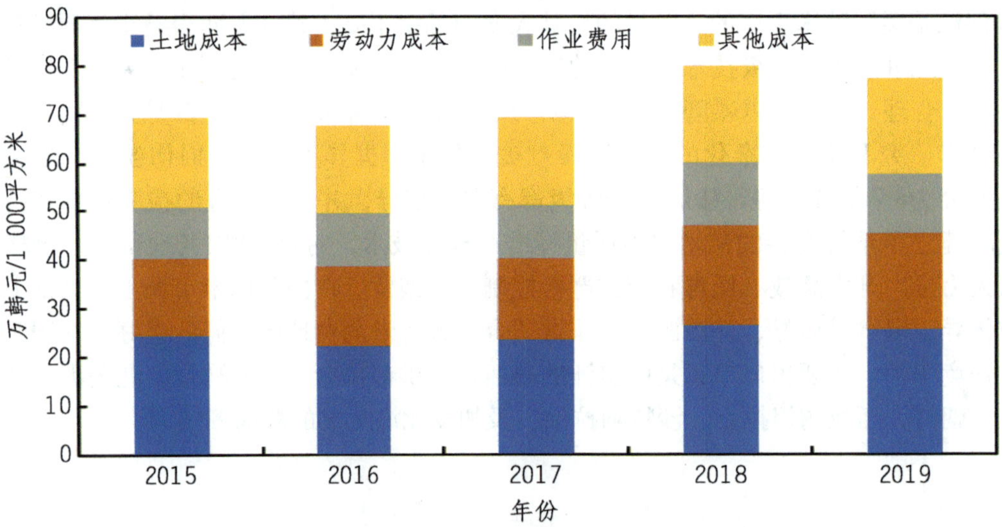

图7 2015—2019年韩国水稻生产成本构成

数据来源：韩国国家统计局。

2019年，每1 000平方米土地成本、劳动力成本和作业成本分别为25.86万韩元、19.35万韩元和12.36万韩元，分别占总成本的33.45%、25.03%和15.98%，合计占74.46%。从变化趋势看，2019年土地成本、劳动力成本和作业成本均有所下降，同比分别下降2.78%、4.77%和5.82%；农业机械器具投入大幅增加，每1 000平方米成本由2.87万韩元增加至3.69万韩元，增幅28.23%。从世界范围看，韩国稻谷生产成本也处于较高水平，其粳稻生产总成本约为中国的2倍多。由于生产成本较高，韩国国内大米与进口大米相比毫无竞争优势，若敞开进口国外大米，势必对国内稻米产业造成毁灭性打击。因此，韩国政府从2015年开始实施大米关税化措施，对超过现有义务进口配额（40.87万吨）进口的大米征收513%的关税，保护国产大米。附加关税后的美国产大米价格（以80千克为标准）为38万韩元，中国产大米价格高达52万韩元，是韩国国内大米价格的2~3倍。但该政策得到了包括中国、美国等国家的集体抗议，认为韩国制定大米513%的关税率过高，造成的价格差距影响自由贸易秩序。2019年，韩国政府宣布，在今后的WTO世贸组织谈判中，不再要求享受发展中国家优惠，但仍将尽力保护大米等农业敏感项目，以灵活方式应对外部协商。

3. 种植效益

近几年，韩国水稻生产成本逐年增加，单产小幅下滑，但受政府持续加大政策支持力度、国内大米价格持续上涨等因素影响，水稻种植效益呈波动上升趋势（图8）。据韩国国家统计局数据显示，2019年韩国水稻每1 000平方米净收益为37.94万韩元（折合人民币2 247.8元），较上年减少2 423.0韩元，减幅0.63%，分别比2015年、2016年和2017年提高7.73万韩元、19.76万韩元和9.62万韩元，增幅分别为25.61%、108.65%和33.97%。近几年，韩国国内大米价格持续上涨是稻农种植效益提高的重要原因之一。据韩国国家统计局数据，2019年韩国大米平均价格达到2 383.00韩元/千克（折合人民币14.12元），分别比2018年、2015年提高171.41韩元/千克和406.15韩元/千克，增幅分别为7.75%和20.55%。

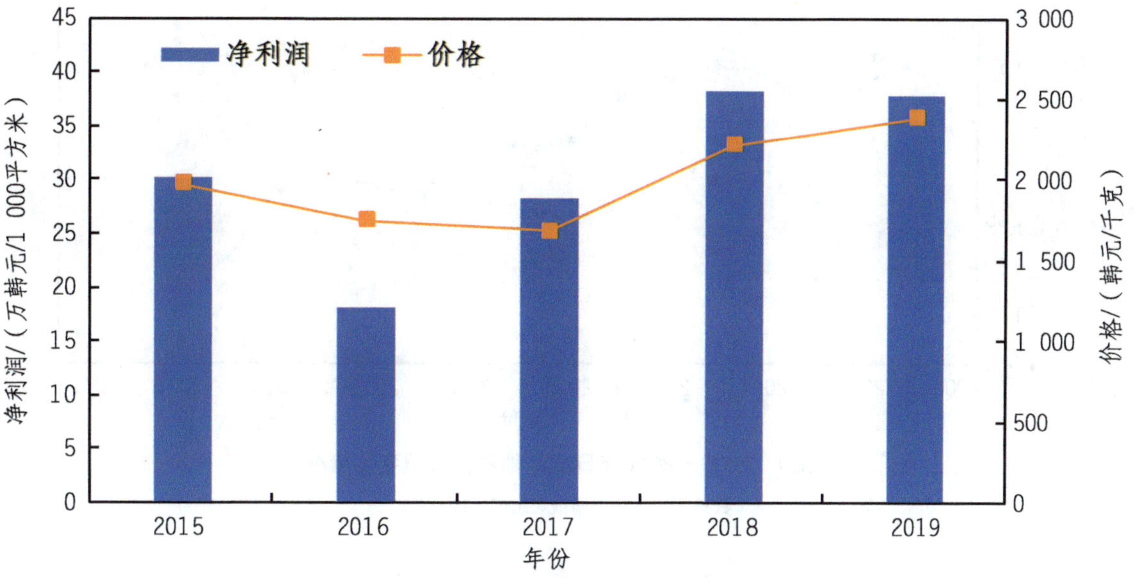

图8　2015—2019年韩国水稻种植收益变化情况

数据来源：韩国国家统计局。

4. 机械发展

韩国水稻生产机械化实施较早，20世纪70年代农业机械化开始起步，并从日本引进水稻插秧技术，后期水稻生产的耕翻、栽插作业等基本实现了机械化。1987年，韩国推行节本省工的水、旱直播栽培技术，取得显著成效。韩国早在20世纪80年代末就已经基本实现了水稻全程机械化，目前水稻机械化程度超过97%。近几年，由韩国农业部所属的农业技术研究与推广机构农村振兴厅牵头研发的水稻机械化稀插栽培技术试验示范取得成功，计划从2021年开始正式推广与稀插栽培技术相配套的韩国国内生产的插秧机、育秧盘、育苗设备和相关栽培技术，预计到2022年韩国水稻机械稀插秧技术扩大至20万公顷，占韩国水稻种植面积的1/4多。韩国稻谷生产主要满足国内消费，出口量非常小，进口量也连续3年减少，2019年韩国稻米进口量29.00万吨，出口量5.30万吨；预计2020年韩国稻米进口量55.00万吨，出口量5.50万吨。

（三）日本

水稻是日本最主要的粮食作物，产值占日本农业产值的18%左右。日本是世界主要的水稻生产国和消费国，稻米产业化程度、机械化程度较高，当前稻米自给率达到95%以上。近两年，针对国内大米消费过剩以及出口创汇需要，日本政府已经明确提出要改守为攻、主动扩大大米等农产品出口，特别是大米出口基本是高端产品，市场售价较高。

1. 种植面积

2000年以来，日本水稻种植面积总体呈现逐年下降趋势，主要是20世纪70年代以来，日本国民饮食多元化和人口老龄化带来大米消费量减少，粮食生产出现结构性矛盾，水稻生产过剩，日本政府采取耕地生产转型的补贴政策等主动限制水稻面积，同时也与农业生产劳动力减少、耕地抛荒现象突出密切相关。水稻种植面积从2000年的177.00万公顷持续下滑至2018年的147.0万公顷，减少了30.00万公顷，减幅16.95%（图9）；单产从2000年的6 702.30千克/公顷下降至2018年的6 671.30千克/公顷，下降了85.00千克/公顷，减幅1.27%；总产量也从2000年的1 186.30万吨减至2018年的972.75万吨，减产213.55万吨，减幅18.00%。日本不断根据国际国内形势优化调整水稻生产，种植面积由增到减再到逐步稳定，目前国内供需基本平衡略有盈余。

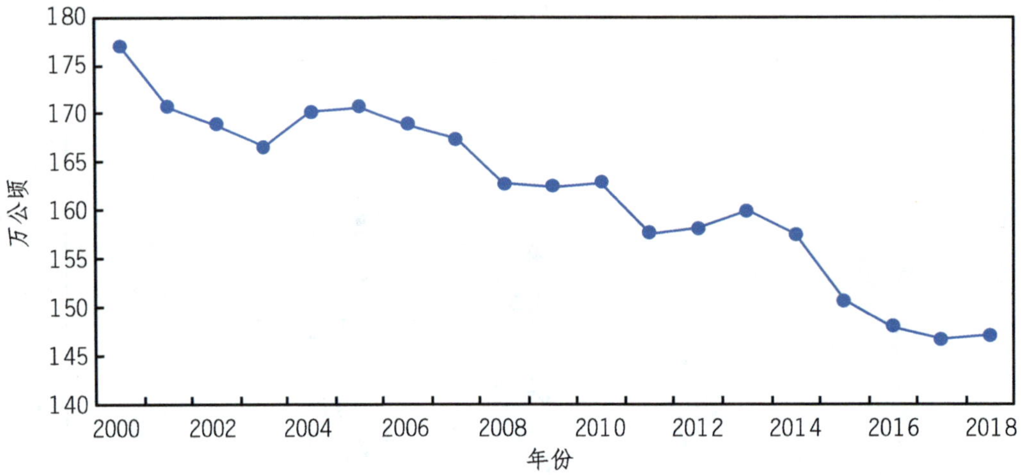

图9　2000—2018年日本水稻种植面积变化情况

数据来源：联合国粮农组织（FAO）。

受耕地资源少、地形条件差（山地丘陵偏多）等资源约束，日本水稻生产规模普遍较小。据日本农林水产省统计，2019年日本水稻种植面积146.9万公顷，商业化种植户76.13万户，其中耕地面积小于1公顷的种植户50.37万户，占种植总户数的66.16%；大于5公顷的仅4.04万户，占5.31%（表12）。

表12　2019年日本不同规模水稻商业种植户分布

种植面积/公顷	<1	1~2	2~3	3~5	5~10	≥10	总计
数量/万户	50.37	13.77	4.45	3.50	2.51	1.53	76.13
比例/%	66.16	18.09	5.85	4.60	3.30	2.01	100

数据来源：日本农林水产省。

2. 生产成本

日本水稻生产成本较高。2018年日本糙米生产成本平均每公顷达131.32万日元，按当年平均汇率换算，折合人民币每亩5 240.6元，是中国水稻生产成本（1 223.64元/亩）的4.3倍。从成本构成看，日本水稻生产的物质与服务费用占比最高，其次是劳动力成本和土地成本。2018年，日本每公顷水稻生产的物质与服务费用为77.19万日元，劳动力成本34.85万日元，土地成本14.22万日元，其他费用5.06万日元，分别占生产总成本的58.78%、26.54%、10.82%和3.86%。2000年以来，日本水稻生产总成本逐年下降，每公顷水稻生产成本从2000年的164.27万日元降至2018年的131.32万日元，减少了32.95万日元，减幅20.06%，其中劳动力成本、土地成本分别下降34.37%和38.77%（图10）。2014年以来，日本政府高度重视加大对普及先进技术设备和管理模式的财政补贴力度，提高稻米产量和品质，降低生产成本，提高国际市场竞争力，扩大优质大米出口量。2019年，日本出口大米6.5万吨，进口大米63.1万吨。

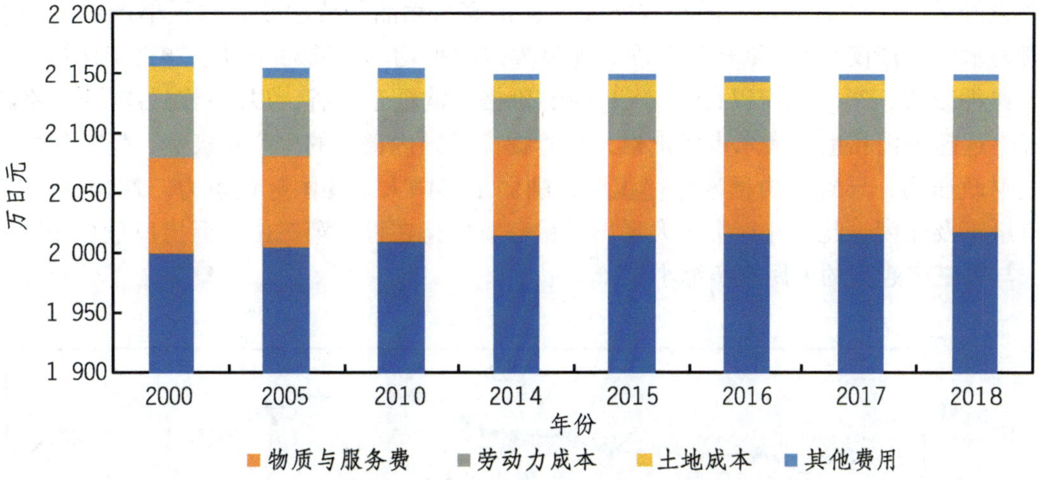

图10　2000—2018年日本水稻生产成本及其构成

数据来源：日本农林水产省。

3. 种稻主体

由于种植效益偏低，日本农业从业者、水稻种植户均呈持续减少趋势。据日本农林水产省统计，2019年日本以商业化经营为目的的水稻种植户减少至76.13万户，比2009年减少48.07万户，减幅超过38.70%。此外，人口老龄化问题也已成为日本农业和水稻产业发展的重要制约因素。2019年，日本以商业化经营为目的的农业从业者有276.49万人，其中50岁及以上的218.34万人，占农业从业者总数的78.97%；60岁及以上的181.35万人，占65.59%，分别比2009年提高了5.78个百分点和14.41个百分点，老龄化问题日益突出（表13）。

表13　2009年和2019年日本农业从业者年龄分布情况

年份		50岁以下	50~60岁	60岁及以上	总计
2009	数量/万人	127.00	104.20	242.40	473.60
	比例/%	26.82	22.00	51.18	100.00
2019	数量/万人	58.15	36.99	181.35	276.49
	比例/%	21.03	13.38	65.59	100.00

数据来源：日本农林水产省。

（四）泰国

2019年泰国出口米粉类零食超过4.2万吨，总价值12 900万铢，超越德国、瑞典，成为全球米粉类零食出口排名第一的国家。但是，随着越南、巴基斯坦、缅甸等大米出口国家的陆续崛起，泰国稻米国际竞争面临基础设施差、生产成本高、科研投入不足等一系列突出问题。据泰国大米出口商工会透露，2019年泰国大米出口量仅758万吨，与2018年的1 100万吨相比大幅减少，创6年新低，主因是泰铢升值超过40%，其次是泰米品质没有明显提升、米质偏硬，而消费者更喜欢较软的大米，使得泰米在各个市场被取代。泰国政府目前已经成立机构研发新品种大米，提升市场竞争力。

1. 种植面积

2000年以来，泰国水稻种植面积波动较大，最高的2012年水稻种植面积1 195.68万公顷，比2000年增加206.56万公顷，增幅20.88%；2018年，泰国水稻种植面积1 040.73万公顷，比2012年减少154.95万公顷，但比2000年增加51.61万公顷（图11）。尽管泰国水稻种植面积稳居世界前列，但由于生产设施较差、“靠天田”面积占比较大、常规水稻品种抗性差，水稻单产水平一直较低。2018年泰国水稻单产仅3 093.20千克/公顷，比世界水稻平均单产低33.89%。2011年10月，英拉政府实施大米典押政策，泰国政府以1.5万泰铢/吨的价格收购粳米稻谷，以2万泰铢/吨的价格收购茉莉香米稻谷，远超国内和世界大米市场价格，尽管提高了国内稻农的生产积极性，但也给泰国政府带来了较大财政压力，导致国内稻米库存积压，削弱了泰国大米的国际竞争力，2014/2015年度泰国大米出口量不及印度，此后几年泰国大米出口量一直保持在世界第二位，但出口量与印度的差距逐步拉大，与第三名越南的差距逐步缩小。

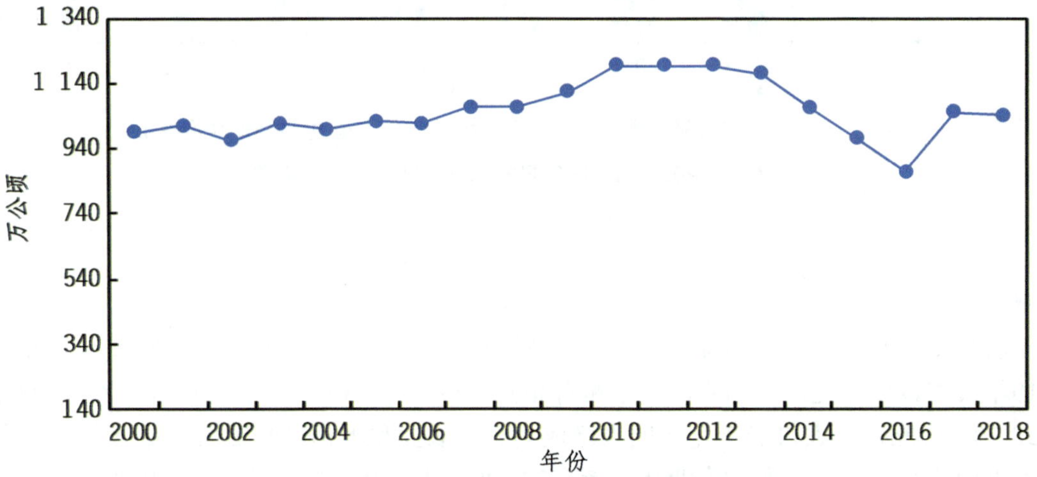

图11　2000—2018年泰国水稻种植面积变化情况

数据来源：联合国粮农组织（FAO）。

2. 生产成本

目前，泰国大米生产成本超过10 000泰铢/吨，而越南的生产成本仅为4 500泰铢/吨左右，泰国水稻生产成本超过越南5 500泰铢/吨；越南稻谷单产高达5 500千克/公顷，泰国稻谷单产仅为3 000千克/公顷左右。由于泰国稻米生产成本较高、单产水平偏低，导致泰国大米出口价格持续上涨，不仅导致泰国在中国大米市场的主导地位输给了越南，还降低了泰国大米在全球市场的竞争力。2019年，泰国出口大米756.2万吨，比2018年减少349.4万吨，减幅达31.60%，预计2020年泰国大米出口量继续保持在750万吨左右。

3. 质量标准

泰国把品质作为水稻品种选育的第一目标，并制定了严格的优质稻品种标准。品种审定对于大米的外观、色泽、口感和加工特性都有严格要求，严格把好大米品种的生产准入关；尤其是对于品质偏差的水稻新品种，即使产量高和抗性好，也不支持该品种审定和推广。泰国水稻种植面积常年稳定在1 000万公顷左右，但生产上大面积推广的品种不到30个。从市场价格看，普通大米每千克18泰铢（折合人民币3.6元），“茉莉香米”35泰铢/千克（折合人民币7.0元）。泰国水稻主推品种都是常规籼稻品种。泰国东北部的素林府和武里南府等香稻产区主推“KDML105”和“RD15”两个香米品种，而且种植年代久远，其中“KDML105”在泰国已经种植超过60年，占泰国香稻种植面积的60%；“RD15”种植了50多年。为了确保泰国大米的出口质量，泰国制定了规范、详尽的大米标准，其中泰国贸易部规定，只有含量不低于92%的“KDML105”及“RD15”这两个品种的大米，才可以冠以“泰国茉莉香米”的称号，以此来维护泰国大米的国际声誉。

（五）越南

水稻是越南主要粮食作物，是50%农户的主要经济来源。越南地形如一个扁担，扁担两端的红河平原和湄公河平原是越南最重要的水稻生产区域，可以一年两熟或三熟。越南是目前全球范围仅次于印度和泰国的第三大大米出口国家，常年出口量占全球大米贸易量的15%左右。越南农业与农村发展部2016年发布了《越南稻谷产业2020年重建战略及2030年展望》，旨在塑造越南大米品牌、提升农业生产效率。与泰国出口泰国香米等高端大米品种相比，越南主要出口以IR-66等品质偏差、破碎率较高的大米，尽管出口量稳步增长，但价格较低，主要以低价提高竞争力、抢占国际市场。越南大米出口的竞争对手主要是印度和泰国，与这两个国家相比，越南扩大大米出口仍然具备很大潜力，主要表现在面积潜力、单产潜力、品质潜力和价格潜力等几方面。近年来，越南不断改良大米品质，而且成本远低于泰国，抢占了中国、中国香港、菲律宾、马来西亚等泰国大米的主要市场。越南还与欧盟签订《越南—欧盟自由贸易协定（EVFTA）》，每年将以零关税向欧盟出口8万吨大米。

1. 种植面积

2000年以来，越南水稻种植面积波动较大，最高的2013年水稻种植面积达790.28万公顷，比2000年增加23.65万公顷，增幅3.09%；最低的2007年水稻种植面积仅为720.74万公顷，比2000年减少45.89万公顷，减幅5.99%；2018年，越南水稻种植面积757.07万公顷，比2000年略减9.56万公顷（图12）；1992年，越南成功引进种植中国杂交水稻，此后水稻单产水平稳步提升，从2000年的4 243.20千克/公顷快速提高至2018年的5 818.00千克/公顷，增长37.11%，同时期稻谷总产增加了1 151.68万吨，增幅35.40%。

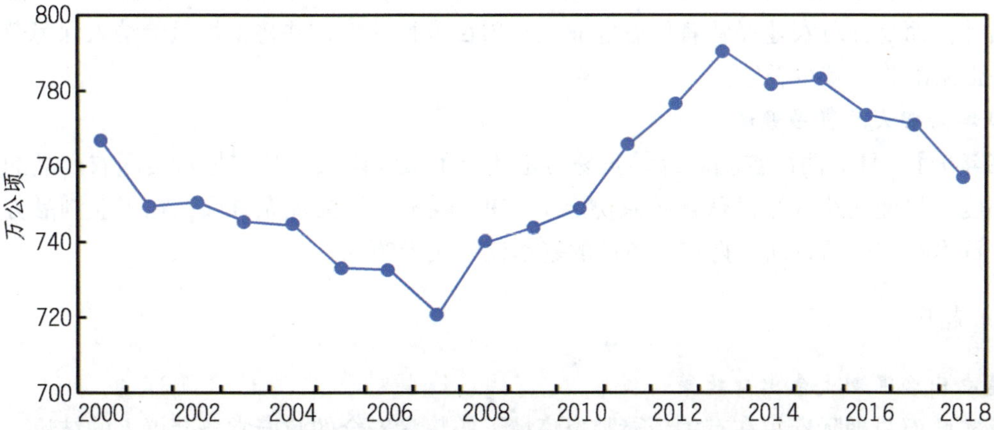

图12 2000—2018年越南水稻种植面积变化情况

数据来源：联合国粮农组织（FAO）。

2. 生产成本

越南劳动力成本较低，稻谷生产成本具有明显的比较优势，推动越南逐步成为世界第三大大米出口国家。2019年，越南出口大米658.10万吨，仅次于印度、泰国，比2018年减少0.9万吨；进口大米50万吨，与2018年相比基本持平。与中国、泰国稻谷生产成本相比，无论是物质与服务费还是人工成本，越南都是最低的。目前，越南稻谷生产成本仅为250美元/吨左右，是印度的70%、中国的65%。其中物质与服务费仅为150美元/吨左右，印度为175美元/吨，中国为200美元/吨。较低的人工成本是越南水稻生产的最主要优势，目前仅为85美元/吨，是印度的60%、中国的70%。

五、主要国家产业支持政策新变化

（一）泰国

1. 2020/2021年度稻农收入保障项目原则方案

2020年6月，泰国国家稻米政策管理委员会通过了《2020/2021年度稻农收入保障项目原则方案》，进一步强化泰米经济基础，同时保障草根经济稳定。整个项目预算919.1亿泰铢（折合人民币约214亿元），主要用于开展三大计划：一是2020/2021季度稻谷价格稳定计划，主要包括总预算198亿泰铢的延迟稻谷销售贷款扶持项目，总预算155亿泰铢的农业机构收集稻米及创造附加值贷款扶持项目和总预算6.1亿泰铢的米商库存贴息扶持项目；二是水稻种植管理费和产品质量提升贷款支持计划，总预算560亿泰铢，计划每莱①（泰亩）补贴1 000泰铢，每户上限为20莱；三是泰米市场推广支持计划，主要包括组织泰米促销集市，扩大泰国茉莉香米的市场知名度等。

2. 2020/2021年度“助农计划”

2020年6月，泰国总理府批准了《2020/2021年度“助农计划”》，将收紧资金以帮助全国数千万农民，包括调拨560亿泰铢（折合人民币约130亿元）补助400万农户，支持稻米种植农户产品管理和质量开发项目，每户补助资金不超过2万泰铢。此外，还将启动3项稻米信贷项目，总预算约为359.1亿泰铢，预计将有700万吨优质稻米投放市场。

（二）日本

1. 实施农业收入保险

日本农林水产省2017年制定了农业收入保险制度，并进行小规模试点活动。2019年1月，日本农业收入保险制度正式实施，将建立以农业经营者为单元的保险保障体系，农业收入保险不再局限于单一品种，而是针对农业经营者所有农业经营项目进行保障，并将市场风险纳入保障范围，包含价格下跌带来的收入减少补偿。

2. 日本坚守大米贸易领域

2019年9月，日美两国首脑就缔结贸易协定达成了最终协议。日本把对美国农产品的关税下调或撤销幅度尽可能比跨太平洋伙伴关系协定（TPP）收窄，作为优先事项；在工业制品方面则做出大让步，日本在农产品方面获得有利条件的基本仅限大米领域。

（三）越南

1. 越南出台限制大米出口政策

为落实政府总理阮春福在有关新冠肺炎疫情下的粮食安全的政府常务会议上的结论，越南海关总局要求各省市海关局3月24日0时起暂时停止注册、通关出口大米，并限额4月大米出口量为50万

① 1莱相当于2.4亩，3 000万莱约为7 200万亩水稻，占泰国水稻面积的45%左右。

吨，却依然无法覆盖大米出口商在此前签订的合同规模。由于限制后损失巨大，自2020年5月1日起越南宣布停止实行大米出口配额管理机制并准许大米出口活动恢复正常。在6月越南第十四届国会第九次会议上，越南工贸部部长陈俊英预测越南将成为2020年世界最大大米出口国。

2.《越南—欧盟自贸协定》2020年8月生效

根据《越南—欧盟自由贸易协定（EVFTA）》，欧盟委员会（EC）于2020年7月15日宣布并指定了越南部分农产品和大米的进口配额管理方式。该协定将于8月1日正式生效，根据该协定，欧盟将对越南农产品，特别是大米免征进口税。对于大米，欧盟委员会采取单独的规定，其年度配额为8万吨，其中包括2万吨未碾米、3万吨碾米和3万吨香米。同时，为了确保销售并避免市场上大米产品出现滞销，欧盟委员会针对每种大米设定了特定的进口配额。

（四）其他国家和地区

1. 韩国大力推广水稻密植稀插机械化技术

由韩国农业部所属的农业技术研究与推广机构农村振兴厅牵头研发的水稻机械化稀插秧栽培技术试验示范成功，计划从2021年开始正式推广与稀插栽培技术相配套的国产插秧机、育秧盘、育苗设备、栽培技术，到2022年韩国水稻机械稀插秧技术扩大至20万公顷，占韩国水稻种植面积的26%。

2. 缅甸大米寻找出口新市场

2019年年初，欧盟暂停了对缅大米的GSP待遇，暂停期限为3年，期间欧盟将分3个部分对缅大米征税。第一年以175欧元/吨标准征税缅甸进口大米，第二年以150欧元/吨标准征税，第三年以125欧元/吨标准征税。为了填补欧盟暂停免税待遇所导致的缅产大米销路空白，缅甸大米协会正积极开拓包括马来西亚、印度尼西亚、菲律宾等东盟国家以及非洲国家市场。

3. 中国将缅甸大米进口配额增加3倍

缅甸于2016年获得了向中国出口10万吨大米的配额，中国是缅甸大米的主要出口市场。2019年5月，中国同意通过海路从缅甸进口40万吨大米，进口配额增加30万吨。

4. 柬埔寨政府采取措施促进大米出口

欧盟已经宣布将对柬埔寨大米征收关税。2019年，柬埔寨政府鼓励农业部和电力公司等相关部门研拟更多政策，包括降低电费和扩大输电网等，降低生产成本。同时，柬埔寨与中国正式签署谅解备忘录，确定从2019年1月至2020年12月柬埔寨将向中国出口40万吨大米，抵消欧盟征收关税的不利影响。但柬埔寨大米出口仍然面临重大挑战，将阻碍柬埔寨实现向中国出口上述大米配额的目标，一方面是巴基斯坦和越南大米市场价格较低，另一方面是柬埔寨的运输和物流系统支撑能力有限。

5. 巴基斯坦计划扩大大米出口

大米是巴基斯坦农产品出口中最重要的商品，每年出口总值超过20亿美元。2020年，巴基斯坦商务部正在制定出口促进政策，包括建立现代化农场、提升农业机械水平、加大农业科研投入等，提升大米产业竞争力，进一步推动大米出口，以便在未来5年内将大米出口额提高到50亿美元。同时，巴基斯坦商务部正在与税务部、农业部加强协调合作，消除大米出口面临的各类政策阻碍。

六、世界供需形势展望

（一）2020/2021年度世界稻谷产业展望

据美国农业部预测，预计2020/2021年度世界稻谷总产量达到7.49亿吨，将创历史新高。其中，预计中国、印度、孟加拉国和越南稻谷产量呈现小幅下降趋势，减产量分别达10万吨、40万吨、10万吨和30万吨。特别是中国政府连续两年提出要调减低质低效区水稻种植面积，同时中国水稻发展策略已由高产向绿色优质高效转型，也会在一定程度降低稻谷增产预期。但是，中国政府在2020年年初明确提出要恢复双季稻生产，预计全年早稻种植面积增加27多万公顷，双季晚稻面积也将实现恢复性增长。预计印度尼西亚、泰国和缅甸稻谷产量均呈增长趋势，增产量分别达110万吨、100万吨、30万吨。

预计2020/2021年度世界大米消费量4.95亿吨，比2019/2020年度增加0.07亿吨，增幅1.43%。其中，中国、印度和缅甸大米消费量分别增加0.02亿吨、0.02亿吨和0.01亿吨；日本、韩国大米消费量分别减少5万吨和10万吨，符合发达国家大米原粮消费逐步下降的发展趋势。全球大米供需仍然呈现紧平衡态势，预计2020/2021年度世界大米库存量为1.85亿吨，比2019/2020年度增加0.04亿吨，其中中国、印度仍然是库存增量最大的国家，预计2020/2021年度大米库存水平分别达到1.18亿吨和0.38亿吨，分别比2019/2020年度增加0.01亿吨和0.03亿吨，中国大米库存消费比超过88%，远超国际公认的17%~18%的粮食安全红线。

预计2020年世界大米出口贸易总量达到4 489.00万吨，比2019年增加320.10万吨。出口国家仍以印度、泰国、越南、巴基斯坦、美国、缅甸和中国为主，预计中国、美国、印度和泰国大米出口量分别增加40.00万吨、11.10万吨、90.00万吨和210.00万吨，巴基斯坦和越南大米出口量将分别减少10.00万吨和30.00万吨。预计2020年世界大米进口贸易总量达4 204.10万吨，比2019年增加187.00万吨。主要进口国家或地区仍是中国、欧盟、印度尼西亚、菲律宾和尼日利亚等，预计中国、印度尼西亚、孟加拉国大米进口量分别减少20.00万吨、30.00万吨和110.00万吨，菲律宾和尼日利亚大米进口量将分别增加50.00万吨和20.00万吨。

预计2020年国际大米市场将继续保持高位运行。受新冠肺炎疫情持续蔓延、东南亚主产国家持续旱情、汇率变化等因素影响，越南、泰国等主要大米出口国价格上涨。2020年8月，由FAO等的报告显示，新冠肺炎疫情可能导致全球饥饿人数在2020年将新增1.3亿，达6.9亿；有25个国家面临严重饥饿风险。国际粮食生产、市场和贸易存在的不稳定因素较多，国际大米供应链较为脆弱，后期国际大米价格波动风险较大。

（二）中长期世界稻谷产业展望

1. 世界稻米生产高位增长，年际间波动常态化

预计中长期世界水稻种植面积仍有一定增长潜力，将继续呈现稳步扩大趋势。与此同时，随着世界水稻品种选育水平不断提升、稻作技术不断革新，东南亚、南亚地区杂交水稻品种和推广应用面积继续增加，印度、泰国、越南、巴基斯坦、印度尼西亚等水稻主产国家水稻单产水平也将稳步提高。如果不发生洪涝、干旱等覆盖范围较大的自然灾害，预计未来一段时期全球大米产量将继续保持在现在4.8亿~5亿吨的历史高位水平。由于现在各主产国家也陆续将水稻生产目标调整为更加注重品质提升，同时单产继续大幅提高遭遇技术瓶颈，因此主要产稻国家水稻发展增速将有所放缓，部分主产国水稻面积和产量也可能出现阶段性调减。一是水稻主产国家主要集中在亚洲的发展中国家。亚洲发展中国家既要保障本国粮食安全，利用粮食贸易创造外汇收入，又要促进本国经济发展。随着世界经济进入高速发展通道，必将占用更多的土地、水和劳动力资源，限制水稻的发展空间。二是世界稻米总体仍然呈现供大于求格局。当前，世界稻米供需总体宽松，库存消费比较高。随着土地成本、劳动力和农资成本等快速增加，水稻生产成本也在持续增长，种植效益持续下滑，稻谷产量大幅增长缺乏足够的内生动力。三是世界稻米产业发展面临转型升级。随着经济发展和居民生活水平的提高，水稻生产不再将高产作为主要目标，而要同时兼顾绿色、优质、高产、轻简等多指标协同发展，目前优质和高产兼顾的品种不多，影响产量持续增长。

2. 消费需求还将继续增长，但增长速度将有所放缓

尽管世界人口正迈向老龄化，且增长速度放缓，但根据联合国《2019年世界人口展望》报告，预计世界人口仍将从目前的77亿增加到2030年的85亿、2050年的97亿，到21世纪末可能达到近110亿的峰值，而且新增人口主要集中在亚洲和非洲等以大米为主食的地区。人口数量刚性增长必将增加全球大米消费总量。中长期看，预计随着中国、印度、印度尼西亚、越南、菲律宾、泰国和缅甸等国家的居民营养膳食水平提高，肉蛋奶消费增加，人均大米口粮直接消费量也将呈现逐年下降趋势，消费增速将有所放缓。

3. 库存水平小幅下降，但仍将处于历史较高水平

据USDA最新报告显示，全球大米2020/2021年度结转库存超过1.84亿吨，是有记录以来的最高水平，库存消费比高达36.98%，同比增加0.19个百分点，处于历史较高水平。由此可见，全球大米库存消费比继续走高，供需偏松基调延续，大米上行压力较大。预计未来一段时期，世界稻米市场供求总体仍然会呈现相对宽松的格局。其中，主要大米出口国家印度、泰国、越南、巴基斯坦、美国、缅甸和中国等的库存消费比仍较高。尽管中国政府已经在采取积极措施加快消化国内库存，包括加大大米出口数量、拍卖超期稻谷库存作为饲料用粮等，但由于近年来稻谷仍然持续丰收，因此短期内消化手段有限、库存消费量不大。

4. 稻米价格短期高位运行，后期将继续呈现波动走势

尽管全球大米供需较为宽松，但目前疫情仍处于全球大流行阶段，泰国、越南新米质量受前期持续干旱和海水侵蚀影响不如往年，加之部分国家储备粮采购仍将持续一段时间，预计后期国际大米价格将维持高位震荡。

5. 稻米贸易规模小幅增长，主要出口国家之间竞争激烈

由于大米消费区域主要集中在亚洲，预计未来一段时期国际大米市场贸易总量将继续保持基本稳定或小幅增长，但预计印度、泰国、越南、缅甸、柬埔寨、巴基斯坦等主要大米出口国家之间的竞争将愈演愈烈。

参考文献

和谐，2020. 韩国大力推广水稻密植稀插[J]. 环球市场，6：58.

蔡承智，廖从健，刘源，等. 2020. 基于ARIMA模型的世界水稻单产潜力分析[J]. 粮食科技与经济，45（4）：19-20，108.

中国国际贸易促进会[EB/OL]. http：//www. ccpit. org/

（中国水稻研究所　徐春春　纪　龙　陈中督）

专题二：小　麦

随着播种面积和单产水平的提高，世界小麦产量明显增长，消费量在人口增加的带动下也呈刚性增长。2019年世界小麦产量明显增长，达7.62亿吨，供应仍较充足，小麦生产区域布局变动不大，2020年世界小麦产量小幅下降，约为7.58亿吨，同比减少0.5%。受气候条件、产量增长等因素影响，2019年国际小麦价格继续在低位徘徊，主要出口国家的出口市场份额出现明显变化，2020年国际小麦价格明显上涨，价格指数将上涨1%。从生产成本来看，中国小麦单位面积生产总成本显著高于美国，且成本增加速度较快。从产业链竞争力来看，跨国粮商凭借规模优势、资本优势和政策优势，通过纵向一体化完成了对全球农业产业链的战略布局，与此相比，中国农业产业链竞争力仍存在较大差距。从供需形势来看，未来10年，小麦产量的年均增长速度略小于消费的增长速度，但10年中的多数年份产量仍略高于需求量。

一、世界供需现状

（一）世界小麦生产变化

2019年世界小麦产量明显增长，达到近年来的较高水平7.62亿吨，供应由偏紧转为宽松。但2020年世界小麦产量将明显下降，据FAO报告，受欧盟、美国和乌克兰等小麦减产影响，2020年全球小麦产量约为7.58亿吨，比2019年下降0.5%（表1）。从国家来看，中国产量略有增加，2020年约为1.34亿吨，同比增长0.3%；印度产量总体稳定，约为1.05亿吨，同比增长1.4%；美国小麦产量为5 080万吨，同比减少2.8%；乌克兰小麦产量为2 500万吨，同比下降11.7%；其他国家小麦产量总体稳定或略有增长，其中澳大利亚产量增幅较大，达2 140万吨，同比增长40.8%。从地区来看，亚洲小麦产量小幅增长，将达33.41亿吨，同比增长1.3%。北美洲小麦产量总体稳定，约为8 470万吨，同比增长0.1%；其中美国小麦减产，而加拿大产量有所增加，约为3 390万吨，同比增长5.0%。欧洲小麦产量下降明显，约为2.53亿吨，同比下降5.0%；其中欧盟和乌克兰小麦产量下降尤为明显，分别减产15.8%和11.7%，而俄罗斯小幅增产，将达到7 700万吨，同比增长3.4%。

2019年，小麦主产国（地区）中，欧盟是世界小麦单产最高的地区，平均单产达5.49吨/公顷（合367千克/亩）；其次是中国，平均单产为5.04吨/公顷（合336千克/亩），世界小麦单产超过5吨/公顷的只有欧盟和中国。平均单产水平在3~4吨/公顷的国家主要有乌克兰、美国、加拿大，单产分别为3.4吨/公顷、3.09吨/公顷和3.07吨/公顷（合227千克/亩、206千克/亩和205千克/亩）。平均单产水平在2~3吨/公顷的国家主要有印度、俄罗斯和澳大利亚，单产分别为2.98吨/公顷、2.26吨/公顷和2.01吨/公顷（合198千克/亩、150千克/亩和134千克/亩）。平均单产水平小于1吨/公顷的是哈萨克斯坦，仅为1.12吨/公顷（合75千克/亩）。从世界小麦单产的波动趋势看，最近几年总体保持增长态势，小麦主产国（地区）单产最高水平大多出现在近一两年，世界小麦年度单产最高出现在2016年的欧盟，高达5.98吨/公顷（合399千克/亩）。但年度之间小麦单产水平差距也比较大，以近8年的小麦单产为例，超过1吨/公顷的是乌克兰和澳大利亚，分别为1.47吨/公顷和1.16吨/公顷；在0.8~1吨/公顷的是哈萨克斯坦、欧盟和加拿大，分别为0.93吨/公顷、0.82吨/公顷和0.8吨/公顷；在0.5~0.8吨/公顷的是俄罗斯、中国和美国，分别为0.78吨/公顷、0.66吨/公顷和

0.61吨/公顷；低于0.5吨/公顷的是印度，仅为0.43吨/公顷。

表1 世界小麦主产区生产变化　　单位：百万吨

国家（地区）	2018年	2019年	2020年	2020年比2019年增长/%
欧盟	138.1	155.6	131	−15.8
中国	131.4	133.6	134	0.3
印度	99.9	103.6	105	1.4
俄罗斯	72.1	74.5	77	3.4
美国	51.3	52.3	50.8	−2.8
加拿大	32.2	32.3	33.9	4.8
乌克兰	24.6	28.3	25	−11.7
巴基斯坦	25.1	25.2	26	3.2
阿根廷	19.5	19.8	20.3	2.8
土耳其	20	19	20	5.3
澳大利亚	17.3	15.2	21.4	40.8
伊朗	14.5	14.5	14	−3.4
哈萨克斯坦	13.9	11.5	13	13.5
其他国家	72.2	76.9	87	13.1
世界	732.1	762.2	758.3	−0.5

资料来源：FAO。

从生产区域格局看，世界小麦生产区域逐渐集中，欧亚大陆小麦产量占世界小麦产量的七成以上，是名副其实的世界小麦主产区，但以杜伦麦为代表的优质小麦产区则主要集中在北美和大洋洲地区。2019年世界小麦生产区域布局总体变化不大，亚洲和北美洲地区占比略有减少，欧洲和大洋洲占比略有增加。分区域来看，2019年欧洲小麦产量增加，主要因为俄罗斯和欧盟播种面积增加且气候条件有利使得小麦产量增加，占比达35.0%，较2018年增长1.9个百分点。澳大利亚小麦产量较上年增加，大洋洲产量占比有所增长，达2.0%，较2018年增长0.1个百分点。亚洲地区小麦产量占比略有减少，亚洲小麦生长状况总体良好，特别是中国、印度和巴基斯坦的小麦产量总体稳定，亚洲占比为44.2%，较2018年下降1.9个百分点。北美洲地区小麦产量虽有增加，但占比略有减少，为11.1%，较2018年下降0.3个百分点。南美地区和非洲地区小麦产量基本稳定。2020年世界小麦生产格局变动不大，亚洲在产量增长的推动下，比重进一步提升，达45.0%，而欧洲受欧盟和乌克兰减产影响，比重下降为33.4%；大洋洲产量有所增长，比重达到2.9%，北美洲、南美洲和非洲产量总体稳定。

值得关注的是，受干旱和洪水等恶劣天气影响，2020年欧盟小麦将减产，减幅达15.8%，欧盟小麦减产可能促使部分进口国寻找替代供应。2019年欧盟是全球头号小麦出口地，但受减产影响，部分进口国仍希望找到欧盟小麦的替代供应商，出口市场可能一定程度上转移到南半球。从国家来看，法国秋季播种时降雨过量，加上春季降雨不足，2020年法国软小麦产量将同比减少25%；英国小麦产量可能减少1/3以上，英国很可能成为进口国；俄罗斯小麦产量仍有望创下历史次高纪录，缓解欧盟小麦减产带来的一些压力，但俄罗斯小麦出口明显减少，约减少15%。通常情况下，罗马尼亚是欧洲最大的小麦出口国之一，但2020年干旱严重，导致罗马尼亚播种面积减少，小麦收割时出现大雨，小麦产量将降至2012年以来的最低水平，出口供应也将受到影响。

2020年中国小麦持续增产，夏粮小麦产量达13 168万吨，比2019年增加75.6万吨，增长0.6%；其中河南省夏粮小麦产量3 753.2万吨，同比增加12.4万吨，增长0.3%，保持全国领先地位。2020年夏粮小麦播种面积略减，但单产有所提高，全国夏粮小麦生产再获丰收，产量创历史新高。2020年全国夏粮小麦播种面积2 271.1万公顷，比2019年减少27.35万公顷，下降1.2%。全国夏粮小麦单产达5 798.0千克/公顷，比2019年增加101.9千克/公顷，增长1.8%。

（二）世界小麦消费变化

小麦在世界三大主食之中产业链条相对较短、可加工产品种类也有限，主要用于食用、种用、工业消费和饲用，其中食用主要是制粉和烘焙等，工业消费主要是小麦淀粉、酒精等，饲用主要用于水产饲料并具有一定的刚性需求。2019年世界小麦消费量持续增长，达到7.58亿吨，同比增长0.9%。其中小麦食用消费持续增长，2019年为5.21亿吨，同比增长1.2%，食用量增长与人口增长基本同步，这使得年人均消费水平稳定在67.6千克；饲用消费小幅增长，2019年为1.43亿吨，同比增长0.4%，主要由于北美地区、中国和俄罗斯的小麦饲用量增加；其他消费量为9 390万吨，同比下降0.3%。2020年世界小麦消费量约为7.54亿吨，同比下降0.4%。其中小麦食用消费明显增长，2020年约为5.25亿吨，同比增长0.8%；饲用消费和其他消费均明显减少，2020年分别为1.39亿吨和9 020万吨，同比分别下降2.6%和3.9%（表2）。

表2　世界小麦供求平衡表　　单位：百万吨

供求量	2018年	2019年	2020年	2020年比2019年增长/%
产量	732.1	762.2	758.3	−0.5
贸易量	168.2	175.1	177.5	1.4
消费量	751.1	757.5	754.3	−0.4
食用	514.9	521.1	525.4	0.8
饲用	142.0	142.5	138.7	−2.6
其他	94.2	93.9	90.2	−3.9
库存	271.9	276.2	280.3	1.5
人均消费量	67.5	67.6	67.4	−0.2
库存消费比	35.9	36.6	36.3	—
价格指数	148	143	148	0.9

资料来源：FAO。

世界小麦消费中，东方国家小麦食用消费占比较高，而西方国家小麦则是饲用消费占比较高。按饲料消费占比平均值排序，澳大利亚、欧盟、加拿大、俄罗斯小麦饲用消费占比最高，2019年比重分别为49.1%、44%、41.5%、39.2%，历史年度最高占比分别为56.5%、45.8%、49%、42.5%。中国、印度、巴基斯坦等亚洲国家占比总体普遍偏低，2019年平均占比分别为13.9%、4.3%和2.6%，历史年度最高占比分别为20%、5.1%和4.1%。非洲的埃及2019年平均占比为11.2%，历史年度最高占比为15.5%。

世界小麦消费区域与生产区域基本重合，世界前五大消费国（地区）分别为中国、欧盟、印度、俄罗斯、美国，2019年小麦消费量分别为1.27亿吨、1.26亿吨、1.02亿吨、4 420万吨、3 150万吨，中国、欧盟和印度是世界小麦消费的核心区域，合计占比达47%。2020年小麦消费会发生变化，特别是欧盟受减产影响，消费明显下降，消费量约为1.07亿吨，较2019年减少15%，美国小麦消费量为3 060万吨，较2019年减少3%。俄罗斯小麦消费变化不大，而中国和印度小麦消费量继续增加，分别为1.29亿吨和1.03亿吨，分别较2019年增长1.6%和1.7%。世界小麦主要消费区域也是世界小麦主产区，且总体能够实现“自给自足”。

世界小麦饲料消费，消费区域高度集中于欧盟、俄罗斯和中国，近8年三国（地区）饲料小麦消费合计占比均超过60%，最高达69.8%，其中欧盟占比平均为41.2%，最高达47%；中国和俄罗斯平均占比分别为12.2%和11%，最高占比分别为18.1%和13.7%。欧盟生产了全世界20.5%的小麦，其中44%用于饲料消费，而其小麦饲料消费量占到世界的41.2%。

2020年中国小麦总消费量呈稳中有增态势，达1.29亿吨，同比增长1.1%。2月以来，受全国新冠肺炎疫情影响，居民居家隔离，人员流动减少，小麦原粮物流受阻，市场流动性降低，上半年小麦食用消费略有下降，而下半年以后随着疫情形势好转，生产生活恢复正常，小麦食用消费将明显增加。饲用消费方面，受玉米价格持续走高、玉米小麦价格倒挂影响，小麦饲料消费大幅增加，后期如果玉米和小麦价差继续扩大，小麦饲用量将继续增加。工业消费方面，受新冠肺炎疫情影响，小麦工业消费量略有减少。

（三）世界小麦库存变化

近年来，世界小麦库存及库存消费比呈现明显的“V”字形走势，世界小麦库存量及库存消费比由2009/2010年度的2.04亿吨、31.3%持续降至2012/2013年度的1.78亿吨、25.9%，然后又增至2018/2019年度的2.72亿吨、35.9%，2019年世界小麦库存量达2.76亿吨，同比增长1.5%；库存消费比36.6%；2020年库存量增至2.80亿吨，同比增长1.5%；库存消费比约为36.3%，世界小麦库存量及库存消费比均达到近年来的历史高位。

分国别来看，2020年世界小麦库存量排名前三的国家是中国、美国、印度，库存量分别为1.27亿吨、2 660万吨、2 080万吨，分别占世界库存总量的46%、9.6%、7.5%，合计占世界库存总量的63.1%，其余国家的库存量均在1 000万吨以下。从库存消费比看，中国、美国、哈萨克斯坦、澳大利亚、加拿大库存消费比较高，其余国家或地区库存消费比均在20%以下。

2020年随着小麦产量增长，中国小麦期末库存增加700万吨，达1.27亿吨，较2019年增长5.8%。中国小麦库存为保障世界小麦库存水平做出了巨大贡献，中国小麦期末库存在世界小麦库存总量中占比最高，如果把中国的库存单独计算，世界其他国家小麦的库存消费比将低于或逼近17%~18%的粮食安全标准。

二、国际价格走势

受气候条件、产量增长等因素影响，2019年小麦市场供需形势明显好转，国际小麦价格有所下跌，全年平均价格指数为143，同比下跌3.4%。美国墨西哥湾硬红冬麦（蛋白质含量12%）平均离岸价从1月的238美元/吨下跌至5月的212美元/吨，6月涨至227美元/吨，之后持续下跌，9月跌至200美元/吨，随后总体上涨，12月涨至225美元/吨；全年均价为219美元/吨，同比下跌9.0%。进入2020年，受预期产量下降影响，小麦价格有所上涨，1月价格涨至237美元/吨，之后虽有波动，但价格总体保持在230美元/吨的水平，上半年（2020年1—6月）均价为230美元/吨，同比增长2.2%。上半年平均价格指数达到148，同比增长0.9%。2019年，美国软红冬平均离岸价为211美元/吨，同比增长1.2%，2020年上半年均价为229美元/吨，同比增长9.1%。2019年，阿根廷小麦平均离岸价为228美元/吨，同比下跌7.0%，2020年上半年均价为239美元/吨，同比增长3.2%（图1）。

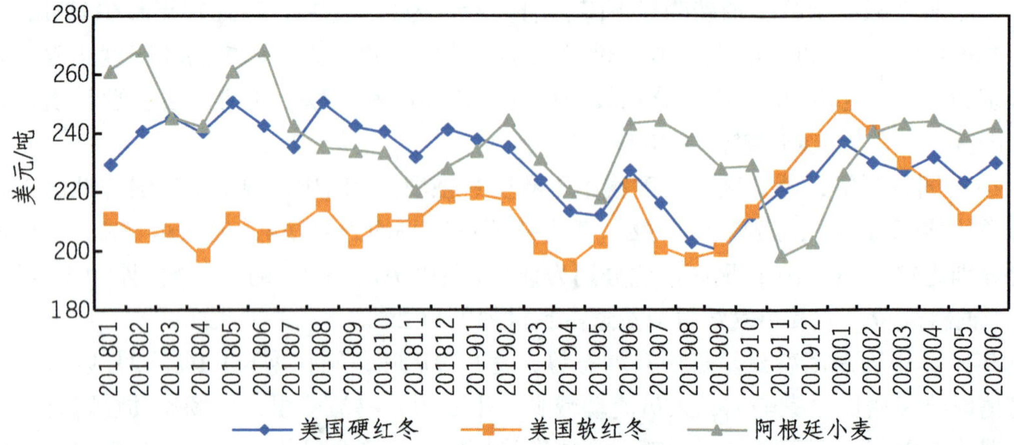

图1　2018年以来世界小麦月度价格走势

资料来源：FAO。

2020年，中国小麦价格总体呈上涨趋势，1—8月优质小麦市场均价为2 698元/吨，同比下跌4.3%；其中8月均价为2 720元/吨，环比上涨2.3%，同比上涨3.8%。今年小麦托市收购范围扩大，价格底部支撑增强，加之疫情防控常态化，且玉米涨价明显，农民惜售心理仍较强，导致国内小麦价格上涨。国内外价差有所扩大，8月墨西哥湾硬红冬麦到岸税后价为2 240元/吨，比国内优质麦销区价低480元/吨，价差较上月扩大20元/吨，较1月扩大180元/吨（图2）。

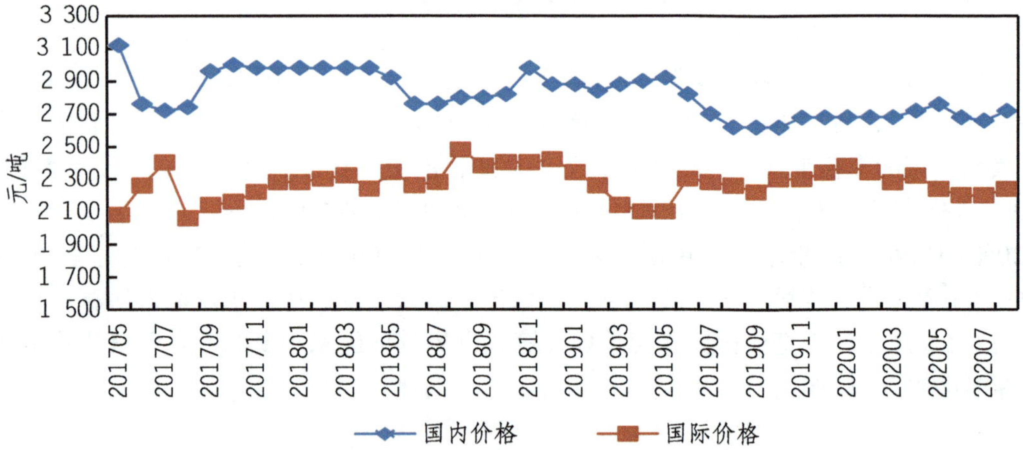

图2　国内外小麦月度价格走势

注：国内价格为广州黄埔港优质麦到港价，国际价格为美国墨西哥湾硬红冬麦（蛋白质含量12%）到岸税后价。

三、国际贸易格局

（一）世界小麦贸易形势

2019年世界谷物贸易量为4.13亿吨，同比增长0.5%；2020年世界谷物贸易量约为4.33亿吨，同比增长2.2%。2019年世界小麦贸易量为1.74亿吨，占谷物贸易量的42%，同比增长1.6%；2020年世界小麦贸易量约为1.78亿吨，同比增长1.4%。贸易量的增加主要由于发展中国家的进口量增幅较大，且主要出口国的小麦供应充足。2020年俄罗斯小麦增产，且价格非常有竞争力（目前黑海地区的小麦是全球最便宜的供应），因此进一步推动俄罗斯取代欧盟，成为全球头号小麦出口国。俄罗斯和欧盟一直稳步提高出口市场份额，而美国的份额逐渐下滑。2020年美国成为全球第三大小麦出口国，落后于俄罗斯和欧盟。2020年，俄罗斯小麦出口量约为3 300万吨，同比增长1.5%；欧盟小麦出口量约为2 800万吨，同比下降15.2%；加拿大小麦增产，出口量约为2 500万吨，同比增长16.3%；乌克兰小麦价格很有竞争力，但受减产影响，出口量明显减少，约为1 650万吨，同比下降18.3%；美国小麦出口量约为2 650万吨，同比减少1.9%。饲料小麦和低质量小麦的价格极其有竞争力，使得亚洲和非洲一些国家的小麦进口量增加。2020年世界小麦主要进口国仍然是埃及、印度尼西亚、土耳其、巴西等国，大多数国家小麦进口量呈增长态势，仅安哥拉进口下降幅度较大，下降25.9%。

2020年中国小麦进口量明显增加，1—7月累计进口小麦及制品428万吨，同比增长116.3%；进口金额12.2亿美元，同比增长108.9%；同期出口13.84万吨，同比减少10.5%；出口金额0.52亿美元，同比减少14.8%。进口主要来自法国（占进口总量的31.1%）、澳大利亚（占30.4%）、加拿大（占20.7%）、立陶宛（占5.9%）、哈萨克斯坦（占4.3%）；出口主要目的地是朝鲜（占出口总量的75.7%）、中国香港（占22.4%）。中国小麦进口量明显增长，主要原因：一是进口来源国出现新成员，2019年7月中国开始进口法国小麦，11月开始进口立陶宛小麦；上半年共进口法国小麦104万吨，立陶宛小麦19.7万吨，而上年同期从这两个国家进口很少。二是俄罗斯、哈萨克斯坦均有意向增加对中国的小麦出口。

（二）世界小麦贸易变化特点

一是黑海小麦迅速崛起，市场影响力逐渐扩大。一直以来，美国、加拿大、欧盟、阿根廷和澳大利亚组成了国际小麦的传统出口五国。而进入2000年以后，因播种面积提高、天气因素配合和农业投入持续增加等，黑海地区（指俄罗斯、乌克兰和哈萨克斯坦三国）的小麦产量大幅增长。黑海小麦属于低品质磨粉麦，价格相对低廉，深受亚非拉等国家的喜欢。2019—2020年黑海地区小麦出口量均达到6 000万吨以上，占全球小麦国际贸易量的35%。而传统五国的占比则由2000年的88.1%下降到2019年的54.5%。黑海地区小麦主要出口到埃及、土耳其等地中海沿岸国家或地区。由于黑海地区平原面积大、土壤肥沃，小麦增产潜力巨大，在未来世界小麦产销格局中将占据越来越重要的地位。

二是地缘政治和国际贸易政策不断冲击市场。随着黑海地区影响力不断提升，该地区的政治冲突和出口政策问题不断冲击着市场。2014年11月，俄罗斯和乌克兰发生冲突，导致国际小麦价格大幅上涨，CBOT小麦两个月内从540美分/蒲式耳，最高攀升至720美分/蒲式耳，涨幅最高超过30%。虽然近年来俄罗斯小麦创纪录丰产，但在俄罗斯经济增长乏力的情况下，小麦作为重要的出口创汇产品受到俄罗斯政府的密切关注。在2018年出口进度过快的情况下，俄罗斯逐步限制其出口，引起了市场价格波动。随着近两年贸易保护主义抬头，政治因素成为影响国际贸易的重要原因。2018年中美发生贸易摩擦，导致双方互征关税，美国小麦出口到中国需要加征25%的额外关税。美湾软红冬小麦到中国南方港口的测算成本价从中美贸易战前的1 996元/吨上涨至2 439美元/吨，涨幅高达22%。

三是东南亚小麦进口量急剧增加。东南亚地区由于气候原因并不生产小麦，2019年，东南亚地区的印度尼西亚、马来西亚、菲律宾、越南、泰国小麦产量非常少，而小麦进口量却分别为1 100万吨、184万吨、720万吨、320万吨和340万吨，缅甸产量为18万吨，进口量为48.2万吨，东南亚六国合计进口小麦2 665万吨，占当年世界小麦贸易量的15%，比2012年进口量增加56.25%。随着未来东南亚地区居民生活习惯的改变，尤其是面包和方便面消费量的增加，东南亚地区的小麦进口量将持续保持增长态势。

四是欧美加澳的贸易主导地位难以改变。欧盟生产了全世界20.5%的小麦，消费了全世界18.1%的小麦，供应了全世界18.9%的小麦出口量，是名副其实的世界小麦核心地带。美加澳作为新大陆的代表，农场规模大，小麦种植成本低，小麦品质好，是世界优质小麦杜伦麦的主产区和主要供给区，小麦出口竞争力强，国内生产小麦以出口为主；而中国、印度、巴基斯坦等国虽小麦产量大，但人口多、国内消费大，难以大量供给国际市场。

五是2020年亚洲进口阿根廷小麦将创历史最高。干旱影响澳大利亚小麦产量，加上黑海小麦供应吃紧，2020年阿根廷对亚洲小麦出口可能创下历史最高纪录，印度尼西亚、越南、泰国和菲律宾将从阿根廷进口100万吨以上小麦。阿根廷小麦丰收，有大量小麦可供出售，2020年阿根廷向亚洲出口的小麦远高于2019年，阿根廷小麦出口供应将达1 200万吨。印度尼西亚已进口近70万吨阿根廷小麦，还将有100万吨阿根廷小麦运抵越南。泰国、菲律宾增加小麦进口，越南将进口18.2万吨，泰国将进口39.6万吨。2019年阿根廷开始成为亚洲地区主要的小麦供应国，传统供应国澳大利亚连续3年遭受干旱，东部沿海地区严重干旱，可能造成产量降至11年来最低，影响小麦出口；黑海经过快速出口后，小麦供应吃紧（表3）。

表3　世界小麦主要贸易国家（地区）贸易量　　单位：百万吨

进口量	2019年	2020年	增长%	出口量	2019年	2020年	增长%
埃及	13.0	13.0	0.0	俄罗斯	32.5	33.0	1.5
印度尼西亚	11.0	11.0	0.0	欧盟	33.0	28.0	−15.2
土耳其	9.5	7.5	−21.1	美国	27.0	26.5	−1.9
巴西	7.2	7.3	1.4	加拿大	21.5	25.0	16.3
菲律宾	7.2	7.2	0.0	乌克兰	20.2	16.5	−18.3
孟加拉国	6.1	6.1	0.0	澳大利亚	8.3	14.0	68.7
中国	5.4	5.9	9.3	阿根廷	13.5	13.7	1.5
安哥拉	5.0	5.5	10.0	哈萨克斯坦	6.5	7.5	15.4
日本	5.4	5.5	1.9	土耳其	4.5	4.5	0.0
摩洛哥	5.0	5.5	10.0	印度	0.7	1.0	42.9

资料来源：FAO。

四、世界主要国家产业竞争力

（一）中美小麦生产成本比较

美国是世界小麦主产国之一，美国小麦生产成本主要由运营成本和间接费用构成。其中，运营成本主要包括种子费、肥料费、农药费、作业费、燃料动力费、修理费、排灌费、利息。而间接费用主要包括雇工费用、家庭劳动机会成本、固定资产折旧、土地机会成本、税金与保险费、管理费。2018年美国小麦生产总成本为335.86元/亩，同比下降0.2%。小麦生产总成本中，运营成本为118.23元/亩，占总成本的35.2%；间接费用为217.63元/亩，占总成本的64.8%。运营成本中肥料费为主要开支，2018年为32.4元/亩，占总成本的9.6%；修理费为24.76元/亩，占总成本的7.4%，其他各项合计占总成本的18.2%；间接费用中固定资产折旧费为100.9元/亩，占总成本的30.0%；土地机会成本为70.33元/亩，占总成本的20.9%，其他各项合计占总成本的13.9%（图3）。

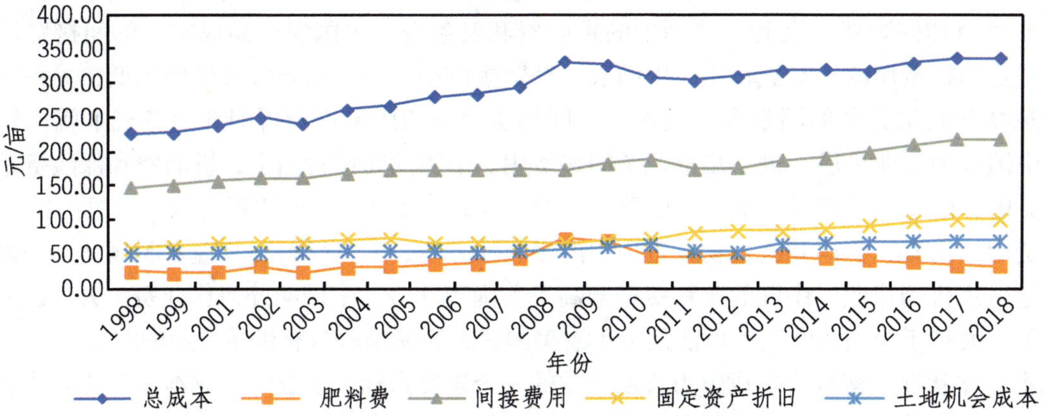

图3　美国小麦生产总成本及主要构成要素

数据来源：《全国农产品成本收益资料汇编2019》。

从总成本来看，中国小麦单位面积生产总成本高于美国。美国小麦的直接生产费用低于中国平均水平，2018年中国直接生产费用为美国的3.7倍。在直接生产费用中，除机械修理费、燃料动力费用外，美国小麦的其他直接生产费用均比中国低。其中，种子费用少54元/亩，化肥费用少116元/亩，农药费用少7元/亩，美国小麦直接生产费用比中国平均水平少321元/亩。在间接生产费用中，美国的家庭劳动机会成本与中国的家庭用工折价相对应，土地机会成本与中国的租地成本相对应。由于美国土地资源实行私有制，所以为达到土地资源利用效率的最大化，土地费用在核算时采取的是土地机会成本。美国的固定资产折旧费和管理费分别比中国高98元/亩和13元/亩，税金与保险合计比中国高1元/亩；家庭劳动机会成本比中国低315元/亩，土地机会成本比中国低142元/亩，雇工费用比中国低11元/亩。从单位产品生产者价格看，中国小麦市场价格明显高于美国。2018年，中国小麦总产值为853.53元/亩，而美国小麦产值为250.47元/亩，比中国低603元/亩。中国小麦生产获得利润为-159.41元/亩，而美国小麦净利润为-85.39元/亩。按以上成本计算，中国小麦单位产品的成本为2.75元/千克，美国为1.74元/千克，中国小麦单位产品生产成本仍比美国高1.01元/千克（表4）。

表4　2018年中美小麦生产成本及收益

项目	中国	美国	中国/美国
单产/（千克/亩）	368.99	192.80	1.91
小麦价格/（元/千克）	2.24	1.25	1.79
总产值/（元/亩）	853.53	250.47	3.41
生产总费用/（元/亩）	1 012.94	335.86	3.02
直接生产费用/（元/亩）	438.94	119.05	3.69
间接生产费用/（元/亩）	574.00	217.49	2.64
单位产品成本/（元/千克）	2.75	1.74	1.58

数据来源：《全国农产品成本收益资料汇编2019》。

注：直接生产费用中国为物质与服务费用，美国为运营成本；间接生产费用中国为总成本中除物质服务费用之外的费用加总，美国为间接费用。

从农产品生产成本结构看，中国的人工成本和土地成本比重明显较高，而美国和欧盟的物耗费用和间接费用比重明显高于中国。这主要由于中国的农业机械作业水平较低，导致人工成本明显偏高；而国外大量采用机械作业，其人工成本比重较低，机械成本就体现到物耗费用中的燃料动力费、工具材料和修理费以及间接费用中的折旧费和财务费。中国农产品成本中的间接费用比重较低，主要是间接费用的绝对额较小。中国农户经营规模小，一方面导致管理费用低，另一方面导致农用建筑物和农机为主的固定资产投入少，间接费用中的固定资产折旧和财务成本就比较少；自2006年中国取消农业税后，进一步降低了间接费用。中国的间接费用中，折旧费和保险费是最大的细项。美国和欧盟的间接费用中，折旧费占到75%以上，其次是公摊的管理费，一般占10%~15%。从物耗费用结构看，美国和欧盟物耗费用中的燃料动力费、工具材料和修理费明显高于中国，因为他们大量采用机器作业。中国的肥料费普遍高于美国和欧盟；中国的外包作业费（90%以上是机械作业费）大大高于美国和欧盟，可能是由于欧美国家大规模采取自有机械作业的结果。

成本变化状况是衡量成本竞争力长期变动的一个重要指标。在农产品成本上升的总体趋势下，成本稳定性好，就意味着成本竞争力在提高。1998年以来，中美两国小麦生产成本都在上涨，但中国的上涨速度大大快于美国（图4）；2007年之后，中国小麦成本显著高于美国。1998年，中国小麦生产总成本为美国的1.6倍，2018年则扩大至3倍。美国小麦生产总成本从1998年的226元/亩增至2018年的336元/亩，增长了48.7%；而同期中国小麦生产总成本从357元/亩增至1 013元/亩，增长了1.8倍。

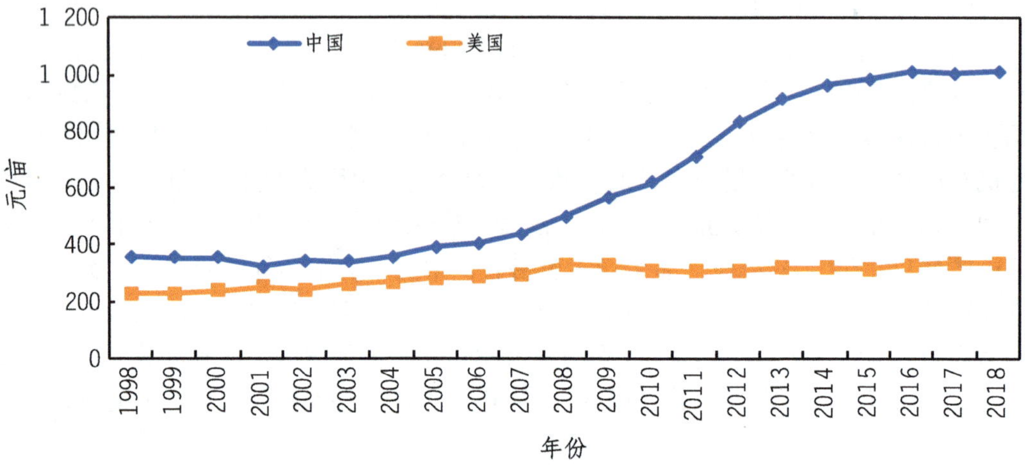

图4　中国与美国小麦生产总成本比较

数据来源：《全国农产品成本收益资料汇编2019》。

（二）产业链竞争力国际比较

现代农业竞争，已由产品之间的竞争转为产业链之间的竞争，而核心企业竞争力则是产业链竞争力的重要组成部分。多年来，随着经济全球化进程的推进及各国对外资管制的放松，以阿彻丹尼尔斯米德兰（ADM）、邦基、嘉吉和路易达孚等大型跨国公司为代表的跨国粮商凭借规模优势、资本优势和政策优势，通过兼并、重组掌控了主要农产品的全球贸易，并通过纵向一体化完成了对全球农业产业链的战略布局。而中国小麦产业链竞争力仍存在很大差距，主要表现在。

一是竞争力总体不强。中国小麦加工总体链条较短，带动能力不强，初级加工能力较强，精深加工及综合利用不足。大多数面粉加工企业规模较小，生产经营成本高，技术装备水平落后。服务链发展滞后，上中下游不均衡，产前、产中服务发展相对较快，但农民产后急需的信息服务、金融服务、销售服务等仍很薄弱。

二是产业链组织化和一体化程度较低，上游太分散。目前中国小麦种植仍主要以一家一户为单位，生产规模小，组织化程度低。行业市场集中度较低，核心企业的竞争力和带动力不强，供应链设施落后，产业链管理水平不高。农户与企业（组织）之间以非正式合作为主，股份合作等紧密型联结方式不多，农业订单合同不规范，上下游主体的联结方式较为松散，在生产组织、质量监控、信息传输、价格协商等方面难度较大。

三是政策支持和要素支撑体系不健全。小麦作为重要的口粮品种，中国对小麦种植给予的支持政策较多，而对于加工环节扶持政策较少，尚未形成全产业链的政策支撑体系。目前中国面粉加工企业的创新能力较弱，上游主体吸收应用新技术的能力不强，农业科技部门全产业链技术服务能力不足，金融部门对龙头企业和农户的支持不够，全产业链金融服务的意识和能力不强。标准化生产是产业链发展的基础，但目前产业链在不同区域、不同部门间的标准不一致、不协调，降低了产业链的运作效率。产业链上下游环节之间、不同产业链之间的信息平台、数据标准不统一，难以互联互通，制约了供应链和电子商务的发展。产业链各环节物流设施和物流技术落后，流通成本居高不下。

五、主要国家产业支持政策新变化

2019年小麦主产国产业政策总体变化不大但2020年受全球新冠肺炎疫情影响，各主产国小麦生产支持力度有所加大，小麦国际贸易政策方面发生了一些新变化。

一是俄罗斯、乌克兰、哈萨克斯坦等国出台禁限制小麦出口的贸易政策。俄罗斯、乌克兰、哈萨克斯坦先后出台措施限制或禁止粮油类农产品出口。作为全球第一大小麦出口国，俄罗斯从4月1日至6月30日将小麦等产品出口量限制在700万吨以内。哈萨克斯坦3月22日起限制出口面粉等11种农产品，3月30日起改为对小麦和面粉出口实行配额制。乌克兰3月30日宣布，将2020年小麦出口量限制在2 020万吨以内。印度因受边境封闭影响宣布暂停粮食对外贸易。俄罗斯、乌克兰、哈萨克斯坦均是世界排名在前十之列的小麦出口国，三国出口量占全球总出口量的35%。

二是部分国家出台鼓励粮食进口的贸易政策。沙特阿拉伯、伊拉克、土耳其、摩洛哥、欧盟等国家和地区采取增加配额、取消进口关税、加大战略储备等措施主动增加粮食进口。

三是码头关闭、海运停航、入境管制等因素冲击粮食供应链。上半年受全球新冠疫情影响，多国运输业受到明显影响。越南、菲律宾等多国码头关闭或者作业放缓，船运公司面临舱单取消、集装箱短缺、目的港滞留等问题。3月26—31日，泛太平洋和亚欧等主要航线新增的停航数量较之前增长了3倍。世界最大的两家船运公司“马士基”和“地中海航运”组成的2M联盟，宣布将在今年第二季度停航亚欧航线和亚洲—地中海航线超过1/5的航次。4月20日，代表全球航运业指标的波罗的海交易所干散货指数达到近3个月高位。据上海航运交易所数据，3月底东南亚集装箱运价指数比2019年底上涨32%。欧洲各国加强入境管制，导致不少在他国谋生的务农人员被困在本国，德国3月农业劳工缺口3万人，英国农业部门缺少8万工人，法国外国劳工减少20万人，欧洲劳动力的短缺问题或将使未来全球食品价格面临上涨压力。

六、世界供需形势展望

全球小麦生产继续发展，但增长幅度有所放缓。小麦总产量的增长主要依靠种植面积的增加和单位产量的提高。但世界现有耕地大幅增加的可能性不大，从长期看，只能依靠增加单位产量以达到增加小麦总产的目的。影响小麦单位产量提高的因素主要有两个：一是小麦生产技术，二是物质投入。首先，从小麦生产技术看，大部分国家和地区只能依靠品种改良等生物化学型技术进步手段。其次，从增加物质投入看，受投入补贴减少、资源环境约束等因素影响，未来依靠增加物质投入提高单产的幅度有限。因此，未来世界小麦单产水平增长有限，产量年均增长率较前10年放缓。全球小麦消费数量将保持增长趋势，小麦消费将更加重视营养、卫生和安全。促使小麦消费持续增长的两个主要因素分别是人口数量和经济水平。一方面，粮食属于人们的日常生活必需品，小麦消费人群相对固定，其消费量呈刚性增长。另一方面，全球经济持续增长，收入水平对粮食消费的影响主要是通过消费结构的变化表现出来的，食用消费量相对稳定，工业、饲用及其他小麦消费可能有所增加，同时小麦产品的营养、卫生和安全将更受重视。

生产方面，未来世界小麦产量仍将持续增产，增产主要依靠单产水平的提高。预计到2029年世界小麦单产仍可以保持0.8%的年均增长速度，按照这样的发展趋势，2029年世界小麦产量将达8.2亿吨，年均增长1%。

消费方面，随着经济的增长和人民生活水平的提高，全球小麦消费需求呈刚性增长趋势。预计到2029年，全球小麦的消费量将达到8.25亿吨，比2017—2019年平均水平的7.43亿吨增加了11%。其中，食用消费为5.51亿吨，占67.69%；饲用消费量达1.62亿吨，增长速度有所放缓，但仍然占消费总量的19.9%；用作生物燃料原料的消费量占消费总量的1.63%，较2010—2012年的1.18%下降了0.45个百分点。

从未来小麦价格走势来看，长期世界小麦价格仍将呈上涨趋势，从2020年的平均水平逐渐上行，至2029年预计价格将达到250美元/吨，与2017—2019年的平均水平相比，2029年的小麦价格仍会高出10%以上，不断上涨的农产品价格正在向产业链后端的畜产品传导。从短期来看，由于世界小麦供求处于宽松状态，同时受美元走势、能源价格、投机资本以及玉米、大豆等周边农产品价格变化的影响，预计未来世界小麦价格将保持低位震荡格局。

从生产和消费两方面看，小麦未来10年的产量年均增长速度略小于消费的增长速度，但10年中的多数年份产量仍略高于需求量。全世界范围来看，小麦可能出现供大于求的局面，但个别国家仍然存在产不足需的状况。

参考文献

国家发展和改革委员会价格司，2019. 全国农产品成本收益资料汇编[G]. 北京：国家发展和改革委员会价格司.

孟岩，马俊乐，徐秀丽，2016. 4大粮商大豆全产业链布局及对中国的启示[J]. 世界农业（1）：62-67.

田甜，2017. 国际粮食市场波动及利用研究[D]. 北京：中国农业大学.

Food and Agriculture Organization of the United Nations，2020. Crop Prospects and Food Situation[R]. June.

Food and Agriculture Organization of the United Nations，2020. Food Outlook [R]. June.

United States Department of Agriculture，2020. World Agricultural Supply and Demand Estimates[R]. July.

（农业农村部农村经济研究中心　姜　楠）

专题三：玉　米

玉米是世界三大谷物之一，年产量占全球谷物产量的40%以上。2019/2020年度，世界玉米产量略有下降，但仍为历史第三高年份。北美洲和南美洲所占份额有所下降，亚洲、非洲、欧洲份额上升。消费自2013/14年度以来首次出现下降，但仍略大于当年产量，全球玉米库存继续有所下降。2019/2020年度全球玉米库存3.13亿吨，同比减少2.3%，库存消费比27.9%，比上年度下降0.1个百分点，全球玉米供求形势仍较宽松。国际玉米价格波动较为剧烈，总体呈先涨后跌的态势，2019年1月至2020年5月，国际玉米期货和现货平均价格分别下跌13.0%、15.7%，已跌至2007年来的最低水平。2019/2020年度，全球玉米贸易量有所减少，美国、巴西和阿根廷玉米出口减少，乌克兰、欧盟、俄罗斯和南非玉米出口增加。美国作为全球最大的玉米主产国，2019年玉米生产成本持续增加，其中肥料费用和固定资产折旧费用增加明显。由于价格明显上升，美国玉米种植收益水平明显提高。

预计2020/2021年度全球玉米面积和单产都将明显增加，总产量也将明显增长，并有望创历史新高。未来3~5年，全球玉米生产仍有望保持增长势头。随着新冠肺炎疫情影响逐步消减，预计2020/2021年度全球玉米消费将恢复增长，未来畜牧业将持续发展，玉米饲用消费也将持续增长，成为全球玉米消费增长的主要推动力，年增长率有望保持在2%左右。由于预期产量明显增长并创历史新高，预计2020/2021年度全球玉米将呈产大于需格局，库存水平将明显提高，供求关系宽松。国际玉米价格将在持续低迷的基础上有所回升，未来仍可能继续上升。国际玉米贸易将有所扩大，贸易格局更趋分散化，特别是新兴经济体和发展中国家玉米需求增长强劲，进口将持续增加。

一、世界供需现状

（一）玉米产量略有减少，消费多年来首次下降

2019年，中国玉米面积继续调减，美国玉米播种季节降雨显著偏多，播种明显延迟，实际播种面积低于预期。尽管如此，由于国际玉米价格较上年有所上涨，除中美以外的其他玉米主产国（地区）面积有所增加，全球玉米面积仍稳中有增。气候方面，由于美国玉米带气候不佳，播种及生长期持续延迟，玉米单产受明显影响，南美和乌克兰在上年获得创纪录的大丰收后，2019年单产水平都有所回落，全球玉米单产在上年创历史新高的基础上有所下降，总产也有所降低，但产量仍为历史第三高。据美国农业部2020年6月发布的数据，2019/2020年度，全球玉米收获面积1.92亿公顷，同比增加52.9万公顷，增长0.3%。其中；单产5.79吨/公顷，同比减少0.07吨/公顷，下降1.2%。其中，美国玉米单产10.51吨/公顷，同比下降5.1%；乌克兰7.19吨/公顷，同比下降8.3%；巴西5.49吨/公顷，同比下降4.9%；阿根廷8.07吨/公顷，同比下降3.5%；欧盟7.50吨/公顷，同比下降3.5%。全球玉米总产11.13亿吨，同比减少984万吨，降幅0.9%。其中，美国玉米产量3.46亿吨，同比减少5.0%；阿根廷5 000万吨，同比减少2.0%。

受原油价格大幅下跌叠加新冠肺炎疫情等因素影响，全球玉米燃料乙醇玉米用量明显下降，同时受非洲猪瘟疫情影响，玉米饲用消费增速也明显放缓，全球玉米消费总量自2013/14年度以来首次出现下降。据美国农业部供需报告，预计2019/2020年度全球玉米消费总量11.21亿吨，同比

减少2 377万吨，降幅2.1%。其中，饲用消费7.06亿吨，同比增加324万吨，增幅0.5%，增速比上年下降4.1个百分点，占玉米消费总量的63.0%，占比比上年提高0.6个百分点，饲料在全球玉米消费中的比重有所上升，饲料消费继续成为拉动玉米消费增长的主要来源。同时，由于燃料乙醇玉米用量减少，全球玉米工业消费随之下降，2019/2020年度，全球玉米食用、种用和工业消费量为4.15亿吨，同比减少6.1%。主要消费国（地区）中，美国、中国、欧盟玉米消费将分别下降1.8%、1.1%、5.2%（表1）。

表1 全球玉米供需平衡表 单位：万吨

年度	期初库存	产量	进口	消费	饲料消费	出口	期末库存
2018/2019	34 128	112 334	16 292	114 449	70 294	18 118	32 013
2019/2020	32 013	111 350	16 956	112 072	70 618	16 949	31 291
总量变动	−2 115	−984	664	−2 377	324	−1 169	−772
变动比/%	−6.2	−0.9	4.1	−2.1	0.5	−6.5	−2.3

数据来源：美国农业部供需报告。

（二）全球玉米库存略有下降，但供求形势仍较宽松

尽管全球玉米产量与消费均有所下降，但当年消费需求略大于当年产量，预计2019/2020年度，全球玉米库存继续有所下降，供大于求的状况进一步得到一定程度的缓解，但总体供应仍较充裕。据美国农业部数据，2019/2020年度，全球玉米期末库存3.13亿吨，同比减少722万吨，降幅2.3%。库存消费比27.9%，同比下降0.1个百分点，表明全球玉米仍处于去库存阶段。

尽管世界玉米库存同比有所下降，但从库存绝对水平来看，2019/2020年度库存仍处于较高水平，为历史第四高水平。玉米库存下降主要是由于中国和美国玉米库存下降，2019/2020年度，中国和美国玉米期末库存分别减少325万吨、299万吨，降幅分别为1.5%、5.3%，分别占全球玉米库存下降总量的45.0%、41.4%。此外，巴西、乌克兰期末库存也有不同程度的下降，分别比上年度减少80万吨、54.3万吨，降幅分别为15.4%、42.1%，库存减少量分别占世界库存减少总量的11.1%、7.5%。阿根廷、印度、俄罗斯、欧盟玉米库存水平则有不同程度的上升，期末库存分别比上年度增加100.5万吨、80万吨、41.5万吨、23.1万吨，增幅分别为42.4%、59.4%、110.1%、3.0%（表2）。

（三）生产格局有所变化，美洲所占份额下降

2019/2020年度，世界玉米生产分布范围广但又相对集中的总体格局未变，值得关注的是北美洲和南美洲所占份额有所下降，亚洲、非洲、欧洲份额上升。

从地区分布看，根据美国农业部2020年6月数据，2019/2020年度，受气候等因素影响，北美洲和南美洲玉米减产，产量占全球玉米产量的比重有所降低，分别由上年度的36.12%和14.57%下降到34.51%和14.54%，分别下降了1.61个百分点和0.03个百分点；亚洲、非洲、欧洲玉米产量均有所增加，在全球玉米生产中的比重有所上升，分别由上年度的30.43%、7.22%、11.23%上升到31.25%、7.45%、11.83%，分别提高了0.82个百分点、0.23个百分点、0.60个百分点。

表2 2018/2019年度、2019/2020年度全球玉米主产国产量变化对比

国家（地区）	2018/2019年度产量/万吨	全球占比/%	2019/2020年度产量/万吨	全球占比/%	占比增减/%
美国	36 426	32.43	34 589	31.06	−1.36
中国	25 733	22.91	26 077	23.42	0.51
巴西	10 100	8.99	10 100	9.07	0.08
欧盟	6 436	5.73	6 663	5.98	0.25
阿根廷	5 100	4.54	5 000	4.49	−0.05
乌克兰	3 581	3.19	3 589	3.22	0.04
印度	2 772	2.47	2 890	2.60	0.13
墨西哥	2 760	2.46	2 500	2.25	−0.21
南非	1 182	1.05	1 625	1.46	0.41
俄罗斯	1 142	1.02	1 428	1.28	0.27
加拿大	1 389	1.24	1 338	1.20	−0.03
印度尼西亚	1 200	1.07	1 190	1.07	0.00
尼日利亚	1 100	0.98	1 100	0.99	0.01

数据来源：根据美国农业部供需报告整理。

从主产国分布看，美国和中国仍然是世界两大玉米生产国，但美国因气候不佳、单产降低导致产量下降，占全球玉米总产量比重有所降低，中国则因单产提高使得总产增加，占比重有所上升。2019/2020年度，美国玉米产量3.46亿吨，同比减少5.0%，占全球玉米产量的比重由2018/2019年度的32.43%下降到31.06%，下降1.36个百分点；中国玉米产量2.61亿吨，同比增长1.3%，占全球比重由上年度的22.91%上升到23.42%，提高0.51个百分点；北美洲的墨西哥和南美洲的阿根廷玉米减产，占全球玉米的比重有所降低，巴西玉米产量于上年度持平，占全球的比重略有上升。巴西2019/2020年度玉米产量为1.01亿吨，同比持平，居全球第三位，在全球的占比由8.99%提高到9.07%，上升了0.08个百分点；墨西哥、阿根廷玉米产量分别为2 500万吨和5 000万吨，同比分别减产9.4%、2.0%，在全球的占比分别由2.46%、4.54%下降到2.25%、4.49%，下降了0.21个百分点、0.05个百分点；欧盟产量增长，为6 663万吨，比上年度增长3.5%，占全球的比重5.98%，比上年度上升0.25个百分点；乌克兰玉米产量小幅增长，达3 589万吨，比上年度增长0.2%，占全球玉米的比重3.22%，比上年度提高0.04个百分点。其他国家中，南非、俄罗斯大幅增产，占比分别由上年度的1.05%、1.02%上升到1.46%、1.28%，分别上升了0.41个百分点、0.27个百分点；印度产量也有所增加，占比由上年度的2.47%上升到2.60%，上升了0.13个百分点。

二、国际价格走势

2019年1月至2020年5月，受气候变化、中美贸易摩擦、国际原油价格波动叠加全球新冠肺炎疫情蔓延等因素影响，国际玉米价格呈现波动较为剧烈，总体先涨后跌的态势，到2020年5月，已跌至2007年以来的最低水平。主要变化特点如下。

（一）国际价格剧烈波动

不考虑物价上涨因素，2019年1月至2020年5月，国际玉米价格波动较为剧烈。从日度价格来看，现货价格①在140.35~204.1美元/吨波动，波动幅度为31.2%；价格高点出现在2019年6月18日，低点出现在2020年4月29日。期货价格②（主力合约日收盘价）在312~459.25美分/蒲式耳（折合180.8美元/吨）波动，区间波动幅度为32.1%；高点价格出现在2019年7月12日，低点价格出现在2020年4月28日。

从月平均价格来看，现货价格由2019年1月的172.77美元/吨下跌到2020年5月的150.31美元/吨，跌幅13.0%；期货价格（主力合约收盘价格平均）由2019年1月的149.06美元/吨下跌到2020年5月的125.72美元/吨，跌幅15.7%（图1）。在这期间，现货价格上涨月份8个，涨幅在0.2%~15.4%，下跌月份9个，跌幅在0.4%~10.6%；期货价格上涨月份6个，涨幅在0.2%~15.7%，下跌月份11个，跌幅在0.7%~11.9%。现货月均最高价197.01美元/吨，出现在2019年6月，月均最低价150.31美元/吨，出现在2020年5月，区间波动幅度为23.7%；期货月均最高价（主力合约收盘价平均）172.78美元/吨，出现在2019年7月，月均最低价125.72美元/吨，出现在2020年5月，区间波动幅度为27.2%。

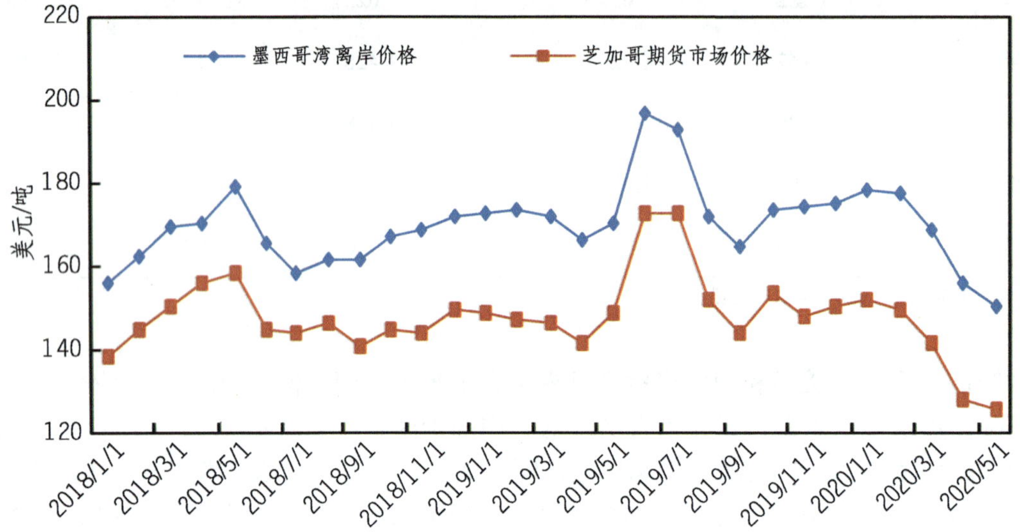

图1　2018年以来国际玉米月度价格变动趋势

数据来源：CBOT。

（二）2019年国际玉米价格低位反弹

2019年，国际玉米价格呈现震荡运行的特点，但总体价位比上年有所提高。1—4月，受中美贸易摩擦影响，美国大豆播种面积预期减少，玉米播种面积预期增加，国际玉米价格震荡下跌。5—6月，由于持续降雨，美国玉米播种严重滞后，预期产量下降，国际玉米价格大幅反弹。7—9月，由于美国玉米播种面积和预期产量均有所上调，国际价格逐步震荡回落。10月以后，由于成熟期偏晚，加上天气原因导致美国玉米收获期严重滞后，国际玉米价格有所反弹。1—12月，国际玉米现货价格和期货价格平均分别为175.40美元/吨和152.33美元/吨，比2018年平均价格分别高5.5%和3.6%。

---

① 美国墨西哥湾2号黄玉米离岸价。

② 芝加哥期货交易所玉米主力合约收盘价。

（三）2020年以来国际玉米价格持续下跌

2020年以来，受全球新冠肺炎疫情蔓延、原油等大宗商品价格大幅下跌、国际玉米供求形势宽松等因素影响，国际玉米价格呈持续下跌态势，除1月外，2—5月连续4个月下跌。5月，美国玉米现货价格和期货价格分别将至150.31美元/吨、125.72美元/吨，比疫情前的1月累计下跌15.7%、17.2%，并均已跌至2007年以来的最低水平，与2012年的高位价格相比，分别下跌54.8%、60.6%。1—5月，美国玉米现货均价和期货均价分别为166.25美元/吨、139.45美元/吨，同比分别下跌2.8%、5.0%。

三、国际贸易格局

（一）2019/2020年度全球玉米贸易量有所减少

2019/2020年度，由于全球玉米产量和消费均出现下降，特别是美国、阿根廷等主要玉米出口国减产，全球玉米贸易量有所减少。据美国农业部数据，2019/2020年度，全球玉米贸易量1.71亿吨，比上年度减少1 049.60万吨，减少5.8%（图2）。

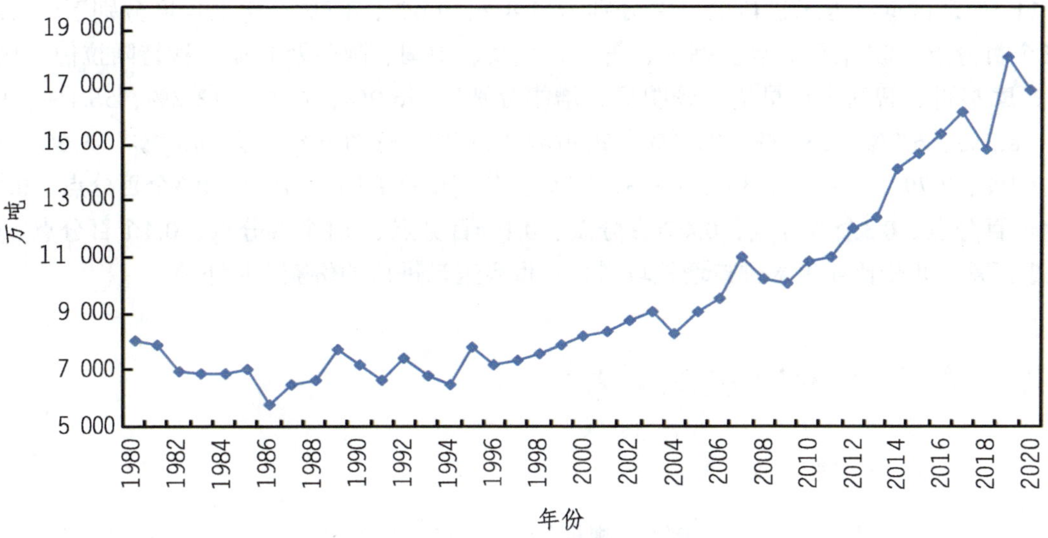

图2　1980年以来全球玉米贸易量变化

注：2018—2020年为美国农业部预计数，2018—2020年为市场年度数据，其余年份来源于联合国粮农组织网站，为日历年度数据。

（二）阿根廷、欧盟、俄罗斯和南非玉米出口增加，美国、巴西和乌克兰玉米出口减少

2019/2020年度，世界玉米贸易虽然仍维持出口区域相对集中、进口国相对分散的特点，但贸易格局有新的变化；玉米产量明显增加的欧盟、俄罗斯和南非出口大幅增加，出口份额明显上升；玉米产量下降的美国和巴西出口减少，出口份额下降。

世界玉米出口依然主要集中在美洲和欧洲。2019/2020年度，美国虽仍为全球第一大玉米出口国，但玉米出口量持续下降。据美国农业部数据，2019/2020年度，美国玉米出口量4 517.30万吨，比上年度减少731.00万吨，减少13.9%，占全球玉米出口的份额由上年度的29.0%下降到26.5%，降低2.5个百分点。巴西、乌克兰玉米出口量也有所减少。其中，巴西玉米出口量由上年度的3 968.21万吨下降至3 400.00万吨，降幅达14.3%，占全球玉米出口份额由21.9%降至19.9%，下降2.0个百分点；乌克兰玉米出口量由上年度的3 032.10万吨减少至2 920.00万吨，降幅3.7%，占全球玉

米出口份额为17.1%，比上年度下降0.4个百分点。与此同时，阿根廷、欧盟、俄罗斯、南非均因玉米增产出口量增加。其中，阿根廷玉米出口量由上年度的3 724.40万吨增加至3 800.00万吨，增幅2.0%，占全球玉米出口份额由20.6%上升至22.3%，提高1.7个百分点；欧盟玉米出口量由上年度的363.20万吨增加至480.00万吨，增幅达32.2%，占全球玉米出口份额由2.0%上升至2.8%，提高0.8个百分点；俄罗斯玉米出口量由上年度的277.00万吨增加至420.00万吨，增幅达51.6%，占全球玉米出口份额由1.5%上升至2.5%，提高0.9个百分点；南非玉米出口量大幅增加，由上年度的144.90万吨猛增至250.00万吨，增幅达72.5%，占全球玉米出口份额由0.8%上升至1.5%，提高0.7个百分点。

（三）中国、越南、阿尔及利亚等玉米进口增长较快，欧盟、日本等进口下降

全球玉米进口格局依然呈现分布分散的特点，以东亚、中东、欧盟、北非、东南亚以及美洲的一些国家为主，但2019/2020年度各国或地区的进口份额有所变动，东亚、中东、北非、东南亚进口增加，所占份额上升；欧盟进口减少，所占份额下降。据美国农业部数据，2019/2020年度，全球玉米进口量较大的国家或地区依次为欧盟、墨西哥、日本、韩国、越南、埃及、伊朗、中国、哥伦比亚、阿尔及利亚、沙特阿拉伯、秘鲁和马来西亚，进口量分别为1 900万吨、1 700万吨、1 600万吨、1 160万吨、1 100万吨、1 060万吨、800万吨、700万吨、620万吨、510万吨、450万吨、400万吨和390万吨。与上年度相比，欧盟、日本、伊朗进口量有不同程度下降，降幅分别为24.8%、0.3%、11.1%，占世界玉米进口的份额分别为11.4%、9.6%、4.8%，比上年度分别下降4.1个百分点、0.3个百分点、0.7个百分点。韩国、越南、埃及、中国、阿尔及利亚、沙特阿拉伯、秘鲁、马来西亚、摩洛哥、智利进口量增长较明显，增幅分别达到6.9%、7.8%、13.2%、56.1%、12.8%、22.9%、8.3%、6.2%、28.2%、21.6%，占世界玉米进口份额分别上升到6.9%、6.6%、6.3%、4.2%、3.1%、2.7%、2.4%、2.3%、1.8%、1.7%，分别提高0.3个百分点、0.3个百分点、0.6个百分点、1.4个百分点、0.3个百分点、0.4个百分点、0.1个百分点、0.1个百分点、0.4个百分点、0.3个百分点；墨西哥、哥伦比亚玉米进口增长较慢，占世界玉米进口的份额有所下降。

四、世界主要国家产业竞争力

（一）美国玉米成本收益变化

2019年，美国玉米农场平均玉米经营规模为278英亩[①]（合1 687亩），远超我国玉米户均2.9亩的规模。美国玉米的成本主要包括两大部分，运营成本和间接费用。运营成本包括种子、肥料、农药、机械作业、燃料、润滑油和电力费、修理费、利息等，间接费用包括雇工费、家庭劳动机会成本、固定资产折旧、土地机会成本、税收与保险、管理费等。根据美国农业部的初步统计，2019年，美国玉米生产成本收益主要体现出以下特点。

1. 玉米总成本持续增加

近年来，美国玉米种植成本总体呈上升趋势。2019年，美国玉米单位面积总成本为688.99美元/英亩（合783.07元/亩[②]），比上年增加11.97美元，增幅1.8%（图3）。受气候因素影响，2019年美国玉米单产明显下降，玉米单位产品的成本增加幅度更加明显。2019年美国玉米单产水平为174蒲式耳/英亩（合728.1千克/亩[③]），比上年减少10蒲式耳/英亩，降幅5.4%；单位产品总成本为3.96美元/蒲式耳（合0.16美元/千克，1.08元/千克），比上年增加0.28美元/蒲式耳，增幅7.6%。

---

① 1英亩4 046.86平方米，1亩≈0.16英亩，全书同。
② 根据当年人民币兑美元汇率中间价全年平均计算。
③ 1吨玉米≈39.368 25蒲式耳。

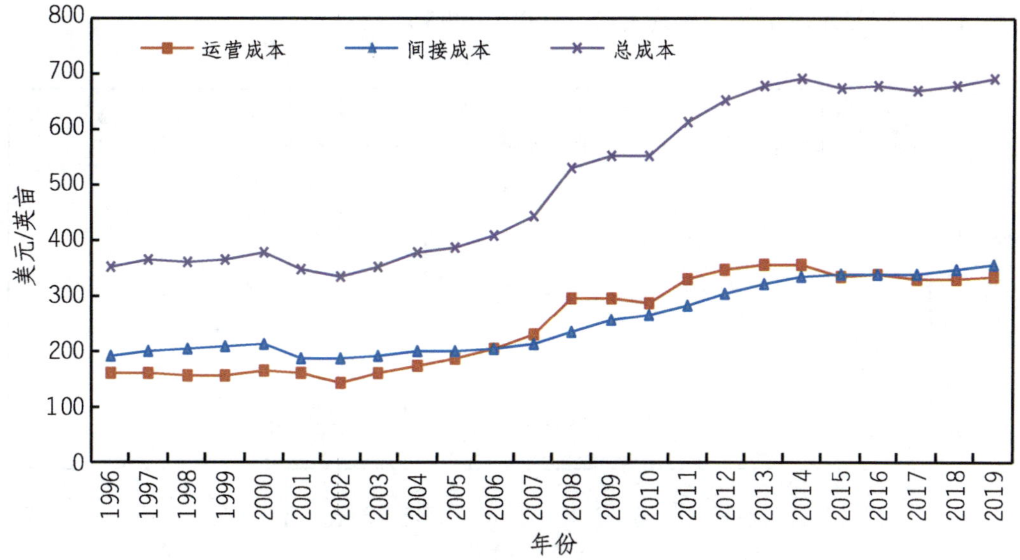

图3　1996年以来美国玉米单位面积成本变化

数据来源：USDA。

2. 运营成本继续增长，肥料与排灌费用明显增加

2019年，美国玉米运营成本为334.27美元/英亩，同比增加4.0美元，增幅1.2%。其中，肥料、机械作业、修理费、排灌、利息费用呈上升趋势，每英亩费用分别为114.46美元、23.07美元、35.13美元、0.3美元、3.49美元，同比分别上升5.0%、2.6%、3.6%、11.1%、2.0%。肥料费用的增加对运营成本上升的贡献率达到135.3%。种子、农药、燃料与润滑油及电力费用则有所下降，每英亩费用分别为93.48美元、33.95美元、30.39美元，同比分别下降2.8%、0.2%、1.7%（图4）。

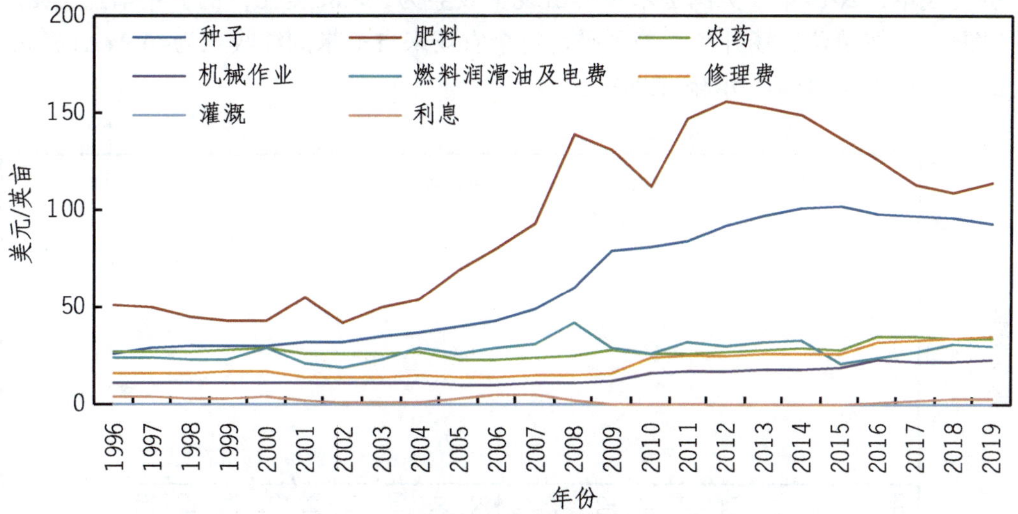

图4　1996年以来美国玉米单位面积各项运营成本变化趋势

数据来源：USDA。

3. 间接成本继续增加，固定资产折旧和劳动力机会成本等明显增长

2019年，美国玉米间接费用为354.72美元/英亩，同比增加7.97美元/英亩，增幅2.3%。其中，每英亩雇工费用、劳动力机会成本、固定资产折旧分别为5.25美元、29.68美元、128.94美元，同比分别增加0.4美元、1.54美元、6.29美元，增幅分别为8.2%、5.5%、5.1%；土地机会成本159.4美元，同比减少1.23美元，降幅0.8%；税收与保险费、管理费分别为12.19美元、19.26美元，同比分

别增加0.4美元、0.57美元，增幅分别为3.4%、3.0%（图5）。

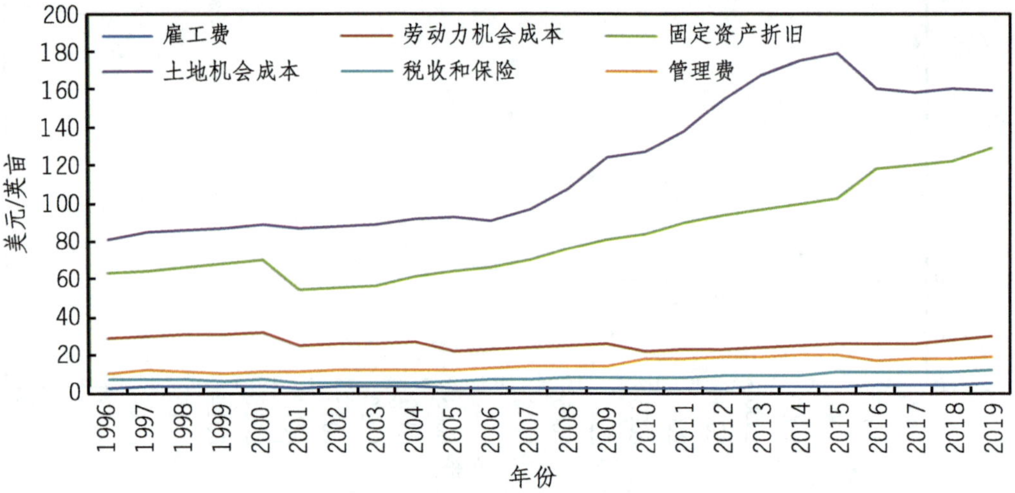

图5 1996年以来美国玉米单位面积各项间接费用变化趋势

数据来源：USDA。

4. 价格上升带动玉米收益水平明显提高

2019年，虽然美国玉米单产水平下降，成本增加，但由于价格明显上升，种植收益水平明显提高。2019年，美国玉米单产为每英亩174蒲式耳，同比下降5.4%；单位产品售价为每蒲式耳3.83美元，同比大幅上涨12.0%；每英亩主产品价值为666.42美元，同比增加37.14美元，增幅5.9%。加上副产品价值2.35美元，每英亩产值为668.77美元，同比增加37.23美元，增幅5.9%。扣除完全成本，每英亩净利润-20.22美元，比上年提高25.26美元，增幅55.5%。如果不扣除土地机会成本和家庭劳动力机会成本，2019年，美国玉米每英亩现金收益为168.86美元，比上年增加25.27美元，增幅17.8%（图6）。按单位农场计算，美国平均每个农场来自玉米的纯收入为46 943.1美元（不含补贴），同比增加7 108.46美元，增幅17.8%。

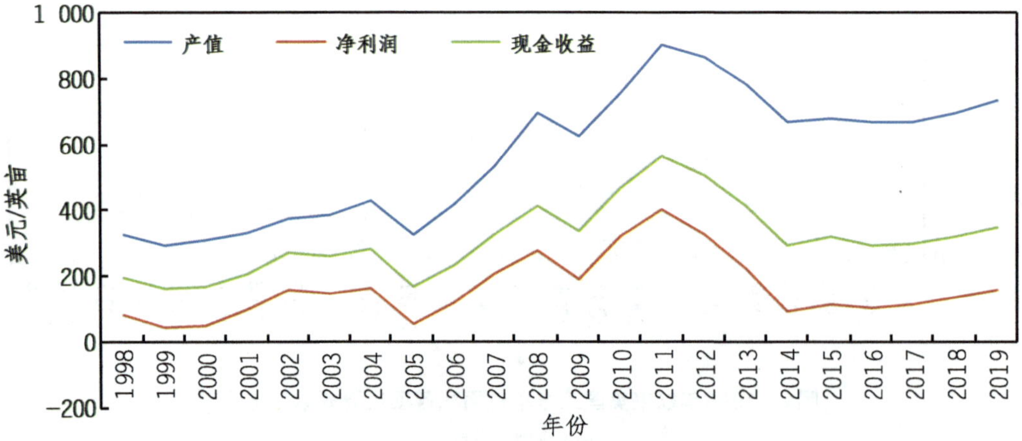

图6 1996年以来美国玉米收益变动

数据来源：USDA。

（二）中美玉米成本收益比较

由于中国2019年玉米生产成本收益的官方数据尚未公布，因此，本部分仅对2018年中美两国玉米生产的成本收益进行比较分析，中国玉米数据来源于中国统计局和国家发改委编写的《主要农产品成本收益资料汇编2019》。

2018年中国玉米生产成本有所反弹，中美成本差距有所拉大。2018年，中国继续深入推进农业供给侧结构性改革，推行绿色生产方式和机械化作业，推进化肥农药零增长行动，但受物价指数上行等因素影响，玉米生产成本略有反弹。2018年，中国玉米每亩总成本1 044.82元，比上年增加18.34元，增幅1.8%。同时，美国玉米每亩总成本则有所下降，为740.93元，比上年下降21元，降幅2.8%（图5）。中美两国玉米成本差距有所扩大，中国玉米每亩总成本比美国高303.89元，差距比上年扩大39.34元；中美两国的玉米每亩总成本比值由上年的1.35：1扩大到1.41：1。从单位产品成本来看，中美两国的玉米成本均有所增加，但中国玉米成本增加更明显，两国单位产品玉米成本差距有所扩大。2018年，中国每50千克玉米的成本为104.07元，比上年增加4.93元，增幅5.0%；美国每50千克玉米的成本为48.12元，比上年增加0.20元，增幅0.4%。中国玉米比美国多55.95元，高出116.3%，差距比上年扩大4.73元，中美玉米成本的比值由上年的2.07扩大到2.16（图5）。

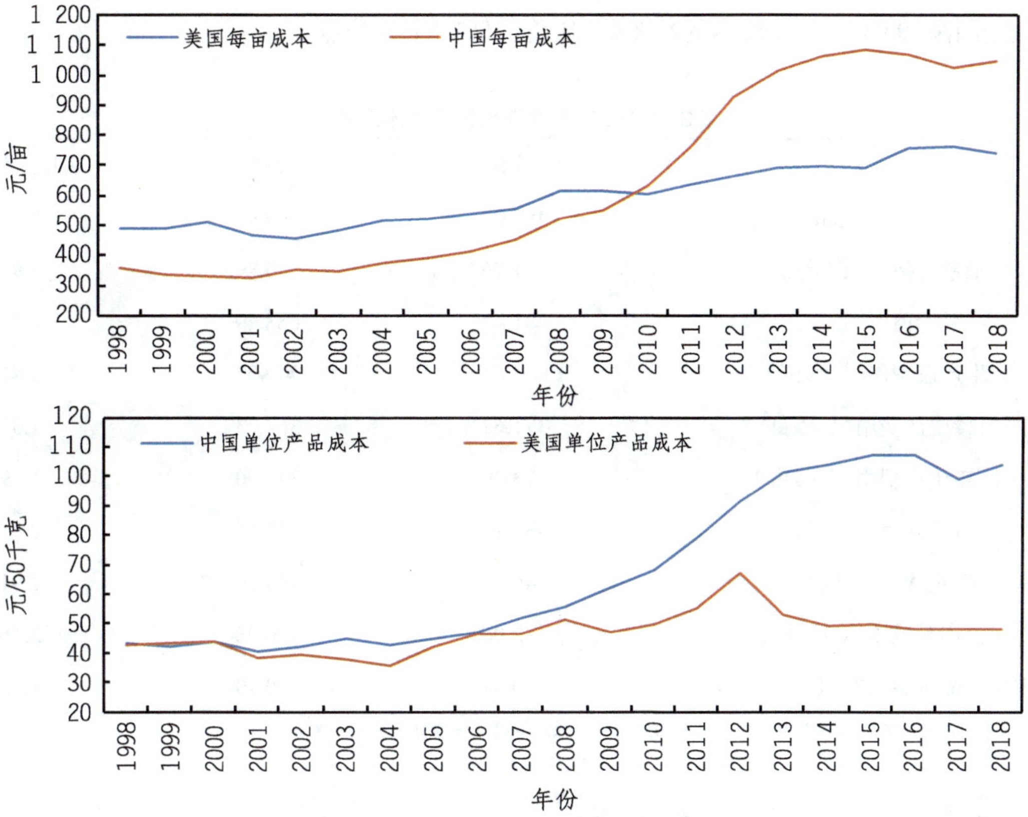

图5　1998—2018年中美玉米生产成本对比

资料来源：《全国农产品成本收益资料汇编》。

成本结构差异仍然明显。从成本结构看，中美两国每亩直接生产成本差距并不大，2018年中国比美国每亩略高2.1%，但间接成本差距较大，中国比美国高出78.6%（表3）；中国直接成本占总成本的比例仅为35.6%，明显低于美国的49.1%。美国间接成本占总成本的50.9%，明显低于中国的64.4%。分项比较看，美国主要在种子、农药、修理维护、固定资产折旧、管理等费用方面高于中国，中国则在机械作业、肥料、排灌、人工、土地等方面成本高于美国（图6）。主要特点为：一是美国种子费用和占比仍然明显高于中国。2018年，美国每亩种子费用104.88元，比上年减少4.6%，但仍比中国高88.2%，占总成本的14.2%，比中国高出8.8个百分点。二是美国肥料费用略低于中国。2018年，美国每亩肥料费用124.0元，比上年减少4.3%，比中国低17.7%，占总成本的16.7%，比中国高2.3个百分点。三是美国农药费用大幅高于中国。2018年，美国每亩农药费用37.67

元，比上年减少5.0%，比中国高1.2倍，占总成本的5.1%，比中国高3.4个百分点。四是中国机械作业费明显高于美国。2018年，中国每亩机械作业费117.23元，比上年增加0.5%，比美国高3.79倍，占总成本的11.2%，比美国高7.9个百分点，其主要原因是：一方面中国土地规模小，机械作业的规模优势发挥不充分；另一方面中国机械作业多为外包服务，而美国机械作业主要为自己经营，这从修理费的比较也可得知。2018年，美国每亩机械修理费用为36.96元，是中国的34.2倍，占总成本的5.0%，比中国高4.9个百分点。五是中国排灌费用明显高于美国。2018年，中国每亩排灌费17.41元，比上年减少0.3%，比美国高58.1倍，主要是因为美国多为雨养农业，灌溉面积只占玉米面积的12%，而中国多为水浇地，灌溉面积占耕地面积的50%以上。六是美国固定资产折旧费用明显多于中国。2018年，美国每亩固定资产折旧费用132.59元，比上年减少1.9%，是中国的41.7倍，占总成本的17.9%，明显高于中国0.3%。七是中国人工成本远高于美国。2018年，中国每亩人工成本高达433.52元，虽比上年减少1.7%，但仍比美国高11.1倍，占总成本的41.5%，比美国高36.6个百分点。八是中国土地成本高于美国，但差距不大。2018年，中国每亩土地成本227.54元，比上年增加8.2%，比美国高29.9%，占总成本的21.8%，比美国低1.9个百分点。

表3　2018年中美玉米生产成本及收益

项目	中国	美国	中国/美国
单产/（千克/亩）	487.02	769.95	0.63
玉米价格/（元/千克）	1.76	0.89	1.98
总产值/（元/亩）	881.48	688.49	1.28
生产总费用/（元/亩）	1 044.82	740.93	1.41
直接生产费用/（元/亩）	371.62	364.03	1.02
间接生产费用/（元/亩）	673.20	376.90	1.79
现金成本/（元/亩）	435.13	535.14	0.81
现金收益/（元/亩）	446.35	153.36	2.91
单位产品成本/（元/千克）	2.08	0.96	2.16
单位产品现金成本/（元/千克）	0.87	0.70	1.25

资料来源：《全国农产品成本收益资料汇编（2019）》；本表根据可比性做了适当归类和调整。

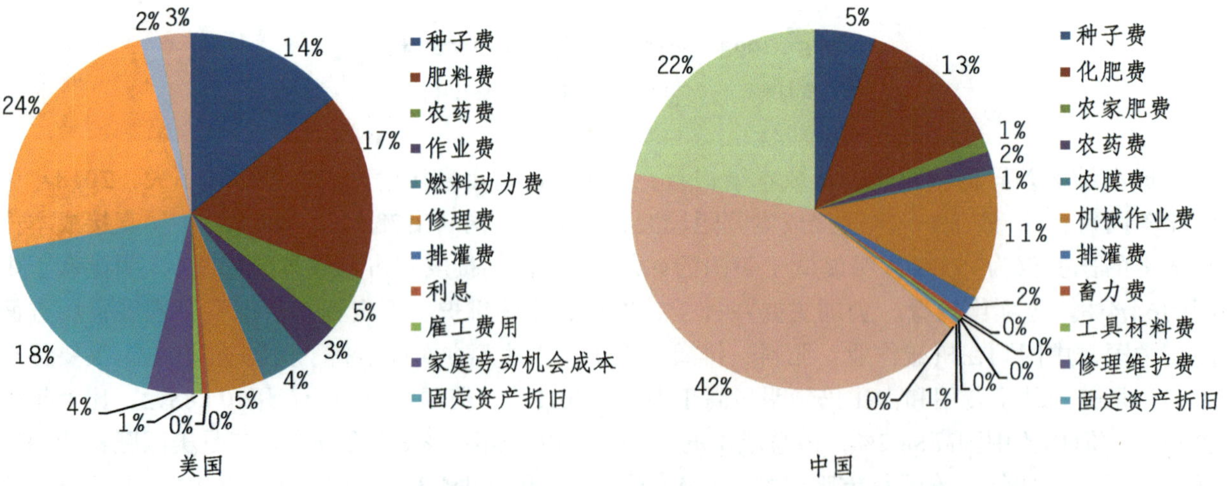

图6　中美玉米成本构成对比

数据来源：《全国农产品成本收益资料汇编（2019）》。

中国亩均收益水平明显高于美国。2018年，中国玉米价格继续回升，带动玉米收益水平进一步提高，美国玉米收益水平也有所提高，但增加数小于中国，因此中国的玉米亩均收益继续明显高于美国，差距继续有所拉大。2018年，中国每亩玉米现金收益为446.35元，比上年增加20.69元，增幅4.9%。同期美国玉米每亩现金收益为153.36元，比上年增加10.32元，增幅7.2%，比中国每亩收益低292.99元，差距扩大10.37元。从单位产品收益水平看，中国也明显高于美国。2018年，中国每千克玉米现金收益达到0.89元，上年提高8.1%；美国每千克玉米现金收益0.20元，比上年提高10.7%。中国每千克玉米现金收益比美国高出4.45倍。

五、主要国家产业支持政策新变化

（一）美国为应对中美贸易摩擦对农民实施一揽子支持计划

2019年5月23日，美国农业部再次公布了受中美贸易摩擦影响的美国农民的一揽子支持计划，该支持计划在上年支持总额120亿美元的基础上，增加到160亿美元，具体由市场促进计划（MFP），食品购买和分配计划（FPDP）和农业贸易促进计划（ATP）等3个方面组成。其中，与玉米有关的主要是市场促进计划（MFP）中非特定作物生产者补贴。

非特定作物的补贴以县为单位，单个农场获得的补贴为该县的单位面积补贴金额乘以该农场在2019年符合MFP的农作物总播种面积，每英亩补贴金额与种植的作物品种脱钩，生产者可获得补贴的总播种面积以2018年实际总播种面积为上限；单个县的单位面积补贴金额每英亩15~150美元，具体取决于该县受贸易报复措施的影响程度。按照县单位面积补贴金额进行补贴的作物品种包括：玉米、大豆、小麦等28个品种。

2019年8月1日前种植的非特定作物和遮盖作物才有资格获得MFP补贴。对单个农场非特定作物的补贴上限均为25万美元，同时单个农场获得的补贴总额上限为50万美元。符合资格的申请人还必须在2015年、2016年和2017年纳税年度的平均调整后总收入（AGI）低于90万美元，或该申请人在2015年、2016年和2017年纳税年度的平均调整后的总收入（AGI）中75%及以上来自农牧业，申请人还必须符合《高侵蚀性土地和湿地保护条例》的规定。

（二）印度将50万吨玉米进口关税降低至15%

印度曾经是东南亚地区的主要玉米出口国，但由于国内家禽养殖业发展及玉米淀粉生产的需求增加，印度逐渐成为玉米进口国，目前已是全球第七大玉米进口国，通常对进口玉米征收60%的关税。2019年，受病虫害影响，加上部分地区干旱，印度玉米减产，2019年7月，印度政府应家禽行业请求，以15%的优惠关税进口另外40万吨玉米，以抵消国内饲料价格上涨带来的影响。

六、世界供需形势展望

（一）2020/2021年度全球玉米面积和产量均明显增长，并有望创历史新高

2020/2021年度，全球玉米面积将明显增加，并有望创历史新高。据美国农业部数据，2020/2021年度全球玉米预计收获面积将达1.98亿公顷，比上年增长3.0%，增幅明显。面积增加主要来自美国、中国、巴西、墨西哥、乌克兰、欧盟等主产国（地区）。其中，美国玉米面积将大幅增加，美国农业部发布的玉米意向种植面积将达9 699万英亩（合3 916万公顷），比上年度大幅增加8%，创2013年以来新高。

从单产来看，由于美国玉米带气候明显好于上年，长势明显好于上年和常年，预期单产将明显增加。巴西、欧盟、墨西哥等在上年单产下降后，2020年单产水平将有所恢复，带动全球玉米单产提高。预计2020年，全球玉米每公顷产量为6.0吨，比上年增长3.6%。

由于面积和单产均明显增长，预计2020年全球玉米产量将达到11.88亿吨，比上年增产6.7%，创历史新高。未来3~5年，全球玉米生产在需求增长的拉动和技术进步的推动下，面积、单产和总产将在气候变化和市场波动中总体呈增长态势。

（二）2020/2021年度玉米消费需求将恢复增长，未来仍将保持增长态势

在全球人口增长、经济发展的背景下，玉米消费呈持续增长态势。虽然在2019/2020年度，受全球新冠肺炎疫情蔓延等因素影响，世界经济呈现明显衰退趋势，全球玉米消费因此受到明显影响。但预计2020/2021年度，随着新冠肺炎疫情影响逐步消减，全球经济将逐步恢复，同时原油价格也有望低位回升，带动玉米消费恢复增长。据美国农业部数据，预计全球玉米消费总量有望达11.64亿吨，比上年度增长3.8%；其中饲料消费7.30亿吨，比上年度增长3.4%，占总消费量的62.8%；食用、种用及工业等消费4.33亿吨，增长4.5%。美国玉米消费将达到3.21亿吨，比上年度增长5.4%；中国玉米消费2.76亿吨，比上年度增长1.8%；欧盟玉米消费8 700万吨，比上年度增长4.3%；巴西玉米消费6 800万吨，同比持平；墨西哥玉米消费4 555万吨，同比增长2.4%；其余主要消费国如印度、埃及、日本等玉米消费也将有所增加。

未来，世界经济仍将继续增长，畜牧业将持续发展，玉米饲用消费也将持续增长，成为全球玉米消费增长的主要推动力。工业消费方面，美国燃料乙醇几乎全部以玉米为原料，随着原油价格回升，未来几年美国燃料乙醇产量将小幅提高。中国玉米深加工业在产能扩张并逐步释放的情况下，预计玉米工业消费仍将保持增长，但增速可能趋缓。总体看，未来3~5年全球玉米消费总量有望保持年均2%左右的增长速度。

（三）2020/2021年度库存水平将明显提高，全球玉米供求维持宽松格局

由于产量明显增长并创历史新高，消费需求虽然恢复增长，但仍产大于需，预计2020/2021年度全球玉米库存水平将明显提高，供求关系将保持宽松格局。特别是美国玉米产量明显增加，库存将明显上升，成为影响全球玉米供求宽松格局的主要因素。据美国农业部数据，预计2020/2021年度全球玉米总供给15.89亿吨，比上年度增长4.7%；总需求11.64亿吨，比上年度增长3.8%；期末库存3.38亿吨，比上年度增长8.0%，为历史第三高水平，仅比历史最高的2016/17年度下降4.1%；库存消费比29.0%，比上年度上升1.1个百分点。

（四）2020/2021年度玉米价格将震荡上涨，未来仍有望有所上涨

当前国际玉米价格处于多年来的低谷，继续向下的空间非常有限。随着新冠肺炎疫情影响消减，全球玉米消费将逐步恢复增长，同时国际原油价格也有望逐步回升，有利于带动国际玉米价格反弹，预计2020/2021年度国际玉米价格有望逐步摆脱低迷状态，将呈现低位震荡上升的趋势，总体价格水平将高于上年度。但由于全球玉米面积和产量预期增长，加上气候频繁变化等因素影响，国际玉米价格频繁震荡运行的特征将依然较为明显，反弹力度可能有限。随着消费需求增长，未来玉米库存水平将有望下降，国际玉米供求关系将逐步改善，预计未来几年，国际玉米价格仍有望上涨。期间将面临诸多不确定性因素，气候异常、全球金融及经济形势波动、大宗商品价格大幅变动以及美元汇率明显变化等因素，都可能引发国际玉米价格的剧烈波动。

（五）2020/2021年度玉米贸易将有所扩大，进口格局分散化趋势明显

由于全球玉米产量明显增长，消费需求恢复增长。据美国农业部数据，预计2020/2021年度全球玉米贸易将呈扩大趋势，贸易量增加到1.83亿吨的规模，比上年度增长7.7%。从贸易格局看，出口格局仍将维持相对集中的特点，但竞争激烈，美国玉米出口将明显增长，并继续保持世界第一大出口国地位。巴西、乌克兰、俄罗斯等出口也将增加，但阿根廷、欧盟、南非出口下降。预计2020/2021年度美国玉米出口量在5 621万吨左右，比上年度大幅增长21.1%，占全球玉米贸易的份额将上升到30%左右。巴西玉米出口将达到3 800万吨，保持全球玉米出口第二的位置。阿根廷玉米出口可能有所减少，但仍将保持第三大出口国的地位。乌克兰玉米出口持续增长，将巩固第四大出口国地位。进口格局更趋分散化。新兴经济体和发展中国家的经济发展将增加肉类消费，玉米需求增长强劲，进口将持续增加，墨西哥、越南、埃及、伊朗等国玉米进口将较快增长，撒哈拉以南非洲地区玉米进口增长迅速。欧盟、韩国等发达国家玉米进口也将有一定增长，日本、中国等玉米进口量将保持较高水平。

参考文献

Interagency Agricultural Projections Committee，2020. USDA Agricultural Projections to 2029. https：//www. ers. usda. gov/topics/farm-economy/agricultural-baseline-projections

范丹，魏佳朔，胡津京，2019. 美国对玉米生产者的直接补贴实践与启示[J]. 世界农业（7）：37-43.

农业农村部市场预警专家委员会，2020. 中国农业展望报告（2020—2029）[M]. 北京：中国农业科学技术出版社.

聂凤英，李辉尚，2019. 海外农产品市场研究（2019）[M]. 北京：中国农业科学技术出版社.

（农业农村部农业经济研究中心　习银生　吴天龙）

专题四：马铃薯

马铃薯是世界第四大粮食作物，具有适应性强、丰产性好、营养丰富和经济效益高的特点，在保障全球粮食安全、应对饥饿危机、促进脱贫致富和推动全球粮食系统转型等方面发挥着重要作用，得到了联合国粮农组织等国际机构的广泛认可。

从生产和消费看，受人口增加、技术进步和东西方饮食文化融合等因素影响，世界马铃薯生产和消费稳步增长，2019年世界种植总面积1 938.85万公顷，总产量39 014.78万吨，同比分别增0.20%和0.22%；总消费量38 054.1万吨，同比增2.93%。从价格走势看，世界主要国家马铃薯价格波动幅度较大，总体呈上升趋势，季节性波动特征明显。从贸易格局看，世界马铃薯国际贸易波动增长，欧洲地区马铃薯贸易最为活跃亚洲和非洲地区贸易量快速增长。从产业竞争力看，世界主要国家马铃薯生产成本同比均有所增加，营业额和市场规模持续增加。

一、世界供需现状

（一）全球马铃薯生产稳中有增

马铃薯是世界最广泛种植的作物之一，分布在全球140多个国家和地区，尤其是中国和印度，占全球马铃薯总量的40%左右。从种植面积上看，2019年以来，全球马铃薯种植面积1 938.85万公顷，比去年增加3.89万公顷，增0.20%（图1）。具体到主产国，中国、印度、俄罗斯、乌克兰、美国、德国、孟加拉国、法国、波兰和荷兰的种植面积位居全球前十位。2019年，这10个国家的种植面积分别为580.79万公顷、219.76万公顷、184.99万公顷、132.85万公顷、41.30万公顷、25.27万公顷、50.45万公顷、17.45万公顷、33.30万公顷和16.16万公顷（图2），分别比去年增0.31%、增0.36%、减0.89%、增0.17%、减0.20%、增0.37%、增0.40%、增0.25%、增0.45%、增0.21%，分别占全球总种植面积的29.95%、11.33%、9.54%、6.85%、2.13%、1.30%、2.60%、0.90%、1.72%、0.83%（图3）。2019年以来，受寒潮等极端天气影响，马铃薯生长环境遭到破坏，俄罗斯、美国等国家的收获面积均有不同程度的减少。

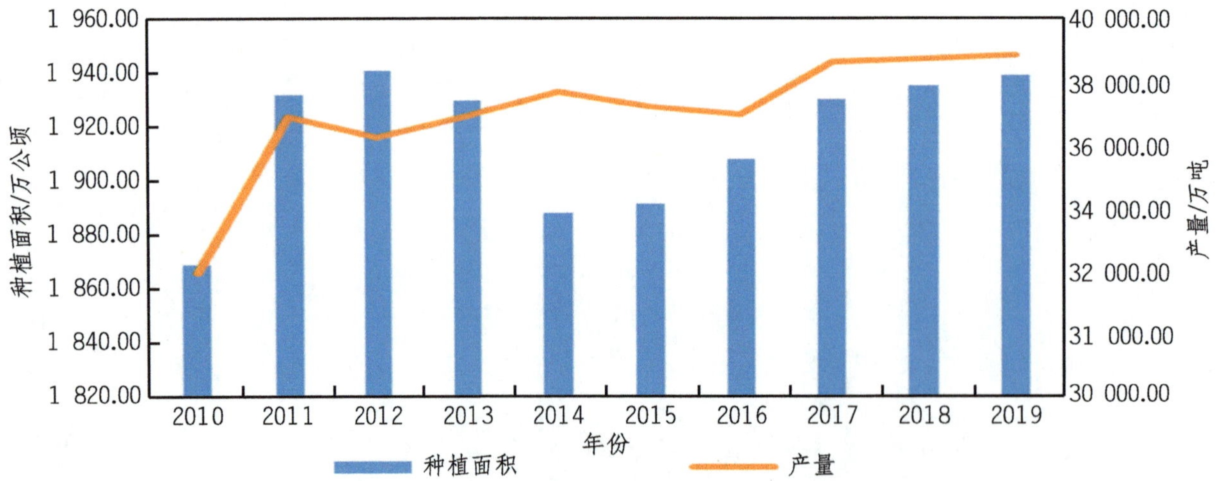

图1　2010—2019年世界马铃薯生产情况

数据来源：FAO、Euromonitor。

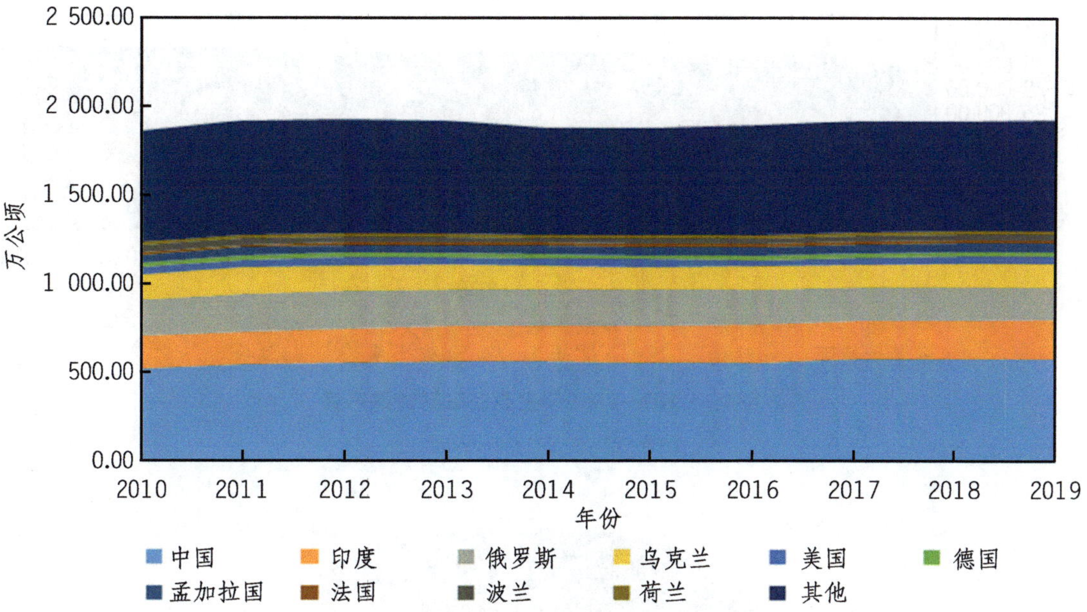

图2 2010—2019年主要国家马铃薯种植面积

数据来源：FAO、Euromonitor。

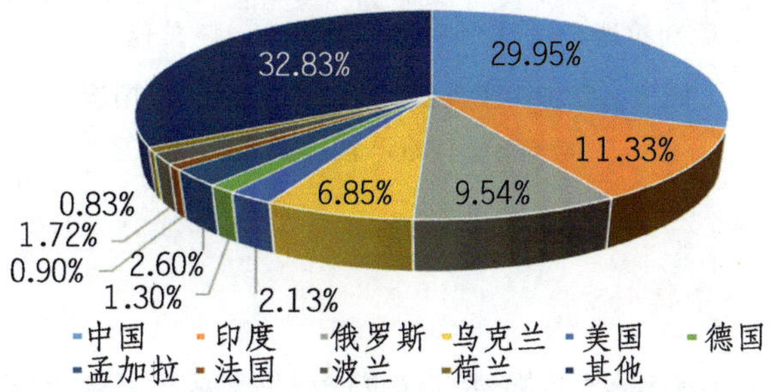

图3 2019年主要国家马铃薯收获面积占比情况

数据来源：FAO、Euromonitor。

从产量上看，2019年世界马铃薯产量39 014.78万吨，比上年增加85.34万吨，增0.22%。单产方面，2019年世界马铃薯单产为20.12吨/公顷，比上年增加3.67千克/公顷，增0.02%。

2019年欧洲大部分地区遭遇持续干旱，严重影响马铃薯生长；受寒潮等极端气候条件、异常天气等因素影响，美国、俄罗斯、加拿大等国家不同程度减产。美国农业部预计，2020年美国国内马铃薯将继续减产，跌至2010年以来最低水平；加拿大马尼托巴省约有18%的马铃薯种植面积尚未收割，农作物遭受了严重的霜冻破坏。但亚洲、非洲和拉丁美洲马铃薯生产的增加幅度足以弥补这种减产，尤其是中国、印度等地区继续保持增长态势。2019年全球马铃薯生产格局基本稳定，中国、印度、俄罗斯、乌克兰、美国、德国、孟加拉国、法国、波兰和荷兰的合计产量占全球总产量的60%以上，分别为9 989.01万吨、4 870.83万吨、2 888.70万吨、2 244.55万吨、2 001.82万吨、1 195.40万吨、1 038.26万吨、738.07万吨、966.71万吨、752.02万吨（图4），分别比上年增0.32%、增0.09%、降1.02%、增0.45%、持平、增0.84%、增0.68%、增0.22%、增2.22%、增0.73%，分别占全球总量的25.60%、12.48%、7.40%、5.75%、5.13%、3.06%、2.66%、1.89%、2.48%和1.93%（图5）。

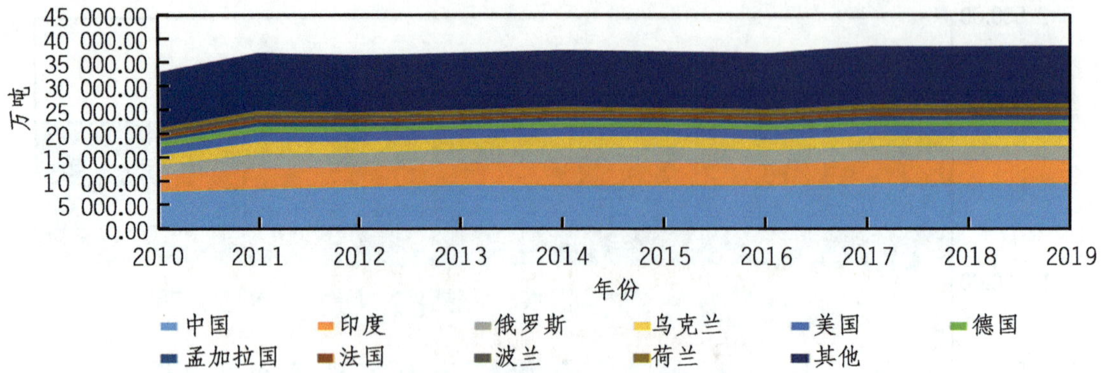

图4　2010—2019年主要国家马铃薯产量

数据来源：FAO、Euromonitor。

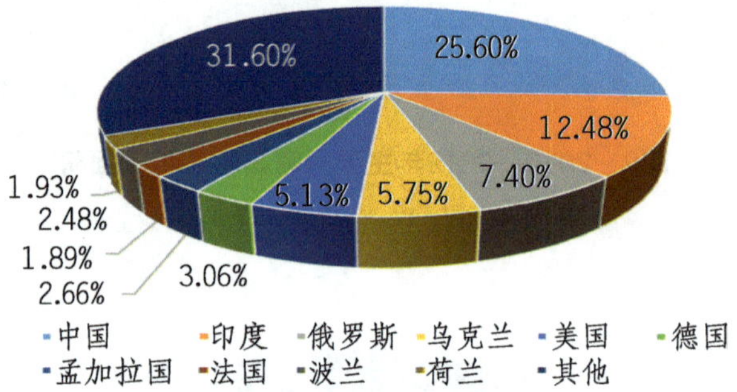

图5　2019年主要国家马铃薯产量占比情况

数据来源：FAO、Euromonitor。

（二）全球马铃薯消费稳步增长

随着全球人口增加和居民生活水平提高，人们对马铃薯及其制品的需求逐渐增加，世界马铃薯消费量呈稳步增长趋势。据FAO数据显示，2017年马铃薯消费量为38 054.1万吨（图6），较上年增加1 083.3万吨，增2.93%，比2015年增3.17%。受城市化扩张和快餐文化等因素影响，马铃薯食用消费持续增加。2017年世界消费量为24 666.7万吨，占总消费量的64.82%，比上年增加730万吨，增2.96%，比2015年增4.21%；饲用消费是马铃薯的第二个主要消费方式，2017年消费量为2 916.3万吨，占总消费量的12.37%，比上年增加90.4万吨，增1.92%，比2015年增1.52%；随着传统生产方式改进和农业技术水平提高，马铃薯种用消费总体逐渐减少但同比有所增加，2017年种用消费量为2 916.3万吨，占总消费量的7.66%，比上年增加76万吨，增2.61%，比2015年减3.87%；随着深加工技术的发展，马铃薯加工消费快速增长，2017年加工消费量为1 003.6万吨，占总消费量的2.64%，比上年增加63.1万吨，增6.29%，比2015年增10.83%；此外，2017年损失和其他消费量分别为4 706.3万吨和748.5万吨，占总消费量的10.54%和1.96%，比上年增1.20%和10.08%，比2015年增10.83%和30.95%。

从主要国家看，随着马铃薯加工主食化的不断推进，中国马铃薯消费量持续增加；由于印度人口增长较快，粮食需求旺盛，马铃薯消费量快速增加。马铃薯是欧洲国家居民摄入碳水化合物的主要来源食物，由于受饮食偏好等因素影响，欧洲主要国家的马铃薯消费量也有不同幅度的增长，其中法国增幅最大。据FAO数据，2017年中国、印度、俄罗斯、乌克兰、美国、德国、孟加拉国、法国、波兰和荷兰的马铃薯消费量分别为9 908.9万吨、4 738.4万吨、3 042万吨、2 116.9万吨、1 994.7万吨、962.9万吨、1 017.9万吨、619.6万吨、765.4万吨和363万吨（图7），分别比上年增3.51%、增8.60%、持平、减2.80%、增1.02%、8.09%、7.62%、13.75%、0.21%和5.80%。

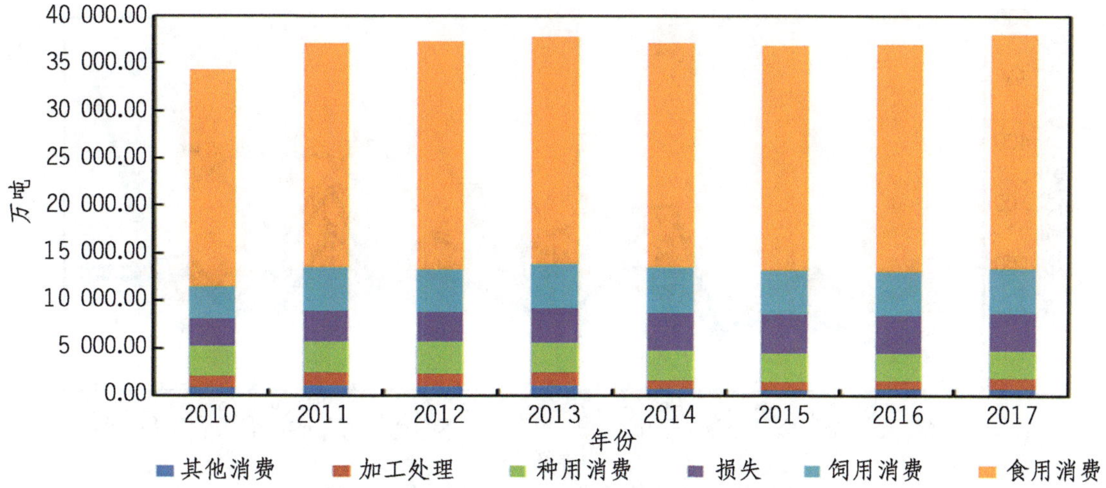

图6 2010—2017年世界马铃薯消费情况

数据来源：FAO。

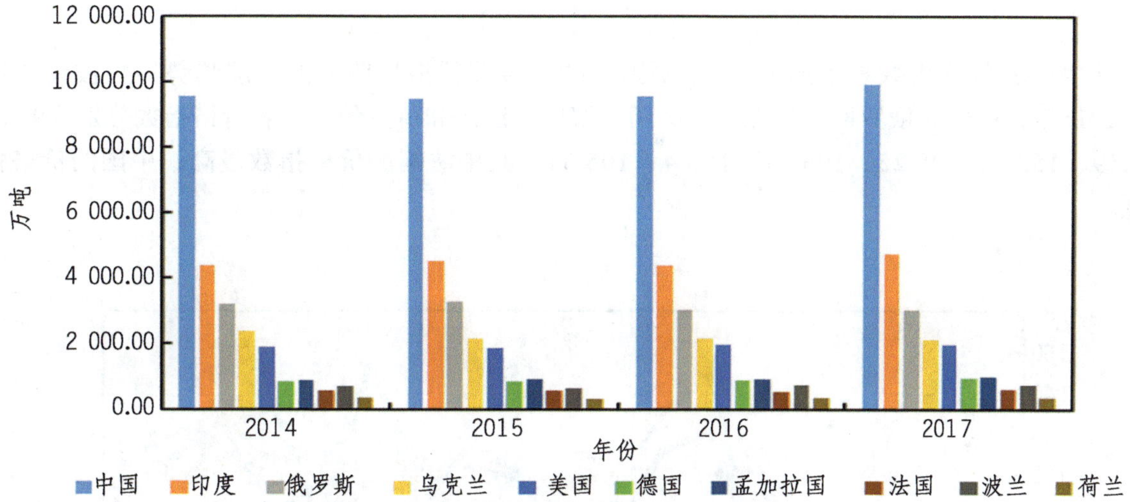

图7 2014—2017年主要国家马铃薯消费情况

数据来源：FAO。

二、国际价格走势

（一）马铃薯价格总体波动上涨

马铃薯价格与生产情况和市场需求情况等因素紧密相关，受寒潮等天气影响，俄罗斯、北美等国家马铃薯歉收；印度低端种植技术和产销不匹配等，这些因素都将造成马铃薯价格一路走高。2018年主要国家的马铃薯生产者价格波动幅度较大，总体呈上升趋势。美国价格基本维持在200美元/吨左右，2018年为187美元/吨；俄罗斯价格呈高位震荡运行，2018年有所回落，保持在200.2美元/吨；中国价格一直维持在较高水平，可能与生产成本有关。在欧洲国家中，乌克兰的价格最低，2018年为137.7美元/吨；法国的价格最高，呈“W”形震荡波动态势，且波动幅度较大，2018年高达533.4美元/吨，比同时期的乌克兰、德国和荷兰分别高出279.4%、161.6%和184.9%；德国价格近年来趋于平稳，2018年为199.7美元/吨；荷兰价格整体维持低位波动态势，2018年为83.3美元/吨（图8）。

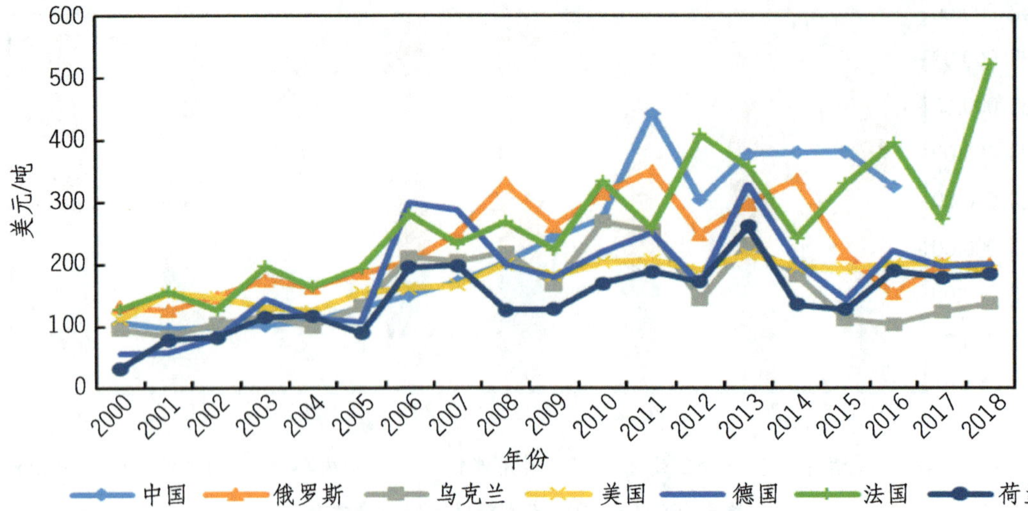

图8　2000—2018年主要国家马铃薯生产者价格

数据来源：FAO。

从生产者价格指数看（图9），主要国家的马铃薯价格呈明显的上涨趋势，且波动幅度不一。2018年，中国、俄罗斯、乌克兰、美国、德国、法国和荷兰的生产者价格指数分别为91.83、103.59、155.18、95.25、105.31、158.4、105.31，其中法国的价格指数最高，中国的价格指数最低。

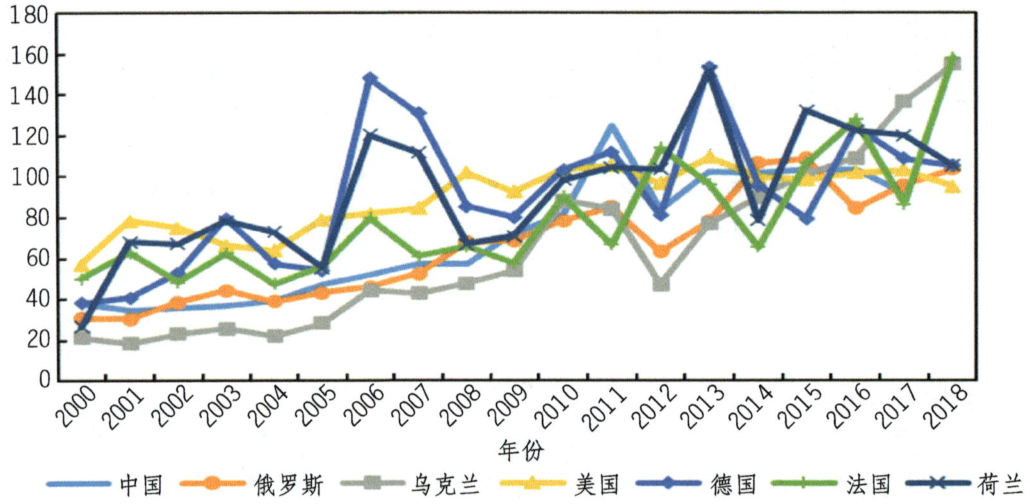

图9　2000—2018年主要国家马铃薯生产者价格指数（2014—2016=100）

数据来源：FAO。

（二）主要国家马铃薯价格季节性波动特征明显

据AHDB数据显示（图10），英国马铃薯价格整体呈现上升趋势，具有明显的季节性周期波动特征。2020年上半年均价为198.49英镑/吨，比上年的184.20英镑/吨增7.76%，比2015年的141.58英镑/吨涨40.19%，年均涨5.79%。从月度数据看，英国马铃薯价格大体上在每年5月、6月达到高峰，随后慢慢回落并于10月、11月跌入谷底。

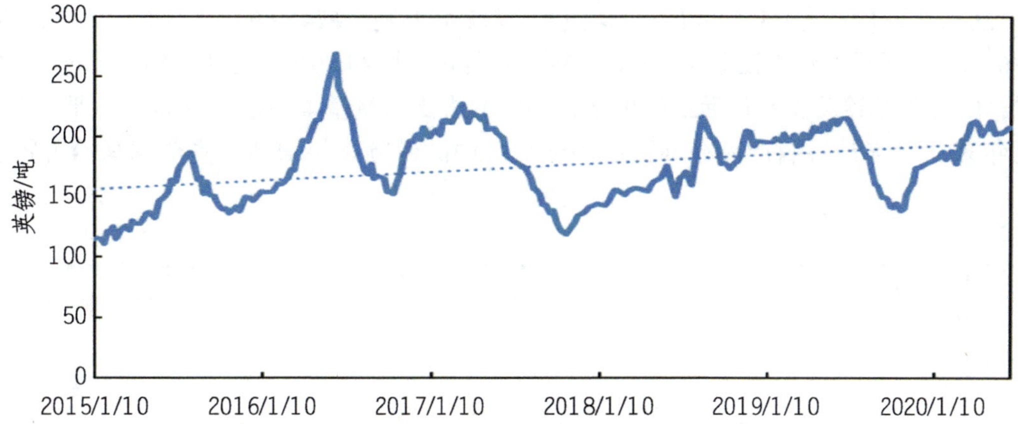

图10　2015—2020年英国马铃薯每周价格

数据来源：AHDB。

2019年年底，美国广大地区受暴风雪袭击，美国中西部各州和爱达荷州等马铃薯主产区生产能力下降，马铃薯歉收导致国内供应形势紧张，价格上涨。据USDA数据显示（图11），美国鲜马铃薯价格呈波动上涨趋势，加工用薯价格呈波动下降趋势，且鲜马铃薯价格明显高于加工用薯价格，差距不断拉大。受收获季节影响，鲜马铃薯价格一般在8月达到最高值，随后逐渐下跌并于12月、1月跌至谷底。2019年以来，马铃薯价格始终较高，于8月达到14.5美元/百磅的当年最高峰，之后略有下跌，在10月后维持在13.5美元/百磅的水平。受供需影响，2020年3月出现历史新高，达15.9美元/百磅。加工用薯价格相对较低，2015—2018年的年均价格分别为8.04美元/百磅、8.03美元/百磅、7.9美元/百磅和7.8美元/百磅，下降趋势明显。

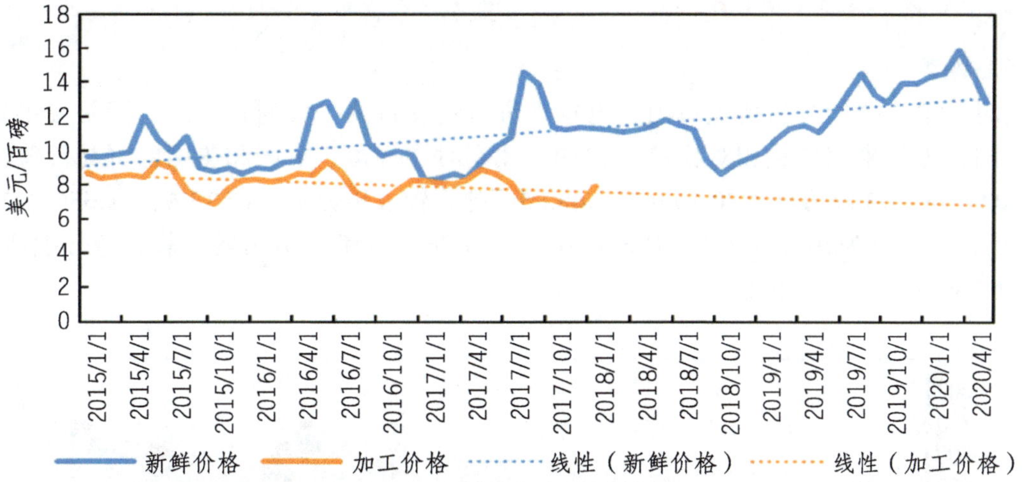

图11　2015—2020年美国马铃薯月度价格

数据来源：USDA。

三、国际贸易格局

（一）全球马铃薯国际贸易波动增长

随着马铃薯食品市场的扩大和加工业的发展，国际马铃薯贸易量和贸易额在波动中呈现增加态势。由图12可知，2019年出口量为1 921.34万吨，较上年增165.81万吨，增9.45%，与2000年相比增147.47%；出口额为6 610.76万美元，较上年增1 089.02万美元，增19.72%，与2000年相比增

412.49%。2019年进口量为1 555.34万吨，较上年减72.44万吨，减4.45%，与2000年相比增95.54%；进口额为6 547.28百万美元，较上年增1 131.68百万美元，增20.89%，与2000年相比增338.23%。从区域上看，欧洲是马铃薯贸易最活跃的地区，美洲的进出口量基本稳定，亚洲和非洲的贸易量增长较快。近年来，冷冻马铃薯产品在马铃薯国际贸易中的份额逐年增加，占全球马铃薯贸易总额的46%左右。

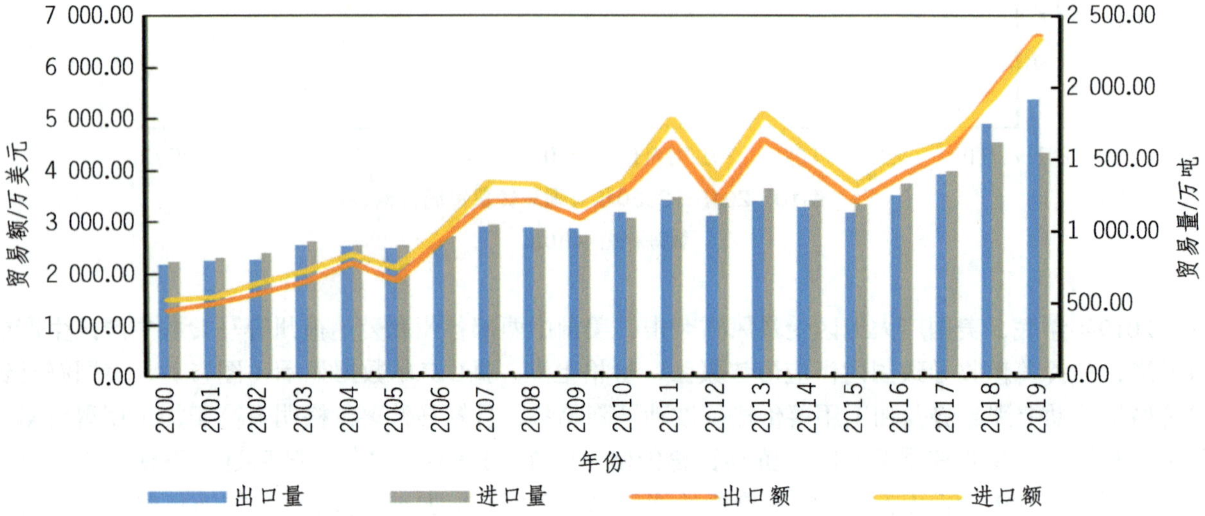

图12　2000—2019年全球马铃薯贸易情况

数据来源：UN comtrade。

（二）马铃薯贸易品类差异较大

1. 鲜马铃薯

比利时是最主要的马铃薯进口国，近年来进口量有持续扩大的趋势。德国是最主要的鲜马铃薯出口国，近年来出口量相对稳定。2019年比利时、德国、英国和美国的鲜马铃薯进口量分别为314.02万吨、73.86万吨、20.10万吨和48.65万吨，较去年分别增19.32%、21.65%、23.56%和0.48%；出口量分别为103.45万吨、186.82万吨、34.76万吨和54.96万吨，较去年分别增2.71%、3.68%、30.28%和14.12%（图13）。

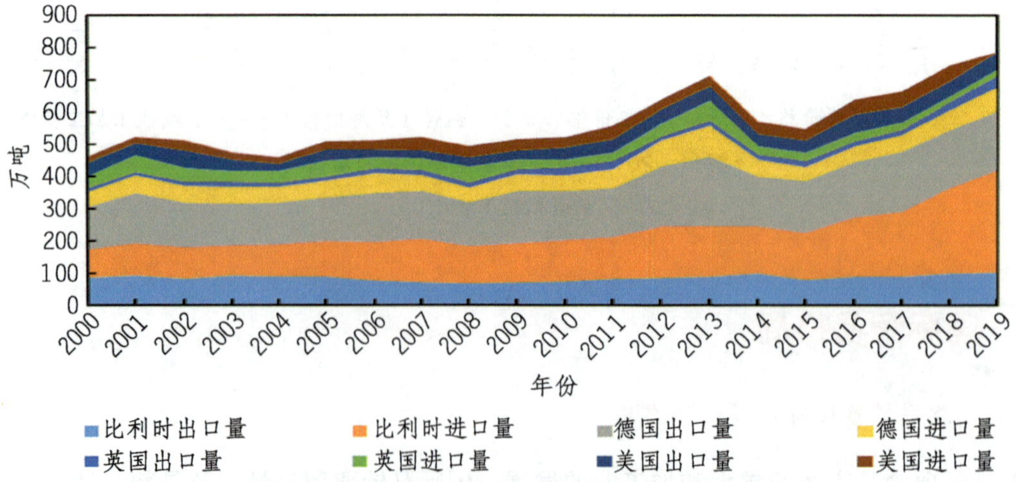

图13　2000—2019年主要国家鲜马铃薯贸易量

数据来源：UN comtrade。

2. 种用马铃薯

比利时和美国是种用马铃薯的主要进口国，比利时的种用马铃薯进口量逐年增加，贸易逆差逐渐拉大。英国是种用马铃薯的主要出口国，德国的进出口量基本维持平衡。2019年比利时、德国和英国的种用马铃薯进口量分别为16.00万吨、9.01万吨和0.62万吨，较去年分别增10.47%、增3.38%和减6.43%，2018年美国的进口量为7.32万吨，较去年增52.99%。2019年比利时、德国、英国和美国的出口量分别为10.53万吨、8.75万吨、10.59万吨和2.91万吨，较去年分别增14.42%、减4.05%、增6.94%和增52.17%（图14）。

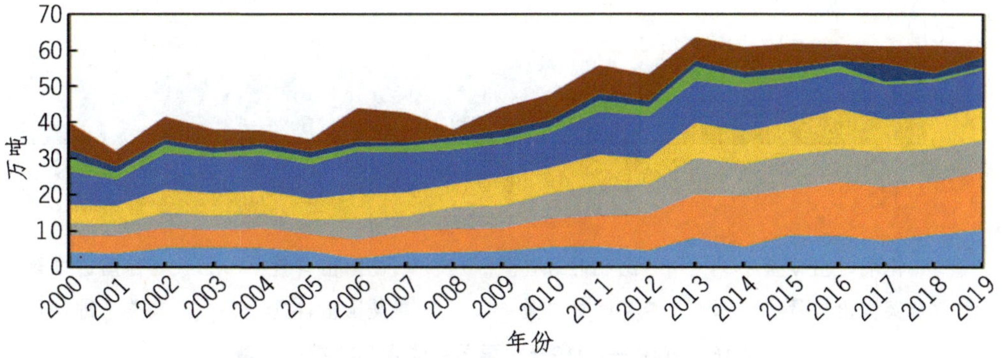

图14　2000—2019年主要国家种用马铃薯贸易量

数据来源：UN comtrade。

3. 冷冻薯条

英国是冷冻薯条的主要进口国，且进口量逐年增加。比利时是冷冻薯条的主要出口国，出口量快速增长，贸易顺差呈不断扩大趋势。德国冷冻薯条的出口量逐年递增，2010年进口量基本维持稳定。2019年比利时、德国、英国和美国的冷冻薯条进口量分别为16.63万吨、33.90万吨、71.37万吨和98.68万吨，较去年分别减15.12%、增17.26%、增9.56%和减2.80%；出口量分别为272.80万吨、32.99万吨、4.54万吨和105.82万吨，较去年分别增9.97%、减2.67%、减39.15%和增8.29%（图15）。

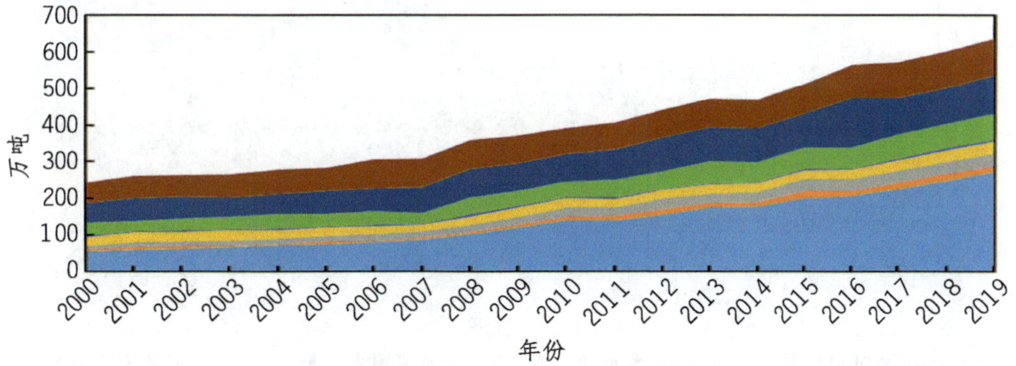

图15　2000—2019年主要国家冷冻薯条贸易量

数据来源：UN comtrade。

4. 脱水马铃薯

比利时是脱水马铃薯的净出口国，但自2012年起出口量有所减少；德国的脱水马铃薯进口量逐渐增加，贸易顺差逐渐加大；英国的脱水马铃薯进口量逐年减少，出口量逐年增加，2019年出口量超过进口量；美国的脱水马铃薯进口量逐年递增，但保持贸易顺差状态。2019年比利时、德国、英国和美国的冷冻薯条进口量分别为4.68万吨、14.97万吨、4.60万吨和5.69万吨，分别较去年增1.84%、增3.89%、减22.53%和减0.01%；出口量分别为20.68万吨、7.64万吨、5.98万吨和9.65万吨，分别较去年增3.06%、减6.26%、增7.14%和增4.90%（图16）。

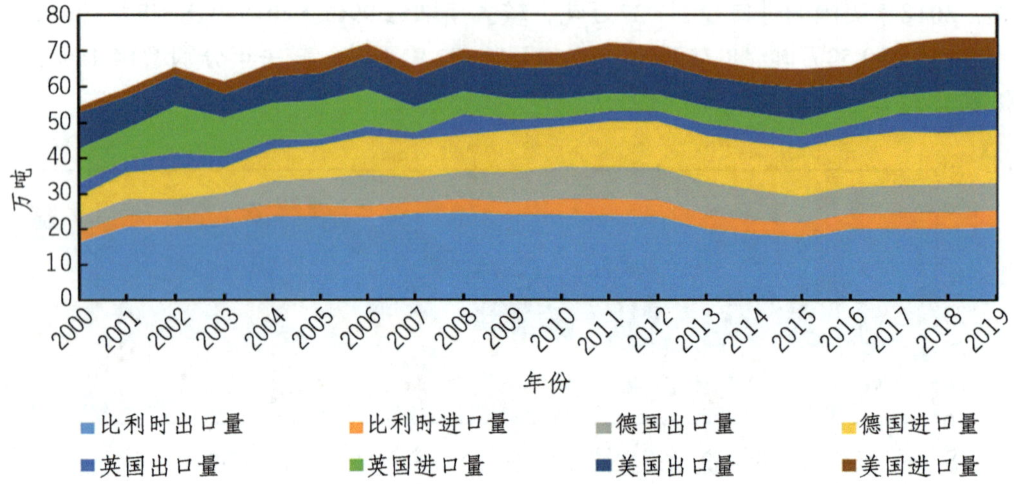

图16　2000—2019年主要国家脱水马铃薯贸易量

数据来源：UN comtrade。

5. **马铃薯粉**

整体看，世界主要国家的马铃薯粉贸易量波动幅度较大，在2012年出现高峰，随后下降，又在2018年再次出现高峰。英国和比利时是主要的马铃薯粉进口国，但比利时的进口量呈波动减少趋势，德国和美国的进口量有所增加。美国是主要的马铃薯粉出口国，比利时、德国、英国的出口量均不显著。2019年比利时、德国、英国和美国的马铃薯粉进口量分别为0.18万吨、0.88万吨、2.26万吨和0.61万吨，较去年分别增18.71%、减4.87%、减7.41%和减21.01%；出口量分别为0.07万吨、0.26万吨、0.33万吨和0.89万吨，分别较去年减28.38%、增21.72%、减16.68%和增50.51%（图17）。

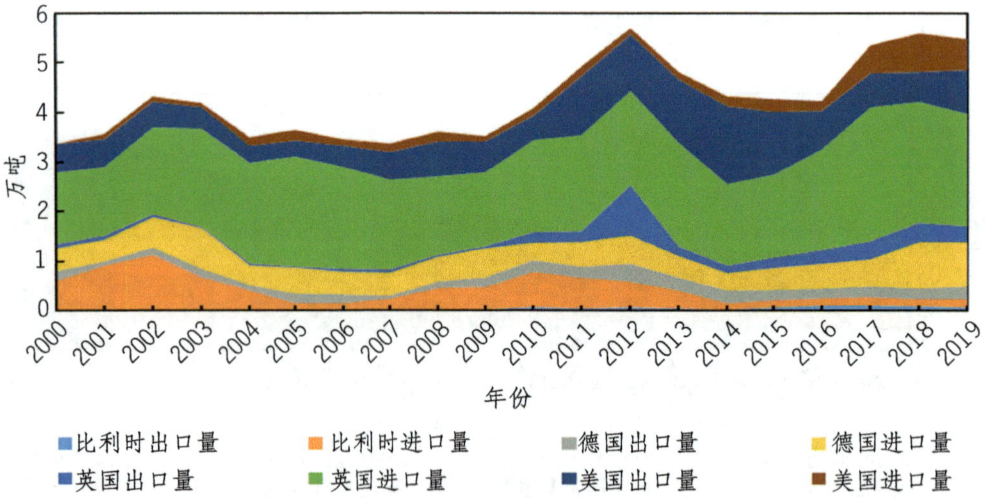

图17　2000—2019年主要国家马铃薯粉贸易量

数据来源：UN comtrade。

6. **雪花粉**

整体看，世界主要国家的雪花粉贸易量呈现持续上升态势。德国和美国是主要的雪花粉出口国，且出口量持续增加。比利时是主要的雪花粉进口国，但自2017年起进口量减少，美国的雪花粉进口量显著增加。2019年比利时、德国、英国和美国的马铃薯粉进口量分别为2.16万吨、2.43万吨、3.42万吨和4.21万吨，分别较去年增2.98%、6.79%、9.19%和21.60%；出口量分别为7.34万吨、12.76万吨、0.05万吨和8.17万吨，分别较去年增0.46%、减15.67%、增20.65%和增13.53%（图18）。

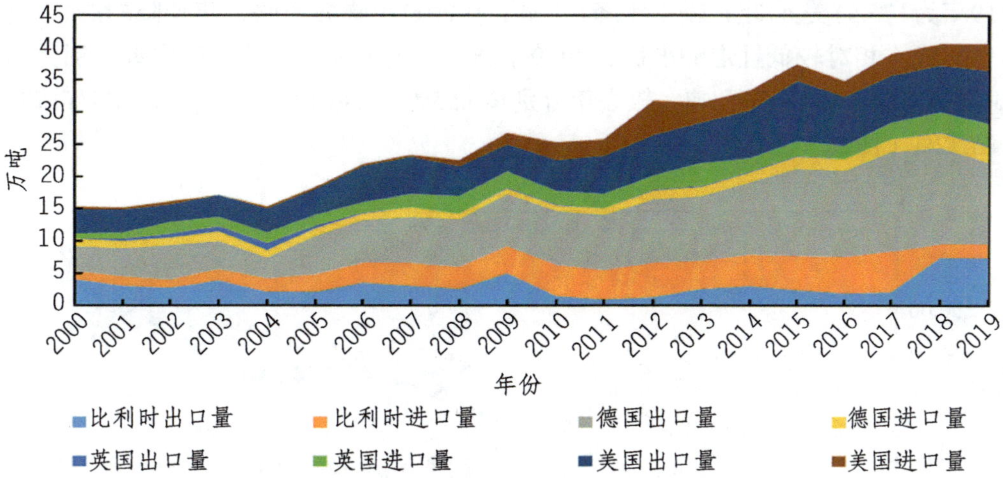

图18　2000—2019年主要国家雪花粉贸易量

数据来源：UN comtrade。

7. 马铃薯淀粉

整体看，世界主要国家的马铃薯淀粉贸易量呈"M"形波动态势。德国是主要的马铃薯淀粉出口国，英国和美国是主要的马铃薯淀粉进口国。2019年比利时、德国、英国和美国的马铃薯粉进口量分别为3.55万吨、5.54万吨、7.19万吨和11.62万吨，分别较去年减40.84%、减20.84%、增10.85%和增0.19%；出口量分别为4.43万吨、22.90万吨、0.11万吨和0.98万吨，分别较去年增6.03%、减12.97%、增58.99%和增19.77%（图19）。

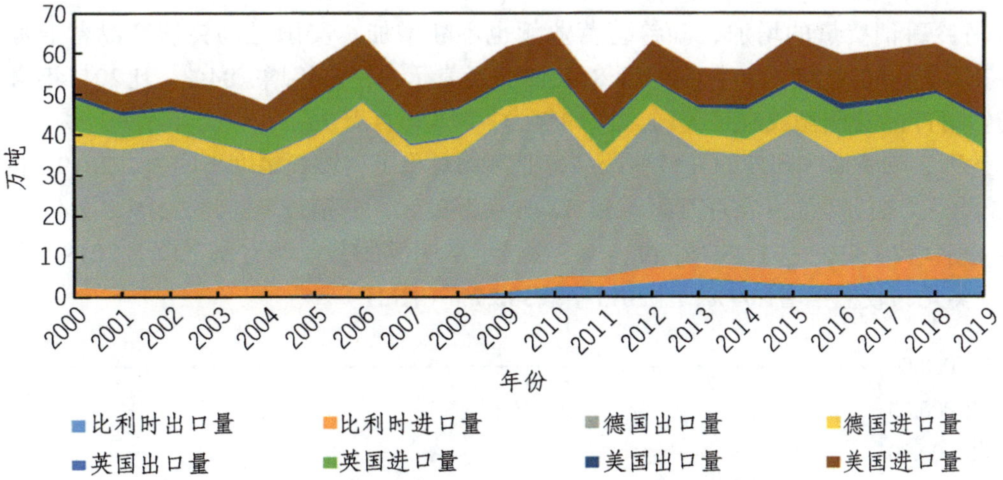

图19　2000—2019年主要国家马铃薯淀粉贸易量

数据来源：UN comtrade。

四、世界主要国家产业竞争力

（一）主要国家生产成本同比均有所增加

由于农技水平的提高和田间管理方法的改进，马铃薯的生产成本总体上呈下降的趋势。法国的生产成本最高，2019年为597.48美元/吨，较去年增20.36%，比2011年的247.33美元/吨增1.41倍，年均增10.31%。中国的生产成本次之，近年来略有下降，2019年为330.04美元/吨，较去年增5%，比2011年降27%，年均降3.44%。俄罗斯的马铃薯生产成本下降趋势最为明显，在2019年达到最低，2019年为175.51美元/吨，较去年降1.31%，比2011年降46.39%，年均降6.62%。德国、美国和荷兰的生产成本相对较低且走势平稳，2019年德国、美国和荷兰的生产成本分别为199.90美元/吨、188.50美元/吨和189.80美元/吨，较去年分别增0.55%、0.80%和9.03%，比2011年降16.62%、降8.94%和增5.32%（图20）。

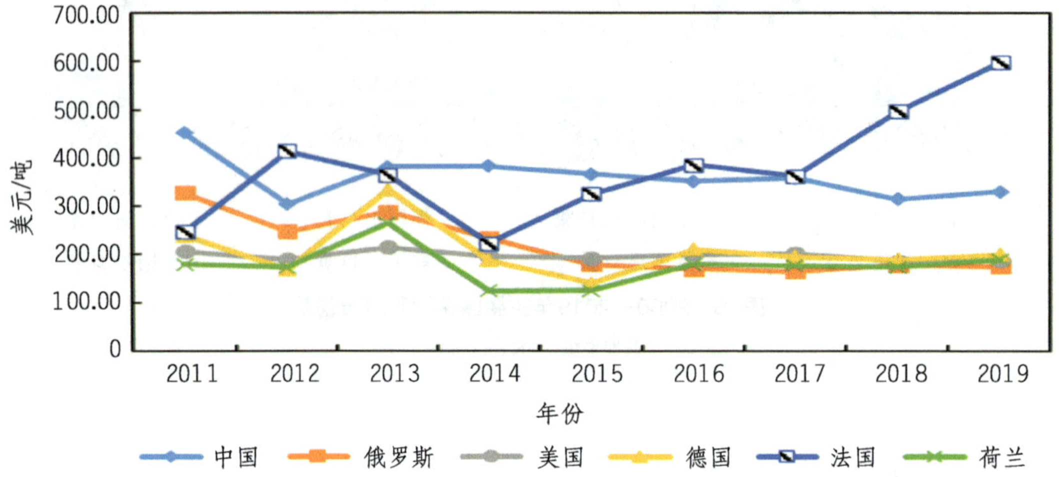

图20　2011—2019年马铃薯主产国成本变化情况

数据来源：Euromonitor International。

（二）营业额总体持续增加

随着马铃薯消费量的增加，马铃薯营业额也不断增加。美国是马铃薯产品营业额最高的国家，且一直保持增加趋势，2019年为12 811.40百万美元，较去年增3.84%，比2011年增36.84%。中国的马铃薯产品营业额仅次于美国，2019年为7 791.15百万美元，较去年增9.57%，比2011年增93.99%。德国、俄罗斯和印度的马铃薯产品营业额相对稳定，增长幅度不明显，2019年的营业额分别为2 913.88百万美元、529.74百万美元和771.09百万美元，分别较上年增2.21%、2.41%和1.52%，比2011年分别增20.42%、11.26%和89.38%。近9年来法国的营业额有所下降，2019年的营业额为682.73百万美元，较上年增1.09%，比2011年减38.27%（图21）。

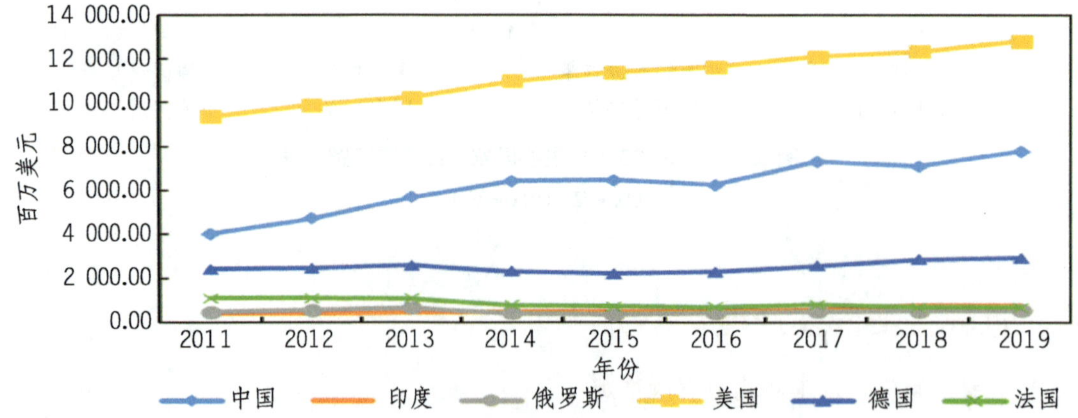

图21　2011—2019年马铃薯主产国营业额变化情况

数据来源：Euromonitor International。

（三）市场规模总体继续增加

美国是马铃薯产品市场规模最大的国家且上升势头明显，2019年市场规模为19 776.10百万美元，较上年增3.44%，比2011年增40.79%。中国的马铃薯产品市场规模也在逐年上升且增速高于美国，2019年市场规模为10 091.50百万美元，较上年增5.22%，比2011年增1.05倍。德国和法国的市场规模较低且发展相对平稳，2019年德国和法国的市场规模分别为6 168.50百万美元和2 042.60百万美元，较上年减4.04%和3.95%，比2011年增14.92%和减22.23%。俄罗斯的市场规模最低，2019年为1 172.30百万美元，较上年增1.36%，比2011年增26.52%（图22）。

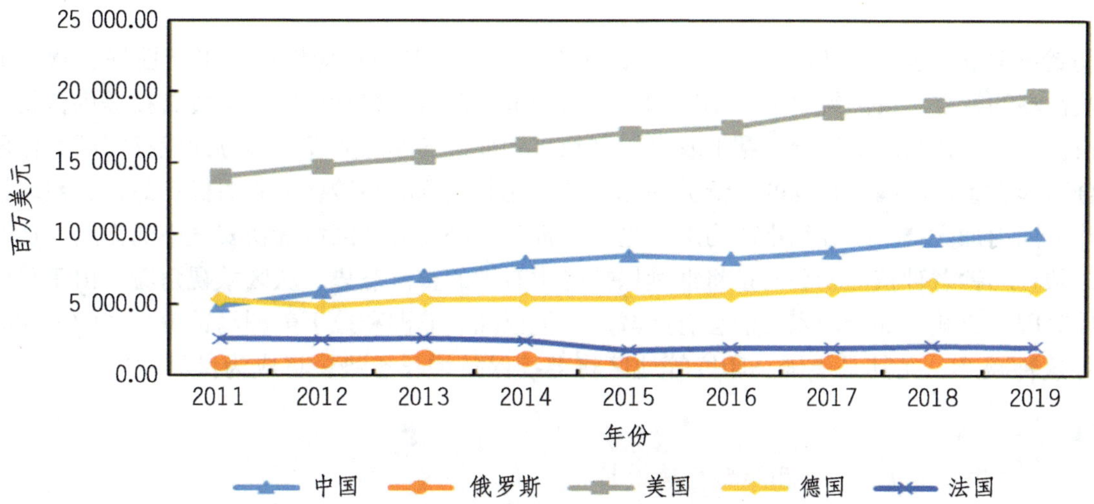

图22　2011—2019年马铃薯主产国规模变化情况

数据来源：Euromonitor International。

五、主要国家产业支持政策新变化

（一）美国

2019年美国农业部发布“农业贸易促进计划”，美国马铃薯协会获得510多万美元出口专项补助，以促进美国马铃薯出口。同年美国与日本签订贸易协定，该协定降低了农产品关税，扩大了农产品及部分工业制品的市场开放程度，将提振美国马铃薯产业，扩大鲜薯及加工薯出口量，预计每年美国对日本的马铃薯出口额可再增长1.5亿美元。

在美国农业部的领导下，美国建立了完善的马铃薯种薯生产体系和认证体系。种薯生产体系由组织培养、温室原种生产、大田各级种薯生产等组成。种薯认证由拥有法律授权的州负责，通过州所在地的大学、农业部门或种植者协会进行认证，包括提出申请、实地调查、收获检查和发放种薯标牌等步骤。

为增加零售端的马铃薯销售，2019年美国马铃薯协会建议采取以下具体措施：将市场定位于小包装马铃薯；向消费者介绍马铃薯的营养价值；调整零售店的商品推销和促销计划。

（二）欧洲国家

目前欧盟有350种马铃薯品种，并对马铃薯培育、销售等过程采取了一系列具体措施：通过检疫卫生服务来规范检疫章程，通过设立种子检疫代理商来避免违反种子法的行为，通过官方的权威来管理食品安全，通过反欺诈代理商来处理不公平的竞争问题，通过海关和警察来严查偷税漏税问题等。

为维持马铃薯可持续发展，欧洲国家采取了一些具体措施：德国对马铃薯条生产线投资了1 000万欧元；意大利开发一种利用废物生产聚羟基脂肪酸酯的细菌糖发酵系统；波兰提出针对马铃薯农场员工的激励方案；法国提出一个旨在减少贫困、提供就业和减少食物浪费的社会项目，将54吨马铃薯变成了4 400升品牌汤。

六、世界供需形势展望

（一）生产稳定增长，亚洲地区增幅明显

马铃薯是粮、菜、饲和工业原料兼用的主要农作物，具有适应性广、丰产性好、营养丰富和经济效益高的特点，成为继水稻、小麦和玉米后的世界第四大粮食作物。马铃薯在提供食物营养、保证粮食安全、提高能源安全、帮助农民脱贫致富和促进冬季农业发展等方面发挥了巨大作用，受到联合国粮农组织等国际机构的广泛关注和重视。尤其是国际马铃薯中心对优良品种、栽培技术等在全球范围内加大技术指导和推广力度，进一步提升了马铃薯在区域食物安全中的作用。从全球视角看，预计马铃薯种植面积和产量将继续保持稳中有增的整体态势。从区域视角看，由于受极端气候条件等因素影响，部分国家可能会有所减产，但亚洲、非洲和拉丁美洲马铃薯生产的增加幅度足以弥补这种减产，尤其是中国、印度等地区将继续保持增长态势，将成为世界发展马铃薯的热点地区。

（二）消费稳步增加，食用消费快速增长

随着马铃薯产品多样化、居民消费行为和消费理念的变化，预计未来全球马铃薯消费将继续保持稳定增加态势。食用消费是马铃薯消费的主要形式，约占消费总量的65%左右。由于中国、印度等发展中国家马铃薯产业的迅猛发展，预计全球食用消费量将继续增加。随着人们对快餐、即食用方便食品等需求增加，加上深加工技术的发展，马铃薯加工消费呈快速增长趋势，将成为增长潜力较大、发展较为迫切的领域。由于传统生产方式的改进和田间管理、农技水平的提高，种用消费量将持续下降。据相关机构预计，2022年全球马铃薯市场规模将达670亿元，2019—2029年全球马铃薯市场的复合年增长率将达到4%。整体看，欧美仍将是全球最大的马铃薯及其制品最大消费市场，但消费增速趋缓，亚洲国家马铃薯消费增长较快，中国、印度等国家将成为世界马铃薯消费增长的重点区域。

（三）市场价格波动上涨，主要国家季节性波动特征明显

马铃薯价格与天气状况、生产条件、市场需求情况等因素息息相关，不同国家的马铃薯价格波动态势不一。短期看，受持续干旱等不利条件影响，西北欧等欧洲主要国家马铃薯产量下降、高品质商品薯减少；受寒潮等极端天气影响，俄罗斯、北美等国家马铃薯歉收；巴基斯坦、印度等周边国家受蝗灾严重，主粮物资紧俏；受新冠肺炎疫情影响，其他蔬菜供应不足，马铃薯耐运输、耐储存的优势凸显等，这些因素都将造成马铃薯价格保持继续走高态势。长期看，物质投入成本、人力成本、流通运输成本持续上升，马铃薯消费渠道、消费群体、消费形式越来越多元化，马铃薯消费稳定性提高，消费市场扩大，马铃薯价格将继续保持整体上涨态势。同时，马铃薯价格呈现季节性波动特征，8月份薯价达到高峰，随着秋季马铃薯收获，市场供应增加，薯价开始逐渐下跌。

（四）国际贸易量额稳定增长，贸易格局稳中有变

随着全球马铃薯生产的发展和消费需求的不断增长，预计马铃薯国际贸易量额将呈持续稳步上

升趋势，贸易格局将保持稳中有变的总体态势。从区域发展看，马铃薯贸易的增长主要来自欧洲、亚洲和非洲地区。欧洲是马铃薯贸易最活跃的地区，占全球贸易总量的65%，但增速低于全球马铃薯贸易增速；亚洲占全球贸易份额较低，但呈快速增长趋势，增速明显快于全球马铃薯贸易增速；美洲在全球马铃薯贸易中的份额较为稳定，进出口份额趋于稳定；非洲在全球马铃薯贸易中的份额较小，但增速较快，增长势头强劲。

参考文献

姚春光，隋启君，白建明，等，2019. 美国马铃薯产业发展现状与启示[J]. 中国马铃薯，33（2）：119-128.

卢肖平，2015. 马铃薯主粮化战略的意义、瓶颈与政策建议[J]. 华中农业大学学报（社会科学版）（3）：1-7.

李子涵，杨晓晶，2016. 世界及中国马铃薯产业发展分析[J]. 中国食物与营养，22（5）：5-9.

Olufemi Samson Adesina，Brian Thomas，2020. Potential Impacts of Climate Change on UK Potato Production[J]. SCIENCEDOMAIN international.

Md. Shah Alamgir，Md. Rashid Ahmed，Jasim Uddin Ahmed，2020. Economic Evaluation of Production Costs and Returns of Potato Crop in Sylhet Region of Bangladesh[J]. Scientific Research Publishing，11（3）.

Dhiraj K，Singh，2020. Analysis of Yield and Technological Gaps of Potato Production in Bihar[J]. Economic Affairs，65（1）.

Ron Ruggless，2019. Rising potato prices may pressure fry deals[J]. Nation's Restaurant News.

Gregory J，Scott，Ulrich Kleinwechter，2017. Future Scenarios for Potato Demand，Supply and Trade in South America to 2030[J]. Springer Netherlands，60（1）.

Sreepriya P，2020. An analysis of Market Arrival and Price Behavior of Potato in India[J]. Economic Affairs，65（1）.

（中国农业科学院农业信息研究所　李辉尚
中国农业大学经济管理学院　任金政　郭凤茹）

第二部分

棉油糖

专题一：棉　花

2019/2020年度，全球贸易保护主义和逆全球化趋势抬头，新冠肺炎疫情全球暴发，导致全球经济衰退，对全球化程度较高的棉花及纺织品产业的运行带来较大的影响。总体看，2019/2020年度，全球棉花产量小幅增加，但受新冠肺炎疫情影响，全球纺织品服装需求严重萎缩，棉花消费大幅减少，国际棉花贸易规模下降，全球棉花库存及库存消费比创近5年新高，棉花供需宽松态势明显，国际棉花价格较往年有所下降。展望后期，随着新冠肺炎疫情形势好转，世界经济恢复增长，棉花消费增加，棉花价格预计呈回暖态势。

一、世界供需形势

（一）棉花收获面积和产量小幅增加

2019/2020年度全球棉花收获面积小幅增加。据美国农业部（USDA）2020年8月预测，2019/2020年度全球棉花收获面积为3 498万公顷，较2018/2019年度增长4.9%。分国别看，印度由于农场价格和最低支持价MSP提高支撑棉花收获面积大幅增加，由1 260万公顷增长到1 330万公顷，增5.6%；美国由于竞争作物价格低，但政府提供农业支持政策等因素影响，棉花收获面积由404.3万公顷增至470万公顷，增16.3%；受植棉收益低影响，中国棉花收获面积由350万公顷降至345万公顷，下降1.4%；巴基斯坦纺织工业发展良好，对原棉需求持续增加，同时棉花最低收购价政策为棉农提供稳定预期，刺激国内棉花种植提升，收获面积由230万公顷增至245万公顷，增长6.5%；中美贸易摩擦导致中国棉花进口主力转向巴西，巴西的棉花收获面积由164万公顷增至167万公顷，较上年度增1.8%。

全球棉花平均单产下降，产量小幅增加。2019/2020年度全球棉花单产由每公顷774.5千克下降至765.6千克，降幅1.2%；棉花产量由2 572万吨增至2 675万吨，较上年度增1.7%（图1）。分国别看，印度季风雨量充足促进单产提升，棉花产量增至620万吨，同比增15.9%；美国受气候条件影响单产下降，但由于植棉面积大幅增加，产量增至434万吨，同比增8.5%；中国植棉面积和单产均下降，产量降至580万吨，同比减4.0%；巴基斯坦受极端高温天气、供水不足和虫害的影响，棉花产量降至132万吨，同比减21.0%；乌兹别克斯坦棉花产量64万吨，与上年持平；巴西植棉面积增加，产量增至289万吨，同比增4.0%（表1）。

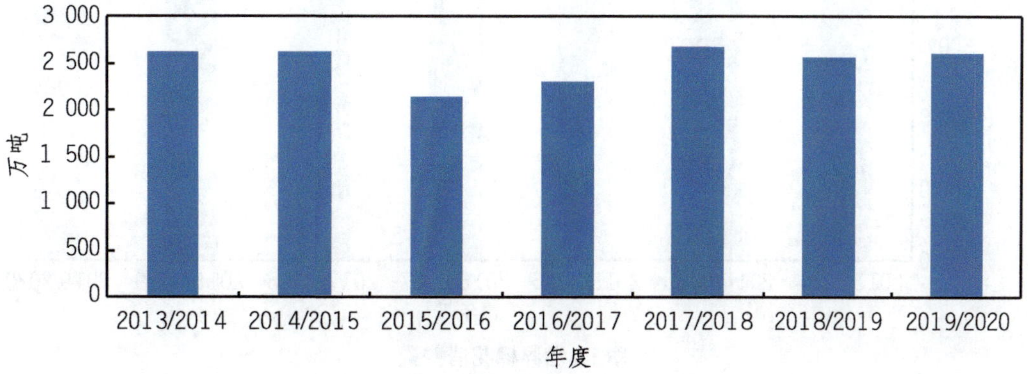

图1　世界棉花产量

数据来源：USDA。

表1　棉花主产国产量变化情况　　单位：万吨

年度	印度	中国	美国	巴基斯坦	巴西	乌兹别克斯坦
2014/2015	656.2	660.0	355.3	230.5	156.3	88.5
2015/2016	574.6	520.0	280.6	153.7	128.9	83.2
2016/2017	586.5	490.0	373.8	166.3	153.0	78.9
2017/2018	635.0	589.0	455.5	179.5	200.6	80.0
2018/2019	535.0	604.0	400.0	167.0	278.0	64.0
2019/2020	620.0	580.0	434.0	132.0	289.0	64.0

数据来源：USDA。

（二）全球棉花消费大幅减少

受全球经济影响，2019/2020年度前半期全球棉花消费变化不大。但进入2020年，受新冠肺炎疫情影响，全球经济衰退明显。受新冠肺炎疫情全球暴发影响，各国采取封闭、停工停产等措施，全球经济衰退，世界银行预测2020年全球经济增长率为-5.2%，世界主要消费国失业人口增加、收入下降，纺织品服装需求严重萎缩，棉花消费大幅度减少。据美国商务部数据显示，2020年4—6月美国服装和配饰行业零售额同比分别下降78.8%、63.3%和23.2%。2020年6月美国服装进口额同比下降42.8%。欧盟2020年一季度服装进口额下降7.7%，中国进口服装下降了14.6%。鉴于全球服装消费下降状况，美国农业部（USDA）2020年8月预测，2019/2020年度全球棉花消费量为2 254.0万吨，同比降12.8%（图2）。中国、印度、巴基斯坦、越南、土耳其、孟加拉国、美国和巴西这8个世界主要棉花消费国均呈现不同幅度的下降，消费量分别为725万吨、432万吨、220万吨、140万吨、143.0万吨、122.0万吨、58万吨和65万吨，分别下降12.1%、20.0%、6.8%、7.3%、7.1%、22.8%、9.4%和11.0%（表2）。中国仍然是世界最大的棉花消费国，占全球棉花消费量的32.2%，较上年上升0.3个百分点。

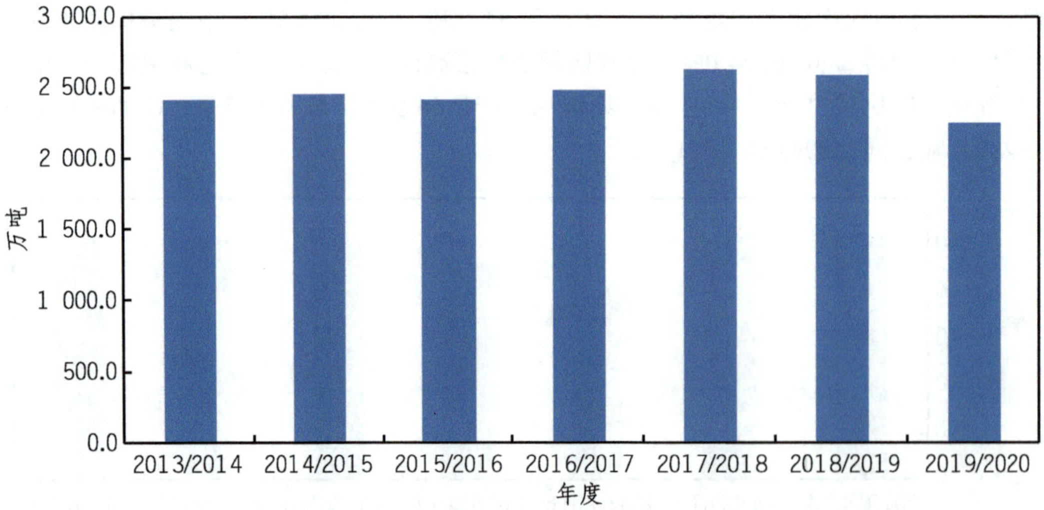

图2　世界棉花消费量

数据来源：USDA。

表2 世界主要棉花消费国消费量情况 单位：万吨

年度	中国	印度	巴基斯坦	越南	土耳其	孟加拉国	美国	巴西
2015/2016	760.0	529.6	214.7	100.7	168.0	132.0	75.1	66.0
2016/2017	828.0	514.8	214.7	116.8	161.0	141.0	70.8	68.5
2017/2018	850.0	542.3	234.6	151.0	164.0	166.0	76.8	68.0
2018/2019	825.0	540.0	236.0	151.0	154.0	158.0	64.0	73.0
2019/2020	725.0	432.0	220.0	140.0	143.0	122.0	58.0	65.0

数据来源：USDA。

（三）国际棉花库存创近五年新高

2019/2020年度，世界棉花生产小幅增加，受疫情影响消费大幅下降，全球棉花库存大幅增加，棉花供求形势宽松的格局非常明显。据美国农业部（USDA）2020年8月预测，2019/2020年度全球棉花期末库存为2 249.0万吨，较上年度增加19.1%，库存消费比从上年度的73.0%上升到99.8%，除中国外的库存消费比由57%上升到87%，两者均为近5年最高。中国棉花库存小幅增加，库存消费比为127%，占全球棉花库存的比重由47%下降到41%（表3）。

从库存增加的区域分布来看，2019/2020年度除澳大利亚外，世界主要棉花生产国期末库存均出现不同程度的增加，其中巴西由266.8万吨增至303.2万吨，增13.6%；美国从105.6万吨增至156.8万吨，增48.5%，印度从202.8万吨增至418.3万吨，增幅1.1倍。

表3 世界棉花期末库存

项目	国家（地区）	2015/2016年度	2016/2017年度	2017/2018年度	2018/2019年度	2019/2020年度
期末库存/万吨	全球	2 030.6	1 848.1	1 882.0	1 888.0	2 249.0
	中国	1 265.0	1 035.2	903.3	888.0	923.0
库存消费比/%	全球（不含中国）	46.0	49.0	55.0	57.0	87.0
	中国	166.0	125.0	106.0	108.0	127.0

数据来源：USDA。

二、国际价格走势

2019年，受贸易保护和地缘政治紧张加剧、英国脱欧等相关风险影响，经济波动加剧，国际棉花价格也呈现波动较大特点。2019年国际棉花价格以4月为高点，呈倒“N”形波动下跌。Cotlook A指数先从82.35美分/磅上涨到87.25美分/磅，随后一路下跌，8月已下跌至70.78美分/磅，跌幅达18.9%。此后，虽然指数有所回升，但同比仍处于三年来的历史低位。2019年1—12月，Cotlook A指数均价为77.87美分/磅，同比下跌14.8%。

2020年，国际棉花价格先跌后稳，2020年1月以来，国际棉价（Cotlook A指数）从短期的高点79.07美分/磅连续下跌至63.53美分/磅，跌幅达19.6%，创造了2009年6月以来棉花价格的新低。5月以来，受欧洲疫情趋稳、美日欧经济重启、中国增加进口等利好影响，国际棉价小幅反弹。但北美、南美、非洲、印度等地的疫情控制仍不容乐观，美国、日本、欧洲等经济体需要较长恢复期，加上南半球巴西、澳大利亚新棉上市，疲软的棉花消费市场仍面临较大价格下行压力。2020年1—8月，Cotlook A指数（相当于国内3128B级棉花）从79.07美分/磅下降到69.95美分/磅，降11.5%；1—8月Cotlook A指数平均价格为69.85美分/磅，较上年同期下跌12.5%（图3）。

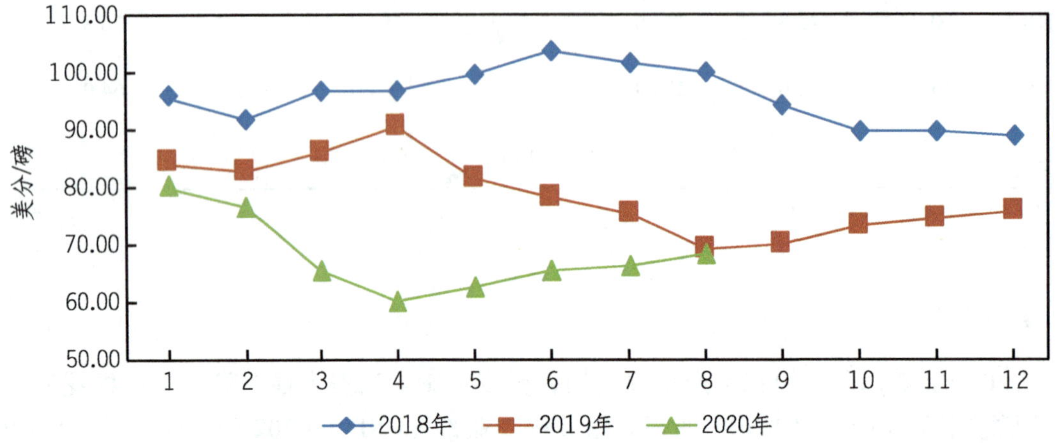

图3 2018年以来国际棉花价格Cotlook A指数

数据来源：中国棉花信息网。

三、国际贸易格局

（一）全球棉花贸易规模下降

2015—2018年，全球棉花贸易总体呈恢复性上涨趋势。2019年底以来新冠肺炎疫情的全球暴发，使全球经济陷入停滞甚至衰退，导致全球纺织品生产、消费和贸易遭受重创，带动棉花贸易量大幅下降。尽管中美第一阶段贸易协定的签署和实施，推动了以美棉为主的全球棉花贸易恢复，但由于消费需求拉动不足造成的棉花消费减少，短期内贸易量难以恢复至正常水平。据USDA数据，2019/2020年度全球棉花出口880万吨，同比减2.8%；进口860万吨，同比减7.2%（图4）。

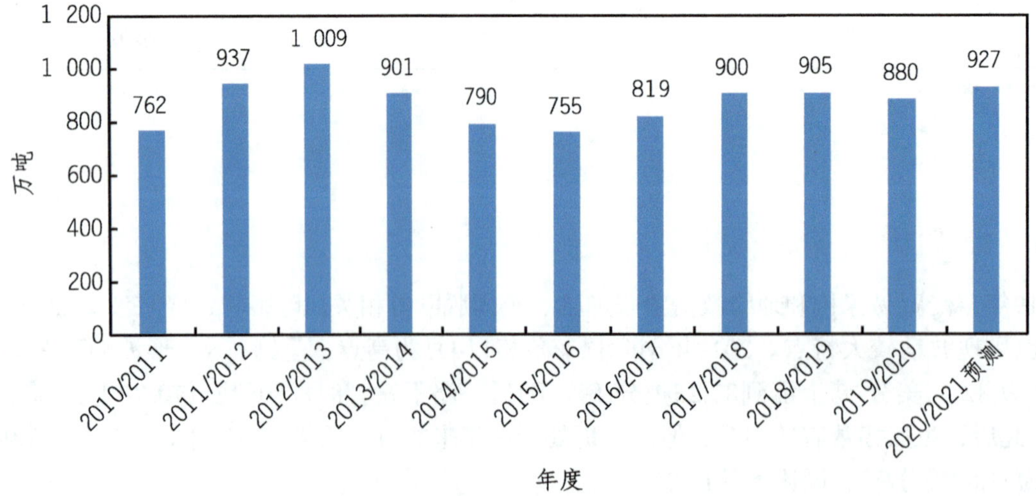

图4 全球棉花出口总量

数据来源：USDA。

在消费与出口低迷的大背景下，全球纺织品服装贸易大幅缩减，主要纺织品服装出口国出口规模均大幅缩减。国内方面，作为全球最大的纺织品服装出口国，2020年1—7月中国纺织品服装累计出口额有所增长，但增长的部分主要是口罩等防疫物资，真正用棉花的服装等产品出口额呈大幅减少态势。2020年1—8月，我国纺织品服装累计出口额为1 564.8亿美元，同比增长5.6%。其中，纺织纱线、纺织织物和服装累计出口额同比分别减少31.7%、27.5%和16.6%。国际方面，2020年1—6月，越南纺织服装出口金额为131.8亿美元，同比减少12.7%；出口纱线73.1万吨，同比减少8.4%。2020年1—4月土耳其纺织品出口额降幅达44.4%。

（二）出口格局变动不大

美国、巴西、印度、澳大利亚、乌兹别克斯坦和西非法郎区国家是世界主要棉花出口国，出口量占世界出口总量的87.9%。根据USDA（2020年9月）数据，2019/2020年度6个棉花出口大国（地区）中，除美国、巴西外的4个主要棉花出口国家和地区棉花出口同比均有所下降，其中美国出口335万吨，同比增加3.7%；巴西出口198万吨，同比增加51.1%；西非出口97万吨，同比下降17.8%；澳大利亚出口24万吨，同比下降69.6%；印度出口65万吨，同比下降14.5%；乌兹别克斯坦出口6万吨，同比下降53.8%（表4、图5）。

表4　2018/2019—2019/2020年度棉花主要出口国棉花出口情况

国家（地区）	2018/2019年度	2019/2020年度	同比变化
	万吨	万吨	%
世界	907.0	825.0	-9.0
澳大利亚	79.0	24.0	-69.6
巴西	131.0	183.0	39.7
印度	80.0	53.0	-33.8
美国	321.0	295.0	-8.1
乌兹别克斯坦	13.0	6.0	-53.8

数据来源：USDA。

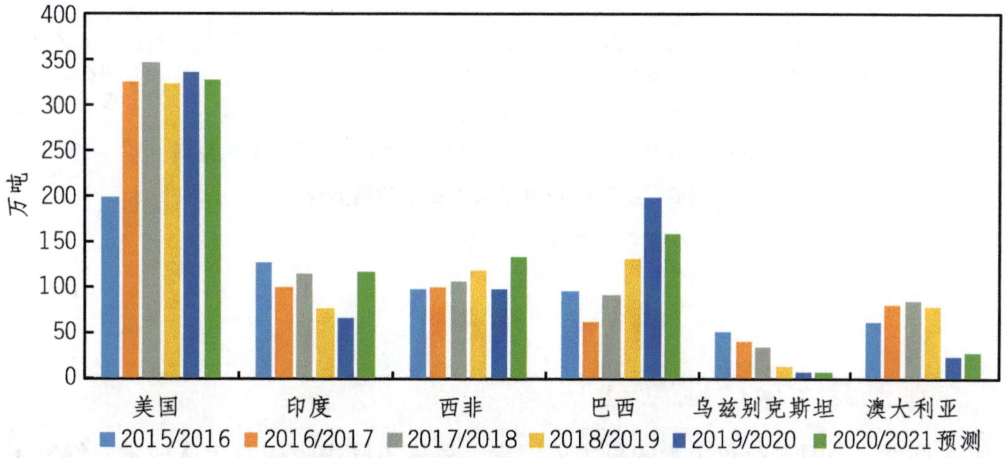

图5　主要棉花出口国棉花出口量变化

数据来源：USDA。

（三）进口格局较为稳定

中国、越南、孟加拉国、土耳其和印度尼西亚是世界主要棉花进口国。根据USDA（2020年9月）预测数据，2019/2020年度上述5国进口量占世界进口总量的比重为67.4%。2019/2020年度各国棉花进口均有所减少，其中，中国进口184万吨，同比减少12.4%；越南进口140.0万吨，同比减少7.3%；孟加拉国进口122万吨，同比减少20.8%；土耳其进口47万吨，同比减少38.2%；印度尼西亚进口63.0万吨，同比减少8.7%（表5、图6）。

表5 2018/2019—2019/2020年度棉花主要进口国棉花进口情况

国家（地区）	2018/2019年度	2019/2020年度	同比变化
	万吨	万吨	%
世界	927.0	825.0	-11.0
中国	210.0	184.0	-12.4
印度尼西亚	69.0	63.0	-8.7
土耳其	76.0	47.0	-38.2
越南	151.0	140.0	-7.3

数据来源：USDA。

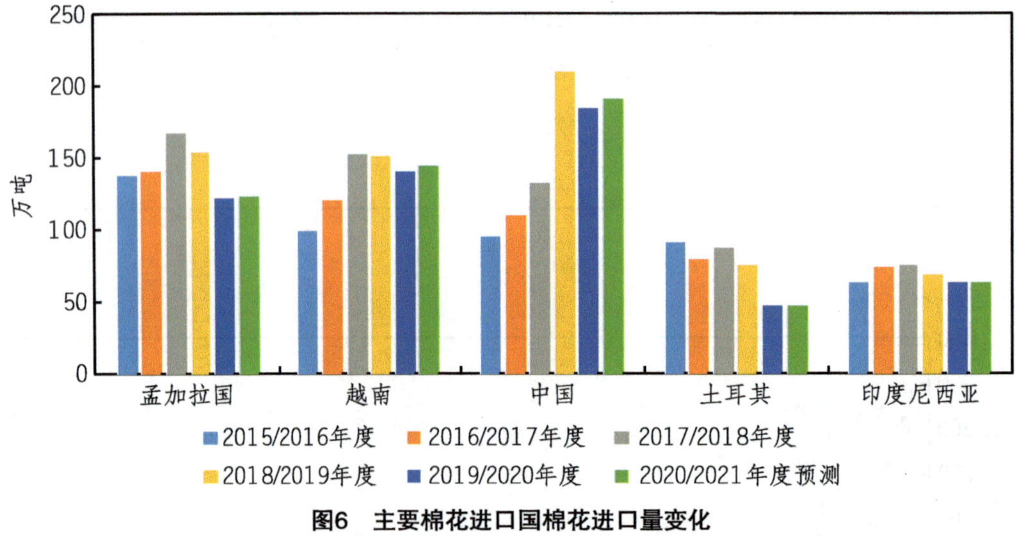

图6 主要棉花进口国棉花进口量变化

数据来源：USDA。

四、世界主要国家产业竞争力

生产成本是决定一国产业竞争力的最主要因素，分析不同国家棉花生产成本是探究不同国家棉花竞争力的重要方面。鉴于数据的可获得性，本节重点分析中国和美国的棉花生产成本及收益的变化状况。

（一）中国

1. 生产总成本十余年来首次下降

在水土资源趋紧、用工成本上升和农资价格上涨等因素的综合影响下，中国棉花生产迈入了高成本时代。2004—2018年，我国棉花亩均生产成本从743.1元上涨到2 275.2元，年均上涨8.3%，其中，2009年以后棉花生产成本上涨速度明显加快。2018年，由于新疆机采棉的大量推广，中国棉花亩均成本十余年来出现首次下降，同比下降2.4%。从单位产量生产成本看，2004—2018年，每50千克棉花生产成本从275元上涨到1 075元，增长了1.6倍，年均增长10.2%。单位产量生产成本涨幅小于单位面积生产成本，这表明十余年来中国棉花单产提高较快，单产的提高抵消了一部分成本的上涨。

2. 成本要素构成发生变化

从近年来我国棉花的成本要素构成变化特点来看，人工成本占比大幅提升，物质与服务费用占比下降，土地成本占比基本稳定。2004—2018年，棉花亩均生产成本中人工成本从354.8元增长到1 194.9元，年均增长9.8%，在总成本中所占比重从47.7%上升到52.5%；物质与服务费用从297.8元增长到755.6元，年均增长7.4%，在总成本中所占比重由40.0%下降到33.2%；土地成本从90.5元增长到324.7元，年均增长10.3%，在总成本中占14.3%。

3. 收益波动较大且近年来持续下降

由于生产成本持续上升，加上棉花价格的大幅波动，中国棉花收益呈现不稳定性特征，且在2011年以后出现了持续下降态势。2004—2018年，中国亩均棉花净利润从223.1元波动下降到-460.9元，2013年以后植棉收益呈现连年亏损态势，且亏损程度不断加深。棉花单位产量净利润和亩均净利润的变化特征较为相似。2004—2018年，每50千克的棉花净利润从125.9元波动下降至-185.0元。

（二）美国

在国际棉花市场中，美国棉花具备品质优、一致性好、适合纺织工业需要等优势，具有很强的市场竞争力。美国所生产的棉花大部分出口到海外，是全球棉花第一大出口国，2019/2020年度美国棉花出口量为335.3万吨，占到其当年棉花总产量的77.3%。

1. 总生产成本持续下降

为了使本国棉花出口保持持续竞争力，2011—2018年美国棉花产业运营成本逐渐缩减。2018年棉花生产成本为669.6元/亩，同比下降2.4%，2011年来累计下降了3.5%。从单位产量生产成本看，2014—2017年，美国每50千克棉花生产成本从705元降至570元，年均下降6.9%；2018年受干旱和飓风影响，单产同比下降21.5%，每50千克棉花生产成本回升至715元（图7）。

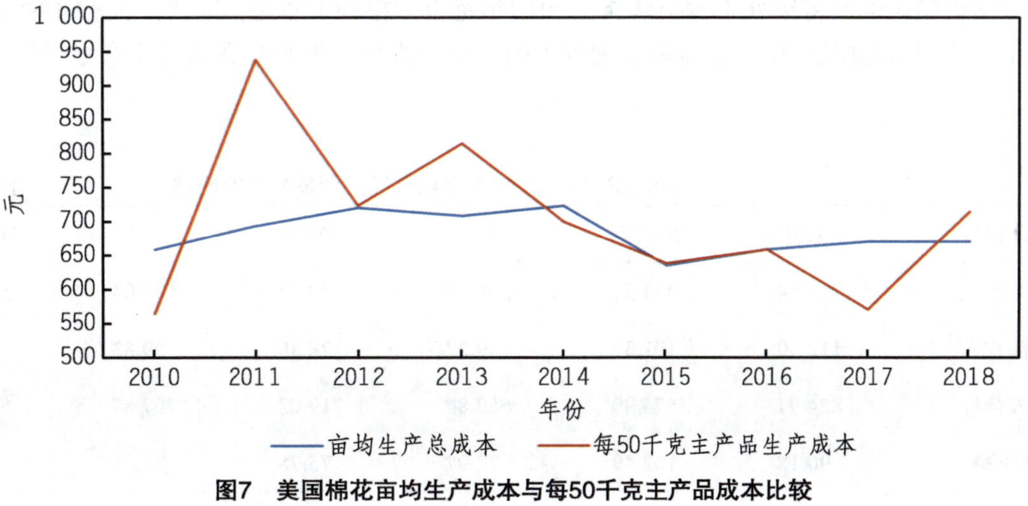

图7 美国棉花亩均生产成本与每50千克主产品成本比较

数据来源：USDA。

2. 成本结构变动不大

美国棉花生产成本包括运营成本和管理费用两部分。成本的下降主要表现在运营成本的降低。2018年用于运营成本的支出为434.15元/亩，占总成本的56.06%，同比下降6.96%，较2010年减少15.96%。其中，种子、肥料和农药是支出比重最大的科目，2018年亩均支出分别为73.27元/亩、57.9元/亩和67.81元/亩，均较2017年有所下降，同比下降幅度分别为3.41%、6.46%和5.15%。由于棉花生产的规模化，在保障单产能力的前提下，种子费、农药费和化肥费等支出均实现不同幅度的节约。

土地成本和人工成本均呈现小幅提升。2018年，美国棉花生产中的土地成本和人工成本分别占总成本的10.3%和8.27%。其中，土地成本为79.79元/亩，同比增长2.35%，较2010年同期增加13.01%；人工成本为64.08元/亩，较2017年增加4.47%，较2010年增加40.71%（图8）。

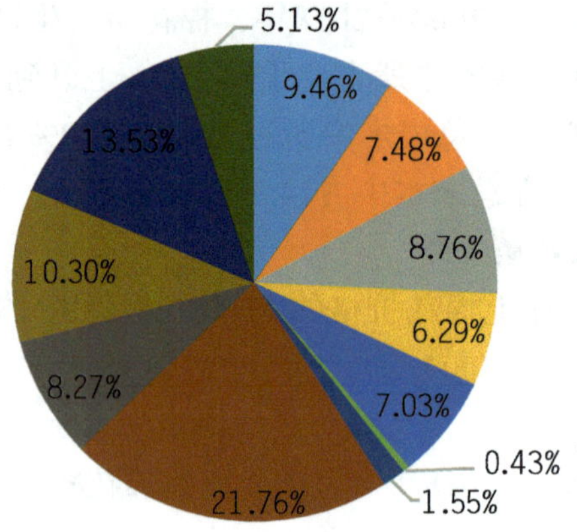

图8 2018年美国棉花种植主要成本会计科目支出占比分布

数据来源：根据美国农业部2018年度棉花产业相关数据自行整理。

3. 棉花利润下降

从近几年美国棉花生产成本收益变化情况来看（表6），皮棉和籽棉收入均较2010年有不同幅度的回落。与籽棉相比，皮棉收入相对稳定，2018年每亩收入517.32元，同比降低14.92%，较2010年同期下降27.4%；籽棉收入为77.09元/亩，同比下降22.78%，较2010年同期下降31.41%。随着近年来国际棉花市场竞争愈发激烈，棉花种植的利润空间逐渐被压缩。从利润情况来看，2014—2018年棉花生产持续处于亏损状态，2018年每亩亏损180.05元，同比扩大89.49%。与2010年盈利11.27元/亩的情况相比，近年来皮棉收入的空间被大幅压缩是导致棉花生产亏损的主要原因之一。

表6 2010—2018年美国棉花生产成本收益明细 单位：元/亩

会计科目	2010年	2014年	2015年	2016年	2017年	2018年
皮棉收入	712.54	473.53	500.57	590.72	608.04	517.32
籽棉收入	112.40	101.37	159.27	128.30	99.83	77.09
收入合计	824.94	574.90	659.84	719.02	707.87	594.41
种子费	90.18	102.49	72.97	75.78	75.86	73.27

（续表）

会计科目	2010年	2014年	2015年	2016年	2017年	2018年
化肥费	81.13	94.77	78.08	68.06	61.90	57.90
农药费	74.74	72.50	65.12	72.12	71.49	67.81
自定义服务	25.48	24.90	17.73	19.77	19.70	19.39
燃料与动力费	57.62	65.07	45.06	41.87	48.02	48.75
修理维护费	38.80	38.22	48.78	52.10	53.69	54.42
扎花费	144.63	123.85	121.27	133.48	130.04	104.82
排灌费	3.49	3.36	3.06	3.42	3.47	3.30
投入品利息	0.52	0.16	0.28	1.07	2.43	4.49
运营成本合计	516.58	525.33	452.35	467.67	466.60	434.15
劳动力报酬	16.26	15.88	16.04	17.98	18.77	19.35
劳动机会成本	29.29	29.56	37.80	41.13	42.57	44.73
固定资本折旧	149.12	159.47	152.09	163.30	169.01	168.52
土地成本	75.67	91.01	73.57	76.26	77.96	79.79
税收与保险费	8.63	8.53	10.58	11.27	12.20	12.04
农场场地费用	18.14	17.70	14.16	15.22	15.78	15.88
管理费用合计	297.10	322.15	304.24	325.17	336.28	340.31
总成本合计	813.68	847.48	756.59	792.83	802.89	774.46
净利润	11.27	−272.58	−96.75	−73.81	−95.01	−180.05

数据来源：根据美国农业部2010—2018年棉花产业相关数据自行整理。

五、主要国家产业支持政策新变化

棉花是全球主要的经济作物，在全球广泛种植。由于棉花消费受宏观经济发展、居民收入水平影响较大，全球主要棉花生产国都会对棉花产业进行支持。

（一）印度

印度对棉花产业的支持政策以最低支持价格（MSP）收购政策为主。最低支持价格的确定分为两个步骤：首先，由印度农业成本与价格委员会（Commission for Agricultural Costs and Price）根据棉花的生产水平、市场价格行为、作物间比价、仓储量、分销及供求平衡、投入品价格水平、生产成本和农业与农业间贸易条款等因素，向政府提出最低支持价格的建议。其次，根据委员会建议决定并公布各州的最低支持价格。印度政府在每个棉花生产年度制定两个基础性棉花品种的最低保护价（包括中等棉花和长绒棉），其他品种的最低保护价由印度纺织委员办公室根据上述两个基础性棉花品种的质量和市场差异来制定。当任意品种的籽棉市场价格低于最低支持价格时，印度棉花公司（Cotton Corporation of India，CCI）会以最低支持价格进行无限量收购。

印度的棉花最低支持价格近年来一直呈现上涨趋势。2015/2016年度印度中等棉花和长绒棉的最低收购价分别为3 750卢比/公担和4 050卢比/公担，印度国内籽棉平均价格在64美分/磅，CCI以最低收购价收购了14.4万吨籽棉，总共花费约2.5亿美元。2016/2017年度印度中等棉花和长绒棉的最低收购价分别为4 020卢比/公担和4 320卢比/公担，印度最低收购价为4 060卢比/公担（约82美分/磅）；2017/2018年度印度中等棉花和长绒棉的最低收购价分别4 220卢比/公担和4 320卢比/公担。2018/2019年度印度进一步提高籽棉最低收购价格，其中，中等棉花的MSP由上年度的4 020卢比/公担提高到5 150卢比/公担，提高28.1%；长绒棉的最低收购价由上年度的4 320卢比/公担提高到5 450卢比/公担，提高26.2%。2019/2020年度印度仍然继续提高籽棉的最低收购价，其中，中等棉花的MSP由上年度的5 150卢比/公担提高到5 255卢比/公担，提高2.0%；长绒棉的最低收购价由上年度的5 450卢比/公担提高到5 550卢比/公担，提高1.8%。2020/2021年度印度棉花最低收购价继续上调5%，其中，中绒棉上调260卢比/公担至5 515卢比/公担，长绒棉上调275卢比/公担至5 825卢比/公担（表7）。

表7　2015/2016年度以来印度MSP水平　　单位：卢比/公担

年度	中等棉花最低收购价	长绒棉最低收购价
2015/2016	3 750	4 050
2016/2017	4 020	4 320
2017/2018	4 220	4 320
2018/2019	5 150	5 450
2019/2020	5 255	5 550
2020/2021	5 515	5 825

数据来源：USDA报告。

（二）美国

美国棉花支持政策体系近几十年来变化较大。2014年，美国取消了直接补贴、反周期支付和平均作物收入选择计划，并新增堆叠收入保护计划，用于扩大农业保险的覆盖范围。2018年农业法案中又进一步对棉花政策进行了调整，棉花支持政策从之前的以保险为主改为以参考价格为基础的、有担保且更高级的安全保障和补贴，类似于2008农业法案里的反周期补贴。这一改变使部分陆地棉生产者（有棉花农场且继续从事陆地棉生产）的收入增加，是针对籽棉而非皮棉的支持，可能会使美国植棉面积增加。不过，这个补贴与实际种植面积无关，只涉及历史长期情况。除了籽棉的价格损失补贴和农业保险补贴以外，新的农业法案还包括市场贷款计划和作物保险。

1. 价格损失补贴

价格损失补贴（PLC）以价格为基准，和以前的反周期补贴比较像。当籽棉的市场价格或者年度均价低于固定的参考价格时，为生产者提供价格损失补贴（占基准面积的85%）。籽棉年度均价是陆地棉和棉籽的加权均价，价格损失补贴的参考价格是36.7美分/磅，最低价格为25美分/磅。具体计算时，用皮棉历史平均单产×2.4，得出籽棉补贴收益率。当参考价格高于年度均价和最低价格时支付这项补贴。2018/2019年度，大部分籽棉基准面积都列入了价格损失补贴，补贴总额=630镑/英亩（单产）×2.4（系数）×1 317英亩（面积）。

2. 农业保险补贴

农业保险补贴是为各产棉县的收入损失提供的补贴。农场在县一级按商品分类选择收入损失保护。在县级籽棉实际收入低于农业保险补贴所担保的价格时支付该补贴。商品收入以每种商品的县收入为基准，用近五年县级单产平均值（剔除最高和最低价格）和全国价格计算得出。当县级收入比基准县级收入低76%~86%时支付收入补贴，补贴最高不得超过基准收入的10%。

价格损失补贴或者农业保险补贴的最高上限为12.5万美元（除花生以外的其他作物），调整后的收入总额为90万美元，2018/2019年度，价格损失补贴/农业保险补贴的总额预计为4亿美元。

3. 堆叠收入保护计划

2018/2019年度，堆叠收入保护计划（STAX）仍然有效，该计划为陆地棉种植者提供了保险补贴。在STAX计划中，如果某县的实际收入低于预期收入的90%，则支付补贴。STAX为收入损失在10%~30%的种植户提供补贴，可以选择5%的增量补贴。联邦政府支付补贴的80%，并且为提供STAX的保险公司的部分行政和运营成本提供补贴。2017/2018年度STAX计划提供的补贴总额为1.05亿美元；2018/2019年度STAX计划提供的补贴总额为1.4亿美元，覆盖了160万公顷上报的面积（占收获面积的38%）。STAX补贴的相当一部分是与标准作物保险一起购买的。

4. 市场贷款计划

2018/2019年度继续实行市场贷款计划（MLP），其根据是连续两个年度的市场价格平均值，不能低于45美分/磅或高于52美分/磅。2019/2020年度长绒棉的MLP基准价格为95美分/磅（之前为79.77美分/磅）。在这个计划下，陆地棉生产者获得贷款补足补贴、商品证书汇兑收益或市场贷款收益（MLG）。LDP在市场价格低于贷款价格时支付，商品证书汇兑收益和市场贷款收益与LDP一样，在赎回贷款棉获得收益，3个选项棉农只能选择一个。据估算，2017/2018年度和2018/2019年度美国未支付任何LDP补贴或MLG补贴。

此外，美国政府还为棉花生产提供作物保险补贴，预防自然灾害带来的作物单产下降和收入的损失。这种多重危险的作物保险覆盖了天气、虫害以及火灾导致的单产损失，不包括棉农的疏忽大意。这个保险通过私人保险公司销售给棉农，美国农业部风险管理局为保费提供部分补贴，90%以上的实播面积列入该项补贴。

六、世界供需形势展望

（一）生产展望

棉花种植面积和产量下降。2020/2021年度，新冠肺炎疫情的不确定性影响棉农的种植意向，主要产棉国植棉面积均有所下降。2020/2021年度全球植棉面积为3 297.5万公顷，同比减少5.8%。其中，印度棉花价格低于竞争作物，植棉面积预计为1 250万公顷，同比减6.0%；美国德州天气干旱导致弃耕率上升，植棉面积预计为414.6万公顷，同比减11.8%；中国受植棉比较收益低、劳动力成本高等因素影响，植棉面积继续下降，预计为330万公顷，同比减4.3%。据巴基斯坦全国粮食安全和研究部消息，巴基斯坦棉花播种已经结束，植棉面积为3 685.5万亩，同比减1.3%。从当前全球主要产棉国棉花长势看，美国新棉长势转差，产量下降。截至2020年8月9日，美国棉花现蕾率为96%，棉花结铃进度和吐絮进度分别为71%和9%，比去年同期减少1个百分点和8个百分点；生长状况达到良好以上的占42%，较去年同期减少14个百分点；预计2020/2021年度美棉产量393.6万吨，同比减9.2%。印度新年度棉花生产前期天气条件一般，但8月以来天气预计恢复正常水平，有利于棉花生长；棉花产量为646.6万吨，同比减2.6%。巴基斯坦今年降雨较多，对新年度棉花质量有不利影响，预计新年度棉花产量141.5万吨，同比增4.8%。乌兹别克斯坦棉花产量为70.8万吨，同比降7.1%。土耳其棉花产量65.3万吨，同比降13.0%。

2020/2021年度，受棉花主产国植棉面积下降影响，全球棉花产量由2 615万吨减少到2 486万吨，同比减4.9%。

（二）消费展望

2020/2021年度全球棉花消费量2 461.5万吨，同比增10.4%。其中中国消费量为794.7万吨，同比增10.6%；印度为489.9万吨，同比增12.5%；孟加拉国为158.9万吨，同比增12.3%；土耳其为152.4万吨，同比增6.1%；越南为148.1万吨，同比增11.5%。

（三）贸易展望

2020/2021年度，全球经济形势好转，棉花需求回升，贸易量增加。根据相关数据预测，2020/2021年度，全球棉花贸易量为905.2万吨，同比增3.7%。从进口格局来看，中国、孟加拉国、越南、土耳其、巴基斯坦、印度尼西亚、印度仍然是全球重要的棉花进口国，且棉花进口量大部分都有所增长。其中，中国、孟加拉国、越南、印度尼西亚棉花进口量分别为196.0万吨、158.9万吨、152.4万吨和63.1万吨，同比分别增28.6%、4.3%、7.7%和7.3%；而土耳其、巴基斯坦、印度进口量略有减少。从出口格局来看，美国、巴西、印度、希腊、贝宁是全球主要的棉花出口国，出口量分别为326.6万吨、196.0万吨、106.7万吨、29.4万吨和28.3万吨。

（四）库存展望

由于产量大于消费量，2020/2021年度全球棉花期末库存继续增加为2 284.2万吨，同比增4.3%。全球棉花的库存消费比为92.8%，较上年度下降5.4个百分点。其中，中国的棉花库存消费比为97.34%，较上年度下降13.7个百分点；美国的棉花库存消费比为42.67%，较上年度增加1.96个百分点；中国以外地区的棉花库存消费比为90.51%，较上年度减少1.45个百分点。

（五）价格展望

2020/2021年度，全球棉花产量小幅下降，棉花消费需求缓慢恢复，当年产量仍然大于消费量，棉花库存继续增长。在供求宽松态势下，国际棉价将持续承压低位波动。USDA预计2020/2021年度Cotlook A指数均价为每磅58美分，较上年度下降18.3%。鉴于目前国际环境日趋复杂，不稳定性、不确定性明显增强，国际金融市场脆弱性加剧，国际棉花价格仍然存在较多不确定性。

（农业农村部农村经济研究中心　翟雪玲　原瑞玲）

专题二：大　豆

2019/2020年度，受中美贸易关系影响，美国大豆产业经历了前所未有的压力，这对全球大豆的生产、价格和贸易等产生较大影响。同时随着中美第一阶段经贸协议的签署，加之新冠肺炎疫情的蔓延与国际油价的巨震，以及美国经历了有记录以来最潮湿和气温最高的一年，2019/2020年度全球大豆市场充满了变数和挑战。

一、世界供需现状

2019/2020年度，美国由于大豆播种期遭遇强降雨，大豆面积和单产大幅下降，大豆大幅减产；得益于巴西雷亚尔大幅贬值，大豆出口优势明显，间接提振农户大豆种植积极性，巴西大豆产量再创新高；阿根廷大豆小幅减产。受新冠肺炎疫情影响，美国大豆消费需求下降，但中国大豆需求依然强劲，巴西和阿根廷大豆消费小幅上升，全球大豆供需格局基本处于正常水平。

（一）大豆生产

2019/2020年度全球大豆产量3.37亿吨，较2018/2019年度减少2 341万吨，减幅6.49%。其中，美国大豆产量9 668万吨，较上年度减少2 384万吨，占全球总产量的29.68%；巴西大豆产量1.26亿吨，较上年度增加700万吨，占全球总产量的37.37%；阿根廷大豆产量5 000万吨，较上年度减少530万吨，占全球总产量的14.84%（表1）。

（二）大豆消费

2019/2020年度全球大豆总消费量3.48亿吨，较上年度增加579万吨，增幅1.69%，压榨消费仍是主要消费形式，占总消费量的87.30%，较上年度提高0.52个百分点。中国仍是全球最大的大豆消费国，消费量达1.06亿吨，较上年度增加420万吨，占全球总量消费的30.48%。阿根廷和巴西大豆国内消费量分别为4 789万吨和4 690万吨，较上年度分别增加23万吨和203万吨，分别占全球总消费量的13.75%和13.46%。美国大豆国内消费量6 005万吨，较上年度减少35.30万吨，占全球总消费量的17.24%（表1）。

（三）大豆库存

2019/2020年度全球大豆期末库存9 967万吨，较上年度减少1 306万吨，减幅11.59%；库存消费比28.61%，较上年度下降4.30个百分点。主要出口国美国、巴西、阿根廷和巴拉圭分别下调库存，库存消费比分别为28.09%、48.55%、54.29%和12.27%，分别较上年度下降12.87个百分点、23.70个百分点、6.60个百分点和1.52个百分点，美国大豆库存基本处于正常水平，巴西和阿根廷大豆库存处于正常偏高水平。主要进口国（地区）中，中国和欧盟小幅上调库存，库存消费比分别提高6.58个百分点和0.02个百分点，分别达25.65%和9.32%；墨西哥小幅下调库存，库存消费比下降0.30个百分点。除中国外，主要进口国（地区）大豆供需偏紧（表1）。

表1　全球和主要进出口国大豆年度供需情况　　单位：百万吨

国家（地区）	年度	期初库存	产量	进口量	国内压榨	国内消费	出口量	期末库存	库存消费比/%
世界	2018/2019	98.60	360.55	144.61	297.33	342.62	148.41	112.74	32.90
	2019/2020	112.74	337.14	157.62	304.16	348.41	159.41	99.67	28.61
主要出口国	2018/2019	74.08	299.42	4.54	144.01	156.63	137.17	83.66	53.41
	2019/2020	86.58	282.58	4.68	147.45	158.89	148.81	66.13	41.62
美国	2018/2019	11.92	120.52	0.38	56.94	3.82	47.68	24.74	40.96
	2019/2020	24.74	96.68	0.41	58.65	4.05	44.91	16.87	28.09
巴西	2018/2019	32.74	119.00	0.14	42.53	44.87	74.59	32.42	72.26
	2019/2020	32.42	126.00	0.25	44.25	46.90	89.00	22.77	48.55
阿根廷	2018/2019	23.73	55.30	6.41	40.57	47.45	9.10	28.89	60.89
	2019/2020	28.89	50.00	4.00	40.80	47.89	9.00	26.00	54.29
巴拉圭	2018/2019	0.39	8.85	0.01	3.62	60.41	4.90	0.53	13.80
	2019/2020	0.53	9.90	0.02	3.75	60.05	5.90	0.50	12.27
主要进口国（地区）	2018/2019	24.63	18.97	103.39	106.75	125.46	0.30	21.24	16.93
	2019/2020	21.24	20.97	117.10	110.50	129.91	0.36	29.03	22.35
中国	2018/2019	23.06	15.97	82.54	85.00	102.00	0.12	19.46	19.07
	2019/2020	19.46	18.10	96.00	88.50	106.20	0.11	27.25	25.65
欧盟	2018/2019	1.40	2.66	14.98	15.60	17.26	0.18	1.61	9.30
	2019/2020	1.61	2.63	15.10	15.80	17.46	0.25	1.63	9.32
墨西哥	2018/2019	0.17	0.34	5.87	6.15	6.20	0.00	0.18	2.84
	2019/2020	0.18	0.24	6.00	6.20	6.25	0.00	0.16	2.54

数据来源：USDA（2020年7月预估）。

二、国际价格走势

（一）国际大豆出口价格

从年度变化来看，2020年国际大豆出口价格高于2019年。截至2020年9月，美国波斯湾大豆离岸价格平均为358.56美元/吨，较上年度上涨3.26%；巴西巴拉那瓜港大豆离岸价格平均为365.67美元/吨，较上年度上涨2.48%；阿根廷Up River大豆离岸价格平均为352.44美元/吨，较上年度上涨2.53%（图1）。

从月度变化来看，2020年国际大豆出口价格呈先降后升趋势，美国、巴西和阿根廷大豆出口价格从2019年12月的363美元/吨、369美元/吨和367美元/吨分别降至2020年5月的335美元/吨、4月的334美元/吨和3月的324美元/吨，之后分别上升到2020年9月的414美元/吨、434美元/吨和410美元/吨（图1）。

2020年6月以来，大豆价格大幅上涨，主要是由于全球大豆产量的减少，特别是美国的大豆产量减少所致，2020年美国大豆产量比上年减少近20%。

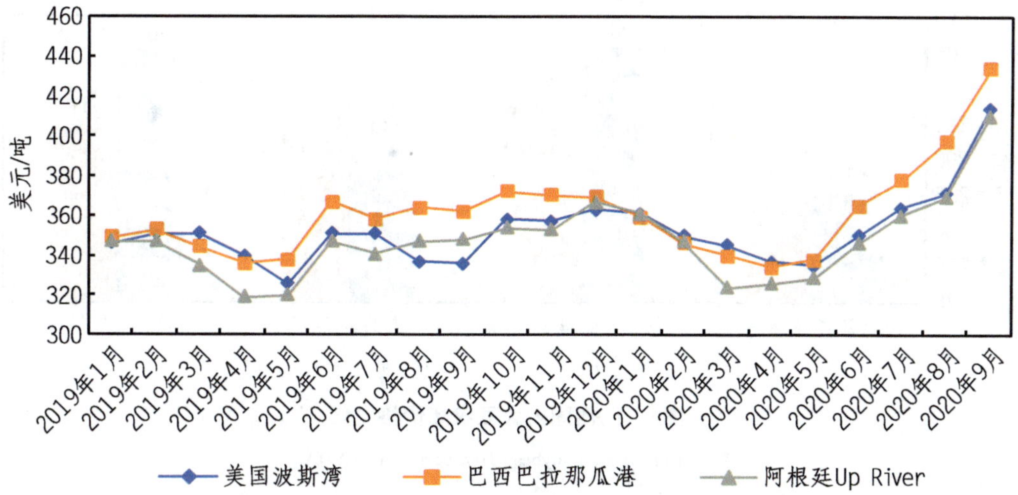

图1　2019—2020年主产国大豆出口价格

数据来源：Oilseed：World Markets and Trade，USDA，FAS，07/10/2020。

（二）主产国国内大豆价格

从美国国内大豆价格年度变动来看，2020年大豆价格相较于上年度有所提高。截至2020年9月，美国农场和美国NO.1 Yellow Cash Central Illinois的大豆价格分别为312.50美元/吨和314.11美元/吨，分别较上年度上涨2.83美元/吨和10.61美元/吨（图2）。

从美国国内大豆价格月变化来看，2020年美国大豆价格先跌后涨，美国农场和美国NO.1 Yellow Cash Central Illinois的大豆价格分别从2019年12月的320美元/吨和333美元/吨下跌至2020年5月的304美元/吨和305美元/吨，之后分别上涨至2020年8月的318美元/吨和9月的367美元/吨，涨幅分别为4.60%和20.33%（图2）。

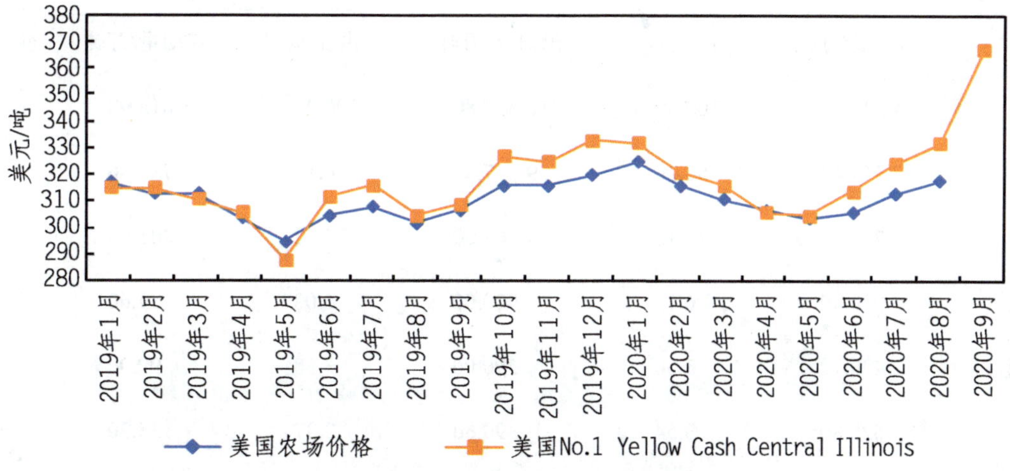

图2　2019—2020年美国国内大豆价格月度变化情况

数据来源：Oilseed：World Markets and Trade，USDA，FAS，07/10/2020。

从巴西大豆农场价格年度变化来看，截至2020年第二季度，巴西大豆农场平均价格为293.89美元/吨，较2019年低1.04%（图3），但较2019年前两季度的平均价格高1.97%，主要由于2019年第三、第四季度大豆价格上涨并处于高位。2020年第二季度，北马托格罗索、西北南里奥格兰德、南马拉尼奥和西南皮奥伊州4个区域的大豆价格均高于去年同期水平。

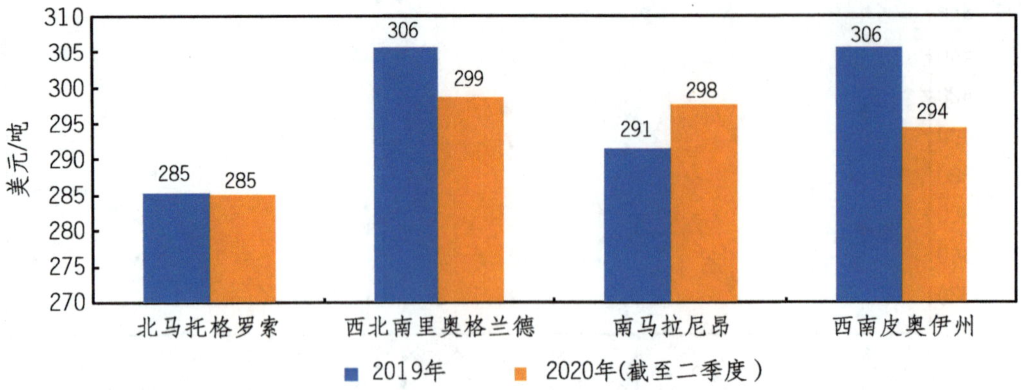

图3 巴西国内大豆农场价格变化

数据来源：Brazil Soybean Transportation，USDA。

三、国际贸易格局

（一）全球大豆贸易状况

2019/2020年度全球大豆出口量1.65亿吨，较上年度增加1 615.9万吨，增10.89%。其中，主要出口国巴西大豆出口量占全球大豆出口总量的56.19%，较上年度提高5.93个百分点，处在第一位；美国大豆出口量占全球大豆出口总量的27.72%，较上年度下降4.4个百分点，位居第二；阿根廷大豆出口量占全球大豆出口总量的6.08%，较上年度下降0.05个百分点，位居第三（表2）。

表2 2018/2019—2019/2020年度全球大豆出口情况

国家（地区）	2018/2019年度		2019/2020年度		年度变动	
	出口量/万吨	占比/%	出口量/万吨	占比/%	变动量/万吨	变动幅度/%
全球	14 841.90	100.00	16 457.80	100.00	1 615.90	10.89
巴西	7 459.40	50.26	9 247.80	56.19	1 788.40	23.98
美国	4 767.60	32.12	4 562.00	27.72	−205.60	−4.31
阿根廷	910.40	6.13	1 000.00	6.08	89.60	9.84
巴拉圭	490.10	3.30	590.00	3.58	99.90	20.38
加拿大	525.80	3.54	390.60	2.37	−135.20	−25.71
乌克兰	253.10	1.71	275.00	1.67	21.90	8.65
乌拉圭	275.00	1.85	192.00	1.17	−83.00	−30.18

数据来源：USDA。

2019/2020年全球大豆进口量1.63亿吨，较上年度增加1 786.30万吨，增加了12.31%。其中，主要进口国中国的进口量9 740.0万吨，较上年增加了18%，占全球大豆出口总量的59.77%，较上年度提高了2.88个百分点（表3）。

表3　2018/2019—2019/2020年度全球大豆进口情况

	2018/2019年度		2019/2020年度		年度变动	
	进口量/万吨	占比/%	进口量/万吨	占比/%	变动量/万吨	变动幅度/%
全球	14 509.80	100.00	16 296.10	100.00	1 786.30	12.31
中国	8 254.00	56.89	9 740.00	59.77	1 486.00	18.00
欧盟	1 498.30	10.33	1 560.00	9.57	61.70	4.12
墨西哥	586.70	4.04	600.00	3.68	13.30	2.27
阿根廷	640.80	4.42	465.00	2.85	−175.80	−27.43

数据来源：USDA。

（二）主要出口国出口去向

2020年1—8月，巴西出口大豆7 600万吨，比去年同期增36%，也高于2019年全年的大豆出口量，其中73%出口到中国（表4）。据巴西植物油行业协会预测，因为巴西雷亚尔相对于美元贬值，巴西大豆仍然有吸引力，2020年巴西大豆出口8 000万吨，达历史次新高，仅次于2018年的8 330万吨。

表4　巴西大豆出口去向

出口国家（地区）	2019年		2020年1—8月	
	出口量/万吨	占比/%	出口量/万吨	占比/%
中国	5 795.96	78.28	5 548	73
西班牙	219.82	2.97	—	—
泰国	169.79	2.29	—	—
荷兰	171.57	2.32	—	—
伊朗	154.75	2.09	—	—
土耳其	129.97	1.76	—	—
全球合计	7 403.83	100.00	7 600	—

数据来源：Https：//www.trademap.org。

截至2020年8月，2019/2020年度美国出口大豆4 177.99万吨，较上年度减262.11万吨，减幅5.91%。其中36.53%向中国出口，较上年度提高了6.29个百分点；10.85%向欧盟和英国出口，较上年度下降了4.67个百分点；10.69%出口到墨西哥，8.55%出口到埃及，其他出口到日本、印度尼西亚、孟加拉国、泰国、巴基斯坦等国（表5）。

表5　美国大豆出口去向

出口国家（地区）	2018年10月至2019年8月		2019年10月至2020年8月		年度变动	
	出口量/万吨	占比/%	出口量/万吨	占比/%	变动量/万吨	变动幅度/%
中国	1 340.66	30.24	1 523.83	36.53	183.17	13.66
欧盟27+英国	688.28	15.52	452.61	10.85	−235.67	−34.24
墨西哥	471.28	10.63	445.99	10.69	−25.29	−5.37
埃及	234.00	5.28	356.68	8.55	122.68	52.43
日本	220.53	4.97	226.48	5.43	5.95	2.70
印度尼西亚	234.26	5.28	197.73	4.74	−36.53	−15.59
中国台湾	164.55	3.71	143.50	3.44	−21.05	−12.79
孟加拉国	85.46	1.93	139.14	3.34	53.68	62.81
泰国	147.38	3.32	120.22	2.88	−27.16	−18.43
巴基斯坦	87.04	1.96	99.36	2.38	12.32	14.15
全球合计	4 434.10	100.00	4 171.99	100.00	−262.11	−5.91

数据来源：United States Department of Agriculture Economic Research Service，10/09/2020。

（三）进口国主要进口来源

中国是世界上最主要的大豆进口国。2020年1—9月，中国进口大豆7 452.82万吨，较上年度同期增加993.82万吨，上涨15.39%。其中进口大豆的75.34%来自巴西，13.35%来自美国。2020年9月，中国从巴西进口大豆724.51万吨，占74.01%；从美国进口大豆116.86万吨，占11.94%；从阿根廷进口大豆100.37万吨，占10.25%（表6），此外，还从乌拉圭、俄罗斯、加拿大、埃塞俄比亚、乌克兰、贝宁和哈萨克斯坦等国进口。

表6　中国大豆进口来源情况

进口国家（地区）	2019年		2020年1—9月		2020年9月	
	进口量/万吨	占比/%	进口量/万吨	占比/%	进口量/万吨	占比/%
巴西	5 767.65	65.11	5 615.31	75.34	724.51	74.01
美国	1 701.46	19.21	994.65	13.35	116.86	11.94
阿根廷	879.16	9.92	—	—	100.37	10.25
加拿大	226.54	2.56	—	—	2.64	0.27
乌拉圭	206.69	2.33	—	—	26.2	2.68
俄罗斯	73.27	0.83	—	—	7.21	0.74
全球合计	8 858.59	100.00	7 452.82	100.00	978.92	100.00

数据来源：中国海关总署。

四、世界主要国家产业竞争力

（一）中美大豆种植成本比较

从2018年中美大豆成本收益比较来看（表7），中国大豆亩成本比美国高175.53元，高35.76%；亩产值比美国低9.98元，低2.06%；亩净利润比美国低185.51元，低28.40倍（两国大豆亩净利润均为负值）。

表7　2018年中美大豆亩成本收益　　单位：元/亩

项目	中国	美国	中美差额	中美差幅/%
净利润	-192.04	-6.53	-185.51	-2 840.80
产值合计	474.29	484.27	-9.98	-2.06
总成本	666.33	490.80	175.53	35.76
A.物耗费用	193.26	171.01	22.25	13.01
1.种子费	35.54	62.58	-27.04	-43.21
2.肥料费	50.72	26.23	24.49	93.37
3.农药费	16.92	28.55	-11.63	-40.74
4.农膜费	—	—	—	—
5.机械作业费	—	—	—	—
6.外包作业费	85.33	11.47	73.86	644.02
7.排灌费	1.76	0.07	1.69	2 590.68
8.燃料动力费	0.60	15.85	-15.25	-96.21
9.工具材料费	2.39	26.26	-23.87	-90.90
10.其他直接费用	—	—	—	—
B.人工成本	204.27	26.20	178.07	679.74
1.家庭用工折价	173.43	22.43	151.00	673.38
2.雇工费用	30.84	3.77	27.07	717.60
C.土地成本	258.05	158.50	99.55	62.81
1.流转地租金	81.98	—	81.98	—
2.自营地折租	176.07	—	176.07	—
D.间接费用	10.75	135.10	-124.35	-92.04
1.固定资产折旧	1.06	101.01	-99.95	-98.95
2.保险费	7.44	11.71	-4.27	-36.46
3.管理费	1.73	20.59	-18.86	-91.60
4.财务费	—	1.79	-1.79	-100.00
5.其他间接费用	0.52	—	—	—

数据来源：中国数据来源于《全国农产品成本收益资料汇编》；美国数据来源于USDA。美国数据采用2018年汇率6.617 41折算。

注：中美差额和差幅中正值表示中国高于美国的绝对值或差幅；负值表示中国低于美国的绝对值或差幅。

从2018年单位产品成本分析结果可以看出，中国大豆的成本竞争力依然弱于美国，中国大豆每千克产品的生产成本比美国高139.07%（表8）。

表8　2018年中美大豆单位产品成本比较

国别	亩成本	亩产	产品成本/（元/千克）			单价/（元/千克）		
	（元/亩）	（千克/亩）	成本	差额	差幅/%	单价	差额	差幅/%
中国	666.33	129.64	5.14	2.99	139.07	3.66	1.54	72.64
美国	490.80	228.67	2.15	基准	基准	2.12	基准	基准

从成本结构来看（表9），中国的土地成本在大豆总成本中占比最高（38.73%），美国的物耗费用占比则最高（34.84%）；物耗费用中，美国的种子费占比最高（36.59%），而中国的外包作业费占比最高（44.15%）；间接成本中，中国的税和保险费比重最大（69.21%），而美国固定资产折旧比重最大（74.77%）（表10）。

表9　2018年中美大豆成本结构比较　　单位：%

国家	总成本	物耗费用	人工成本	土地成本	间接费用
中国	100.0	29.00	30.66	38.73	1.61
美国	100.0	34.84	5.34	32.29	27.53

表10　2018年中美大豆物耗费用与间接费用的结构比较　　单位：%

项目	中国	美国
A.物耗费用	100.00	100.00
1.种子费	18.39	36.59
2.肥料费	26.24	15.34
3.农药费	8.76	16.70
4.农膜费	—	—
5.机械作业费	—	—
6.外包作业费	44.15	6.71
7.排灌费	0.91	0.04
8.燃料动力费	0.31	9.27
9.工具材料和修理维护费	1.24	15.36
10.其他直接费用	—	—

（续表）

项目	中国	美国
B.间接费用	100.00	100.00
1.固定资产折旧	9.86	74.77
2.税和保险费	69.21	8.67
3.管理费	16.09	15.24
4.财务费	—	1.32
5.其他间接费用（销售费）	4.84	—

从成本年度变化来看，与2017年相比，2018年中国大豆生产成本继续负增长（-0.37%），美国大豆生产成本持续增加（1.51%）。

（二）大豆运输成本

1. 美国到墨西哥的大豆运输成本

2020年第一季度从美国伊利诺斯州通过水路到达墨西哥韦拉克鲁斯的大豆到岸成本为365.44美元/吨，较去年同期减少0.98%，其中总运输成本为39.89美元/吨，较去年同期低15.43%，占到岸成本的比重较去年同期下降了1.90个百分点。从内布拉斯加州通过陆路运到瓜达拉哈拉的大豆到岸成本为410.89美元/吨，较去年同期增2.35%，其中总运输成本为103.59美元/吨，较去年同期增5.08%，占到岸成本的比重较去年同期提高0.60个百分点（表11）。

表11　2019—2020年美国大豆到墨西哥运输成本　　单位：美元/吨

运输方式	水路（伊利诺斯州到韦拉克鲁斯）			陆路（内布拉斯加州到瓜达拉哈拉）		
	2019年一季度	2020年一季度	变动/%	2019年一季度	2020年一季度	变动/%
卡车	8.78	10.70	21.87	4.37	4.62	5.72
铁路	—	—		94.21	98.97	5.05
内河船运	24.50	15.55	-36.53	—	—	
海运	13.89	13.64	-1.80	—	—	
总运输成本	47.17	39.89	-15.43	98.58	103.59	5.08
农场价格	321.87	325.55	1.14	302.89	307.30	1.46
到岸成本	369.04	365.44	-0.98	401.47	410.89	2.35
运输成本占到岸成本比重/%	12.80	10.90	-1.90	24.60	25.20	0.60

数据来源：Mexico Transport Cost Indicator Report，USDA。

2020年第一季度，美国运到墨西哥的散装大豆税费总体高于上年度同期，从内布拉斯加州到瓜达拉哈拉的税及燃油附加费最高，为98.97美元/吨，较2019年第一季度高出5.05%；从堪萨斯州到托雷翁的税及燃油附加费最低，为85.01美元/吨，较2019年第一季度高出4.13%（表12）。

表12　2019—2020年美国到墨西哥散装大豆税费及燃油附加费　　单位：美元/吨

出发地	目的地	税及燃油附加费		
		2019年一季度	2020年一季度	变动/%
密苏里州（MO）	Bojay（Tula），HG	88.22	92.36	4.69
内布拉斯加州（NE）	瓜达拉哈拉，JA	94.21	98.97	5.05
艾奥瓦州（IA）	卡斯蒂略，JA	93.08	96.97	4.18
堪萨斯州（KS）	托雷翁，CU	81.64	85.01	4.13

数据来源：Mexico Transport Cost Indicator Report，USDA。

2. **巴西大豆运输成本**

截至2020年3月，2020年巴西出口大豆的卡车运输平均成本为6.33美元/吨/百英里，较2019年下降了11.94%。从月度变化来看，自2019年4月运输成本呈下降趋势，2019年12月降至5.93美元/吨/百英里，2020年1月开始回升，回升至3月的6.20美元/吨/百英里（图4）。

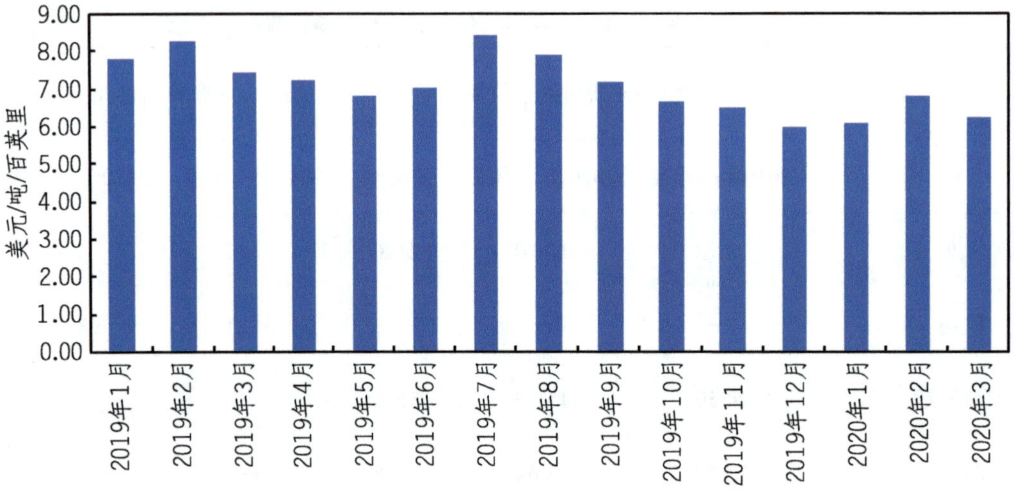

图4　2019年1月至2020年3月巴西大豆出口卡车运输成本月度变化

数据来源：Brazil Soybean Transportation，USDA。

2020年第一季度，从巴西的不同港口到德国汉堡的海运费用较上年度同期不同程度上涨，平均上涨3.06美元/吨。从季度变化来看，以桑托斯港为例，运费从2019年一季度的23.00美元/吨上涨到2020年一季度的29.25美元/吨，上涨了27.17%。从桑托斯、巴那拉瓜和里奥格兰德3个港口出发的大豆运费差异不大，但与另外其他3个港口运费差异较大，2020年第一季度，这3个港口的运费为29.50~30.00美元/吨，而圣塔伦、圣路易斯和巴卡雷纳的运费分别为25美元/吨、22.25美元/吨和24美元/吨（图5）。

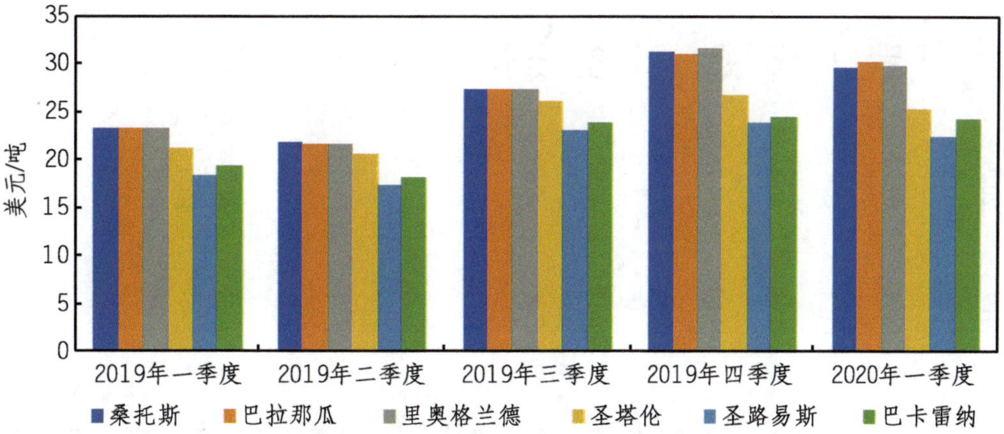

图5　巴西各港口到德国汉堡大豆海运费用季度变化

数据来源：Brazil Soybean Transportation，USDA。

2020年第一季度，从巴西的不同港口到中国上海的海运费用较上年度同期不同程度上涨，平均上涨2.37美元/吨。从季度变化来看，以桑托斯港为例，运费从2019年一季度的32.25美元/吨上涨到2020年一季度的35.50美元/吨，上涨了10.08%。不同港口的运费差异不大，2020年第一季度，运费最高38.50美元/吨（巴卡雷纳），最低35.50美元/吨（桑托斯）（图6）。

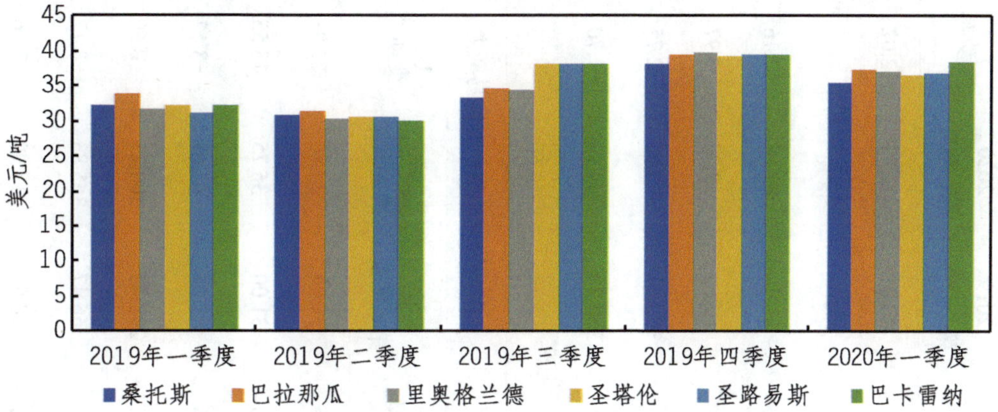

图6　巴西各港口到中国上海大豆海运费用季度变化

数据来源：Brazil Soybean Transportation，USDA。

2020年第一季度，除西北南里奥格兰德—里奥格兰德港（上涨3.97%）外，从巴西各州到中国上海的运输成本较上年度同期均有所下降，下降幅度最高达12.06%（北马托格罗索—桑塔伦港），最低0.07%（北马托格罗索—巴拉那瓜港）。除西北南里奥格兰德—里奥格兰德港（提高0.9个百分点）外，其他各港口的运输费用占到岸成本的比重均不同程度下降，最多下降2.80个百分点（北马托格罗索—桑塔伦港）（表13）。

除西北南里奥格兰德—里奥格兰德港（上涨6.87%）和北马托格罗索—巴拉那瓜港（上涨3.65%）外，从巴西各州到德国汉堡的运输成本较上年度同期均不同程度下降，下降幅度最高达14.05%（北马托格罗索—桑塔伦港），最低2.49%（北马托格罗索—桑托斯港）。除西北南里奥格兰德—里奥格兰德港（提高0.9个百分点）外，其他港口的运输费用占到岸成本的比重均不同程度下降，最多下降了2.80个百分点（北马托格罗索—桑塔伦港）（表14）。

表13 巴西大豆从南部港口到中国上海的运输成本

单位：美元/吨

	北马托格罗索—桑托斯港			西北南里奥格兰德—里奥格兰德港			北马托格罗索—桑托斯港			北马托格罗索—巴拉那瓜港		
	2019 第一季度	2020 第一季度	变动/%	2019 第一季度	2020 第一季度	变动/%	2019 第一季度	2020 第一季度	变动/%	2019 第一季度	2020 第一季度	变动/%
卡车	81.92	68.33	−16.59	26.05	22.92	−12.02	29.89	24.79	−17.06	71.05	67.48	−5.02
铁路	—	—	—	—	—	—	41.21	37.73	−8.44	—	—	—
海运	32.25	35.50	10.08	31.58	37.00	17.16	32.25	35.50	10.08	33.75	37.25	10.37
总运输成本	114.17	103.83	−9.06	57.63	59.92	3.97	103.36	98.02	−5.17	104.80	104.73	−0.07
农场价格	275.38	282.59	2.62	308.52	300.04	−2.75	275.38	282.59	2.62	275.38	282.59	2.62
到岸成本	389.54	386.43	−0.80	366.20	359.97	−1.70	378.73	380.61	0.50	380.18	387.32	1.88
运输成本占到岸成本的比重/%	29.30	26.90	−8.19	15.70	16.60	5.73	27.30	25.80	−5.49	27.60	27.00	−2.17
	北马托格罗索—桑塔伦港			南马拉尼昂州—圣路易斯港			西南皮奥伊州—圣路易斯港					
	2019 第一季度	2019 第一季度	变动/%	2019 第一季度	2020 第一季度	变动/%	2019 第一季度	2020 第一季度	变动/%			
卡车	59.40	44.10	−25.76	37.04	28.86	−22.08	45.24	32.49	−28.18			
海运	32.25	36.50	13.18	31.00	36.75	18.55	31.00	36.75	18.55			
总运输成本	91.65	80.60	−12.06	68.04	65.61	−3.57	76.24	69.24	−9.18			
农场价格	275.38	282.59	2.62	298.43	300.23	0.60	292.96	302.03	3.10			
到岸成本	367.03	363.20	−1.04	366.47	365.83	−0.17	369.20	371.27	0.56			
运输成本占到岸成本的比重/%	25.00	22.20	−11.20	18.60	17.90	−3.76	20.70	18.60	−10.14			

数据来源：Brazil Soybean Transportation，USDA。

表14 巴西大豆从南部港口到德国汉堡的运输成本

单位：美元/吨

	北马托格罗索—桑托斯港			西北南里奥格兰德—里奥格兰德港			北马托格罗索—桑托斯港			北马托格罗索—巴拉那瓜港		
	2019第一季度	2020第一季度	变动/%	2019第一季度	2020第一季度	变动/%	2019第一季度	2020第一季度	变动/%	2019第一季度	2020第一季度	变动/%
卡车	81.92	68.33	−16.59	26.05	22.92	−12.02	28.89	24.79	−14.19	71.05	67.48	−5.02
铁路	—	—	—	—	—	—	41.21	37.73	−8.44	—	—	—
海运	23.00	29.25	27.17	23.00	29.50	28.26	23.00	29.25	27.17	23.00	30.00	30.43
总运输成本	104.92	97.58	−7.00	49.05	52.42	6.87	94.11	91.77	−2.49	94.05	97.48	3.65
农场价格	275.38	282.59	2.62	308.52	300.04	−2.75	275.38	282.59	2.62	275.38	282.59	2.62
到岸成本	380.29	380.18	−0.03	357.57	352.47	−1.43	369.48	374.36	1.32	369.43	380.07	2.88
运输成本占到岸成本的比重/%	27.60	25.70	−6.88	13.70	14.90	8.76	25.50	24.50	−3.92	25.50	25.60	0.39
	北马托格罗索—桑塔伦港			南马拉尼昂州—圣路易斯港			西南皮奥伊州—圣路易斯港					
	2019第一季度	2019第一季度	变动/%	2019第一季度	2020第一季度	变动/%	2019第一季度	2020第一季度	变动/%			
卡车	59.40	44.10	−25.76	37.04	28.86	−22.08	45.24	32.49	−28.18			
海运	21.00	25.00	19.05	18.00	22.25	23.61	18.00	22.25	23.61			
总运输成本	80.40	69.10	−14.05	55.04	51.11	−7.14	63.24	54.74	−13.44			
农场价格	275.38	282.59	2.62	298.43	300.23	0.60	292.96	302.03	3.10			
到岸成本	355.78	351.70	−1.15	353.47	351.33	−0.61	356.20	356.77	0.16			
运输成本占到岸成本的比重/%	22.60	19.60	−13.27	15.60	14.50	−7.05	17.80	15.30	−14.04			

数据来源：Brazil Soybean Transportation，USDA。

五、主要国家产业支持政策新变化

2019年，为促进大豆生产稳定发展，美国政府对农民的直接支付增加，主要体现在市场促进计划下（第1版和第2版）的付款，以及农业风险保险（ARC）和价格损失保险（PLC）计划下的持续付款。2019年以后，政府直接支付预计会降低，但仍高于2010—2019年的平均值126亿美元，假设没有额外的市场促进计划，预计2020—2029年政府直接支付平均每年135亿美元。

阿根廷出口税调整政策，最初的计划是从2018年1月到2019年12月，每月减少大豆出口税0.5%。然而，由于经济恶化，政府暂停了出口减税，并于2018年9月宣布大豆和大豆制品将征收固定税率加可变税率的出口税直至2020年12月。截至2019年10月，所有大豆制品的固定出口税率为18%，可变税率为每出口1美元征收4比索关税。这种可变税率根据汇率以百分比形式变化，目前对大豆及其制品征收的税相当于28%的税率（表15）。

表15　阿根廷大豆及其制品出口税率变化情况　　单位：%

大豆及其制品	2007年	2012年	2016年	2018年	2019年*
大豆	35	35	30	26	28
豆粕	32	32	27	23	28
豆油	32	32	27	23	28

数据来源：Rosario Board of Trade，2020。

注：*为2019年10月的出口税率。

六、世界供需形势展望

（一）生产大幅扩张

据美国农业部预计，2020/2021—2029/2030年度全球大豆面积和单产将分别增长9.2%和8.9%，产量增长19.0%。

巴西将进行大规模扩张，包括将未开垦的土地用于大豆生产，以应对世界对蛋白粉和植物油需求的增加。在巴西大部分地区，大豆的生产利润仍然高于其他作物，预计未来10年大豆种植面积的增长率将超过每年2.5%。

阿根廷将进行较小规模扩张，较低的生产成本、降低的出口税和持续的汇率疲软预计将鼓励农民将土地转为大豆生产。其他南美国家，主要是乌拉圭、巴拉圭和玻利维亚，也计划扩大大豆种植面积。

美国大豆生产将缓慢恢复。加拿大大豆种植面积已经从安大略省南部的传统产区扩展到马尼托巴省东北部的大草原，产量更好的大豆品种促成了这一地区大豆面积的扩大。乌克兰货币的贬值使国内大豆价格上涨，也将进一步刺激该国大豆生产。

（二）消费持续增长

由于全球对植物油和蛋白质的需求持续强劲增长，特别是中国、欧盟和其他亚洲国家，预计未来10年，大豆和大豆产品的消费将持续增长。尽管全球人口增长正在放缓，但人口增长和城市化仍是推动大豆消费需求的重要因素；同时，全球收入增长超过人口增长，特别是收入不断增加的发展中国家的消费者越来越青睐肉类消费，进一步推动了对高价值食品和蛋白质消费的需求，这将拉动大豆消费，预计未来10年世界油籽消费量将增长17.9%。

到2029/2030年度，美国国内对豆粕、豆油的需求将持续增长，国内压榨量也将呈上升态势，豆油在生物柴油等清洁能源中的使用量稳定在较高水平，用于生产生物柴油的大豆油预计将保持在85亿磅，饲料价格将保持在较低的水平，畜禽业的产能将持续增加，从而带动大豆需求的持续增长。在中国，尽管受非洲猪瘟的持续影响和豆粕消费增长放缓的预测，但人口持续增长将拉动大豆需求不断增加，同时大豆是食用油和饲料原料的主要来源，畜牧业发展也带动大豆需求增长；在印度尼西亚，大豆以豆豉和豆腐的形式用于食品消费；在墨西哥，大豆将支持不断增长的家禽和猪肉行业的豆粕生产，并为国内提供食品消费的豆油。

（三）贸易迅速增长

预计到2029/2030年度世界大豆年贸易量将增加3 570万吨（增长23.5%），达1.87亿吨。

进口方面，中国将继续通过进口大豆来满足日益增长的食用植物油和饲料中蛋白质的需求，预计2020/2021—2029/30年度，中国的进口量将从8 610万吨增加到1.125亿吨，增加2 640万吨，占全球贸易增量的74.0%。东亚其他国家和地区（日本、韩国和中国台湾）的进口量将从770万吨增加到820万吨。到2029/2030年度，印尼大豆进口预计增长26.0%，达到370万吨。泰国压榨厂将增加进口40万吨，达到390万吨，以增加饲料需求；扩大压榨能力也将使越南进口量增加25.4%，达到310万吨。北非和中东地区的许多国家大豆产量很低，为了满足不断增长的饲料和食用需求，进口量将从1 070万吨增加到1 420万吨，增长32%。其中，埃及由于家禽生产的扩大，预计大豆进口量增加36.5%。墨西哥大豆年进口量将增长15.4%，达到680万吨，以支持不断增长的家禽和猪肉行业的豆粕生产以及国内豆油消费。但欧盟内部谷物价格下降，谷物和菜籽粕饲料增加，大豆进口量预计将减少至1 430万吨。

出口方面，美国、巴西和阿根廷三大出口国将占世界贸易量的89.5%。巴西出口量预计将增长2 180万吨（增长29%）至9 740万吨。为了应对比索疲软和世界对大豆压榨需求增加，预计阿根廷出口将以每年2.5%的速度增长，到2029/2030年将增约25%，达到940万吨。美国出口量预计将从2020/2021年度的5 160万吨增加到2029/2030年度的6 100万吨，但在全球出口总量中的份额将从34%降至32.5%。其他南美国家，主要是乌拉圭、巴拉圭和玻利维亚，到2029/2030年度，这些国家的出口总量将增加100万吨（增幅11.5%），达到950万吨。2020/2021—2029/30年度，预计加拿大出口量将从450万吨增加到580万吨，乌克兰出口量将从230万吨增加到260万吨。

（四）价格预期先跌后涨

预计大豆价格将在未来两年内下跌，然后再上涨。美国大豆价格在短期内下跌，随后缓慢攀升，但仍将维持在相当低的水平。尽管随着种植面积的恢复和库存的增加，预计价格在预测期初期会下降，但2019/2020年度大豆价格将温和上涨。未来随着总需求量的增长和期末库存量回落到更正常的水平，预计大豆价格将缓慢攀升。

参考文献

郑键，谢长城，2020. 2020年全球大豆生产形势及中国市场趋势分析[J]. 中国畜牧杂志，56（7）：188-190.

Sandoval，L，2016. Argentina Oilseed and Products Update. U. S. Department of Agriculture.

Sandoval，L，2018. Argentina Government Reshuffles Cabinet and Introduces New Export Taxes.

Office of the Chief Economist，World Agricultural Outlook Board，2020. USDA Agricultural Projections to 2029，February，https：//www. ers. usda. gov/topics/farm-economy/agricultural-baseline-projections/.

（黑龙江八一农垦大学　杨树果）

专题三：油菜籽

2019/2020年度，受加拿大和欧盟等主产国播种面积减少以及气候因素等影响，全球油菜籽产量大幅减少，供给偏紧特征明显。受全球油价持续低迷影响，油菜籽消费量略有下降。但由于产量减幅较大，2019/2020年度全球油菜籽期末库存降至665万吨，较上年减少26.4%；库存消费比创下近三年来新低，达9.5%，比上年度下降3.1个百分点。2020/2021年度，全球油菜籽供需趋紧状态有望得到缓解，贸易格局将继续调整；市场供需格局和价格走势继续受主产国贸易政策调整影响。

一、世界供需现状

（一）2019/2020年度世界油菜籽供需形势呈现偏紧格局

近10年来，全球油菜籽产量总体增长，年际间波动性增强，消费量持续稳步增加，供需形势整体受生产影响较为明显。2019/2020年度，受播种面积下降以及单产稳中略降影响，全球油菜籽产量大幅减少，供需总体趋紧（表1）。

表1　2009/10—2019/2020年度世界油菜籽供需形势　　单位：万吨

年度	期初库存	产量	进口量	出口量	消费量	期末库存	库存消费比/%
2009/2010	7.66	60.79	10.81	10.90	59.66	8.70	14.60
2010/2011	8.70	60.52	10.18	10.93	59.79	8.68	14.50
2011/2012	8.68	61.23	13.24	12.99	63.34	6.83	10.80
2012/2013	6.83	63.31	12.83	12.57	64.89	5.50	8.50
2013/2014	5.50	70.63	15.55	15.10	68.82	7.77	11.30
2014/2015	7.77	70.42	14.32	15.11	70.11	7.29	10.40
2015/2016	7.29	68.74	14.15	14.35	69.58	6.25	9.00
2016/2017	6.25	69.49	15.51	15.80	70.31	5.14	7.30
2017/2018	5.14	75.02	15.48	16.20	71.48	7.96	11.10
2018/2019	7.96	72.61	14.33	14.30	71.56	9.03	12.60
2019/2020	9.03	68.20	14.66	14.99	70.26	6.65	9.50
比上年度增长/%	13.40	−6.10	2.30	4.80	−1.80	−26.40	—
比2009/2010年度增长/%	62.90	25.10	26.20	32.10	30.50	−0.80	—

数据来源：美国农业部。

从近10年趋势来看，全球油菜籽消费量绝对增幅和相对增速都高于产量。其中，全球油菜籽产量增幅达25.1%，年均增1.2%；消费量增幅32.1%，年均增1.6%。从未来趋势来看，随着新兴国家经济增长和人口增加，以及全球生物质能源需求增长，全球油菜籽消费仍将保持增长趋势，相比其他主要油籽如大豆，短期内油菜籽的供需趋势会进一步趋紧，产量对全球油菜籽供需形势的影响将进一步凸显。

（二）全球产量大幅下降

2019/2020年度，全球油菜籽产量6 820万吨，较上年度减少6.1%。其中，全球油菜籽收获面积3 475万公顷，较上年度减少5.6%；单产1 962.6千克/公顷，比上年度减少0.5%（图1）。

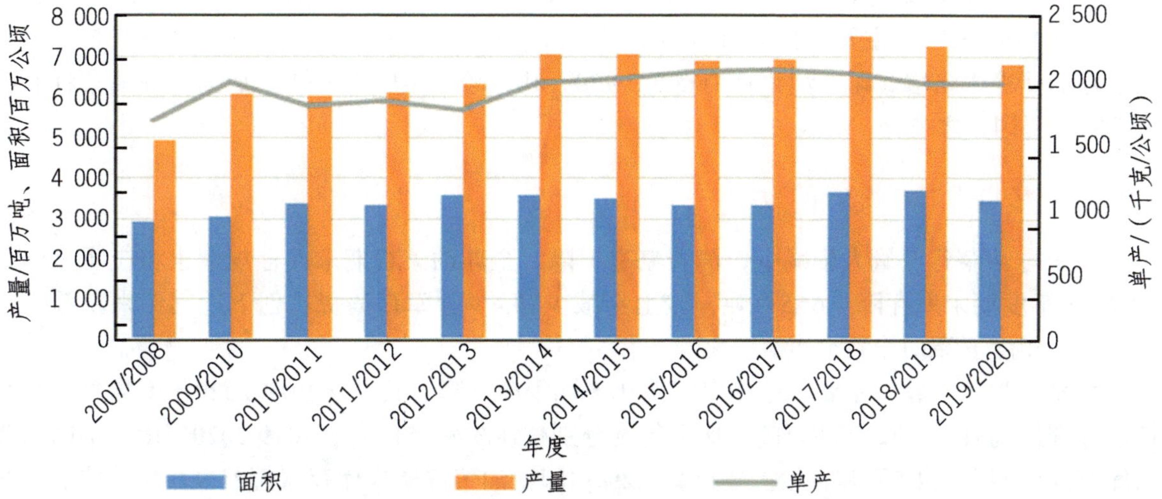

图1　2006/2007—2019/2020年度世界油菜籽生产趋势

分国别（地区）看，世界油菜籽前两大主产国家（地区）加拿大和欧盟均大幅减产。其中，2019/2020年度加拿大油菜籽产量为1 900万吨，比上年度减少6.6%，主要是因为种植面积减少。近年来，加拿大国内油菜籽替代作物小麦等种植比较效益总体较高，导致农场主种植油菜籽积极性总体偏低。此外，2018年以来，中国对加拿大油菜籽主要贸易商实施了进口许可取消措施，加拿大对中国油菜籽出口大幅下降，也在一定程度上抑制了农场主种植意愿。2019/2020年度欧盟油菜籽产量预计为1 683万吨，较上年度减少16.1%，为2006/2007年度以来的最低水平。欧盟主要国家油菜籽减产的主要原因：一是油菜生产连续受气候、病虫害等影响，种植收益较替代作物较低，生产主体种植积极性总体偏低；二是播种期天气持续干旱，影响油菜生长发育。主要国家中英国、法国、德国油菜籽产量均不同幅度下降。此外，欧盟实施严格的杀虫剂政策，也对油菜籽种植产生一定影响。

同时，澳大利亚、印度等油菜籽主要生产国产量也不同程度下降。其中，2019/2020年度澳大利亚油菜籽产量预计为230万吨，较上年度下降1.5%。2019年8月以来澳大利亚降雨严重匮乏，其中新南威尔士州北部地区的情况最为严重，对油菜籽的生长造成严重影响。2019/2020年度印度油菜籽产量同比下降3.8%，降至770万吨。

黑海地区主要国家油菜籽产量继续增加。其中，乌克兰2019/2020年度油菜籽产量预计为348万吨，高于上年的289万吨，产量增幅高达20.4%。俄罗斯2019/2020年度油菜籽产量为204万吨，继续保持增长趋势，较上年度增加2.5%。黑海地区油菜籽增产主要源于两方面原因：一是中国提出的“一带一路”倡议在沿线国家和周边国家不断深入，中国与乌克兰、俄罗斯等国农产品经贸合作日益密切；二是黑海地区可利用耕地和单产潜力较大，同时气候条件等均较为适宜。

（三）全球消费量小幅下降

受全球油价持续低迷影响，油菜籽消费量略有下降。2019/2020年度，全球油菜籽消费总量降至7 026万吨，较上年度减少1.8%。分国别（地区）看，欧盟仍是全球油菜籽第一大消费地区。2019/2020年度欧盟油菜籽消费量为2 342.5万吨，较上年度减少4.0%，主要是因为油菜籽大幅减产，同时国际原油价格低迷，生物质燃料需求也相应下降，油菜籽消费需求有所减少。

中国是世界第二大油菜籽消费国。2019/2020年度中国油菜籽消费量1 565万吨，预计比上年度减少7.5%。2019年以来，中国油菜籽和菜籽油价格总体处于高位，与豆油、棕榈油巨大的价差导致菜籽油消费需求被豆油和棕榈油替代，影响油菜籽消费同比有所下降。此外，中国自加拿大进口油菜籽规模大幅减少，也在一定程度上抑制了油菜籽加工消费需求。

主产国加拿大油菜籽消费大幅增加，2019/2020年度，加拿大油菜籽消费量较上年度增加7.0%，增至1 065万吨。主要增长动力是油菜籽压榨加工比例增加。在人口和经济增长带动下，印度油菜籽消费稳中略增。印度油菜籽消费量7 950万吨，较上年度增0.6%，成为全球油菜籽消费持续增长的主要国家之一。

（四）全球库存量和库存消费比显著下降

由于全球油菜籽产量大幅减少，消费略有下降，全球油菜籽期末库存规模也相应明显降低。2019/2020年度期末库存降至665万吨，较上年减少26.4%。库存消费比创下近三年来新低，达到9.5%，比上年度下降3.1个百分点。

分国别（地区）看，主要国家库存消费比不同程度下降。其中，2019/2020年度加拿大、欧盟库存量分别达到313万吨、78.8万吨，比上年度分别减18.3%、51.7%；2019/2020年度，中国油菜籽期末库存继续减至114.5万吨，较上年度减4.2%；印度油菜籽期末库存减至21.9万吨，较上年度减53.3%。

二、国际价格走势

2019/2020年度世界油菜籽价格走势总体呈持续下跌、跌幅明显的趋势特征。其中，主要生产和贸易国加拿大油菜籽期现货价格跌幅尤为突出。

（一）世界期货价格前低后高，频繁震荡

2019年以来，洲际交易所（ICE）旗下的加拿大温尼伯商品交易所油菜籽期货市场价格频繁震荡，总体呈现先降后涨走势特征。油菜籽连续期货合约价格分析显示，2019年1月初至5月上旬，油菜籽期货价格连续波动下跌，价格从最高492.9美元/吨跌至432.4美元/吨，跌幅高达12.3%；此后价格连续反弹，至6月18日，价格上涨至476美元/吨，较5月上旬最低价上涨10.1%。进入三季度，油菜籽期货价格再度震荡下跌，至2019年9月11日，价格跌至阶段性低点441.1美元/吨。四季度以来，受全球减产影响，油菜籽期货价格震荡上行，至2019年12月31日，价格涨至478.1美元/吨，较9月价格低点上涨8.4%，较年初价格下降2.2%（图2）。

2020年以来，国际油菜籽期货价格波动性较强，前期快速下降，后期总体震荡走高。2020年1月2日至1月31日，ICE油菜籽期货价格从480美元/吨跌至450.5美元/吨，跌幅高达6.1%。2月3日至3月20日，期货价格持续在460美元/吨上下震荡。3月21日开始，油菜籽期货价格持续走高，至3月31日涨至477.7美元/吨。进入4月，国际油菜籽期货价格再度下跌，4月14日跌至459.4美元/吨。4月15日至6月2日，油菜籽期货价格又经历一轮上涨和下跌，峰值最高达472.6美元/吨，最低降至459.8美元/吨。6月3日以来，总体震荡上行；7月10日涨至480.5美元/吨，达到2020年年初价格水平。

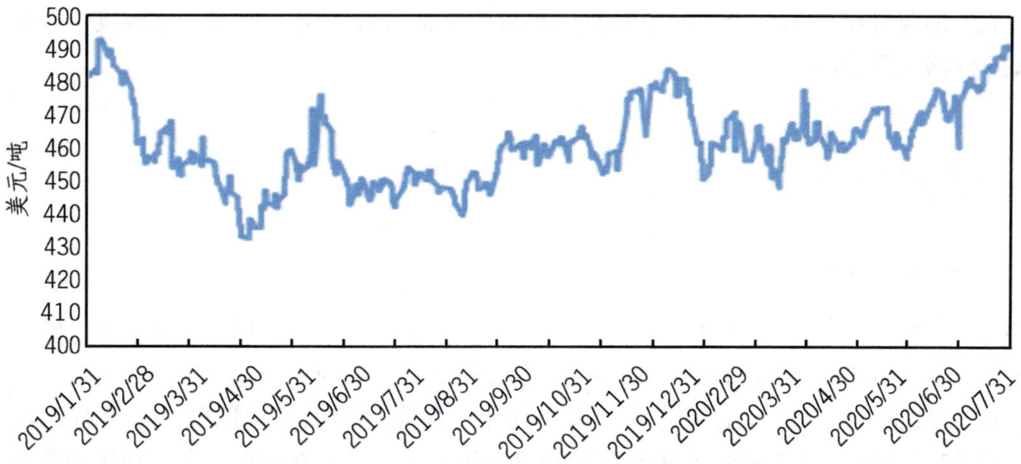

图2　2019年1月至2020年7月年加拿大油菜籽期货价格月度走势

（二）国际油菜籽现货市场价格先降后增，均价同比下跌

受国际市场期货价格走势影响，油菜籽现货市场价格也呈现前低后高的趋势特征。但总体来看，与其他油料产品相比，油菜籽价格震荡区间相对较小（图3）。

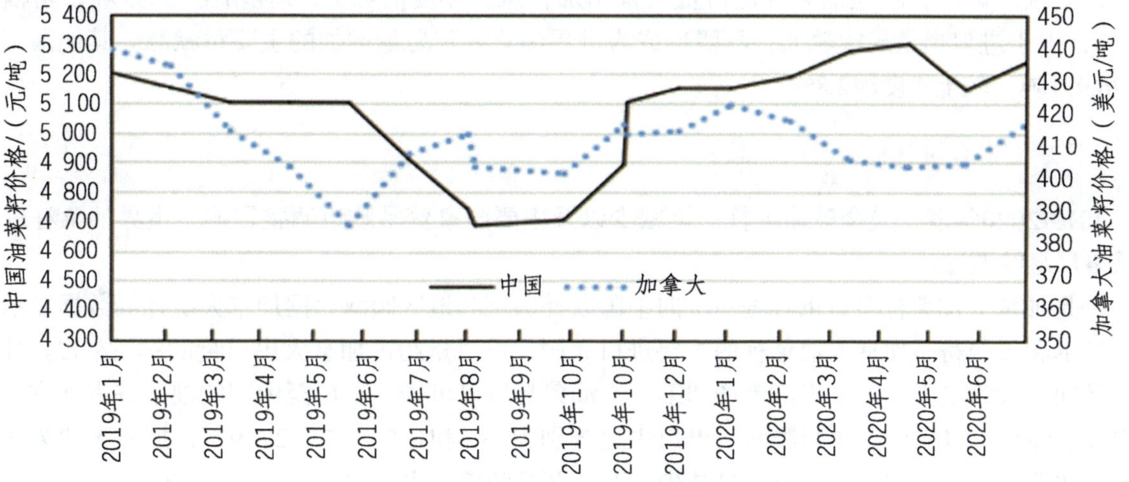

图3　2019—2020年中国和加拿大油菜籽价格走势

2019年1—5月，加拿大油菜籽CNF报价持续下跌，从439美元/吨跌至385美元/吨，跌幅高达12.3%；6—9月，价格基本维持在400美元/吨水平，保持相对稳定；10—12月，价格重心有所上移，至410美元/吨左右。2020年1—4月，加拿大油菜籽CNF报价再度持续下跌，从422美元/吨跌至403美元/吨，跌幅达4.5%。5—6月，价格有所回升，分别涨至404美元/吨和416美元/吨。2020年1—6月，加拿大油菜籽均价为411美元/吨，与去年同期相比略跌0.6%。尽管世界油菜籽价格同比略有下降，但与其他油料以及油脂产品相比，油菜籽价格跌幅较小。

影响全球油菜籽价格走势的因素主要有以下4个方面：一是全球油料供需呈现宽松格局。在大豆、棕榈油等油籽油脂丰产影响下，全球油料价格总体下行，影响国际油菜籽价格总体偏弱。二是全球油菜籽产量大幅下降，供给趋紧支撑油菜籽价格阶段性震荡走高。受供给偏紧影响，在全球油料食用植物油供给宽松的格局下，国际油菜籽价格未出现大幅下跌。三是全球油菜籽消费总体偏弱。尽管全球油菜籽产量大幅减少，但受国际原油价格持续低迷影响，菜籽油用于生物质燃料需求大幅减少，无法支撑油菜籽价格大幅走高。四是全球油菜籽出口同比增加，但主要国家油菜籽出口受限。加拿大油菜籽出口仍然受中国检验检疫措施影响而大幅下降，也在一定程度上抑制了因产量下降带来的价格上涨空间。

三、国际贸易格局

（一）全球贸易规模总体趋稳，主要国家贸易规模变化较大

2019/2020年度，世界油菜籽贸易规模小幅增加。全球油菜籽出口量1 499万吨，较上年度增加4.8%；进口量1 466万吨，较上年度增加2.3%。主要国家贸易规模调整呈现以下特征。

一是加拿大油菜籽出口与上年持平，澳大利亚、乌克兰等国家（地区）油菜籽出口规模显著增加。2019/2020年度，加拿大油菜籽出口量与上年度持平，为920万吨；澳大利亚油菜籽出口量大幅增加至180万吨，较上年度增17.6%；欧盟由于油菜籽减产，出口量显著减少，从9万吨减至5万吨。其他国家（地区）油菜籽出口显著增加，出口量从502万吨增至573万吨，增幅14.4%。其中，乌克兰油菜籽产量大幅增加，带动出口量继续大幅增加，年度出口量预计为299万吨，较上年度增19.9%；俄罗斯油菜籽出口量53万吨，较上年度略减。

二是中国油菜籽进口量大幅缩减，欧盟油菜籽进口大幅增加。2019/2020年度，中国油菜籽进口量预计为250万吨，较上年度348.6万吨减少28.3%，这是中国继上年度以来进口规模第二次大幅减少；受减产影响，欧盟油菜籽进口量大幅增加，从上年度的423.2万吨增至580万吨，增幅高达37.1%；由于进口增量规模较大，欧盟也成为世界油菜籽贸易量增加的主要贡献源。其他国家进口量396.9万吨，较上年度减2.8%。

（二）进出口贸易格局有所调整

2019/2020年度，受全球油菜籽产量减少以及主要国家贸易政策调整影响，世界油菜籽进出口贸易格局继续调整。

一是加拿大油菜籽出口重心进一步向中国以外国家和地区倾斜。据加拿大统计局数据显示，中国、日本和墨西哥是加拿大油菜籽的主要进口大国，进口量约占加拿大出口量的80%左右。其中，中国是加拿大第二大农产品出口市场和第一大油菜籽出口市场，出口至中国的油菜籽占加拿大油菜籽出口总量的40%；对日本和墨西哥出口占比分别为25%和15%左右。2019年，加拿大油菜籽出口形势变化明显，对中国出口比重明显减少，对墨西哥和美国出口比重提高。2020年，受油菜籽出口中国许可政策调整、加拿大油菜籽库存较高同时产量减少以及欧盟菜籽严重减产影响，加拿大油菜籽出口格局在2019年调整基础上进一步调整。2020年1—4月，加拿大累计出口油菜籽391.30万吨，同比增加53.5%。从出口结构来看，加拿大油菜籽对中国出口比重保持稳定，对日本、墨西哥、阿联酋和法国出口比重提高，对美国、巴基斯坦的比重降低。2020年1—4月，加拿大对日本、中国、墨西哥、阿联酋、法国出口油菜籽占比分别为20.59%、19.05%、11%、10.26%和9.29%。去年同期占比靠前的国家分别是中国、日本、墨西哥、巴基斯坦、美国，占比分别是19.28%、17.46%、8.07%、7.33%、5.27%。

二是中国油菜籽进口规模和进口结构有所调整。2020年1—4月中国累计进口油菜籽89.3万吨，同比减41.1%，同时，进口来源结构调整变化较大。自加拿大、澳大利亚、俄罗斯进口的油菜籽分别为54.82万吨、24.96万吨、8.26万吨，占比分别为61.4%、28.0%、9.3%。与2019年同期相比，中国自加拿大进口量占比下降31个百分点，降至61.41%；澳大利亚则增27.96个百分点，增至27.96%；俄罗斯占比也从5.79%增至9.25%。

三是中国菜籽油进口来源国及结构调整明显。2018年以前，加拿大一直是中国菜籽油进口主

要来源国。近两年，黑海地区乌克兰和俄罗斯与中国菜籽油贸易日趋活跃。2019年以来，中国菜籽油进口规模显著增长，同时进口来源国和进口结构调整明显，除俄罗斯、乌克兰等国以外，与阿联酋、澳大利亚和哈萨克斯坦等国贸易趋于活跃。据中国海关数据显示，2020年1—4月，中国自加拿大进口菜籽油24.1万吨，同比下降1.4%；自阿联酋、俄罗斯、澳大利亚、哈萨克斯坦进口菜籽油分别为11.7万吨、6.9万吨、2.2万吨和1.9万吨，同比分别增279.1%、398.1%、154.2%和18.4%。由于增幅显著，中国在阿联酋和俄罗斯进口菜籽油占总进口量比重分别提高15个百分点和10.1个百分点，占比分别增至23.7%和14.0%。中国菜籽油进口来源多元化在一定程度上增加了供给保障能力，同时也降低了进口集中度较高带来的贸易风险。

四、主要国家产业支持政策新变化

（一）加拿大

近年来，加拿大对油菜籽产业高度重视，积极支持和鼓励油菜籽产业发展，实施出口导向型油菜籽产业发展战略，扣除压榨后的出口菜籽油，加拿大国内消费量不足5%，即生产的油菜籽95%用于出口。为发展油菜籽产业，加拿大政府综合运用直接补贴、作物保险与税收优惠政策稳定农业收入，重视转基因油菜籽品种技术研发、推广与行业服务。除原有实施的农业生产直接补贴，农作物保险；投入大量资金积极支持生物技术的研发与成果推广；充分发挥油菜籽协会在产业发展中的重要功能；对农业实施税收优惠政策；以及推动本国油菜籽消费，推行实施生物燃油战略等。主要政策包括：一是生产支持。为进一步促进加拿大油菜籽国际竞争力、提升加拿大油菜籽产出水平，加拿大于2017年5月启动政府和私人合作研究的模式，以进一步扩大高产油菜籽品种类别。二是促进出口。2017年4月，加拿大与印度签署合作备忘录，主要目的是促进对加拿大菜籽油出口商和印度进口商或零售商的理解，从而促进加拿大菜籽油出口至印度。

（二）欧盟

生物柴油是欧盟交通使用的主要生物燃料，约占其生物燃料市场的70%（其余主要为生物乙醇）。菜籽油是欧盟加工生物质燃油的主要原料，这也是欧盟油菜籽消费迅速扩大的重要原因之一。政策主要包括：一是通过指令和税收减免激励生物质燃料消费。欧盟《可再生能源指令》（2009/28/EC）要求，到2020年欧洲全部能源消费中可再生能源比例达到20%，运输业的汽油和柴油消费中生物质能源至少占10%。目前，欧盟已有10个成员国采取强制性混合要求政策，有20个成员国对生物柴油混合品进行税收削减。二是对进口的生物质燃料征收较高关税，鼓励欧盟内生物质能源生产。欧盟对进口的未变性酒精征收0.192欧元/升、变性酒精0.102欧元/升、酒精汽油混合物6.5%的最惠国关税，生物柴油进口税率为6.5%。此外，欧盟实施促进生物燃料生产和市场营销产业链发展的政策框架，包括促进研发和科技进步的措施、促进产能投资、发展混合燃料动力车的安全协议等。

调整或取消油菜籽及菜籽油进口关税。2017年，欧盟围绕油菜籽进口与主要国家签署了自由贸易协定，调整了部分进口贸易及关税政策。5月17日，欧盟与澳大利亚就未来的自由贸易协定范围内容进行界定，以协助未来澳洲油菜籽更加便利的出口欧盟。2017年9月21日，欧盟根据经济贸易协定（CETA）临时取消对加拿大菜籽油进口的关税。

2019年12月，欧盟委员会称，为应对印度尼西亚在贸易中实施的不公平补贴措施将对印度尼西亚生物柴油实施长达五年的关税加征政策，关税税率定为8%~18%。据欧盟有关报告显示，印度尼西亚生产商从援助、税收优惠和低于市场价格的原材料中受益。该项措施将影响欧盟进口棕榈油生产生物燃料，若措施持续，欧盟对油菜籽生产加工生物质燃料的需求或将替代性增加。

五、世界供需形势展望

2020/2021年度，全球油菜籽供需格局和价格走势继续受贸易政策调整影响。综合世界油脂油料供需基本面、主要国家政策调整以及贸易摩擦趋于常态化等因素，世界油菜籽供需形势展望如下。

（一）全球油菜籽供需趋紧状态有望得到缓解

1. 全球油菜籽面积产量恢复性增加

受供给趋紧和价格总体走高影响，2020/2021年度全球油菜籽面积预期3 557万英亩，比上年度增2.4%；产量7 079万吨，比上年度增3.8%。其中，加拿大2020/2021年度油菜籽面积预期略有恢复，产量1 990万吨，较上年度增4.7%。欧盟和印度油菜种植总体趋稳，产量略有下降，2020/2021年度油菜籽产量预计分别达1 680万吨和765万吨。

2. 全球油菜籽消费量总体趋势略减

受新冠肺炎疫情影响，全球经济增长缓慢，加之全球原油价格总体低迷，油菜籽油用消费以及生物质燃料消费需求均会受到抑制。综合考虑经济增长、原油价格等因素，预计2020/2021年度全球油菜籽消费量为7 023万吨，较上年度总体持平略减。

3. 全球油菜籽期末库存增加

由于全球油菜籽产量恢复性增加，但消费量持平略减，2020/2021年度全球油菜籽期末库存有望增至688万吨，比上年度增3.4%。

（二）全球油菜籽贸易格局将继续调整

1. 全球油菜籽贸易规模较上年度增加

为缓解全球油菜籽供给偏紧的压力，2020/2021年度，全球油菜籽出口量会小幅增加，预计年度内全球出口量达1 538万吨，较上年度增2.7%。

2. 全球油菜籽贸易格局将继续调整

加拿大、中国和欧盟是世界油菜籽主要生产和贸易国。近年来，加拿大油菜籽出口量占世界出口总量近2/3；其中，40%左右出口至中国，中国油菜籽进口量占世界进口总量近30%，其中95%进口来自加拿大；欧盟油菜籽进口量占世界进口总量也接近30%。近两年，受欧盟油菜籽持续减产影响，加拿大油菜籽大量出口至欧盟，在很大程度上弥补了欧盟区域内油菜籽产需缺口，增加了欧盟生物质燃料原料供给，同时弥补了中国自加拿大进口油菜籽减少的规模，在很大程度上维持了加拿大油菜籽出口规模的稳定。此外，2020年以来，加拿大出口至阿联酋的油菜籽量有所增加。

参考文献

农业农村部市场专家预警委员会，2020.《中国农业展望报告（2020—2029）》[M]. 北京：中国农业科学技术出版社.

刘成，冯中朝，2019. 中国食用植物油市场的“劣币逐良币”——以油菜产业为例的分析[J]. 世界农业（11）：12-17，33.

（农业农村部农村经济研究中心　张雯丽）

专题四：糖　料

糖料作物是涉及国计民生的大宗经济作物，在人类生产生活中具有重要战略地位。2019/2020年度，世界食糖产量下降明显，主产国（地区）依然相对集中，巴西、印度、欧盟、中国、泰国食糖产量分列世界前五；消费量小幅下降，但仍高于当年产量，产不足需导致世界食糖库存水平明显下降；受供需基本面、巴西货币汇率、国际原油价格，以及新冠肺炎疫情多重因素影响，世界食糖价格经历了“W”形震荡的过程。2019/2020年度，世界食糖贸易量减少，其中出口量减3.38%，进口量减1.59%，贸易格局基本稳定，但俄罗斯、南非、印度出口大幅增加，印度尼西亚进口大幅减少。2020/2021年度，预计巴西、印度食糖产量大幅增加，中国、欧盟基本稳定，泰国减产明显，世界食糖产量总体增长；受新冠肺炎疫情及人口规模、饮食习惯等因素影响，食糖消费增速将放缓，食糖消费量小幅增加；世界库存小幅下降，但存量依然庞大抑制糖价提振；国际贸易量稳步增加，并呈现出口集中度较高、进口消费分散的特点。综合来看，气候条件和食糖主产国政策变化仍是影响市场形势的最主要原因，新冠肺炎疫情、国际石油价格、汇率变化等不确定性因素仍需密切关注。

一、世界供需现状

（一）食糖产量下降明显，消费量小幅下降

2019/2020年度，除巴西外，世界食糖主产国糖料作物受极端气候影响，产量均有不同程度下降。其中，印度甘蔗主产区先后受干旱、洪水的侵袭，甘蔗大幅减产，加上选举导致榨糖推迟，生产进度延误；此外，为加速糖厂兑现蔗款，政府要求糖厂将过剩甘蔗和食糖用于乙醇生产，食糖产量大幅下降；欧盟甜菜产区受极端炎热天气与种植面积下降影响，食糖产量小幅下降；中国甘蔗主产区广西、云南遭遇干旱、寒潮等极端天气，单产水平有所下降，加之新冠肺炎疫情冲击，南方各甘蔗产区砍、运、榨受到不同程度影响，生产进度延误，甘蔗糖产量减少；泰国部分甘蔗产区面临严重干旱问题，糖价低迷促使蔗农调整种植结构，加之泰国为减少因焚烧甘蔗污染空气而增加新鲜甘蔗压榨量（约占甘蔗总产量的50.34%），食糖产量大幅下降。根据美国农业部2020年5月数据显示，2019/2020年度世界食糖产量16 617.8万吨，同比减1 348.4万吨，减幅7.5%。

2019/2020年度，受新冠肺炎疫情影响，世界各国食糖消费受到不同程度的冲击，食糖消费量小幅下降。根据美国农业部2020年5月数据显示，2019/2020年度世界食糖消费总量17 158.2万吨，同比减少104.1万吨，减幅0.6%；产需差距由产大于需转变为产不足需，缺口540.4万吨，世界食糖供需形势进一步偏紧（表1）。

表1　全球食糖供需平衡情况　　单位：万吨

年度	产量	进口	消费	出口	期末库存
2018/2019	17 966	5 153	17 262	5 601	5 398
2019/2020	16 618	5 071	17 158	5 412	4 443
总量变动	−1 348	−82	−104	−189	−955
变动比/%	−7.51	−1.59	−0.60	−3.38	−17.69

数据来源：美国农业部供需报告。

（二）世界食糖库存水平下降，但供应仍较充裕

2019/2020年度，尽管世界食糖产量与消费量均有所减少，但由于当年产量降幅远大于消费量降幅，世界食糖库存大幅下降，供需偏紧状况得到一定程度的缓解。根据美国农业部2020年5月数据，2019/2020年度世界食糖期末库存4 443万吨，同比减少955万吨，降幅17.69%；库存消费比25.89%，同比下降5.38个百分点。

尽管世界食糖库存同比有所下降，但从库存绝对水平来看，仍在4 000万吨以上高位水平。从区域分布来看，2019/2020年度，泰国、印度、中国、印度尼西亚、巴基斯坦、美国食糖期末库存均有不同程度的下降，分别比上年度减少480万吨、160万吨、108万吨、88.5万吨、52.5万吨、46.3万吨，降幅分别为57.62%、9.08%、19.90%、38.48%、19.52%、28.62%。俄罗斯食糖库存水平则大幅上升，期末库存比上年度增加95万吨，增幅211.11%（表2）。

表2　2018/2019—2019/2020年度世界食糖主产国期末库存变化情况

国家（地区）	2018/2019年度/万吨	2019/2020年度/万吨	总量变动/万吨	变动比/%	变动贡献/%
印度	1 761.40	1 601.40	−160.00	−9.08	1.68
中国	542.70	434.70	−108.00	−19.90	1.13
泰国	833.00	353.00	−480.00	−57.62	5.03
巴基斯坦	269.00	216.50	−52.50	−19.52	0.55
美国	161.80	115.50	−46.30	−28.62	0.48
菲律宾	114.70	112.70	−2.00	−1.74	0.02
墨西哥	123.90	101.00	−22.90	−18.48	0.24
印度尼西亚	230.00	141.50	−88.50	−38.48	0.93
欧盟	141.70	117.00	−24.70	−17.43	0.26
俄罗斯	45.00	140.00	95.00	211.11	−0.99
其他	1 175.20	1 110.00	−65.20	−5.55	0.68

数据来源：根据美国农业部供需报告整理。

（三）生产格局基本稳定，巴西恢复为世界最大产糖国

2019/2020年度，尽管世界食糖主产国位次发生变动，但巴西、印度、欧盟、中国、泰国依旧是世界食糖产量排名前五的国家（地区），其产量之和占世界总产量的56.88%，巴西超越印度成为世界上最大的产糖国。

表3　2018/2019—2019/2020年度世界食糖主产国产量变化

国家（地区）	2018/2019年度产量/万吨	世界占比/%	2019/2020年度产量/万吨	世界占比/%	占比增减/%
巴西	2 950	16.42	2 993	18.01	1.59
印度	3 430	19.09	2 890	17.39	−1.70
欧盟	1 798	10.01	1 725	10.38	0.37

（续表）

国家（地区）	2018/2019年度产量/万吨	世界占比/%	2019/2020年度产量/万吨	世界占比/%	占比增减/%
中国	1 076	5.99	1 020	6.14	0.15
泰国	1 458	8.12	825	4.96	−3.15
美国	816	4.54	728	4.38	−0.16
俄罗斯	608	3.38	780	4.69	1.31
墨西哥	681	3.79	543	3.27	−0.52
巴基斯坦	554	3.08	557	3.35	0.27
澳大利亚	473	2.63	429	2.58	−0.05

数据来源：根据美国农业部供需报告整理。

具体而言，2019/2020年度，巴西食糖产量2 993万吨，同比增1.44%，占世界食糖产量的比重由2018/2019年度的16.42%上升到18.01%；印度食糖产量2 890万吨，同比减15.74%，占世界食糖产量的比重由2018/2019年度的19.09%下降到17.39%；欧盟食糖产量1 725万吨，同比减4.05%，占世界食糖产量的比重由2018/2019年度的10.01%上升到10.38%；中国食糖产量1 020万吨，同比减5.2%，占世界食糖产量的比重由2018/2019年度的5.99%上升到6.14%；泰国食糖产量825万吨，同比大幅减43.42%，占世界食糖产量的比重由2018/2019年度的8.12%下降至4.96%。其他国家中，美国、墨西哥、澳大利亚发生减产，比上年度分别降低了0.16个百分点、0.52个百分点、0.05个百分点，占比分别由2018/2019年度的4.54%、3.79%、2.63%下降到4.38%、3.27%、2.58%；俄罗斯、巴基斯坦实现增产，比上年度分别提高了1.31个百分点、0.27个百分点，占比分别由2018/2019年度的3.38%、3.08%上升到4.69%、3.35%（表3）。

二、国际价格走势

受气象灾害、巴西货币汇率变化、国际原油价格波动，以及新冠肺炎疫情冲击等影响，不考虑物价上涨因素，2019年1月至2020年9月，国际食糖价格经历了“W”形震荡过程，总体上保持低位运行态势。

从月度平均价格来看，国际食糖价格波动呈4个阶段的特点（图1）。第一阶段为2019年1—9月，受巴西货币贬值、全球食糖库存压力和原油价格震荡的影响，国际糖价震荡下行。纽约11号原糖期货平均价格由月均12.69美分/磅下跌到11.12美分/磅，跌幅12.37%。第二阶段为2019年10月至2020年2月，受新年度食糖供应短缺的预期和巴西货币汇率走强的影响，国际食糖价格持续上涨。纽约11号原糖期货价格由月均12.46美分/磅上涨到15.15美分/磅，涨幅21.59%。第三阶段为2020年3—4月，受新冠肺炎疫情在全球蔓延、原油等国际大宗产品价格和金融市场大幅震荡等影响，国际食糖价格大幅下降。2020年3月，纽约11号原糖期货月度平均价格跌至11.80美分/磅，环比下跌22.1%，4月，价格进一步下跌至10.05美分/磅，跌幅14.83%。第四阶段为2020年5月起至今，得益于巴西货币走强、原油价格回暖、新榨季食糖产量增幅小于预期，全球呈供略小于需的紧平衡状态，国际糖价震荡上升。纽约11号原糖期货价格由月均10.58美分/磅上涨到12.38美分/磅，涨幅17.01%。总体看，2019年纽约11号原糖期货价格平均为12.36美分/磅，2020年1—9月纽约11号原糖期货价格平均为12.29美分/磅，跌幅0.50%，总体保持低位水平。

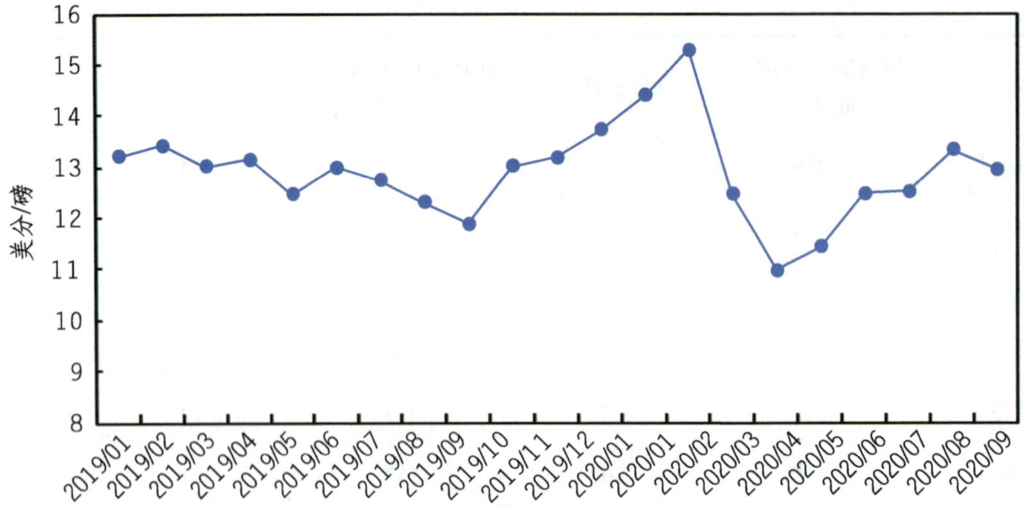

图1　2019年1月以来国际食糖价格月度变动趋势

数据来源：根据沐甜科技市场行情数据整理。

三、国际贸易格局

2019/2020年度，世界食糖贸易量受极端气候和疫情影响有所减少，出口量减3.38%，进口量减1.59%；进出口格局基本稳定，巴西、泰国仍是最大出口国，但俄罗斯、南非、印度出口大幅增加，印度尼西亚进口大幅减少。

（一）2019/2020年度世界食糖贸易量减少

2019/2020年度，一方面受极端气候影响，世界食糖主产国减产明显，特别是印度、泰国等主要食糖出口国食糖大幅减产；另一方面受新冠肺炎疫情影响，世界食糖消费受到抑制，贸易量减少。据美国农业部2020年5月数据显示，2019/2020年度，世界食糖贸易量达10 483万吨，比上年度减少271万吨，降幅2.52%；其中，出口量5 412万吨，比上年度减少189万吨，降幅3.38%；进口量5 071万吨，比上年度减少82万吨，降幅1.59%（图2）。

图2　2007/2008年度以来国际食糖贸易变动趋势

数据来源：根据美国农业部供需报告整理。

（二）巴西、泰国仍是最大出口国，俄罗斯、南非、印度出口大幅增加

世界食糖贸易仍维持出口国家相对集中的特点，但贸易格局有所变化。2019/2020年度，巴西、泰国仍是世界最大的食糖出口国，两国出口量占世界总出口量的55.34%，但受各国食糖产量变化影响，世界食糖出口格局有所变化。

据美国农业部2020年5月数据显示，2019/2020年度，巴西食糖出口量达1 930万吨，比上年度减少30万吨，降幅1.53%，但在世界食糖出口整体下降的背景下，占世界食糖出口的份额由上年度的34.99%上升到35.66%，提高0.67个百分点；泰国出口量1 065万吨，比上年度出口增加4万吨，增幅6.38%，占世界食糖出口的份额由上年度的18.95%上升到19.68%，上升0.73个百分点。其他主产国食糖出口格局也有所变化，出口大幅增加的有俄罗斯、南非和印度，其中，俄罗斯出口量由上年度的39万吨增加到94万吨，增幅142.89%，占全球食糖出口份额由0.69%上升到1.74%，提高1.05个百分点；南非出口量由上年度的104万吨增加到143万吨，增幅37.37%，占全球食糖出口份额由1.86%上升到2.64%，提高0.78个百分点；印度出口量由上年度的470万吨增加到500万吨，增幅6.38%，占全球食糖出口份额由8.39%上升到9.24%，提高0.85个百分点；出口大幅减少的有墨西哥、欧盟、澳大利亚、危地马拉和哥伦比亚，其中，墨西哥出口量由上年度的234万吨减少到99万吨，降幅57.47%，占全球食糖出口份额由上年度的4.17%降至1.84%，下降2.34个百分点；欧盟出口量由上年度的195万吨减少到120万吨，降幅38.46%，占全球食糖出口份额由上年度的3.48%降至2.22%，下降1.26个百分点；澳大利亚出口量由上年度的374万吨减少到332万吨，降幅11.11%，占全球食糖出口份额由上年度的6.67%降至6.13%，下降0.53个百分点；危地马拉出口量由上年度的213万吨减少到195万吨，降幅8.38%，占全球食糖出口份额由上年度的3.79%降至3.60%，下降0.20个百分点；哥伦比亚出口量由上年度的80万吨减少到75万吨，降幅6.25%，占全球食糖出口份额由上年度的1.43%降至1.39%，下降0.04个百分点（图3）。

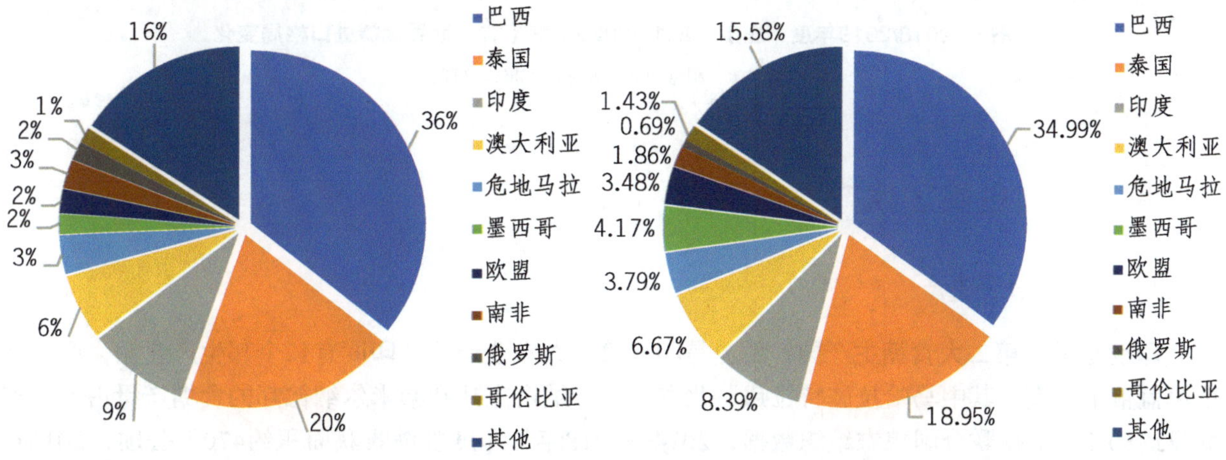

图3　2018/2019年度（左）、2019/2020年度（右）世界食糖出口格局变化

数据来源：根据美国农业部供需报告整理。

（三）进口格局较为稳定，印度尼西亚进口大幅减少

与相对集中的食糖出口格局相反，世界食糖进口国较为分散，但主要进口国家相对稳定。受新冠肺炎疫情影响程度不同，世界食糖主要进口国的进口量变动幅度不同。

据美国农业部2020年5月数据显示，2019/2020年度，印度尼西亚依旧是世界最大的食糖进口国，进口量达404万吨，比上年度进口大幅减少133万吨，降幅24.75%，占世界食糖进口的份额由上年度的10.41%下降到7.96%，下降2.45个百分点。此外，阿联酋、孟加拉国、马来西亚、韩国等

食糖主要进口国进口也有所减少，其中，阿联酋进口量由上年度的157万吨减少到133万吨，降幅15.39%，占全球食糖进口份额由3.05%下降到2.62%，下降0.43个百分点；孟加拉国进口量由上年度的243万吨减少到223万吨，降幅8.19%，占全球食糖进口份额由4.71%下降到4.40%，下降0.31个百分点；马来西亚进口量由上年度的214万吨减少到204万吨，降幅4.63%，占全球食糖进口份额由4.15%下降到4.02%，下降0.13个百分点；韩国进口量由上年度的200万吨减少到192万吨，降幅3.75%，占全球食糖进口份额由3.88%下降到3.79%，下降0.09个百分点。美国、欧盟、尼日利亚等食糖主要进口国（地区）进口则有所提高，其中，美国进口量由上年度的279万吨增加到338万吨，增幅21.51%，占全球食糖进口份额由5.40%上升到6.67%，上升1.27个百分点；欧盟进口量由上年度的199万吨增加到230万吨，增幅15.69%，占全球食糖进口份额由3.86%上升到4.54%，上升0.68个百分点；尼日利亚进口量由上年度的187万吨增加到189万吨，增幅1.07%，占全球食糖进口份额由3.63%上升到3.73%，上升0.10个百分点；中国、阿尔及利亚食糖进口量则与上年度基本持平（图4）。

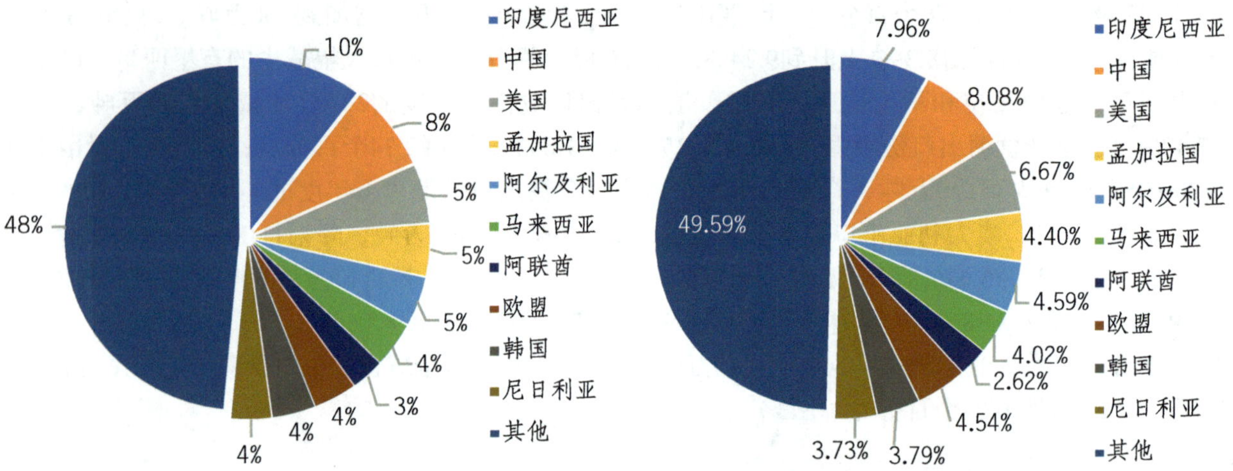

图4　2018/2019年度（左）、2019/2020年度（右）世界食糖进口格局变化

数据来源：根据美国农业部供需报告整理。

四、世界主要国家产业竞争力

（一）印度甘蔗生产成本收益变化

印度是世界第二大食糖主产国，糖业是印度第二大农业产业。印度有12个邦生产食糖，产区几乎覆盖整个印度，其中马哈拉施特拉邦、北方邦、卡纳塔克邦和泰米尔纳德邦的食糖产量占印度产糖量约80%。根据联合国粮农组织数据，2014—2018年，印度甘蔗收获面积约470万公顷，2015年达到峰值507万公顷，2017年达到最低值439万公顷，2018年印度甘蔗收获面积473万公顷，占世界甘蔗收获面积的18.01%，在国际食糖市场有着举足轻重的地位。

印度甘蔗成本可分解为生产成本和土地成本两部分，其中生产成本包括物质与服务费用、人工成本，物质与服务费用又可细化为直接费用、间接费用，人工成本则可细化为家庭用工折价和雇工费用两部分。根据印度农业部的初步统计，2017年印度甘蔗生产成本主要体现出以下特点。

1. 甘蔗总成本小幅提升

2017年，印度甘蔗单位面积总成本为14 765.40元/公顷，比上年增加754.80元，增幅5.39%（表4）。同时，由于单产水平有所下降，单位产品的成本上升更为明显。2017年，印度甘蔗单产水平为68.94千克/公顷，比上年略降1.74千克/公顷，降幅2.47%；单位产品总成本为214.2元/吨，比上年增加16元/吨，增幅8.07%。

2. 土地费用大幅上升

在印度每公顷甘蔗成本中，土地成本约占1/4，是印度甘蔗生产总成本中的重要组成部分。2017年，印度甘蔗土地成本为4 731.15元/公顷，比上年大幅增加894.75元/公顷，增幅23.32%（表4）。

3. 生产成本小幅减少，物质与服务费用降幅明显

2017年，印度甘蔗生产成本为10 034.25元/公顷，比上年减少139.95元/公顷，降幅1.38%。其中，物质与服务费用为4 556.7元/公顷，比上年减少214.65元/公顷，降幅4.50%；人工成本为5 477.55元/公顷，比上年增加74.7元/公顷，增幅1.38%（表4）。

在人工成本中，家庭用工折价和雇工费用均有不同程度的增长，雇工费用占人工成本的70%左右。其中，家庭用工折价为1 702.65元/公顷，比上年增加34.95元/公顷，增幅2.10%；雇工费用为3 774.9元/公顷，比上年增加39.75元/公顷，增幅1.06%（表4）。

在物质与服务费中，直接费用明显减少，而种子费用与肥料费用的减少是导致直接费用减少的重要原因。种子费用与肥料费用占直接费用的一半左右，其中，种子费用由2016年的717.3元/公顷减少至2017年的530.1元/公顷，降幅26.10%；肥料费用由2016年的1 248.3元/公顷减少至2017年的1 064.7元/公顷，降幅14.71%。作业费、农药费也分别由2016年的550.35元/公顷、66.6元/公顷减少至2017年的459.9元/公顷、61.65元/公顷，降幅分别为16.43%、7.42%。其他直接费用由2016年的907.35元/公顷增加至2017年的1 117.65元/公顷，增幅23.18%。间接费用由2016年的1 281.45元/公顷增加至2017年的1 322.7元/公顷，增幅3.22%（表5）。

表4　2016—2017年印度甘蔗每公顷成本对比　　单位：元/公顷

项目	2016年	2017年
总成本	14 010.60	14 765.40
生产成本	10 174.20	10 034.25
物质与服务费用	4 771.35	4 556.70
人工成本	5 402.85	5 477.55
家庭用工折价	1 667.70	1 702.65
雇工费用	3 735.15	3 774.90
土地成本	3 836.40	4 731.15

数据来源：根据印度农业部数据整理。

表5　2016—2017年印度甘蔗每公顷物质与服务费用对比　　单位：元/公顷

项目	2016年	2017年
直接费用	3 489.90	3 234.00
种子费用	717.30	530.10
肥料费用	1 248.30	1 064.70
农药费	66.60	61.65
作业费	550.35	459.90
其他直接费用	907.35	1 117.65
间接费用	1 281.45	1 322.70

数据来源：根据印度农业部数据整理。

（二）中印甘蔗成本收益比较

1. 中印每公顷总成本差距扩大

中国和印度糖料作物均以甘蔗为主，2014—2017年，中国甘蔗每公顷总成本由31 736.25元增加至35 248.65元，增幅11.07%，年均增3.56%；印度甘蔗每公顷总成本由11 874.15元增加至14 765.4元，增幅24.35%，年均增7.53%；中国与印度每公顷总成本之差由19 862.1元扩大到20 483.25元。

但近年来得益于技术支撑与生产率不断提高，中国甘蔗生产每吨产品总成本减少，由441元/吨减少至423.2元/吨，降幅4.03%，年均减1.36%。印度每单位产品总成本不断提高，由168.2元/吨增加至214.2元/吨，增幅27.35%，年均增8.39%。中国与印度每吨总成本之差由272.8元/吨缩小至209元/吨（表6）。

表6　2014—2017年中国和印度甘蔗每公顷、单位产品总成本对比

年份	2014		2015		2016		2017	
国别	中国	印度	中国	印度	中国	印度	中国	印度
每公顷总成本/元	31 736.25	11 874.15	33 053.55	13 480.35	33 720.30	14 010.60	35 248.65	14 765.40
每吨总成本/元	441.00	168.20	425.60	188.60	420.00	198.20	423.20	214.20

数据来源：印度部分根据印度农业部数据整理；中国部分根据《全国农产品成本收益资料汇编（2015—2018）》数据整理。

2. 中印成本结构相似

从成本结构看，中国和印度两国甘蔗每公顷生产成本结构相似，均是以生产成本为主，且人工成本占比最大，二者突出差异体现在人工成本。2017年，中国甘蔗生产每公顷人工成本为18 129.75元，占甘蔗生产每公顷总成本的51.43%；印度甘蔗生产每公顷人工成本仅为5 477.55元，占甘蔗生产每公顷总成本的37.10%；中国甘蔗生产每公顷土地成本为4 494元，占甘蔗生产每公顷总成本的12.75%，印度甘蔗生产每公顷土地成本则为4 731.15元，占甘蔗生产每公顷总成本的32.04%，在绝对量上甚至超过了中国（表7）。

表7　2017年中国和印度甘蔗每公顷成本结构对比　　单位：元/公顷

种类	中国	印度	中国比印度高/%
种子费用	0.00	530.10	-100.00
肥料费用	5 737.95	1 064.70	438.93
农药费	921.90	61.65	1 395.38
作业费	988.05	459.90	114.84
其他直接费用	756.30	1 117.65	-32.33
间接费用	4 220.70	1 322.70	219.10
人工成本	18 129.75	5 477.55	230.98
土地成本	4 494.00	4 731.15	-5.01

数据来源：印度部分根据印度农业部数据整理；中国部分根据《全国农产品成本收益资料汇编（2018）》数据整理。

3. 中国甘蔗生产呈高投入高产出特征

中国甘蔗生产较印度呈现出高投入、高产出特征。2017年，中国甘蔗生产每公顷主产品产值为40 983.9元，高于印度的20 761.95元，高97.4%；每公顷副产品产值为360.75元，低于印度的599.55元，低39.83%；每公顷总产值为41 344.65元，高于印度的21 361.5元，高93.55%。扣除每公顷总成

本35 248.65元，每公顷净利润为6 096元，低于印度的6 596.1元，低7.58%。但如果不扣除土地（机会）成本和家庭用工折价，中国甘蔗每公顷现金收益为19 510.2元，高于印度的13 013.1元/公顷，高49.93%（表8）。

表8　2017年中印甘蔗每公顷收益结构对比

项目	中国	印度	中国比印度高/%
每公顷主产品产值/元	40 983.90	20 761.95	97.40
每公顷副产品产值/元	360.75	599.55	-39.83
每公顷总产值/元	41 344.65	21 361.50	93.55
每公顷总成本/元	35 248.65	14 765.40	138.72
每公顷土地（机会）成本/元	4 024.35	4 714.35	-14.64
每公顷家庭用工折价/元	9 389.85	1 702.65	451.48

数据来源：印度部分根据印度农业部数据整理；中国部分根据《全国农产品成本收益资料汇编（2018）》数据整理。

（三）中国和巴西、泰国生产者价格补充对比分析

为进一步比较中国与世界其他食糖主产国的产业竞争力，本部分依托联合国粮农组织（FAO）数据，对中国、巴西、泰国的生产者价格进行补充对比分析（表9）。从绝对量来看，中国甘蔗生产者价格远远高于巴西、泰国等世界食糖主产国，竞争力严重不足。2015年，中国甘蔗生产者价格为343.80美元/吨，远高于巴西（19美元/吨）、泰国（24.80美元/吨）等世界主要食糖生产国同期甘蔗生产者价格。2015年，中国甘蔗生产者价格是巴西的18倍，是泰国的14倍。可以说，与世界其他主要食糖生产国家相比，中国甘蔗种植竞争力羸弱。从趋势变化来看，中国甘蔗生产者价格下降的幅度远小于巴西、泰国等世界食糖主产国。2014—2015年，中国甘蔗生产者价格由351.90美元/吨降至343.80美元/吨，降幅2.3%；2014—2016年，巴西甘蔗生产者价格由27美元/吨降至20.50美元/吨，降幅24.07%；2014—2018年，泰国生产者价格由26.30美元/吨降至23.60美元/吨，降幅10.27%，均大于中国甘蔗生产者价格降幅（均按2014—2015年计算也可得到相似结论）。

表9　世界主要食糖生产国甘蔗生产者价格　　单位：美元/吨

年份	中国	巴西	泰国
2014	351.90	27.00	26.30
2015	343.80	19.00	24.80
2016	—	20.50	20.90
2017	—	—	27.80
2018	—	—	23.60
增幅/%	-2.30	-24.07	-10.27
年均增长/%	-2.30	-12.86	-2.67

注：甘蔗生产成本占食糖生产成本的大部分。本报告选取联合国粮农组织（FAO）统计的甘蔗生产者价格作为替代加以分析。生产者价格是指生产者出售产品的价格，主要表现为商业部门的农产品收购价格。对于泰国、中国等由政府或行业协会进行糖料收购价格管控的国家而言，生产者价格主要基于成本或是包括些许利润；对于巴西等由市场确定收购价格，但比较优势较强的国家而言，生产者价格也能涵盖成本，并包括些许利润。因此，以生产者价格衡量中国与世界其他食糖主产国食糖产业竞争力具有合理性。

五、主要国家产业支持政策新变化

（一）印度出口补贴政策

2019年8月28日，印度政府批准在2019/2020年度为糖厂提供每吨10 448卢比（146.14美元）、上限600万吨糖的出口补贴，该补贴将直接以糖厂名义转入蔗农账上，在糖厂没有拖欠蔗款的情况下，则记到糖厂账上。印度出口补贴的目的是增加发货量、减少过剩库存，此举一定程度上会打压全球食糖价格。此外，为帮助糖厂结清约2 200亿卢比的甘蔗欠款，印度政府或将食糖最低销售价上调2 000卢比/吨。制糖业指出，提高食糖最低销售价格不会对公众造成太大影响，因为印度65%的甜味剂是为食品和软饮料制造商等大宗消费者所使用。

（二）泰国生产补贴政策

2020年6月9日，泰国政府批准蔗农补贴计划，该计划将向泰国约30万名蔗农提供财政补贴。补贴计划预计为100亿泰铢（3.19亿美元），其中65亿泰铢补贴所有蔗农收获甘蔗，并将其供应给糖厂压榨，另外剩余的35亿泰铢专门补贴不焚烧甘蔗秸秆的蔗农，以改善空气质量；每吨甘蔗将获得85泰铢的补贴，不焚烧甘蔗秸秆的蔗农将再获得每吨7泰铢的补贴。

六、世界供需形势展望

据美国农业部2020年5月数据显示，尽管新冠肺炎疫情席卷全球，但对世界食糖生产、消费并未造成严重影响。2020/2021年度，世界食糖产量18 807.7万吨，同比增13.2%；消费量17 779.5万吨，同比增3.6%。结合近5个榨季世界食糖供需情况，市场不确定性仍主要来自供给端，展望世界食糖供需形势，应重点关注食糖主产国产量变化情况。

（一）主要国家供需形势分析

1. 巴西食糖产量大幅增加

美国农业部预计，2020/2021年度，巴西食糖量将反弹近960万吨，增至3 948.0万吨。需要注意的是，近期巴西进入新冠肺炎疫情暴发高峰期阶段，燃料需求持续下降，部分糖厂现金流恶化，影响糖厂正常运营，甘蔗压榨能力或将受到影响。

2. 印度食糖产量大幅增加

美国农业部预计，2020/2021年度，印度食糖产量将反弹17%，增至3 370.5万吨。印度糖厂协会预计印度食糖产量同比增加12%至3 050万吨。印度评级公司India Ratings表示，2020/2021榨季，由于高结转库存和预期产量增加，国内供应过剩将继续下去。

3. 欧盟食糖产量小幅下降

据法国甜菜种植协会，2020/2021年度，欧盟最大产糖国法国甜菜单产可能降至15年来最低水平，食糖产量可能较2019/2020年度下降25%至330万吨。甜菜集团VSZ和CBB表示，德国和比利时的减产幅度可能分别为30%和50%。如果这种情况持续将刺激欧盟甜菜种植户在未来减少甜菜播种，减少甜菜供应量，更多糖厂将关闭。分析机构普氏能源资讯预估，欧盟2020/2021年度甜菜种植面积将同比下降1.4%至164.7万公顷，如果天气正常的话，产糖量将同比小幅增加1.2%至1 777.8万吨。

4. 中国食糖产量小幅增加

根据2019年7月《中国农产品供需形势分析》显示，预计2020/2021年度中国糖料种植面积将小幅增加，由2019/2020年度的142.3万公顷增加至145.3万公顷，增幅2.1%；食糖产量将由2019/2020

年度的1 042万吨，增加至1 050万吨，增幅0.77%；食糖消费量将达1 520万吨，比上年度增加40万吨，增幅2.7%；进口量350万吨，同比增加14万吨，增幅4.83%；出口量18万吨，与上年度持平。

5. 泰国食糖产量大幅下降

泰国遭遇40年来最严重的干旱，目前仍在持续，主产区水库平均蓄水量同比偏低，作物灌溉用水不足。泰国北部、东北部及中部是主要的甘蔗产区，截至6月10日，部分地区水库的水位不到35%，泰国甘蔗产量超过20%的中部地区旱情最为严重，导致甘蔗产量大幅下降。伦敦大宗商品经纪商预计泰国2020/2021年度食糖产量从2019/2020榨季的830万吨增至890万吨，但仍远低于2018/2019年度的1 460万吨。

（二）世界供需形势分析

综合来看，2020/2021年度世界食糖市场存在不确定性。其中，世界糖料产量主要受气候条件及新冠肺炎疫情影响波动较大，各主产国产业与贸易政策也对食糖的生产造成一定影响；而受新冠肺炎疫情影响，国际食糖消费增速或将有所放缓。

国际糖业组织（ISO）9月3日报告显示，预计2020/2021年度全球食糖产需缺口为72.4万吨，消费量将增长2.6%，达1.74亿吨，而产量将增长2.3%，达1.73亿吨。美国农业部于5月预测，2020/2021年度，世界食糖产量将达到18 807.7万吨，比上年增加2 189.9万吨，增幅13.18%，巴西、印度和泰国增产是其主要原因；世界食糖消费量将达17 779.5万吨，比上年增加621.3万吨，增幅3.62%，全球食糖供应过剩1 028.2万吨，从上年度的缺口转为过剩；世界食糖库存将达4 355.1万吨，比上年减少88.2万吨，降幅1.99%，尽管库存有所减少，但存量依然庞大抑制糖价提振；世界食糖贸易量将达12 003万吨，比上年增加1 519.7万吨，增幅14.50%，贸易呈现恢复性扩大趋势，贸易量稳步增加，其中，出口量将达6 522.7万吨，比上年增加1 110.6万吨，增幅20.52%；进口量将达5 480.3万吨，比上年增加409.1万吨，增幅8.07%。

参考文献

USDA，2020. Sugar：World Markets and Trade. https：//downloads. usda. library. cornell. edu/usda-esmis/files/z029p472x/34850331h/5d86pk13p/Sugar. pdf

农业农村部市场预警专家委员会，2020. 2020年7月中国农产品供需形势分析. http：//www. agri. cn/V20/SC/gxxs/202007/t20200710_7452233. htm.

（农业农村部农村经济研究中心　张哲晰　徐　雪　马　凯）

第三部分

畜水产品

专题一：猪　肉

自2018年亚洲各地暴发非洲猪瘟疫情以来，全球猪肉供需关系发生深刻变化。2019年全球生猪存栏量、猪肉产量均降至历史低点，但欧盟、美国和巴西等国家存栏及产量不同程度增长，抵消了部分亚洲的减量。目前疫情仍对诸多国家存在一定影响，尤其中国和越南。另外，受新冠肺炎疫情影响，全球经济有所放缓，居民猪肉消费需求随之下降。受存栏下降影响，肉类进口需求猛增，刺激全球猪肉贸易量大幅增长，并创历史新高。其中，中国、日本、墨西哥为主要进口国家，欧盟、美国和加拿大为主要出口国家（地区）。国际价格方面，欧盟猪肉价格优势明显，美国价格总体上涨，且波幅较大。生猪扶持政策方面，美国启动了《农作物商品信贷公司宪章法案》，提出120.00亿美元应急方案，修改并发布了新的《农业提升法案》。欧盟进一步简化了《共同农业政策》。展望未来10年，受非洲猪瘟疫情影响，全球猪肉产量预期将出现下滑，并在短时间内对猪肉价格产生影响。长期看，受极端天气、全球贸易摩擦等因素影响，全球生猪产品贸易不确定性因素增多。在全球经济放缓背景下，预计生猪产量及消费仍保持增长态势，但增幅收窄，国际猪肉价格小幅下降。

一、世界供需现状

（一）全球生猪存栏量降至历史低点

2019年受非洲猪瘟疫情影响，中国、越南和菲律宾等亚洲国家生猪存栏下降，全球生猪存栏量降至2003年以来的历史低点。根据美国农业部数据（Livestock and Poultry：World Markets and Trade，2019），2019年全球生猪存栏量降至76 749.40万头（表1），同比下降1.77%，比2006年历史高峰下降12.20%（Livestock and Poultry：World Markets and Trade，2007）。

表1　2016—2019年全球生猪主产国存栏量　　单位：万头

国家（地区）	2016年	2017年	2018年	2019年
中国	45 802.90	44 209.20	44 158.90	42 807.00
欧盟	14 871.60	14 718.80	15 025.70	14 816.70
美国	6 901.90	7 134.50	7 314.50	7 507.00
巴西	3 942.20	3 921.50	3 882.90	3 842.70
加拿大	1 363.00	1 393.50	1 417.00	1 398.00
韩国	1 018.70	1 148.70	1 127.30	1 133.30
墨西哥	1 004.30	1 022.90	1 041.00	1 070.00
日本	931.30	934.60	928.00	915.60
世界	79 231.50	77 658.00	78 129.00	76 749.40

数据来源：美国农业部。

分地区看，2019年中国受“猪周期”下行、非洲猪瘟疫情冲击和一些地方不当行政干预影响，生猪存栏量下降明显。美国农业部数据显示，2019年中国生猪存栏量降至42 807.00万头，同比下降3.06%；同比降幅比上年扩大2.95%，存栏量处于历史低位；存栏量占全球总量的比重由上年的56.52%降至55.78%，生猪存栏量仍居全球第一。欧盟生猪存栏量14 816.70万头，同比下降1.39%；存栏量占比由19.23%提升至19.31%，生猪存栏量居全球第二。美国受生产效率提高、中国进口需求提升等因素影响，生猪存栏提高到7 507.00万头，同比增长2.63%，存栏量处于历史高点；存栏量占比由9.36%升至9.78%，生猪存栏量居全球第三。此外，主产国还包括巴西和加拿大，生猪存栏量分别为3 842.70万头和1 398.00万头，同比分别下降1.04%和1.34%。

（二）全球猪肉产量再创新低

受生猪存栏下降影响，全球猪肉产量再创新低。数据显示，2019年全球猪肉产量降至10 951.30万吨（图1），同比下降9.18%，产量创2011年以来新低；另据美国农业部数据，2019年全球猪肉产量降至10 197.80万吨，同比下降9.71%，产量创近10年最低水平。

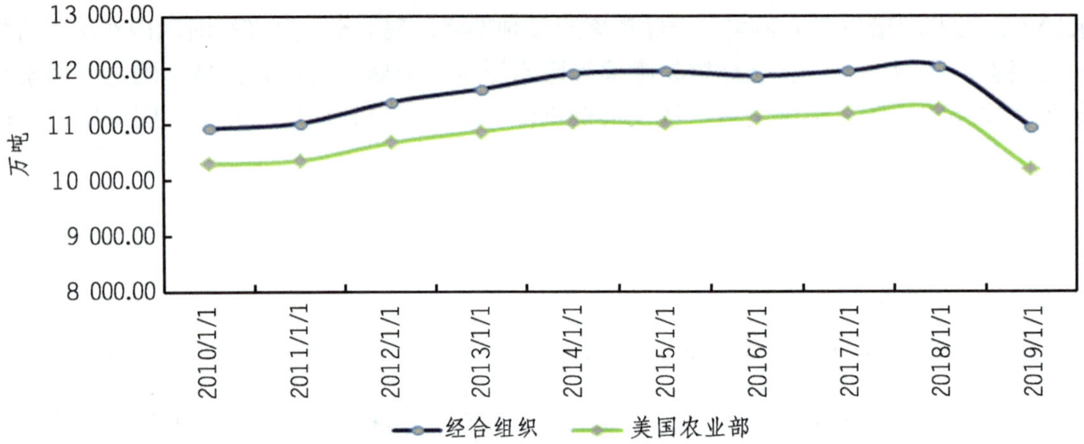

图1　2010—2019年全球猪肉产量

数据来源：《OECD—FAO农业展望（2019—2028）》、美国农业部。

分地区看，中国受非洲猪瘟疫情影响，2019年生猪存栏量大幅下降，猪肉产量随之下降。数据显示，2019年我国猪肉产量约为4 255.00万吨（表2），同比大幅下降21.43%；猪肉产量占全球总量的比重由上年的44.91%降至38.85%，仍为全球第一大猪肉生产国。欧盟猪肉产量2 331.15万吨，同比增长1.11%；产量占比由19.12%升至21.29%，为全球第二大猪肉生产国。美国由于种猪存栏增加、养殖水平提升，猪肉产量小幅增至1 239.81万吨，同比增长5.01%；产量占比由9.79%升至11.32%，为全球第三大猪肉生产国。巴西猪肉产量小幅增加至400.06万吨，同比增长0.68%，产量创2010年以来历史新高。越南受非洲猪瘟疫情影响，猪肉产量降至315.97万吨，同比下降17.50%，产量跌至近年低点。加拿大由于出口需求增加，猪肉产量稳步增长，2019年产量约为208.02万吨，同比增长1.33%，产量创2010年以来历史新高。

表2　2016—2019年全球猪肉产量　　单位：万吨

国家（地区）	2016年	2017年	2018年	2019年
中国	5 437.76	5 464.72	5 415.35	4 255.00
欧盟	2 298.36	2 280.16	2 305.54	2 331.15

（续表）

国家（地区）	2016年	2017年	2018年	2019年
美国	1 116.69	1 146.35	1 180.64	1 239.81
巴西	373.14	384.05	397.37	400.06
俄罗斯	335.51	351.57	374.42	385.07
越南	366.45	373.33	383.00	315.97
加拿大	202.89	205.63	205.29	208.02
菲律宾	186.33	183.73	188.29	196.30
墨西哥	137.21	143.33	149.60	156.29
韩国	126.58	127.98	132.84	136.34
世界	11 878.71	11 969.06	12 058.21	10 951.30

数据来源：《OECD—FAO农业展望（2019—2028）》。

（三）全球猪肉消费明显下降

非洲猪瘟疫情影响居民短时减少猪肉消费，加上全球经济放缓，2019年全球猪肉消费需求明显下降。数据显示，2019年全球猪肉消费量降至10 924.50万吨（表3），同比下降9.05%，消费量处于2010年以来低点。同期，美国农业部数据，全球猪肉消费量小幅降至10 094.30万吨，同比下降10.06%，消费量为近五年低点。

表3　2016—2019年全球猪肉消费量

单位：万吨

国家（地区）	2016年	2017年	2018年	2019年
中国	5 610.40	5 587.73	5 537.24	4 479.11
欧盟	1 940.34	1 941.38	1 959.24	1 931.82
美国	947.65	954.13	974.82	1 012.60
俄罗斯	357.26	373.87	372.79	384.91
巴西	309.29	323.72	341.34	347.64
越南	367.00	373.69	388.42	324.18
日本	251.87	260.60	260.97	262.76
墨西哥	203.03	212.84	227.30	235.53
菲律宾	196.78	197.35	204.35	210.97
韩国	190.19	193.48	200.77	205.09
世界	11 850.57	11 944.62	12 011.50	10 924.50

数据来源：《OECD—FAO农业展望（2019—2028）》。

猪肉消费主要集中在中国、欧盟和美国。数据显示，2019年上述三国的猪肉消费量分别为4 479.11万吨、1 931.82万吨和1 012.60万吨，分别占全球消费总量的41.00%、17.68%和9.27%，合计占67.95%。其中，欧盟和美国占比分别比上年提高1.37%和1.15%；中国受非洲猪瘟疫情影响，猪肉消费占比下降5.10%。

二、国际价格走势

（一）欧盟价格优势明显

欧盟和美国是全球重要的猪肉生产、出口国（地区），其价格变动直接影响国际市场走势。根据欧盟委员会数据换算（Commodity Price Dashboard，2020），2019年以来欧盟猪肉批发价格总体呈小幅上涨态势，全年均价为每千克13.07元（图2），同比增长17.70%，比2013年价格高点下跌9.50%，但仍处于历史高位。2020年价格小幅下降，8月跌至每千克12.36元，比年初下降13.70%，比2019年近期高点下降18.40%，价格与2019年4月水平相当。

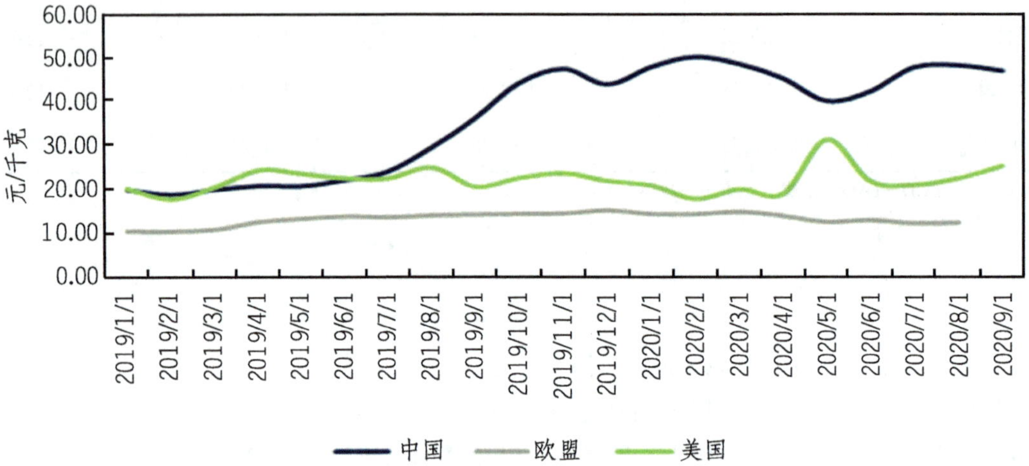

图2 2019—2020年中国、欧盟、美国猪肉批发价格

数据来源：中国商务部、美国农业部及欧盟委员会。

欧盟价格优势明显。2019年上半年欧盟猪肉批发价格仅为中国的一半左右，下半年受非洲猪瘟疫情影响，中国猪肉价格涨幅明显大于欧盟，欧盟与中国猪肉价差逐渐扩大，欧盟价格优势凸显。2020年8月，中国猪肉批发价格每千克比欧盟高35.94元，价差为年内最高水平。

（二）美国价格波幅较大

价格呈震荡上行态势。根据美国农业部数据换算（Pork Values and Spreads，2020），2019年美国猪肉批发价格为每千克22.11元，同比上涨8.30%，比2014年价格高点下跌4.20%，价格处于历史高位。2020年9月，价格为每千克25.39元，比年初上涨22.20%，同比上涨1.60%，价格处于年内次高水平。

价格波动幅度明显。2019年以来美国猪肉价格高点比低点高77.10%，同期欧盟价格波幅为46.30%，美国猪肉价格波幅明显大于欧盟。另外，2019年下半年，由于中国猪肉价格涨幅明显大于美国，中美猪肉价差逐渐扩大。2020年9月中国、美国猪肉批发价差达到每千克21.67元，美国猪肉价格约为中国的一半。

三、国际贸易格局

（一）全球贸易总量创新高

2017年以来，全球猪肉进出口贸易量持续增长，尤其中国暴发非洲猪瘟疫情后，生猪产能大幅下降，肉类进口需求猛增，刺激全球猪肉贸易量大幅增长。《OECD—FAO农业展望（2019—2028）》数据显示，2019年全球猪肉贸易量达2 057.41万吨，同比增长9.01%，同比增幅比上年提高8.13%。同期，美国农业部数据显示，全球猪肉贸易量达1 778.50万吨，同比增长12.25%，同比增幅比上年提高10.90%，贸易量均创历史新高。其中，中国为猪肉净进口国，欧盟和美国为净出口国。

（二）猪肉进口量同比增幅扩大

《OECD—FAO农业展望（2019—2028）》数据显示，2019年全球猪肉进口量1 016.64万吨（表4），同比增长10.06%，上年同期下降0.01%。同期，美国农业部数据，2019年全球猪肉进口量845.00万吨，同比增长11.21%，同比增幅比上年提高10.39%，进口量均创历史新高。

分地区看，中国、日本、墨西哥为主要进口国。据《OECD—FAO农业展望（2019—2028）》数据显示，2019年中国猪肉进口量240.41万吨，同比大幅增长66.05%，进口量创历史新高；中国在全球市场的份额不断提升，进口量占全球猪肉进口总量的比重提升至23.65%，比上年提高7.97%。日本、墨西哥和英国进口量分别为134.61万吨、94.71万吨和76.27万吨，分别占全球总量的13.24%、9.32%和7.50%。

表4　2016—2019年全球猪肉进口量、出口量　　单位：万吨

进口量	2016年	2017年	2018年	2019年
中国	194.92	146.46	144.79	240.41
日本	125.29	133.03	132.02	134.61
墨西哥	76.31	82.01	90.90	94.71
英国	79.95	80.40	79.26	76.27
韩国	62.35	65.40	76.09	70.94
美国	65.16	65.73	61.30	58.32
澳大利亚	32.14	32.69	32.25	31.60
世界	915.17	923.73	923.68	1 016.64
出口量	2016年	2017年	2018年	2019年
欧盟	373.39	354.32	363.03	416.62
美国	237.97	255.82	266.89	285.94
加拿大	149.57	151.20	148.43	155.45
巴西	63.99	60.50	56.19	52.58
英国	23.61	24.92	23.27	24.24
智利	16.30	16.24	19.00	22.71
泰国	16.03	10.76	12.91	14.76
世界	947.32	947.25	963.72	1 040.77

数据来源：《OECD—FAO农业展望（2019—2028）》。

（三）欧盟、美国和加拿大为主要出口地区

《OECD—FAO农业展望（2019—2028）》数据显示，2019年全球猪肉出口量约1 040.77万吨，同比增长8.00%，同比增幅比上年提高6.26%，进口量创历史新高。分地区看，欧盟、美国和加拿大为主要出口地区，2019年猪肉出口量分别为416.62万吨、285.94万吨和155.45万吨，分别占全球出口总量的40.03%、27.47%和14.94%，合计占82.44%，占比比上年提高1.68%。

四、世界主要国家产业竞争力

（一）丹麦、荷兰、德国生猪生产效益较高

从生产性能来看，每年每头母猪提供的平均断奶仔猪数量是衡量生猪生产效益的主要指标，这一指标主要受其他3个指标的影响，即每年每头母猪产仔数、活仔数和断奶前死亡率。根据英国农业和园艺发展委员会数据（Pig Cost of Production in Selected Countries，2018），2018年欧盟每年每头母猪提供的平均断奶仔猪数量由2017年的27.88头提高到28.12头（图3），同比提高0.86%。其中，德国、荷兰和丹麦水平最高，分别达到30.10头、30.60头和33.60头；加拿大、奥地利、意大利水平较低，分别为24.70头、24.80头和25.10头，均低于欧盟平均水平。欧盟成员国之间最好与最差水平之间相差8.90头。

图3 2017—2018年欧盟及部分国家每年每头母猪提供的断奶仔猪数量

数据来源：英国农业和园艺发展委员会。

2018年欧盟每年每头母猪平均产猪数量为26.44头（图4），同比提高1.00%，其中德国、荷兰和丹麦水平最高，分别达到28.50头、29.00头和31.40头；意大利、匈牙利和西班牙水平较低，分别为23.30头、23.40头和25.20头。另外，加拿大、奥地利和美国均低于欧盟平均水平。2018年欧盟平均每年每头母猪产2.29窝，各成员国之间差异较大，其中，芬兰和瑞典水平较低，均为2.23窝，荷兰最高为2.35窝。英国平均每年每头母猪产2.28窝（2017年为2.30窝），与欧盟平均水平相当。

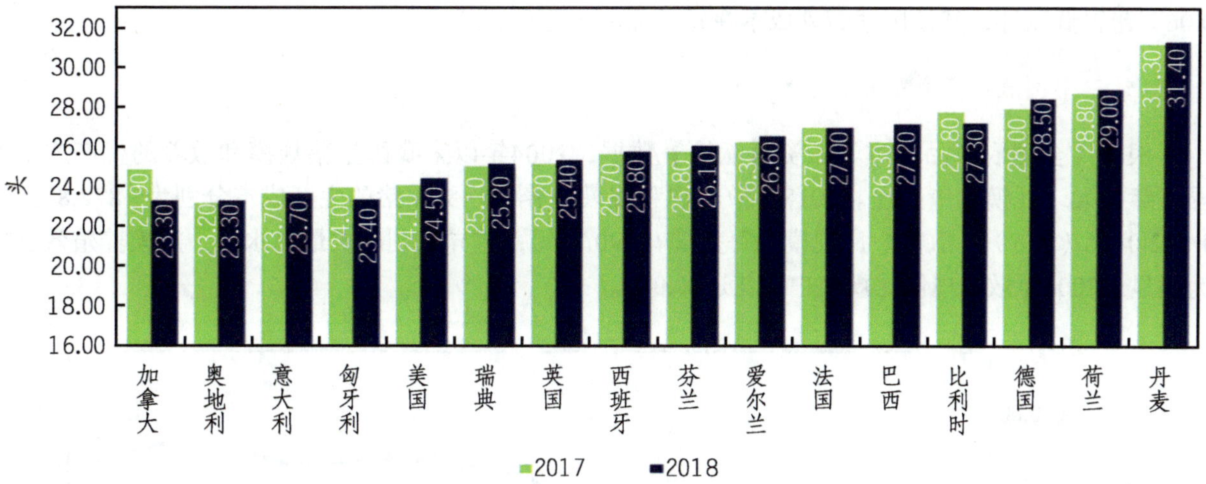

图4　2017—2018年欧盟及部分国家每年每头母猪产猪数量

数据来源：英国农业和园艺发展委员会。

（二）巴西、美国和加拿大生产成本最低

根据英国农业和园艺发展委员会数据，受饲料成本增幅明显以及汇率波动的影响，2018年欧盟平均生猪生产成本为每千克1.44英镑（1英镑=0.45千克，图5），同比提高4.00%，所有欧盟国家均有不同程度提高。

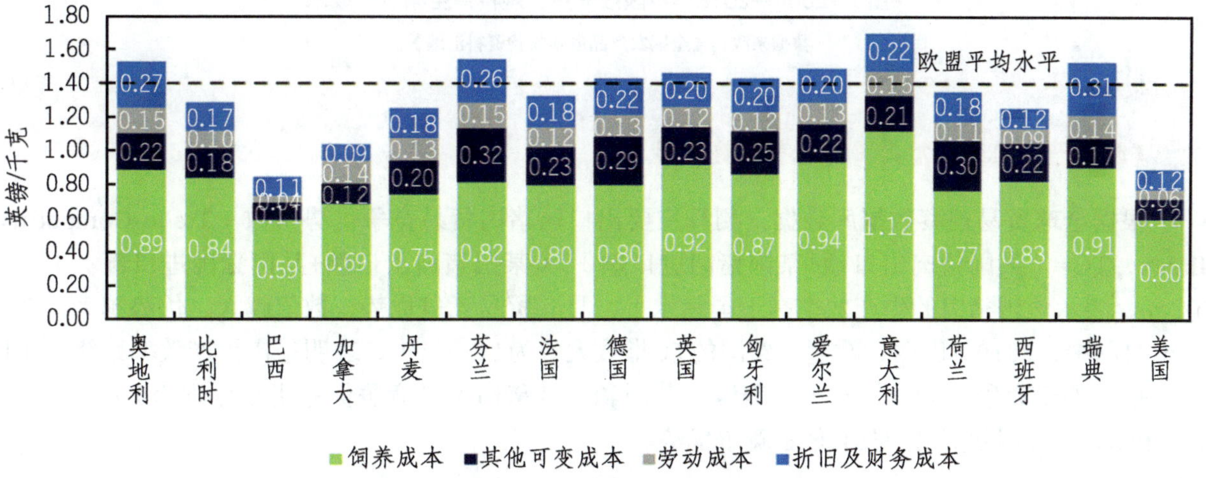

图5　2018年欧盟及部分国家生猪生产成本

数据来源：英国农业和园艺发展委员会。

分地区看，2018年巴西、美国和加拿大生猪生产成本仅为每千克0.85英镑、0.90英镑和1.04英镑，分别比欧盟平均水平低40.97%、37.50%和27.78%。意大利生猪生产成本最高，为每千克1.70英镑，比欧盟平均水平高18.06%；芬兰、瑞典和奥地利生猪生产成本分别为每千克1.55英镑、1.53英镑和1.53英镑，分别比欧盟平均水平高7.64%、6.25%和6.25%。另外，由于每年每头母猪断奶仔猪数较少，英国生猪生产成本较高，2018年为每千克1.47英镑，比欧盟平均水平高2.08%。

从生产成本构成来看，欧盟生猪养殖中饲养成本占比最高，约占六成，其他可变成本、折旧及财务成本和劳动成本分别占15.68%、13.91%和8.68%。分国家看，意大利、爱尔兰和英国的饲养成本较高，分别为每千克1.12英镑、0.94英镑和0.92英镑；巴西、美国和加拿大饲料成本较低，分别为每千克0.59英镑、0.60英磅和0.69英镑。劳动成本方面，除巴西、美国分别为每千克0.04英镑和

0.06英镑较低以外，其他国家劳动成本在每千克0.15英镑左右。

（三）中国规模养殖效应凸显

根据《全国农产品成本收益资料汇编》数据，2004年以来我国生猪规模和散养的生产成本差异逐年扩大，规模效应凸显。2018年散养户和规模户养殖一头生猪的生产成本分别为1 872.83元和1 582.04元（图6），散养户比规模户每头多花290.79元，差异达到历史最高水平，规模养殖效益较为明显，2004年散养户仅比规模户多花近40.0元。

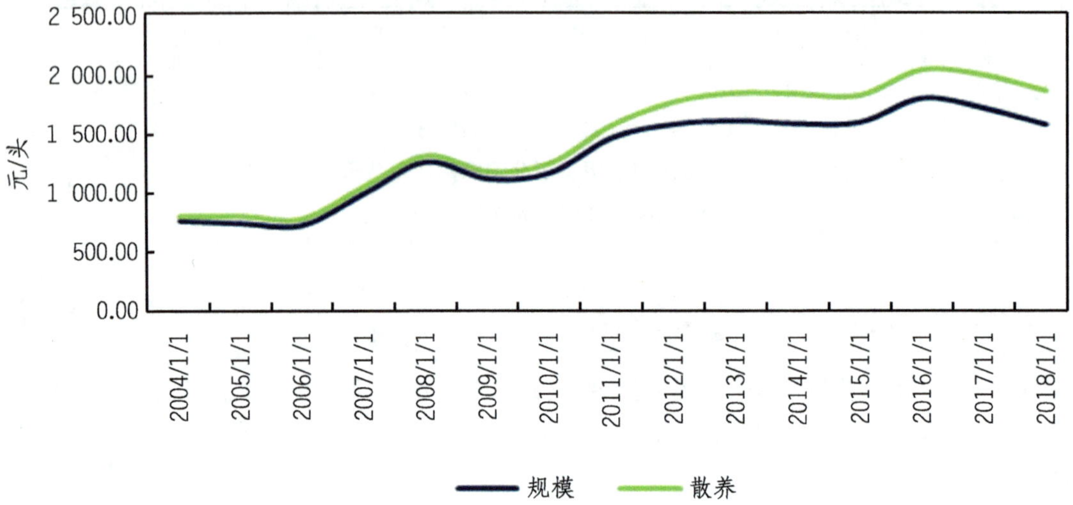

图6　2004—2018年中国散养户、规模户生猪生产成本

数据来源：《全国农产品成本收益资料汇编》。

（四）巴西和欧盟猪肉贸易竞争优势明显

根据全球贸易观察数据库数据，测算主要出口国猪肉贸易竞争优势指数（Trade Competitive Index，TC=（某国猪肉出口额-某国猪肉进口额）/（某国猪肉出口额+某国猪肉进口额））。若TC>0，表示该国猪肉的生产效率高于国际水平，具有贸易竞争优势，数值越大，优势越大。在主要出口国中，2019年巴西、欧盟、泰国的TC指数大致为1（表5），表明猪肉生产效率始终高于国际水平，处于竞争优势。加拿大、美国、英国和智利猪肉贸易竞争优势指数分别为0.70、0.66、0.39和0.35，在国际贸易中具有较强竞争优势。

表5　2015—2019年全球主产国猪肉贸易竞争优势指数（TC）

国家（地区）	2015年	2016年	2017年	2018年	2019年
巴西	1.00	1.00	1.00	1.00	1.00
欧盟	0.98	0.99	0.99	0.99	0.99
泰国	0.66	0.81	1.00	1.00	0.99
西班牙	0.86	0.89	0.88	0.90	0.92
丹麦	0.88	0.90	0.90	0.90	0.89
加拿大	0.68	0.68	0.70	0.70	0.70

（续表）

国家（地区）	2015年	2016年	2017年	2018年	2019年
美国	0.51	0.53	0.53	0.57	0.66
德国	0.44	0.46	0.46	0.44	0.46
英国	0.49	0.48	0.50	0.47	0.39
智利	0.64	0.47	0.36	0.44	0.35
墨西哥	-0.51	-0.50	-0.45	-0.44	-0.24
俄罗斯	-0.98	-0.88	-0.86	-0.43	-0.29
英国	-0.49	-0.48	-0.50	-0.47	-0.39
中国	-0.64	-0.85	-0.79	-0.83	-0.94

数据来源：根据全球贸易观察数据库计算。

中国和俄罗斯猪肉贸易竞争力偏弱。根据测算，2019年中国的TC指数为-0.94，明显低于国际水平，猪肉贸易竞争没有优势。英国、俄罗斯和墨西哥的TC指数分别为-0.39、-0.29和-0.24，在国际贸易中竞争力偏弱。

五、世界供需形势展望

（一）全球猪肉产量恢复性增加

《OECD—FAO农业展望（2020—2029）》预测，2021年以前，非洲猪瘟疫情将持续影响全球猪肉产量下降，其他肉类品种的产量增加会部分抵消这一影响。分阶段看，受生猪存栏下降影响，2020年全球猪肉供应量降至低点，预测全球猪肉产量约为10 652.57万吨（图7），同比下降2.73%。2021—2029年由于巴西、欧盟和美国生猪供给增加，尤其是中国的进口需求强劲，预计全球猪肉产量有望稳步增加，逐渐恢复。

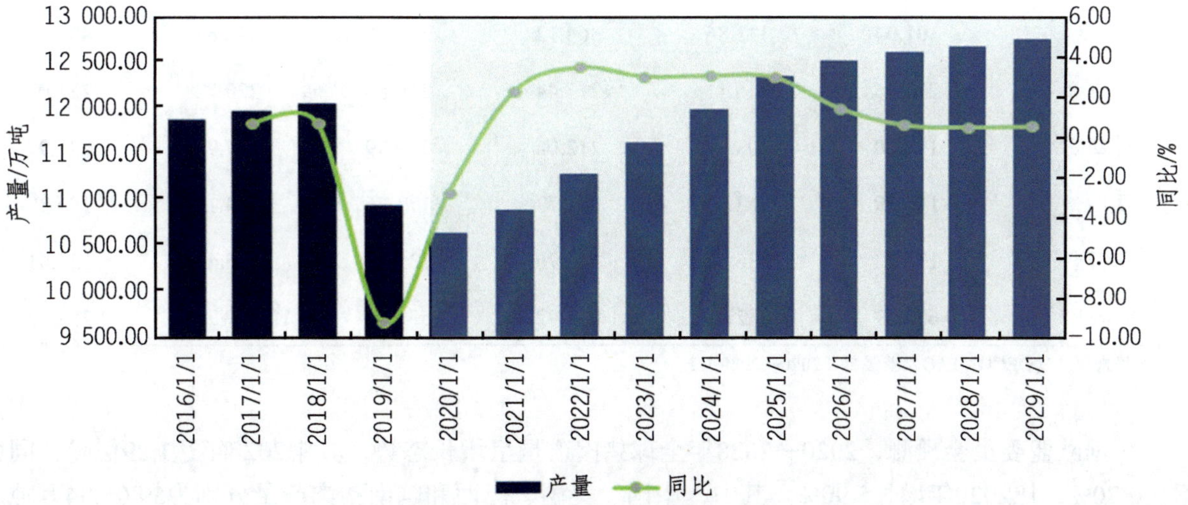

图7 2016—2029年全球猪肉产量

数据来源：《OECD—FAO农业展望（2020—2029）》。

另据美国农业部数据（Livestock and Poultry：World Markets and Trade，2020），2020年随着养猪场陆续重建，养猪业逐渐从非洲猪瘟疫情中复苏，但生猪产量仍处于历史低位。预测2020年全球猪肉产量降至9 787.50万吨，同比下降4.02%，产量为近10年最低水平。2021年从新冠肺炎疫情影响中进一步恢复，预测全球猪肉产量10 216.00万吨，同比增长4.38%，但产量仍比非洲猪瘟疫情在中国发生前下降8.83%。

分地区看，2020年初暴发的新冠肺炎疫情对中国肉类市场产生一定影响，屠宰场由于开工不足、运输受阻，猪肉供给偏紧局面进一步加剧。据《OECD—FAO农业展望（2020—2029）》预测，2020年中国猪肉产量约为3 900.04万吨（表6），同比大幅下降8.34%，降幅比上年收窄13.09%；猪肉产量占全球总量的比重由上年的38.85%降至36.61%，仍为全球第一大猪肉生产国。2021—2025年猪肉产量有望触底反弹，并达到非洲猪瘟疫情前水平。欧盟由于公众对环境的担忧，一定程度上限制生猪产能扩张，预测2020年猪肉产量2 333.23万吨，同比增长0.09%；产量占比由21.29%升至21.90%，为全球第二大猪肉生产国。美国由于种猪存栏增加、养殖水平提升，2020年猪肉产量小幅增至1 254.62万吨，同比增长1.19%；产量占比由11.32%升至11.78%，为全球第三大猪肉生产国。巴西猪肉产量增速加快，2020年约为420.66万吨，同比增长5.15%，增幅比上年提高4.47%，产量创2010年以来历史新高。加拿大由于出口需求增加，猪肉产量增幅有所扩大，2020年产量约为210.76万吨，同比增长1.32%，产量创2010年以来历史次高水平。越南生猪生产多以小规模生产为主，受非洲猪瘟影响较为严重，预测2020年生猪生产逐步恢复，2025年达到2018年水平，其他几个东亚国家受非洲猪瘟疫情的影响较小。菲律宾受非洲猪瘟疫情影响，2020年猪肉产量约为196.20万吨，与上年水平相当。

表6　2020—2029年全球分地区生猪产量预测　　单位：万吨

国家（地区）	2020年	2022年	2024年	2026年	2028年	2029年
中国	3 900.04	4 525.95	5 151.79	5 599.98	5 664.96	5 697.45
欧盟	2 333.23	2 244.15	2 241.30	2 247.40	2 252.47	2 256.96
美国	1 254.62	1 258.89	1 262.75	1 269.17	1 279.06	1 284.43
巴西	420.66	429.63	430.26	436.51	442.28	445.41
俄罗斯	386.96	390.86	394.20	397.24	400.45	402.31
越南	301.04	331.86	364.12	399.80	425.67	432.65
加拿大	210.76	215.11	217.44	219.84	220.72	221.03
菲律宾	196.20	203.84	212.06	219.99	227.95	231.97
墨西哥	159.39	165.64	171.77	177.96	184.15	187.29
韩国	136.22	136.01	135.76	135.61	135.43	135.41
全球	10 652.57	11 282.91	11 986.92	12 530.04	12 679.72	12 752.62

数据来源：《OECD—FAO农业展望（2020—2029）》。

另据欧盟委员会预测，2020—2028年全球猪肉产量呈增长态势，其中2028年达1.29亿吨，同比增长0.70%，比2020年增长5.90%。其中，中国、美国、巴西和越南猪肉产量分别为5 805.04万吨、1 281.99万吨、450.99万吨和432.68万吨，分别比2020年增长7.30%、4.90%、10.20%和14.60%；欧盟2 288.65万吨，比2020年下降1.00%。

（二）全球猪肉消费量降幅收窄

全球猪肉消费量走势与产量相似。《OECD—FAO农业展望（2020—2029）》预测，受猪肉产量下降影响，2020年全球猪肉消费量降至低点，达10 627.93万吨（表7），同比下降2.71%，降幅比前一年收窄6.34%，消费量为近5年低点。2021—2029年随着生猪产能恢复，全球猪肉消费量逐渐增加，预测2029年全球猪肉消费量达到12 727.81万吨，约占肉类消费增量的28.00%，消费量比基期（2017—2019年平均水平，下同）增长9.47%。其中，由于人口水平和增长率较高，发展中国家肉类消费将有所增加，增量约为发达国家的5倍。另据美国农业部数据（Livestock，Dairy，and Poultry Outlook，2020），预测2020年全球猪肉消费量9 747.50万吨，同比下降3.44%，降幅比前一年收窄6.62%，消费量为近5年最低水平。2021年进一步增长至10 164.70万吨，同比增长4.28%。

与过去10年相比，由于收入增加、肉类价格下降、贸易自由化等因素影响，未来10年全球人均肉类消费量将小幅增加。《OECD—FAO农业展望（2020—2029）》预测，2029年全球人均肉类消费量增加到34.90千克，仅比基期增加0.50千克，增长1.50%，增量几乎全部自于家禽消费的增加。其中，由于高收入国家对高质量肉类的需求逐渐饱和，加上部分地区居民收入增长放缓、人口老龄化以及经济增长率下降等因素影响，发达国家人均肉类消费趋于平稳。展望期内，发达国家人均肉类消费的年增长率为0.24%，是前10年的1/4；发展中国家年增长率为0.80%，是前10年的两倍。

表7　2020—2029年全球分地区猪肉消费量预测

单位：万吨

国家（地区）	2020年	2022年	2024年	2026年	2028年	2029年
中国	4 192.17	4 714.85	5 317.15	5 745.35	5 799.71	5 827.74
欧盟	1 910.26	1 915.26	1 917.29	1 920.13	1 922.86	1 924.61
美国	1 017.73	1 021.29	1 035.17	1 051.35	1 058.29	1 062.70
俄罗斯	387.55	392.16	395.48	398.97	402.51	404.54
巴西	347.54	360.66	362.77	371.30	379.45	383.79
越南	315.47	344.50	374.30	409.44	435.85	443.19
日本	261.55	258.64	255.27	252.00	248.69	247.08
墨西哥	238.35	245.11	251.26	257.46	263.53	266.63
菲律宾	209.53	216.78	225.28	233.49	241.65	245.94
韩国	207.48	208.59	209.56	210.58	211.59	212.13
全球	10 627.93	11 258.48	11 962.23	12 505.25	12 654.94	12 727.81

数据来源：《OECD—FAO农业展望（2020—2029）》。

受消费结构升级、宗教信仰、健康等因素影响，肉类消费更加多样化，高收入国家将转向对优质产品的需求，人均牛肉、羊肉消费量增加，猪肉消费量略有下降。如欧盟受人口构成变化的影响，禽肉消费将增加，猪肉消费减少。由于价格偏低，禽肉将成为全球人均肉类消费中的最大份额。如拉丁美洲大部分地区，由于价格优势明显，为满足中产阶级日益增长的需求，猪肉与禽肉将成为最受欢迎的肉类，人均猪肉消费将迅速增长。随着非洲猪瘟疫情的影响逐渐消退，展望期内，非洲和亚洲人均肉类消费增长率更高一些。

（三）全球猪肉贸易量高位回落

《OECD—FAO农业展望（2020—2029）》预测，在展望期初期，为供应中国市场，全球猪肉贸易量增幅明显，2020年贸易量2 171.06万吨（图8），同比增长5.52%，创历史新高。展望期中期，为满足低收入国家日益增长的需求，特别是亚洲、非洲和中东等不发达地区，全球猪肉贸易量仍保持高位运行。另外，2020年7月，由28个国家批准的《非洲大陆自由贸易协定》（African Continental Free Trade Agreement）生效，这将鼓励更多的非洲内部贸易。预测2029年全球猪肉贸易量达2 024.68万吨，比基期提高4.40%。

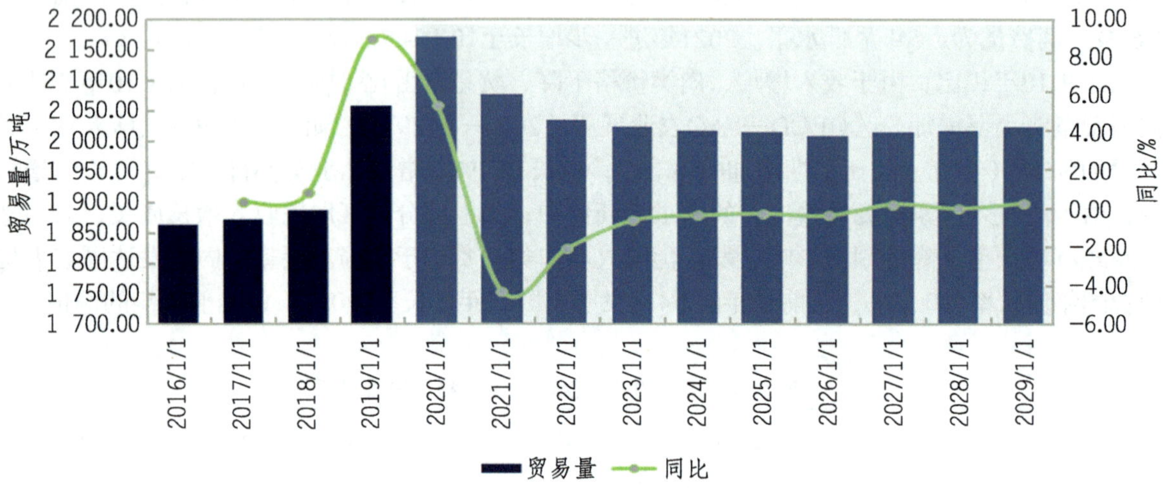

图8　2016—2029年全球猪肉贸易量

数据来源：《OECD—FAO农业展望（2020—2029）》。

尽管新冠肺炎疫情造成不利影响，使全球整体经济和餐饮类服务发展受阻，但2020年以来的全球猪肉出口需求增长仍超出预期。美国农业部预测，2020年全球猪肉贸易量大幅增至2 118.10万吨，同比增长12.25%。其中出口量达1 081.60万吨，增长15.87%。由于经济状况改善，餐饮业和食品服务业逐渐复苏，预测2021年全球猪肉需求将从新冠肺炎疫情中有所恢复。但由于最大进口国中国的需求放缓，抵消了世界其他地区的增长，在经历了2020年的高速增长之后，由于国内生产恢复，预测2021年中国猪肉进口下降6.25%，至450.00万吨，仍处于历史高位，不太可能超过2020年水平。除此之外，墨西哥、日本、韩国和美国等其他主要猪肉进口国的进口量不同程度增长，但这些国家的贸易总额少于中国。

分地区看，《OECD—FAO农业展望（2020—2029）》预测，展望期初期，中国猪肉进口量大幅增加（表8），后期随着非洲猪瘟疫情影响的消退，生猪产能逐渐恢复，预测2020—2029年中国猪肉进口量呈高位回落态势。中国猪肉进口需求增加，将给巴西、加拿大、欧盟和美国带来巨大利益。2014年俄罗斯肉类进口禁令刺激了国内生产，预计在展望期内，俄罗斯猪肉进口量继续下降，并将持续至2020年底。

表8　2020—2029年全球及分地区猪肉贸易量预测　　单位：万吨

国家（地区）	2020年	2022年	2024年	2026年	2028年	2029年
中国	297.31	210.59	187.85	167.80	157.15	152.65
日本	134.31	134.92	135.16	135.49	135.77	135.94
墨西哥	94.58	95.10	95.28	95.42	95.49	95.53
英国	75.63	76.94	77.96	79.07	80.18	80.74

（续表）

国家（地区）	2020年	2022年	2024年	2026年	2028年	2029年
韩国	71.45	72.77	73.99	75.16	76.35	76.90
美国	59.13	63.10	64.32	65.77	65.17	64.74
澳大利亚	31.76	31.77	33.05	34.32	35.53	36.14
加拿大	27.63	28.52	29.45	30.36	31.28	31.74
智利	27.18	26.31	25.73	25.93	26.36	26.46
欧盟	18.83	21.28	23.86	22.12	21.15	21.04
进口总量	1 073.46	1 005.57	997.15	992.42	996.56	1 000.28
欧盟	441.80	350.17	347.88	349.39	350.75	353.39
美国	294.78	300.43	291.53	283.17	285.54	286.04
加拿大	162.17	165.87	167.89	170.88	172.15	172.94
巴西	73.29	69.12	67.65	65.37	62.89	61.68
英国	24.83	25.00	25.40	25.74	26.08	26.24
智利	22.49	23.23	23.75	23.57	23.18	23.10
泰国	20.59	21.27	21.80	23.05	24.51	25.36
墨西哥	15.62	15.64	15.78	15.93	16.11	16.19
俄罗斯	8.47	9.14	8.98	8.94	8.97	8.96
中国	5.18	21.69	22.49	22.43	22.41	22.36
出口总量	1 097.59	1 029.70	1 021.27	1 016.55	1 020.69	1 024.41

数据来源：《OECD—FAO农业展望（2020—2029）》。

（四）全球猪肉价格总体下降

《OECD—FAO农业展望（2020—2029）》预测，未来10年全球肉类价格将保持在基期或基期以上的高水平运行。随着猪肉进口国如中国、俄罗斯猪肉产量的增长，全球猪肉产量小幅增长，但猪肉消费增长放缓，加上饲料谷物价格低增长支撑供应增加，预计2020—2029年全球猪肉价格总体呈下降趋势（图9）。

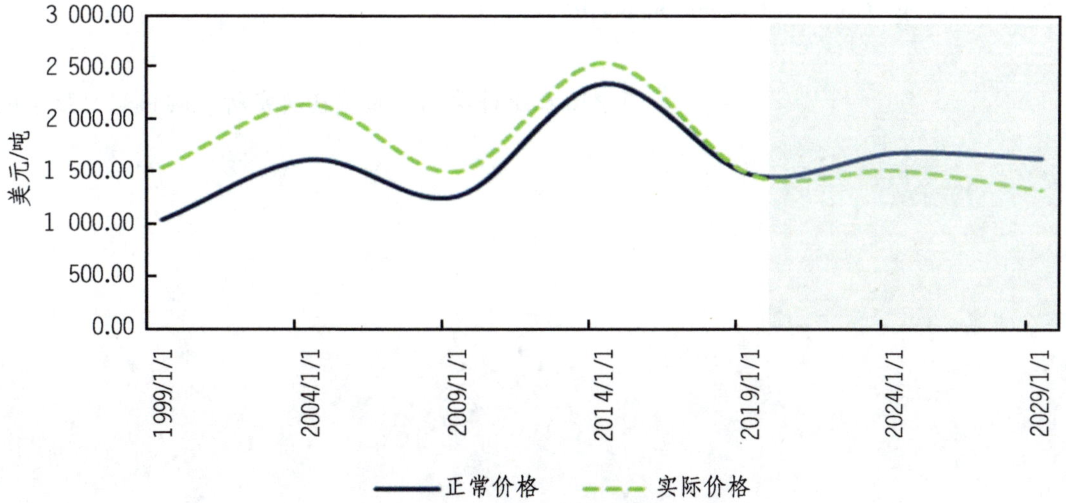

图9 1999—2029年世界猪肉价格

数据来源：《OECD—FAO农业展望（2020—2029）、OECD农业统计数据库》。

（五）未来主要不确定性因素分析

贸易政策依然是影响世界猪肉市场变动的主要因素。展望期内实施的各种贸易协定，将使全球猪肉贸易更具多样化，国内政策也影响着肉类生产商的竞争力。2018年阿根廷开始征收临时肉类出口税，预计将对阿根廷在世界肉类市场上的竞争力产生负面影响；英国和欧盟之间正在进行的贸易谈判也将影响后期肉类市场走势。

全球范围内的各类动物疾病时有暴发，或扰乱肉类市场，在展望期内这种情况可能持续发生。展望期内，全球各国将积极采取防控措施遏制疫情，但非洲猪瘟疫情对全球猪肉生产的中期影响可能会比目前预期的严重。

短期内，新冠肺炎疫情的影响程度及持续时间尚不确定。劳动力供应和运输问题可能会阻碍猪肉销售链，并影响肉类生产（包括屠宰和加工）。疫情还将影响猪肉消费模式，尤其是家庭外消费。另外，由于居民收入直接影响肉类需求，展望期内的一段时间内，全球经济放缓及居民收入下降将在一定程度上抑制猪肉需求。

参考文献

王宇，2020. 美国农业政策的基本框架[J]. 西部金融（5）：3.

张云华，2020. 欧盟农业政策转型与启示[J]. 世界农业（5）：7-11.

USDA，2019. Livestock and Poultry：World Markets and Trade[R].

USDA，2007. Livestock and Poultry：World Markets and Trade[R].

OECD，2019. OECD-FAO Agricultural Outlook 2019—2028[R].

EC，2020. Commodity Price Dashboard[R].

USDA，2020. Pork Values and Spreads[R].

AHDB，2018. Pig Cost of Production in Selected Countries[R].

USDA，2018. Commodity Credit Corporation Charter Act[R].

USDA，2018. The Agriculture Improvement Act[R].

Giri，A.，E. W. F. Peterson，S. Sharma，2018. The Impact of the Market Facilitation Program on U. S. Soybean，Sorghum and Corn Producers. [J]. Choices. Volume 33，Issue 4. 1-7.

OECD，2020. OECD-FAO Agricultural Outlook 2020—2029[R].

USDA，2020. Livestock and Poultry：World Markets and Trade[R].

USDA，2020. Livestock，Dairy，and Poultry Outlook[R].

（中国农业科学院农业信息研究所　陶伟煜　张学彪）

专题二：禽　肉

2019年，受非洲猪瘟疫情影响，全球肉类生产出现小幅下降，特别是猪肉产量降幅达9.2%。但禽肉产量出现明显增长，达1.34亿吨，比2018年的1.27亿吨增长5.5%。禽肉产量较大幅度增长主要得益于禽肉生产周期短，对猪肉消费的替代效应增强，很大程度上弥补了肉类供应缺口。由于东亚地区肉类供给明显减少，特别是中国、越南等国家，带动肉类贸易明显增长。全球禽肉进口量增至1 258万吨，比2018年增长3.3%；出口量增至1 388万吨，比2018年增长2.9%。总体来看，全球禽肉供给充足，消费增速略低于产量增速，全球消费量达1.32亿吨，比2018年增长5.0%。但受全球肉类供给偏紧影响，全球肉类价格指数上升9.4个点（涨幅为5.6%），带动禽肉价格高位运行。禽肉价格指数为165，比2018年的160上升了5个点。进入2020年，受新冠肺炎疫情影响，全球禽肉价格进入下降通道，连跌6个月。未来10年，预计禽肉生产继续增加，贸易政策将是影响全球禽肉市场的重要因素，随着贸易协定的实施，禽肉贸易市场多元化趋势将更加明显。但英国和欧盟的贸易谈判可能会影响全球市场，各国国内政策也将会影响禽肉生产者的竞争力。禽流感等动物疾病会扰乱市场，特别是非洲猪瘟的中期影响尚不确定，预计未来5年猪肉产量将下降，禽肉产量增长空间较大。人口和收入增长将是驱动消费增加的原动力，但肉类消费结构发生改变，禽肉消费及个性化消费增长。随着全球进口需求增长、饲料成本上升，禽肉名义价格将平缓上涨。气候变化、健康饮食、技术进步、生活方式改变将会给全球禽肉市场带来深刻影响。

一、世界供需现状

（一）产量增长速度加快，增量主要来自亚洲地区

全球禽肉产量呈现较快增长态势。根据联合国粮农组织（FAO）数据显示，2019年全球禽肉产量1.34亿吨，比2018年增长5.5%。产量增加主要受亚洲等国家发生非洲猪瘟导致猪肉产量下降、国际消费市场回升等因素影响。亚洲、美洲、欧洲是全球重要的禽肉生产地区，产量均实现增长。其中，亚洲禽肉产量增速最快，在全球生产中的占比提升；美洲、欧洲产量增速次之，在全球生产中的占比均下降。2019年，亚洲禽肉产量为5 081万吨，比上年增长9.5%，占全球禽肉总产量的38.0%，比上年提升1.5个百分点；美洲产量5 349万吨，比上年增长2.8%，占全球总产量的40.0%，比上年下降0.9个百分点，其中，北美洲产量占全球产量的18.3%，南美洲产量占全球产量的17.8%；欧洲产量2 157万吨，比上年增长1.7%，占全球总产量的16.1%，比上年下降0.6个百分点（图1）。

分国家来看，2019年世界禽肉产量增加主要来自中国、美国、欧盟和巴西，上述四国和地区的产量增加量占全球禽肉产量增量的74.2%。美国作为世界第一大禽肉生产国，2019年产量达2 297万吨，比上年增长3.0%。尽管因贸易争端导致国际市场对美国禽肉的进口需求减少，但由于屠宰量和屠宰体重增加，以及国内需求增加促使美国禽肉产量继续增长。

中国禽肉产量增加是推动亚洲地区禽肉产量增长的主要引擎。2019年，中国禽肉产量达2 239万吨，比上年增长12.3%。产量增加主要是受消费需求拉动，由于非洲猪瘟导致国内猪肉产量明显下降，猪肉价格上涨幅度较大，禽肉作为替代品，弥补了猪肉供给不足。与此同时，随着种禽进口来源的多元化，国内产能扩张，促使短期内产量较大幅度增加。中国禽肉产量已经接近美国产量。

2019年欧盟禽肉生产继续保持增长趋势，产量达1 472万吨，比上年增长1.6%。国际进口需求增加以及饲料价格相对较低是驱动欧盟禽肉产量增加的主要因素。

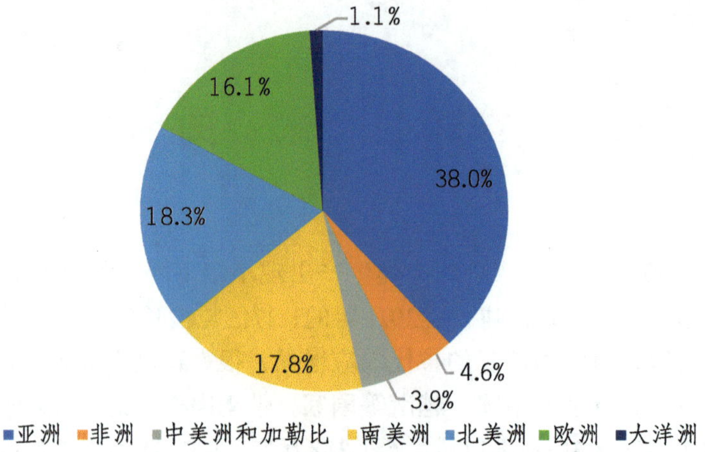

图1　2019年全球禽肉产量区域分布情况

数据来源：FAO。

禽肉产量呈增加趋势的还有南美洲的巴西。2018年，巴西由于面临欧盟进口限制措施，沙特阿拉伯对清真屠宰要求的规定等制约，以及国内卡车司机罢工事件的影响，国内市场挑战性较大，禽肉产量首次出现下降。2019年，巴西禽肉产量恢复增加，达1 589万吨，比上年增长2.5%。随着国内饲料价格的下跌，生产效益回暖，以及国际出口市场的不断拓展，巴西的禽肉产量逐步回归到增长轨道上。

除了中国、美国、欧盟、巴西等主要生产国家和地区的禽肉产量增加以外，印度、印度尼西亚、伊朗、日本、韩国、马来西亚、沙特阿拉伯、泰国、墨西哥、南非、阿根廷、乌克兰等国家的禽肉产量也呈增长态势。其中，乌克兰、印度和阿根廷的禽肉产量增长较为明显，增幅分别为8.4%、7.1%和5.0%。尽管南非由于不利天气因素，导致大豆、玉米价格飙升，饲料成本增加，但禽肉产量仍然实现增长。2019年，南非禽肉产量达182万吨，比上年增长3.4%。值得一提的是，土耳其和俄罗斯的禽肉产量略有下降，降幅分别为0.9%和0.3%（图2）。

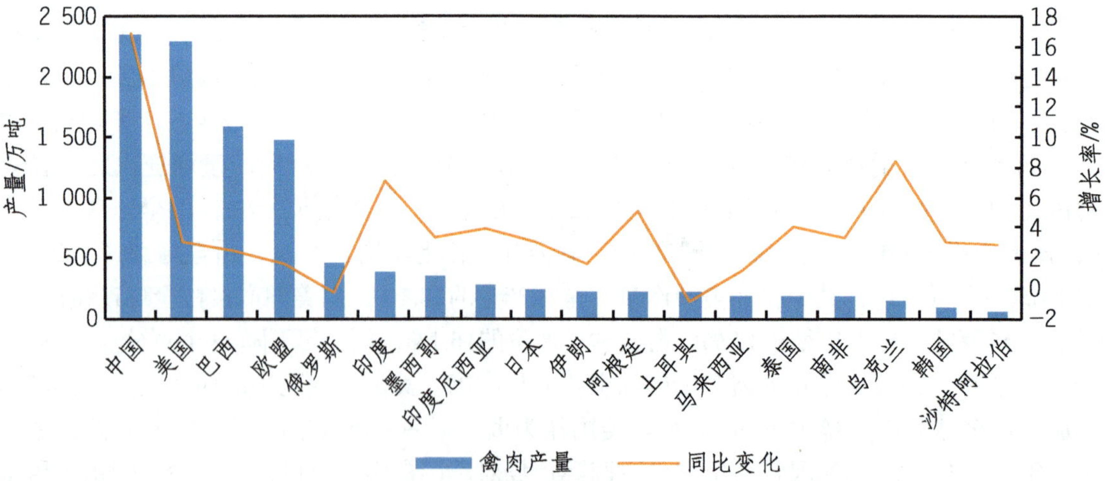

图2　2019年重要国家的禽肉生产情况

数据来源：FAO。

（二）消费增速低于产量增速，亚洲地区消费增长明显

受世界禽肉生产快速增加的影响，全球禽肉供给处于偏松格局，禽肉消费增速低于产量增速。根据联合国粮农组织（FAO）数据显示，2019年全球禽肉消费量继续增加，达到1.32亿吨，比2018年

增长5.0%。由于非洲猪瘟导致亚洲等地区猪肉产量下降，禽肉替代消费增加，拉动了全球禽肉消费需求。亚洲、美洲、欧洲是全球重要的禽肉消费地区，禽肉消费均保持增长态势。其中，亚洲地区的禽肉消费增速最快，在全球消费中的占比提升；美洲和欧洲地区禽肉消费增速次之，在全球消费中的占比下降。2019年，亚洲地区禽肉消费量5 494万吨，比上年增长9.7%，占全球消费量的比重为41.6%，比上年提高1.8个百分点；美洲禽肉消费量4 744万吨，比上年增长3.0%，占全球禽肉消费量的比重为35.9%，比上年下降0.7个百分点，其中北美洲、南美洲消费量分别占全球消费量的15.8%、14.8%；欧洲禽肉消费量2 024万吨，比上年增长0.4%，占全球禽肉消费量的15.3%，比上年下降0.7个百分点。非洲禽肉消费在全球消费总量中的占比较低，大约为6%，受制于国际贸易不稳定、债务问题、气候变化等因素，2019年非洲经济增速减缓，非洲禽肉消费呈下降趋势，比2018年减少0.8%（图3）。

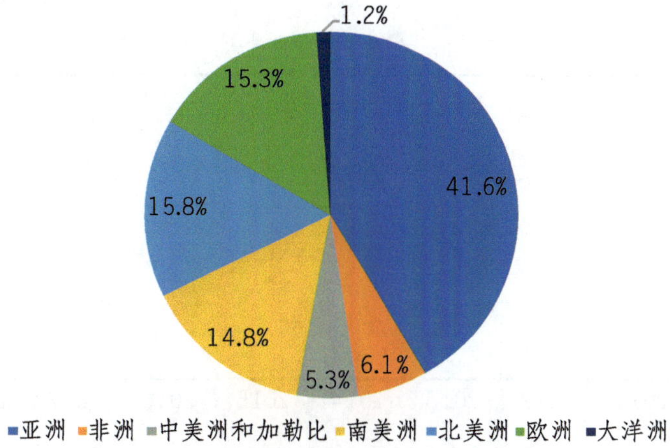

图3 2019年全球禽肉主要消费区域分布

数据来源：FAO。

2019年全球禽肉供给总体充足，但不同地区的供需状况有较大差异。北美洲、南美洲、欧洲禽肉供给大于需求，共有917万吨的结余可供国际贸易，而亚洲、非洲、中美洲和加勒比海地区均存在供需缺口。亚洲尽管生产增加较快，仍有413万吨的供需缺口。非洲的供需缺口为182万吨，中美洲和加勒比海地区供需缺口为180万吨。与2018年相比，亚洲、中美洲和加勒比海地区供需缺口有所扩大，非洲地区由于消费减少，供需缺口略有下降。大洋洲的禽肉消费小幅增加，供需保持基本平衡格局。

分国家来看，2019年世界禽肉消费增长主要来自亚洲国家。增长幅度较大的亚洲国家包括中国、印度、泰国、印度尼西亚、韩国、伊朗、日本，增幅分别为17.8%、7.1%、4.1%、3.9%、2.3%、1.8%、1.7%。此外，美国、墨西哥、巴西、乌克兰的禽肉消费增加也较多，增幅分别为3.8%、3.7%、2.7%、2.3%。除了大多数国家禽肉消费增长外，沙特阿拉伯、俄罗斯、土耳其等国的禽肉消费出现下降，降幅分别为2.5%、1.2%、1.2%（图4）。

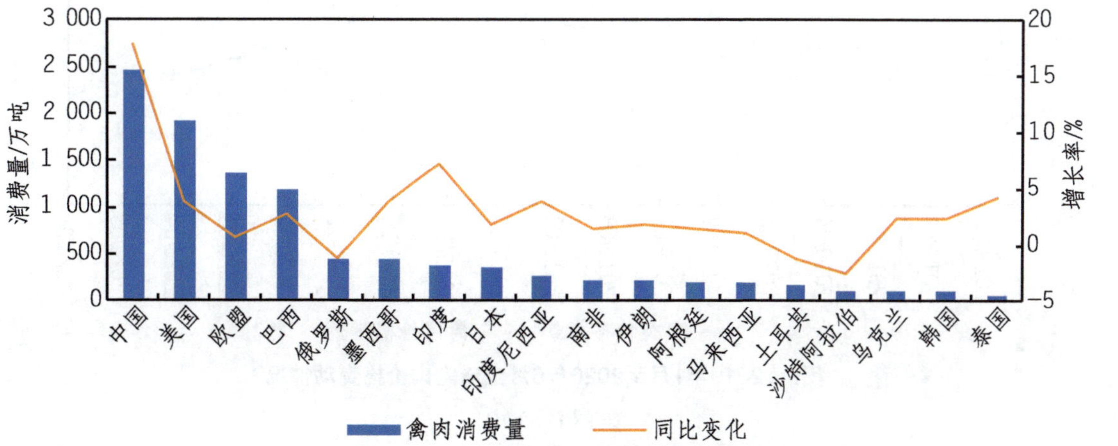

图4 2019年全球重点国家禽肉消费情况

数据来源：FAO。

二、国际价格走势

（一）价格反弹回升后再次下行

禽肉市场价格变化主要受季节性因素、生产成本以及其他产品的竞争影响。全球不同地区的生产成本差异较大，并且成本与产品质量、气候条件、遗传品系高度相关。一般来说，禽肉的饲料转化率较高，相对其他肉类来说价格比较低。

2015年来，受国际市场禽肉供给充足以及饲料价格较低的影响，世界禽肉价格总体低位运行。其中，2017年和2019年的禽肉价格均反弹回升。根据联合国粮农组织（FAO）数据显示，2019年全球禽肉价格指数为165，比2018年的160上升了5个点；但与2010年以来的价格最高点206相比，仍下跌19.9%（图5）。

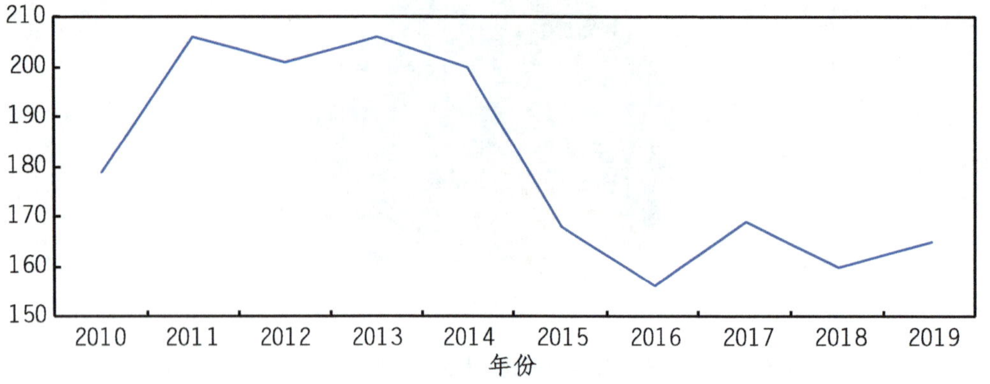

图5 2010—2019年全球禽肉价格变动情况

数据来源：FAO。

注：基期为2002-2004=100。

从2019年以来的月度价格变化来看，1—7月呈波动上涨态势，8月后持续下跌，11月跌至谷底93.20，12月小幅反弹，延续至2020年1月，达到96.71。2月开始，禽肉价格持续下滑，6月跌至81.06，比1月下跌16.2%。7月，禽肉价格止跌回升，价格指数为82.97，环比上涨2.4%（图6）。

2020年以来，国际禽肉价格低迷主要受新冠肺炎疫情影响，全球经济严重受挫，消费需求不振。2019年上半年全球禽肉价格走势与整体肉类价格走势基本保持一致，下半年特别是第四季度的价格走势分化明显。2020年上半年，国际禽肉价格走势与肉类价格走势基本保持一致，但禽肉价格的下跌趋势更为明显。

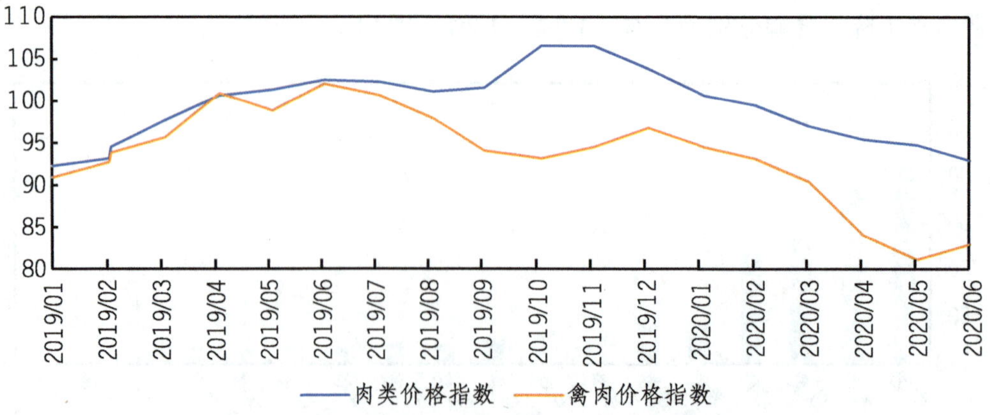

图6 2019年1月至2020年6月全球禽肉价格变动情况

数据来源：FAO。

注：基期为2014-2016=100。

（二）美国价格稳中偏强，巴西价格止涨回落

2019年，巴西和美国禽肉价格均有所回暖，但巴西禽肉价格上涨更为明显。根据联合国粮农组织（FAO）监测数据，巴西禽肉价格为1 618美元/吨，比2018年上涨5.3%；美国禽肉价格为972美元/吨，比2018年上涨0.2%。进入2020年以来，巴西禽肉价格持续走低，1—7月均价为1 446元/吨，比上年同期低10.9%；美国禽肉价格稳中偏强运行，1—7月均价为980元/吨，比上年同期高1.7%。从2020年上半年的月度价格走势来看，美国禽肉价格仅在2月、4月小幅上涨，其余各月环比均下跌。其中，4—7月的价格稳中略跌，环比跌幅在1.1%以内。巴西禽肉价格连跌6个月，7月止跌回升。上半年各月环比下跌较为明显，特别是4—6月的环比跌幅分别为4.5%、9.4%、4.6%（图7）。巴西禽肉价格下跌主要是受饲料价格下跌影响，此外，新冠肺炎疫情带来流通限制，出口贸易受到一定影响，屠宰场积极调整屠宰量，导致活鸡价格下跌。

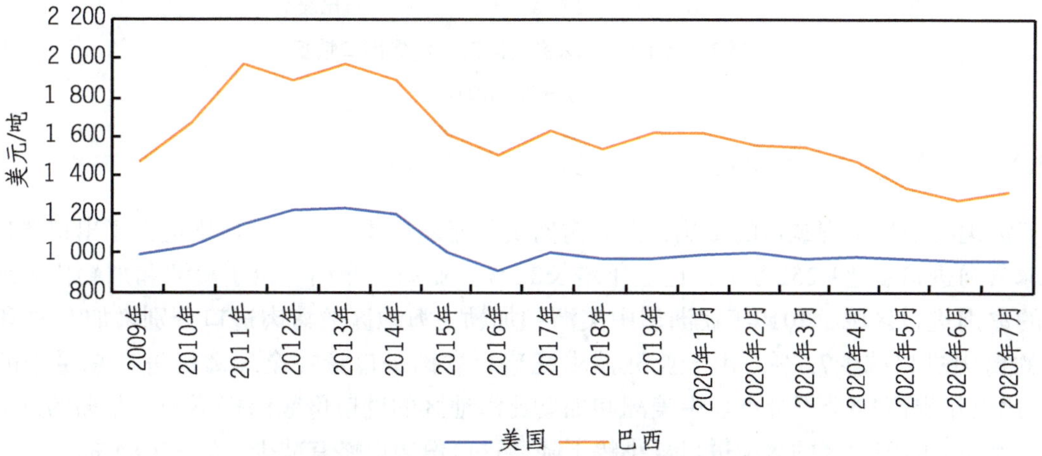

图7　2009年至2020年7月美国、巴西禽肉价格变动趋势

数据来源：FAO。

三、国际贸易格局

（一）出口增加，主要集中在南美洲和欧洲

受国际需求旺盛带动，世界禽肉贸易连续4年呈增长趋势。2019年，全球禽肉出口量达1 388万吨，比上年增长2.9%。出口增长幅度较大地区包括非洲、欧洲、南美洲，增幅分别为15.2%、10.2%、3.7%。由于非洲在全球禽肉出口量中的占比较小，禽肉出口增加主要来自南美洲和欧洲。2019年，南美洲禽肉出口在全球禽肉出口总量中的占比达33.1%，比2018年上升0.3个百分点；欧洲禽肉出口在全球禽肉出口总量中的占比达18.9%，比2018年上升1.3个百分点。然而，北美洲的禽肉出口量下降2.1%，在全球禽肉出口总量中的占比从29.8%下降至28.3%。因此，南美洲是目前全球最大的禽肉出口区域。

全球禽肉出口增加主要来自巴西、欧盟、乌克兰、阿根廷、俄罗斯等国家和地区。2019年，巴西禽肉出口占全球禽肉出口总量的29.8%，出口量达413万吨，比上年增长2.0%。欧盟禽肉出口占全球禽肉出口总量的12.8%，出口量177万吨，比上年增长7.5%。乌克兰、阿根廷、俄罗斯的出口量虽然远不及巴西、俄罗斯，但增长幅度较大，分别增长26.0%、36.6%、15.2%，表现出非常强劲的出口增长潜力。此外，泰国禽肉出口继续保持增长态势，比上年增加6.7%。值得一提的是，美国作为全球重要的禽肉出口国，2019年受多国贸易争端影响，出口下滑2.2%，在世界禽肉出口贸易中所占

的份额也下降1.4个百分点（图8）。由此可见，全球禽肉出口贸易格局正处在重塑的过程中，涌现出一些新兴出口国家，出口国之间的竞争关系进一步显现。

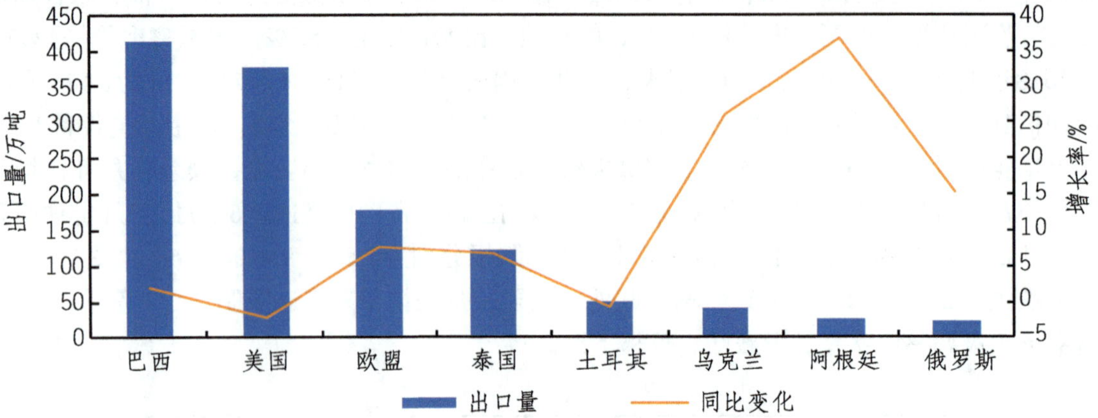

图8　2019年全球主要国家的禽肉出口情况

数据来源：FAO。

（二）进口增加，主要集中在亚洲、中美洲和加勒比海地区

受亚洲肉类供应出现缺口的影响，世界禽肉贸易流动加速，禽肉进口增速大于出口增速。2019年，全球禽肉进口量达1 252万吨，比上年增长3.3%。亚洲、非洲、拉丁美洲和加勒比海地区是全球主要的禽肉进口区域，2019年亚洲、中美洲和加勒比海地区的禽肉进口分别增加7.9%和3.8%，而非洲的禽肉进口减少7.7%。由于亚洲需求旺盛，禽肉进口量在全球禽肉进口总量中的占比达52.8%，比上年提高2.3个百分点。中美洲和加勒比海地区的进口份额保持不变，非洲的进口份额有所下降。此外，欧洲地区的禽肉进口量小幅下降，进口份额也略有减少，约占10.4%。

全球禽肉贸易增加主要是受中国、欧盟、沙特阿拉伯、韩国和墨西哥进口需求增长的驱动。2019年，中国成为全球最大的禽肉进口国家，进口量同比增加24.8%，占全球禽肉进口总量的11.3%，比上年提升1.9个百分点。日本禽肉进口位列全球第二，进口量稳中有增加，同比增加0.5%，占全球禽肉进口总量的比重为10.6%，比上年下降0.3个百分点。除中国禽肉进口增加显著以外，韩国、墨西哥、新加坡、古巴、俄罗斯的禽肉进口也有所增加，增幅分别为9.7%、5.2%、4.7%、3.1%、2.2%。然而，安哥拉、沙特阿拉伯、科威特、南非、欧盟等国家和地区的禽肉进口减少；特别是安哥拉，进口降幅高达22.5%。沙特阿拉伯和南非进口减少主要是受当地关税和清真屠宰要求等进口限制政策，以及经济疲弱、需求不足等的影响（图9）。

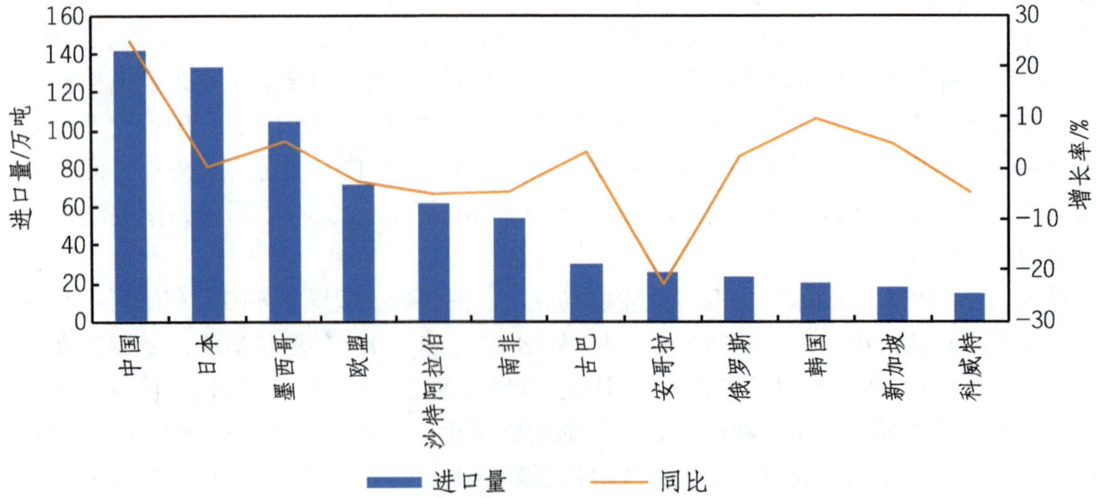

图9　2019年全球主要国家的禽肉进口情况

数据来源：FAO。

四、世界主要国家产业竞争力

美国、巴西、欧盟、泰国是世界上主要的禽肉出口国家和地区，近年来乌克兰、俄罗斯、阿根廷等国家的出口增加势头凸显。因此，本研究将重点选择巴西、欧盟、泰国、乌克兰、俄罗斯、阿根廷等国家和地区，分析其禽肉产业的最新发展状况，以期为中国参与全球竞争提供相关参考。

（一）巴西

目前，巴西是世界第三大禽肉生产国。根据美国农业部（USDA）数据，2019年巴西鸡肉产量1 364万吨，比2018年增长2.1%。巴西鸡肉生产受到国内经济不景气的拖累，尽管与猪肉、牛肉相比具有价格优势，但高失业率和家庭债务导致国内需求不旺。

受国内经济恢复，GDP增长拉动居民消费，以及国际需求增长的影响，预计2020年鸡肉产量继续保持增长态势。由于亚洲地区暴发非洲猪瘟，特别是中国对禽肉需求增加，出口形势较好；国家低通胀率和失业率下降也将对提升国内消费带来利好。预计2019/2020年度大豆和玉米丰收，饲料价格将保持稳定，增强了生产者的市场信心；通过不断的遗传改良，巴西肉鸡的屠宰单重提升；巴西货币贬值，与美元的汇率约在1美元3.85雷亚尔，巴西鸡肉产品在国际市场具有价格竞争优势。从巴西鸡肉的生产成本来看，2019年上半年比上年同期提高1.8%。玉米和豆粕占生产成本的68%，预计2020年的养殖成本保持稳定，生产效益较高。

2020年巴西经济有望增长2%，通胀率在政府设定的目标4%以下，居民收入有所提高，失业率下降，预计国内消费需求反弹回升。由于国内鸡肉供给充足，价格比猪肉、牛肉便宜，消费者更倾向于消费鸡肉，预计3种肉类的消费占比为鸡肉45%、牛肉40%、猪肉15%。

巴西是世界第一大禽肉出口国，2019年鸡肉出口量387万吨，占国内鸡肉产量的28.4%。巴西鸡肉在世界市场上具有价格竞争优势，并且面临着较少的国际动物卫生限制。由于近年的非洲猪瘟疫情和全球禽流感疫情，国际需求刺激巴西鸡肉出口不断增加。与此同时，巴西不断开拓新的出口市场，扩大出口。预计2020年巴西鸡肉出口增长5%。目前，巴西鸡肉出口140多个国家，其中中国、沙特阿拉伯、日本、南非、阿拉伯联合酋长国、欧盟6个国家和地区占出口总量的近60%（表1）。由于世界需求增长，2019年巴西鸡肉平均出口价格上涨7%，预计2020年继续上涨。

2019年，中国成为巴西鸡肉的最大出口目的国，由于中国禽肉对猪肉的替代消费需求旺盛，巴西国内生产者认为对中国出口大幅增加的趋势将还要维持两年。因此，巴西政府和包装生产者一直在努力增加获得出口中国资格的工厂数量，中国也在线检查了几家巴西禽肉加工厂，以加速批准流程。巴西与中国的双边合作加速推进，有利于双方的禽肉贸易。

沙特阿拉伯是巴西的第二大鸡肉出口目的国，但由于该国政府力求实现鸡肉自给自足，出台了清真屠宰认证要求，对鸡肉进口产生了一定限制，未来巴西对该国的牛肉出口将会超过鸡肉，而且沙特阿拉伯已经在巴西投资了牛肉产业。日本是巴西鸡肉的稳定出口市场，未来将会成为巴西的第二大鸡肉出口目的国。

表1　2018—2019年巴西禽肉出口情况　　单位：万吨

国家（地区）	2018年	2019年	同比变化/%
中国	43.88	59.05	34.6
沙特阿拉伯	48.69	47.30	−2.9
日本	39.84	42.89	7.7
南非	33.21	27.38	−17.6

（续表）

国家（地区）	2018年	2019年	同比变化/%
阿拉伯联合酋长国	30.98	34.54	11.5
欧盟	17.41	12.95	−25.6
韩国	11.32	12.10	6.9
科威特	12.32	11.64	−5.5
伊拉克	10.42	11.13	6.8
墨西哥	11.13	10.09	−9.3
也门	8.55	11.13	30.2
其他	124.51	124.49	0.0
总计	392.26	404.69	3.2

数据来源：USDA。

注：不包括HTS代码：0207.11；0207.12；0207.13；0207.14和1602.32。

虽然近年巴西对欧盟的鸡肉出口面积食品安全问题，但国内产业仍受益于南方共同市场与欧盟签订的贸易协定。根据该协定，未来6年内南方共同市场集团将享受18万吨的零关税鸡肉进口配额，其中一半为带骨鸡肉，一半为不带骨鸡肉。由于巴西是南方共同市场集团内最主要的出口欧盟禽肉的国家，因此巴西出口者将会是最大的获益者。

墨西哥由于暴发了禽流感，国内进口需求增加，巴西政府努力协商增加有资质出口墨西哥的禽肉加工厂数量。此外，巴西最近出台了政府私人部门提升计划（类似于美国农业部的合作者计划），目标是在2020—2021年促进与安哥拉、智利、伊拉克、南非、韩国、越南、尼日利亚、印度等国家的禽肉贸易。

（二）欧盟

近年来，由于欧盟各国国内需求和出口缓慢增长，禽肉生产稳步增长。欧盟28国国内经济增速放缓，导致居民更偏好消费廉价的禽肉。欧盟的禽肉生产主要是肉鸡，占比高达98%，其余2%主要是淘汰蛋鸡。2019年下半年以来，欧盟粮食价格持续低迷，导致肉鸡生产成本较低，而且这一低生产成本的趋势将持续。但是，由于肉鸡生产周期较短，两个月的生产周期使其极易受到外部事件的冲击，市场变化较快。

2018年和2019年，欧盟国家发生的禽流感疫情较少，表明自2018年夏季以来禽流感疫情正在发生好转。2018年比利时报告了一起新城疫，但对商业化的肉鸡生产和贸易没有产生影响。在一些欧盟国家，“无笼”肉鸡饲养正在兴起，主要是受消费者“自由放养”或“有机鸡肉”需求的驱动。但是，发展“无笼”肉鸡饲养引发了兽医部门的关注，因为此种方法易于导致禽流感疫情蔓延。

2019年，欧盟的禽肉生产在不同国家表现差异化。波兰的禽肉生产增长最为明显，是欧盟最大的禽肉生产国，鸡肉产量占欧盟总产量的比重近20%。波兰的鸡粪可以被循环利用，用来培育蘑菇，目前波兰也是欧盟最大的蘑菇生产国。波兰禽肉生产增长的最大威胁来自未来可能会禁止使用转基因大豆产生的豆粕来饲喂肉鸡。波兰进口大约200万吨的转基因豆粕，主要是从南美国家进口，但近年来从美国的进口量增加。2006年，波兰禁止使用转基因饲料（包括豆粕），但自那以后对转基因饲料的禁令一直被波兰议会搁置，预计该悬案将会于2020年12月终止。用非转基因豆粕进而豆类替代所有的转基因饲料不太现实，但是即使仅部分实施，也将会提高成本，最终影响2021年的波兰肉鸡生产。过去7年来，乌克兰葵花粕生产者正在努力提高葵花粕的易消化性，其有望作为肉鸡饲料豆粕的替代品。

近年来，法国的鸡肉生产保持停滞状态，主要是因为出口下降以及来自欧盟其他国家的竞争。2019年，法国鸡肉产量小幅增长，大部分用于满足国内消费。德国的鸡肉产量增长幅度不足2%，主要是受制于动物福利和环境法规，限制了现有生产设施的产能增加和新生产者的进入。西班牙的鸡肉生产在停滞了几年后，2019年由于国内消费和出口需求增长，产量增加。此外，西班牙猪肉价格上涨也在一定程度上促进了鸡肉消费。意大利鸡肉生产在2018年由于暴发禽流感出现小幅下降，2019年产量增长。

2019年，匈牙利鸡肉生产增长强劲，主要是因为2017年、2018年暴发禽流感引起产量下降。荷兰的鸡肉产量也增长至新高，但由于家禽生产的废弃物排放，需要根据排放量获取动物生产许可证，进而限制了产量的进一步提升。目前，可获得的生产许可证已经在满负荷生产，许多许可证还在经纪人手中，他们将会出售给出价最高的竞标者。自2018年1月1日起，加工和出口粪肥的农场免除期结束。此外，转向更加可持续的生产方式和更好的动物福利生产方式（这将缩小养殖鸡群规模）也将限制生产的增长。

2019年，英国、捷克、瑞典、芬兰的鸡肉产量也增加。罗马尼亚的禽肉产量增加4.5%，由于较低的饲料价格、强劲的消费需求，以及相对猪肉的价格优势，预计2020年产量继续增加。保加利亚的禽肉生产继续向集中化和专业化方向发展，小养殖场（户）的数量减少60%，大规模养殖场的数量增长8%。庭院养鸡生产大幅下降，减少46%，目前在鸡肉生产总量中的占比不足2%（图10）。

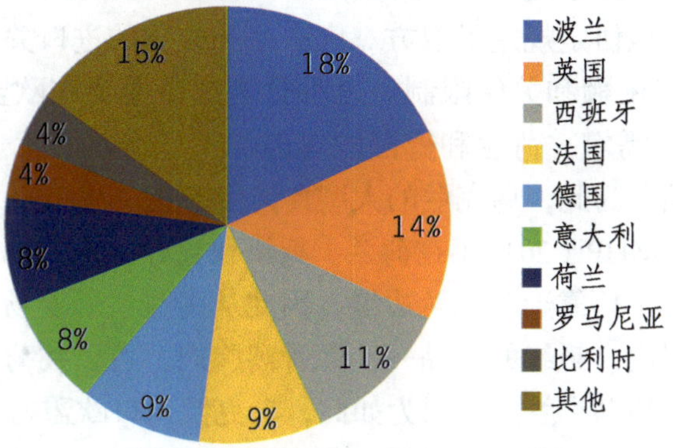

图10　2019年欧盟28个国家禽肉生产情况

数据来源：USDA。

欧盟经济倒退对肉类消费带来负面影响，但由于鸡肉价格低廉，消费需求受到的影响相对较小。目前，欧盟的禽肉消费增速与人口增速基本接近，因此人均消费量保持稳定。而且，欧盟正在出现从牛肉、猪肉消费转向禽肉消费的趋势，同时低收入人群减少动物蛋白购买量，转向碳水化合物产品，比如面包、牛奶和鸡蛋制成的面食产品。西班牙的禽肉消费在餐饮服务部门增长较快，主要是因为旅游业的发展以及消费者定期会在餐馆就餐。出于动物福利考虑和受美国饮食文化的影响，对用于烧烤的鸡需求增加。在欧盟28国，相对于较贵的鸡胸肉和整鸡，鸡腿、鸡翅等便宜的分割品销售量也在快速增加，这一趋势主要是受经济萧条的影响。

德国、法国和波兰转向禽肉消费的趋势也比较明显，主要因为鸡肉健康、营养，且易于加工制作，消费者更加青睐。与此同时，欧盟28国更加倾向于“无笼”、有机、非转基因饲料饲喂的禽肉生产，许多消费者愿意支付较高的价格购买贴了上述生产方式标签的鸡肉。在法国，“红色标签”质量计划下的散养鸡肉代表了10%的消费量。尽管贴标签的鸡肉零售价格非常高，甚至是传统饲养方式生产鸡肉价格的两倍，但这种专门的质量提升计划在荷兰、德国、奥地利、西班牙（“健康鸡”标签）增长尤为明显。在奥地利等国家当地品种鸡的发展也非常迅速，零售商主要为当地和区域供应商推广销售。法国的非传统肉鸡生产体系也在一定程度上得到发展。

2019年，欧盟28国禽肉出口增加，保持贸易顺差格局。进口方面，2018年欧盟取消了巴西20家禽肉生产企业的进口资格，导致欧盟从巴西进口禽肉明显减少，但2019年，欧盟从巴西的鸡肉进口恢复增加，与此同时，从泰国、乌克兰和中国的进口也增加。出口方面，由于亚洲、撒哈拉以南非洲国家，以及乌克兰进口需求增长，欧盟的鸡肉出口增加，且增幅高于进口增幅。目前，欧盟28国最大的禽肉进口来源国是泰国，其次是巴西、乌克兰。此外，阿根廷、智利和中国也是进口来源国，2019年来自中国的禽肉进口增长明显。

2018年5月，由于存在沙门氏菌感染风险，欧盟监管部门取消了巴西20家肉类和禽类加工厂的出口欧盟资格，这最终影响了巴西肉类公司的产品进入欧盟。该禁令对巴西最大的鸡肉加工商BRFSA影响最大，其中有12家工厂被从欧盟禽肉进口名单上除名。受影响的巴西公司现在需要遵循欧盟的标准并建立可追溯体系，一旦获得欧盟的出口许可，将再次接受欧盟的监管。欧盟28国曾计划于2019年11月仲裁巴西禽类加工厂，以最终决定是否允许出口欧盟。值得一提的是，2019年夏季，南方共同市场与欧盟自由贸易协议正式宣布，这最终会促进巴西禽肉出口欧盟，但该协议批准生效还需数年。此外，2019年8月，法国表示反对该协议。

欧盟市场对泰国禽肉进口开放是2012年7月1日，这是自泰国因暴发禽流感疫情关闭8年后的重新开启。近年来，泰国出口欧盟的盐渍、冷冻鸡肉分割品稳步增长。由于从泰国的进口增加，使得从巴西进口减少。由于泰国产品质量优良，欧盟进口商更偏爱泰国的鸡肉产品。

由于2014年乌克兰与欧盟28国签订《深化和综合自由贸易协定》（DCFTA），乌克兰成为欧盟第三大鸡肉进口来源国。该协定规定了双方鸡肉产品和整鸡的进口关税配额。欧盟从乌克兰进口带骨分割鸡肉产品不受进口配额和关税限制。这种分割产品需要在欧盟进一步加工成无骨鸡肉产品，以满足食品加工企业的需求。荷兰和德国的鸡肉加工厂将这些无骨分割品用作原材料生产香肠、熟制肉等高附加值产品。为此，乌克兰的大型禽肉生产者（MHP）利用该政策漏洞，主要出口欧盟带少量骨头的鸡胸肉。MHP于2017年在荷兰、斯洛伐克建立了禽肉加工厂，专门用于去除进口鸡肉产品的骨头。斯洛伐克工厂靠近乌克兰边境，因此从乌克兰屠宰场运输产品不需冷冻，可以冷链卡车运输，时间在几小时内。最终的产品——无骨鸡胸肉，可以在荷兰或斯洛伐克按照加工品出售，对消费者无须标注原产地乌克兰。正因为如此，乌克兰出口欧盟的禽肉实际上比DCFTA批准的进口配额要多很多。欧盟禽肉生产商将此问题反映给欧盟委员会，最终于2019年7月底在乌克兰基辅协商达成折中的协议，新的关税配额将允许新增5万吨禽肉分割品，以填补带骨分割鸡肉进口配额的漏洞。新协议拟于2020年生效，新的进口关税配额很可能导致乌克兰对欧盟的禽肉出口整体下降。在新的关税配额下，尽管乌克兰禽肉生产显著增加，但乌克兰鸡肉出口商都主动控制对欧盟的鸡肉出口。乌克兰和欧盟的DCFTA计划于2021年由双方进行重新审视，目前乌克兰禽肉生产商希望2021年对欧盟28国的鸡肉出口关税配额可以提高至20万吨。为了持续进入欧盟市场，2019年乌克兰最大的禽肉生产商MHP收购了位于斯洛文尼亚的东南欧最大的禽肉生产企业Perutnina Ptuj，收购金额为2.7亿美元。尽管乌克兰发生了几起禽流感疫情，但没有影响其禽肉产品对欧盟的出口。

2019年6月，欧盟与越南签署自贸协定，目前还未获得欧盟议会和成员国的批准。但这意味着越南将会与泰国竞争欧盟市场。越南官方建议荷兰公司Jan Zandbergen在越南建立禽肉生产设施，用于专供出口欧盟市场的禽肉生产。

美国自2005年对罗马尼亚和保加利亚出口9.2万吨鸡肉后，不再对欧盟出口鸡肉，主要原因是欧盟不接受美国禽肉加工商采用的病原体减少处理（PRTs）方法。

由于国际市场需求增长，欧盟鸡肉出口增加，特别是越南、马来西亚、菲律宾等东南亚国家对欧盟鸡肉需求增加，此外，对南非等撒哈拉沙漠以南非洲国家的出口也增加。出口增加主要是由于欧盟的带骨分割品（鸡腿、鸡翅）、机械去骨鸡肉具有价格竞争力。欧盟出口商可以以很低的价格出口这些产品，因为他们可以在国内以更高的价格销售鸡胸肉和白肉，从而实现利益平衡。欧盟对中国香港的鸡肉出口依然强劲，尽管有巴西和泰国的竞争，中国香港的消费需求仍然增加，但2019年下半年，受政治、社会不确定性因素的影响，欧盟鸡肉出口减少。欧盟对中国香港出口的鸡肉产品，20%以上是冷冻鸡爪，美国农业部计算贸易数据时是将此项剔除的。

虽然最初的沙特阿拉伯市场似乎对于欧盟终止出口补贴更有弹性，而且更可能获得较高的出口价格，但现在已经不可能。贸易数据显示，现在沙特阿拉伯进口欧盟的禽肉减少，特别是法国对其冷冻整鸡的出口急剧下降，以前在这个价格不敏感的市场获益良多。出口减少可能与自2015年以来较低的石油价格有关，降低了沙特阿拉伯的国内禽肉需求，与此同时，还有来自巴西、乌克兰的竞争。比如，沙特阿拉伯从乌克兰的禽肉进口增加。

南非曾经是欧盟最大的禽肉出口目的国，2016年对南非的出口量达25.9万吨的最高纪录。2004年，欧盟南非贸易和发展合作协议（TDCA）规定南非对来自欧盟28国的货物实施零关税。自2012年以来，欧盟鸡肉出口南非免征关税。但2015年南非采取了反倾销措施，对从德国、荷兰、英国进口的带骨鸡肉征收73%的反倾销税。2016年12月，南非对从欧盟28国进口的带骨鸡肉又额外征收13.9%的临时进口关税。这些进口税和关税以及对欧盟部分成员国（2017年发生禽流感疫情）采取的临时卫生检疫禁运令，导致2017年和2018年欧盟对南非的鸡肉出口大幅下降。2018年9月，南非对欧盟带骨鸡肉出口实施额外的35.3%关税政策，以期在未来3年半逐步实现进口减少。欧盟28国认为，此关税措施违反了欧盟28国和南部非洲发展共同体的经济合作伙伴协定（EU-SADC EPA），该协定涉及南非。但是，2019年上半年欧盟对南非的鸡肉出口增长超过1倍。

目前，欧盟对俄罗斯的鸡肉出口为0，主要是因为俄罗斯禁运许多欧盟国家的农产品。欧盟主要对撒哈拉以南非洲，特别是加纳、刚果（金）和贝宁，以及乌克兰和菲律宾、越南、马来西亚等亚洲国家出口低价的冷冻鸡肉分割品，2019年出口增长，预计这一趋势延续至2020年（图11）。

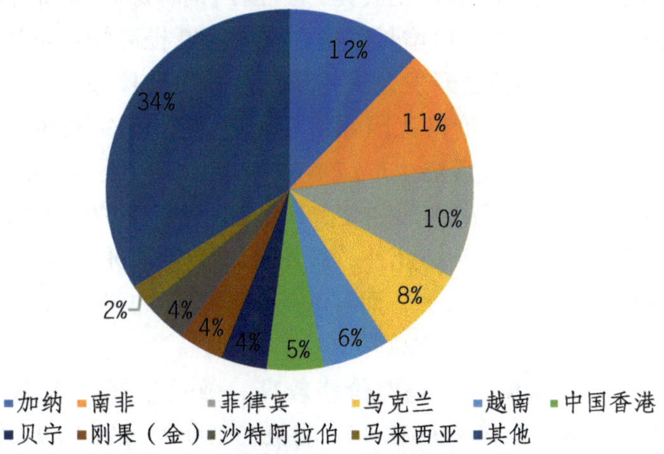

图11　2019年欧盟28个国家的禽肉出口情况

数据来源：USDA。

2018年，欧盟粮食价格的小幅上涨并没有致使鸡肉价格明显上涨，因此，欧盟鸡肉在国内和国际市场均具有竞争力。由于投入品成本小幅上升，生产者的经营效益保持稳定，对利润的影响很小。2019年，欧盟粮食价格下跌导致一些生产者降低价格，另一些则提高了生产利润。欧盟28国的鸡肉生产者也因从美国进口的豆粕价格较低而获益。

一些研究表明，欧盟28国内，鸡肉价格存在较大差异，特别是鸡胸肉的价格。其中，德国鸡胸肉的平均价格为1.4欧元/千克，比波兰的价格高；法国的平均价格为1欧元/千克；英国由于英镑对欧元贬值，鸡肉价格相对比较便宜，重新获得一些竞争力。正因为这些国家的鸡肉价格较高，波兰对其他欧盟成员国的鸡肉出口才显著增长，甚至在西欧国家替代了巴西鸡肉的进口。

（三）泰国

泰国家禽业在经历了2018年的亏损后，2019年产业实现盈利，产品链上的所有产品价格均上涨，包括鸡肉、活鸡、1日龄鸡苗。2019年初，独立育种者的鸡苗生产下降，但较高的价格刺激鸡肉产量增长4%，达305万吨。由于出口增长和国内需求的拉动，预计产量增长趋势将延续至2020年。

泰国有10~12家一体化肉鸡生产加工企业，包括饲料厂、种鸡场、商品鸡养殖场和鸡肉加工厂，生产的鸡肉约占泰国鸡肉总产量的80%。其余20%的生产来自独立的肉鸡养殖生产者。由于肉鸡生产的快速增长，这些独立的肉鸡养殖生产者也建立了自己的屠宰场，开发鸡肉市场，以消化吸收不断增长的活鸡供应。

泰国多数一体化的加工企业不仅生产供自己使用的鸡苗，还从8~10家大型种鸡场购买鸡苗。同时，这些独立的种鸡场也为个体肉鸡养殖者提供鸡苗。目前，泰国鸡苗的产能约为4 000万羽/周，包括集约化的肉鸡生产企业和独立种鸡场的生产供应。

近年来，泰国肉鸡产业未遭遇严重的动物疫病，主要得益于泰国改善了生产设施，强化农场生物安全措施，减缓动物卫生和食品安全挑战，避免了禽流感及其他疫病的发生。泰国几乎所有的鸡舍都安装有蒸发冷却系统，可以有效减少疾病暴露，降低致病率。泰国畜牧发展局和肉鸡产业持续监测疾病防控，并严格落实禽流感防控措施。

泰国肉鸡产业不断利用新技术提升产业发展水平，包括遗传改良、农场管理和饲料营养技术等。目前，屠宰肉鸡的平均单体重达2.4~2.5千克/只，比2005年的2.0~2.1千克/只显著提高，饲养1日龄鸡到商品鸡出栏的时间从过去的49天缩短至40~42天，平均饲料转化率从1.9~2.0提高至1.6~1.7。

泰国不属于低成本的鸡肉生产国家，主要是因为国内饲料原料市场价格扭曲以及劳动力成本上升。然而，近年来泰国成功保持了出口增长趋势。泰国不断提高的农场生产力、严格的动物疫病和食品安全控制，以及终端产品的精密开发是保持出口竞争力的核心关键。玉米在泰国肉鸡饲料中的占比大约为60%，而泰国国内玉米价格比国际市场价格高出20%~30%，这主要是因为泰国政府对市场的干预。泰国饲料成本通常占活鸡生产成本的60%~65%。尽管泰国本国玉米供应仅能满足国内饲料厂30%~50%的需求，政府仍限制玉米进口，目的在于保护本国的玉米种植者。目前，泰国玉米进口维持每年5.5万吨的关税配额。此外，政府还要求玉米进口商或者饲料厂每进口1吨饲料小麦必须消化吸收3吨的国内玉米（3∶1），而且政府对饲料厂购买国内玉米设定了最低收购价8泰铢/千克（约合240美元/吨）。

2019年，泰国肉鸡生产成本降低，鸡肉价格较高，效益较好。活鸡价格自2018年底开始回升，从12月的30泰铢/千克（约合0.44美元/磅）上涨至2019年7月的34.69泰铢/千克（约合0.52美元/磅）。价格上涨主要源自出口需求增长，独立种鸡场的生产规模下降，鸡苗供应减少。2019年8月，活鸡的平均生产成本为31~32泰铢/千克（约合0.46元/磅），其中1日龄雏鸡成本5泰铢，饲料成本19~20泰铢，疫苗和兽药成本2泰铢，劳动力及其他成本5泰铢。国内主要饲料原料玉米、豆粕、鱼粉的价格从2018年12月的12.33泰铢/千克（约合0.18美元/磅）下降至2019年7月的11.26泰铢/千克（约合0.17美元/磅），与此同时，鸡苗价格从2018年12月的10.50泰铢/只（约合0.34美元/只）上涨至14.50泰铢/只（约合0.47美元/只）。

从消费来看，鸡肉因其价格便宜，而且可烹饪的菜式多样，是泰国主要的消费肉类。由于城镇化发展以及外出就餐的生活模式等原因，泰国人均鸡肉消费具有很大的增长潜力。2015年以来，泰国便利店、超市以及鸡肉快餐店、汉堡快餐店的数量快速增长，2018年比2015年增长22.1%。2019年，泰国国内鸡肉消费增长2%，主要受制于经济增速放缓、鸡肉价格较高。但由于现代购物商场和快餐店数量的增加，消费仍将呈增长趋势。

泰国鸡肉出口持续增长，主要得益于日本、中国、韩国和东盟国家的进口需求增加。2019年1—7月，泰国鸡肉出口增长8%，从2018年同期的47.09万吨增加至50.86万吨。其中，生鲜鸡肉增长7%，熟制鸡肉产品增长9%。分国家来看，对日本的出口下降2%，主要是生鲜鸡肉出口明显下降，从8.12万吨降至6.50万吨，反映出日本肉鸡加工业需求萎缩。对欧盟的出口增长8%，从2018年1—7月的12.63万吨增加至2019年1—7月的13.65万吨。出口增长主要是一些欧盟国家建立了自己的库存，以防止英国脱欧后鸡肉供给不足。泰国对欧盟出口增长的主要是熟制品，由于欧盟持续采取严格的防止沙门氏菌感染措施，导致泰国不再对其出口生鲜鸡肉。泰国对中国的出口显著增长，增加了近10倍，从4 662吨增加至4.21万吨。非洲猪瘟疫情导致中国猪肉供给显著下滑，因此贸易商转向购买泰国鸡肉，同时，目前泰国也符合出口中国鸡肉的要求。2019年早期，日本市场无骨鸡腿肉价格低迷，导致泰国出口商转向韩国出口，对韩国的鸡肉出口增长了57%，大部分是生鲜鸡肉产品，出口量为2.4万吨。初步估计，2019年泰国鸡肉出口量将达95万吨，比2018年增长14%。出口产品中68%为熟制鸡肉产品（图12）。

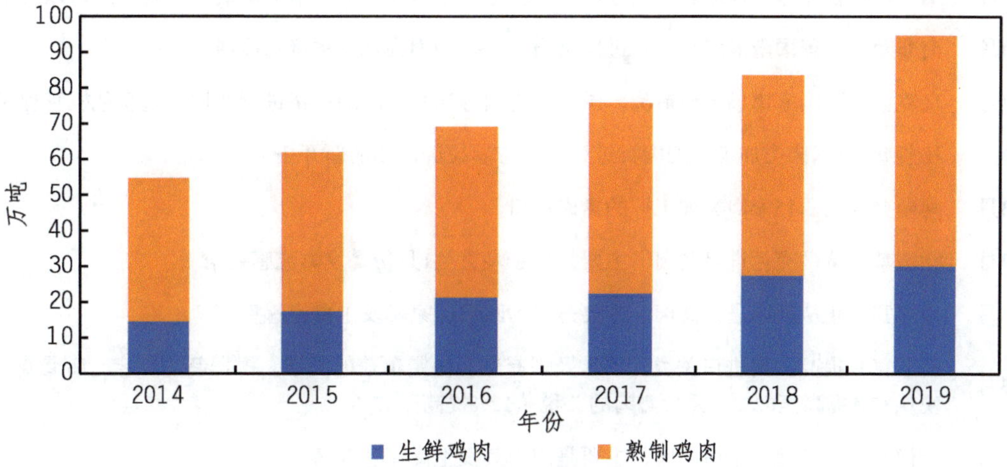

图12　2014—2019年泰国鸡肉出口情况

数据来源：泰国海关。

2019年，由于日本肉鸡加工业需求疲软，泰国出口日本的生鲜鸡肉产品价格有所下跌，平均价格为2 800~2 900美元/吨，比2018年下跌1 000美元/吨，熟制无骨鸡腿肉价格高位，到岸价格为4 500~5 000美元/吨。对欧盟出口的蒸切去皮鸡胸肉产品价格基本保持不变，生鲜去骨鸡胸肉价格下跌至2 500~2 600美元/吨，比2018年下跌19.4%~23.5%。价格下跌主要是因为东欧国家波兰的禽肉产量增加，与泰国在欧盟市场上形成竞争。

五、主要国家产业支持政策新变化

全球禽肉生产包括小规模的家庭生产和大规模的工业化企业生产。小规模家庭生产主要是维持生计或供应当地市场，产量低，产品主要在非正规的交易网络内流通；而大规模工业化生产企业融入了一体化的价值链。由于肉禽产业的市场化程度较高，各国对产业的支持政策相对较少，国际禽肉市场的变动主要受禽流感疫情暴发和贸易政策改变的影响。目前，主要的贸易问题包括英国脱欧、中美经贸第一阶段协议、中东地区新的贸易限制等。本部分将主要介绍重点国家最新出台的禽肉产业相关政策。

自2019年5月以来，全球多个国家先后出台了多项与禽肉贸易相关的政策，其中较为重要的是乌克兰与欧盟的禽肉贸易关税配额协议、欧盟越南自贸协定、南非禽肉进口关税政策、沙特阿拉伯禽肉贸易技术壁垒限制、各国的禽肉进口禁令等，正是这些政策的变化，不断塑造着全球禽肉市场（表2）。

表2　2019年5月以来全球禽肉贸易政策变化

出台时间	政策内容
2020年5月	新加坡解除对波兰禽肉进口的禁令，允许波兰某些地区的禽肉及禽肉产品出口新加坡
2020年5月	中国暂停从北马其顿斯科普里地区进口禽肉，主要是因为该国发生新城疫
2020年4月	俄罗斯、中国香港、波斯尼亚和黑塞哥维那、白俄罗斯扩大了对波兰禽肉进口的区域限制；阿曼禁止进口波兰禽肉及禽肉产品
2020年4月	科威特解除自2020年1月底实施的波兰禽肉进口禁令
2020年4月	埃及批准巴西42家肉类加工厂有资格对埃及出口肉类，其中27家禽肉加工厂，15家牛肉加工厂
2020年4月	纳米比亚暂停来自匈牙利、波兰、乌克兰等国家以及美国南卡罗来纳州禽肉的进口以及中转运输
2020年4月	南非禁止从美国南卡罗来纳州进口禽肉，主要是因为暴发禽流感疫情
2020年4月	乌克兰采取国家市场干预措施，国家对禽肉等20种产品的价格进行调控，直至危机管理时期结束
2020年4月	秘鲁允许8家肉类加工厂的肉类进口，标志着拉美市场的新开拓
2020年3月	阿曼允许巴西15家肉类加工厂的禽肉进口
2020年3月	欧盟禁止从乌克兰进口禽肉，主要是由于乌克兰1月份暴发禽流感疫情
2020年3月	菲律宾禁止从德国进口禽肉，主要是因为欧洲国家暴发了禽流感疫情
2020年3月	南非宣布提高禽肉进口关税，不涉及现有贸易协定覆盖的国家。根据新的规定，带骨禽肉的进口关税从37%提高至62%，无骨禽肉的关税从12%提高至42%
2020年2月	菲律宾暂停从捷克进口禽肉，主要是因为其发生禽流感疫情
2020年2月	南非取消对荷兰禽肉进口的禁令，该禁令于2016年11月实施，原因为荷兰暴发禽流感疫情，在禁令前，荷兰是南非第二大禽肉进口来源国，仅次于巴西
2020年2月	中国宣布禁止从德国、匈牙利、斯洛文尼亚和乌克兰进口家禽产品，主要因为上述地区发生禽流感疫情
2020年2月	沙特阿拉伯出于质量控制暂停巴西2家家禽工厂的禽肉进口
2020年2月	乌克兰暂停对亚美尼亚、阿塞拜疆、伊拉克、日本、韩国、科威特、摩尔多瓦、摩洛哥、菲律宾、沙特阿拉伯、新加坡和突尼斯的禽肉出口。由于发生禽流感，上述国家分别在不同时间采取了禽肉进口禁令
2020年1月	中国批准允许11家俄罗斯家禽企业的禽肉进口，至此共有40家俄罗斯家禽加工企业有资格出口中国禽肉
2020年1月	波兰终止对古巴、韩国、日本、新加坡、菲律宾、乌克兰、阿拉伯联合酋长国、南非、俄罗斯、亚美尼亚、沙特阿拉伯、哈萨克斯坦等国家的禽肉出口，上述国家分别在不同时间因其发生禽流感出台进口禁令
2020年1月	沙特阿拉伯取消自2019年9月实施的乌克兰禽肉进口禁令
2019年7月	日本禁止从丹麦进口禽肉和禽蛋，主要是因为暴发了低致病性禽流感疫情
2019年7月	新加坡同意从俄罗斯进口冷冻禽肉，主要考虑禽流感仅在某一个地区发生
2019年5月	墨西哥宣布增加禽肉关税配额5.5万吨，从而使总关税配额达到35.5万吨

进入2020年，全球新冠肺炎疫情蔓延，也对家禽业带来较大的挑战，各国纷纷出台相应的措施积极应对。4月，美国农业部针对新冠肺炎疫情出台了食品援助计划（CFAP），目的是帮助农牧民肯消费者应对疫情。该计划总预算为190亿美元，主要包括两部分：①对农牧民直接支持。其中160亿美元用于对市场价格和供应链受到影响的农业生产者提供支持；②美国农业部购买和分配。购买30亿美元的鲜活产品、奶制品和肉类，通过社区、宗教组织和其他组织进行重新分配，以满足美国人民的需要。

2020年4月，欧盟也公布为应对疫情对经济影响的1 000亿欧元（约合1 090亿美元）的贷款项目。其中，包括采取灵活、简化的共同农业政策措施来支持农民。具体措施包括：①共同政策的直接支付申请截止日期从5月15日延长至6月15日，给农民提供更长的时间填写直接支付和农村发展支付申请；②提供最高的支付比例，直接支付提前支付比例从50%提高至70%，农村发展支付从75%提高至85%，以增加农民的现金流。农民在2020年10月中旬可以收到付款。此外，欧委会批准波兰9 500万欧元、立陶宛2 000万欧元的国家援助计划，以支持受疫情影响的初级农业生产企业和禽肉、蛋类生产加工企业，资金将采取直接赠款的形式支付。

禽流感一直是全球家禽业发展面临的重大挑战，风险管理在禽业生产中非常重要。全球各国必须采取措施减缓禽流感疫情的影响，除了加强生物安全管理，应急支持也十分必要。2019年7月，欧盟成员国同意为意大利禽肉和禽蛋生产商提供额外的市场支持，主要是因为其在2017—2018年遭遇禽流感疫情的影响。欧盟预计将投资3 210万欧元，意大利国家基金将按照1∶1配套支持，总资助金额达6 420万欧元。该支持措施由共同农业政策下的共同市场组织提供，以支持因疫情遭受经济损失的家禽生产者。2020年，波兰家禽业在遭受新冠肺炎疫情冲击的同时，也因发生多起禽流感疫情导致多国禁止进口波兰禽肉，出口严重萎缩。波兰87%的禽肉出口欧盟市场，非欧盟国家主要出口南非和中国，出口市场丧失引发禽肉库存增加，农场价格下跌，使家禽业面临困境。产业组织希望政府干预，请求欧盟委员会将家禽业纳入新的欧盟市场干预计划，利用欧盟危机管理预算基金来援助家禽业。

南非是非洲重要的禽肉消费国，但政府有意发展本国家禽业。最近，南非颁布的家禽业发展规划已进入实施阶段。其中最明显的短期变化是对重要进口国的进口征收最高达82%的关税，但欧盟由于与南非有自贸协定，不在关税征收范围内。与此同时，南非家禽业也开始建立自己的卫生和兽医体系，以满足对欧盟出口的质量标准。这将促进南非加工禽肉产品对欧盟的出口。南非的禽业发展规划是推动产业发展的重大举措，同时也将帮助创造就业机会，降低目前超过30%的高失业率。

中国与美国的贸易摩擦对两国家禽业发展都带来不确定的影响。2020年3月，美国与中国达成区域化的贸易协定，这意味着亚洲国家仅禁止进口美国禽流感疫情暴发区域的家禽产品，进口禁令不涉及整个美国。为防止新冠肺炎疫情的蔓延，巴西先后有多家肉类加工厂被关闭，中国禁止了从巴西BRF、Marfrig、JBS SA等几家加工厂进口禽肉产品，同时也禁止从阿根廷的多家肉类加工厂进口产品。进口限制对巴西、阿根廷家禽业带来冲击，两国政府积极谋求产业支持措施。

六、世界供需形势展望

（一）生产展望

受亚洲地区的非洲猪瘟疫情影响，全球禽肉产量将继续增长。但2020年以来的新冠肺炎疫情，对世界重要禽肉生产国的供应链带来较大冲击，预计2020年全球禽肉产量增长速度放缓，增幅比2019年减半，约为2.4%。中国、欧盟、英国、巴西和墨西哥的产量继续增加，印度、泰国、土耳其和美国的产量可能下滑。中国由于刚性需求，以及较高的猪肉价格，产量继续增长，但增长速度放缓。欧盟和英国由于新的加工设施投资，促进生产增加，但如果受新冠肺炎疫情的影响，禽肉价格持续下跌，可能会导致生产下滑。此外，一些国家发生了禽流感疫情，也可能对生产带来负面影响。巴西由于本国禽肉生产生物安全标准和水平较高，进口需求旺盛，特别是来自中国的进口，将刺激生产增加。南非由于国内消费需求较高，推动生产增加，墨西哥由于饲料成本较低以及遗传改良提升了生产水平。印度禽肉生产受限于劳动力短缺和消费需求下降，主要是因为新冠肺炎疫情阻碍了劳动力流动，产业用工难度较大，同时下挫经济，影响消费，导致禽肉产量下降。泰国同样因为食品零售业对禽肉的需求减少，影响了生产，但如果政府积极推动对中国、日本和韩国等亚洲国家的出口，禽肉产量有望增长。美国因为新冠肺炎疫情未得到有效控制，食品服务业萎缩和劳动力短缺影响了产业扩张计划。与此同时，禽肉加工厂要求维持一定的工作距离生产，降低了肉类加工效率。长期来看，全球禽肉生产将呈持续稳定的发展态势，产量增速在肉类产品中最快，特别是亚洲和非洲具有较大增产潜力。

（二）贸易展望

受新冠肺炎疫情影响，全球禽肉供应链受到较大冲击，预计禽肉贸易结束连续4年的增长，2020年略有下降，贸易量降幅在1%以内。南非、古巴、沙特阿拉伯的进口减少，中国、墨西哥和日本的进口增加。中国由于较高的消费需求，禽肉进口增加仍然比较明显。墨西哥主要从美国进口，由于国内消费需求和食品加工业的需求旺盛，尽管原油收入减少、经济下滑、失业率上升，禽肉进口继续增加。日本可能会出台防止禽流感的进口禁令，但进口依然增加。另一方面，全球禽肉贸易放缓，传统出口国泰国、土耳其和阿根廷的出口可能会减少，美国、巴西、白俄罗斯的出口可能增加。总体来看，受新冠肺炎疫情影响，全球禽肉贸易的不确定性增加，尽管二季度有所恢复，但供需不平衡、汇率波动、贸易协定和限制都将影响贸易格局。长期来看，禽肉仍是全球最主要的肉类贸易品种，发展中国家是主要进口国，主要进口廉价的冷冻分割品，禽肉进口贸易将集中在亚洲和非洲区域，并呈增长趋势。主要出口国家的竞争日趋激烈，但总的出口格局基本保持不变。

（三）价格展望

对2020年全球禽肉市场价格的展望主要受新冠肺炎疫情的影响，尽管总体比较乐观，但疫情带来极大的不确定性。特别是疫情引发全球经济的下滑，将导致全球市场波动，并成为价格变动的主要驱动因素。与此同时，饲料价格看跌，将会一定程度上增强生产者的信心。禽肉受益于其是最廉价的动物蛋白，家庭消费和耐储存的禽肉产品需求可能会增加。疫情对流通的影响，包括危及劳动力和物流的可获得性，预计短期内得到全面缓解的可能性不大，禽肉价格缺乏持续回暖动力。但是，生猪产业面临的非洲猪瘟挑战给全球禽肉市场带来更加复杂的影响，预计亚洲地区猪肉产量进一步下滑，可能会使亚洲的禽肉生产和贸易增长，将会对禽肉价格上涨带来一定支撑。长期来看，亚洲、拉丁美洲和非洲等地区发展中国家的收入增长或将超过预期，禽肉消费快速增加，进口需求增长，饲料成本也将缓慢上升，禽肉价格将温和上涨。

参考文献

Food and Agriculture Organization of the United Nations，2019. Food Outlook： Biannual Report on Global Food Markets [R]. FAO.

Food and Agriculture Organization of the United Nations，2019. Meat Market Review [R]. FAO.

Food and Agriculture Organization of the United Nations，2020. Food Outlook：Biannual Report on Global Food Markets [R]. FAO.

Food and Agriculture Organization of the United Nations，2020. Meat Market Review [R]. FAO.

Joao F. Silva，2019. Brazil Poultry and Products Annual 2019[R]. USDA.

Makoma Makgopa，2020. South Africa Lifts Ban on Poultry Imports from the Netherlands [R]. USDA.

Makoma Makgopa，2020. The Impact of the Covid-19 Pandemic on Imports of Livestockand on Port Productivity in South Africa [R]. USDA.

Melinda Meador，2019. Argentina Poultry and Products Annual [R]. USDA.

Nan-Dirk Mulder，2020. Poultry Quarterly Q2 2020：Coronavirus and ASF to Shake up Global Poultry Markets[R]. Rabobank.

OECD，FAO，2020. OECD-FAO Agricultural Outlook 2020-2029 [M]. FAO，Rome/OECD Publishing，Paris.

Oleksandr Tarassevych，2020. Ukraine Poultry and Products Semi-annual [R]. USDA.

Piotr Rucinski，2020. Polish Poultry Industry Faces Unprecedented Crisis [R]. USDA.

Robin Gray，2020. EU Bans Ukraine’s Poultry due to Avian Flu Outbreak [R]. USDA.

Sakchai Preechajarn，2019. Thailand Poultry and Products Annual 2019 [R]. USDA.

Xavier Audran，2019. EU-28 Poultry and Products Annual：EU-28 Chicken Production，Imports，and Exports to Increase in 2019 and 2020[R]. USDA.

（中国农业科学院农业信息研究所　张　莉）

专题三：牛　肉

美国农业部（USDA）2020年报告显示，受新冠肺炎疫情影响，牛肉产需均降。预计2020年全球牛肉产量增至6 153万吨，同比减少1.7%。牛肉消费量5 957万吨，同比减1.9%。国际牛肉价格逐渐上涨。2014年达到历史高位，而后国际牛肉价格回落，2017—2019年价格呈现逐步回升态势。2019年国际市场牛肉价格指数217，达到近年高位，预计2020年价格指数215，相比其他肉类品种水平最高。从贸易来看，2020年全球牛肉出口预计达1 067万吨，同比减少2.0%；预计进口898.5万吨，同比增长4.4%。

全球牛肉主产国和贸易国高度重视牛肉国际市场，中美经贸协议打开美国牛肉进口中国新局面。巴西2020年牛肉出口预计创纪录水平。澳大利亚牛肉产量、屠宰量将下降，出口不确定性增加。新冠肺炎疫情引发各国牛肉生产、贸易不同程度受损，各国牛肉生产、贸易等相关政策变化，积极应对。

未来5年，全球牛肉生产预计仍然维持低速增长态势。随着经济水平的提高，消费者对蛋白质的需求显著增加，特别是发展中国家牛肉需求旺盛，但同时澳大利亚等传统牛肉生产国依然受到干旱等恶劣天气的威胁，长期来看，全球牛肉供给依然偏紧。各国高度重视牛肉国际市场份额及中国消费需求，作为主要生产国、消费国、进口国，未来中国牛肉产业发展程度是影响国际市场格局的重要环节。

一、世界供需现状

全球牛肉供需基本平衡，近年来供需缺口逐渐削减。2019年产量、消费量同比降0.8%。贸易同比增长，尤其是出口。美国农业部（USDA）2020年报告显示，受新冠肺炎疫情全球蔓延影响，全球经济下行，消费需求不振，牛羊肉供需均降。预计2020年全球牛肉产量6 153万吨，同比减1.7%；消费量5 957万吨，同比减1.9%。

（一）生产

从生产来看，2019年全球牛肉产量6 168万吨，同比降0.8%。当前全球主要的生产国家和地区有美国、巴西、欧盟、中国、印度、澳大利亚等。2019年，美国、巴西、中国、阿根廷、澳大利亚等国牛肉由于屠宰量增加而产量增加，欧盟、土耳其等国牛肉产量缩减（图1）。中国牛肉产量增长对全球生产格局产生积极的影响。

（二）消费

从消费来看，2019年全球牛肉消费量5 962万吨，同比减0.8%。2020年受疫情影响，牛肉消费需求预计继续小幅下降。当前全球主要的消费国家有美国、中国、巴西、欧盟、阿根廷、墨西哥、俄罗斯、巴基斯坦、日本等（图2）。其中美国、中国、巴西和欧盟的牛肉消费量占全球消费量的60.2%。从消费习惯来看，全球越来越多的国家消费需求增加，越来越多的人接受牛肉及其产品，特别是发展中国家牛肉增速很快。我国消费者肉类消费正在转型升级，受疫情影响，今年牛肉堂食消费下降，线上消费增加，多种消费模式融合发展。

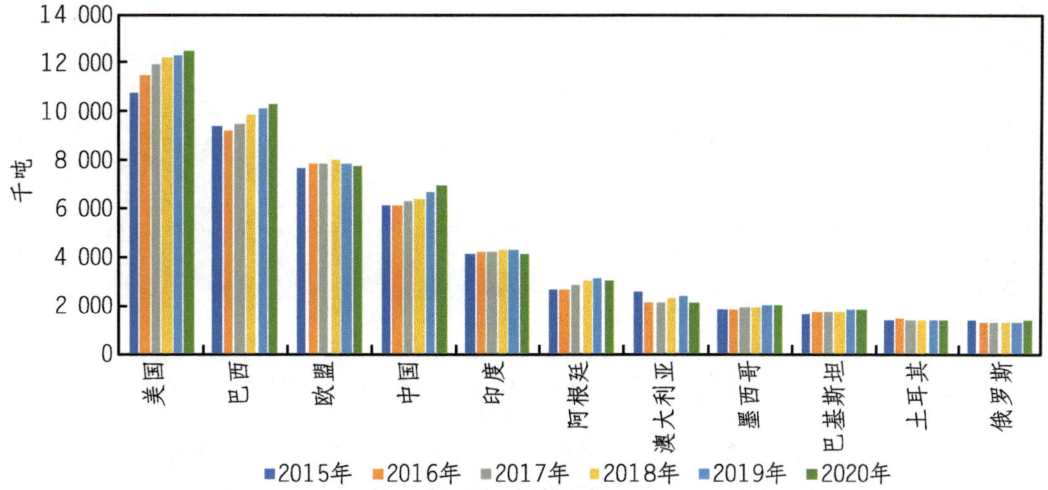

图1　国际市场牛肉产量

数据来源：USDA。

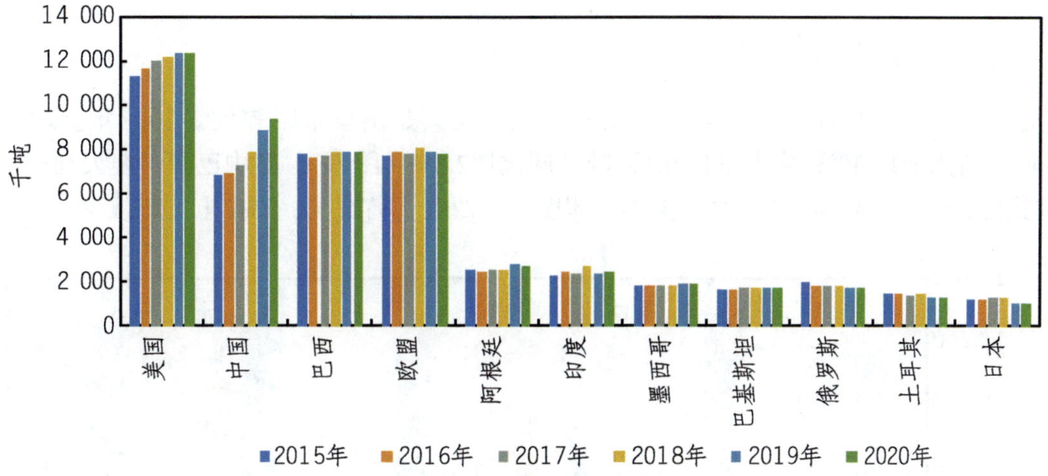

图2　国际市场牛肉消费量

数据来源：USDA。

二、国际价格走势

2019年年初以来，国际肉类价格月同比不断小幅增长，其中猪肉价格（特别是冷冻猪肉）涨幅最大，原因是中国进口需求大增。禽肉、羊肉和牛肉价格也走强，同样是受到亚洲需求转旺的推动。2019年国际市场牛肉价格指数217，达到近五年的最高水平；2020年1月达到高点228，而后逐月下降，2020年3—4月降到低点208，5月又回升到215（图3）。2020年受新冠肺炎疫情影响，推高国际市场牛肉价格。2020年6月FAO食物展望报告对美国、澳大利亚、巴西牛肉国际价格进行比较，美国牛肉出口价格最高，其次是澳大利亚，巴西价格较低。

从我国进口价格来看，海关数据显示，截至2020年5月，我国牛肉进口均价同比上涨14.8%，从巴西、乌拉圭、阿根廷、新西兰进口的牛肉价格同比上涨均在10%以上。2020年（截至5月）加拿大牛肉进口单价（根据进口额/进口量测算）8.9美元/千克，美国（8.4美元/千克）、澳大利亚（6.0美元/千克）、新西兰（5.5美元/千克）、巴西（5.5美元/千克）、阿根廷（5.0美元/千克）和乌拉圭（4.2美元/千克）价格。从以上中国进口价格来看，美洲国家价格最高，加拿大牛肉价格超越美国价格位列最高，其次是大洋洲国家，南美洲国家仍然具有价格优势，牛肉价格最低。

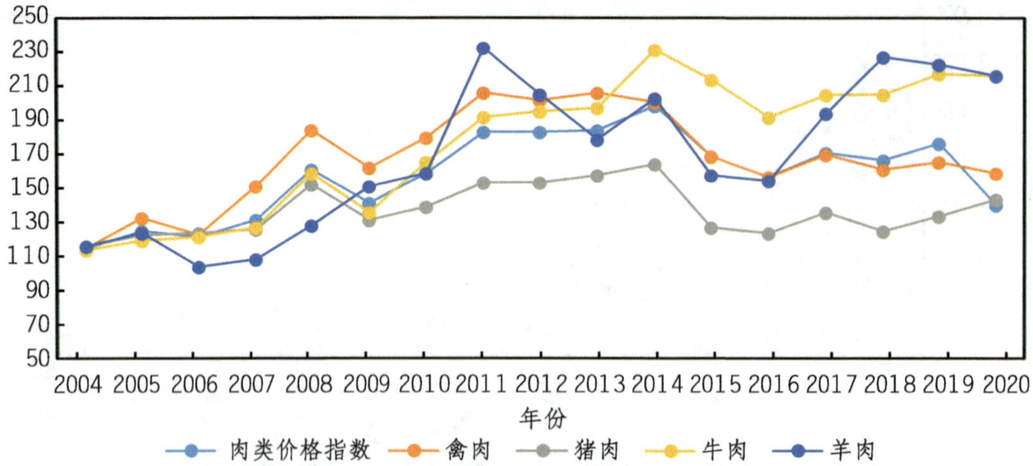

图3　2004—2020年国际肉类及牛肉月度价格指数（2002-2004=100）

数据来源：FAO。

三、国际贸易格局

从贸易来看，2019年国际市场牛肉贸易活跃，尤其是出口增幅较大。2019年全球牛肉出口1 088万吨，同比增19.3%；牛肉进口881万吨，同比增2.8%（图4）。其中巴西、澳大利亚、阿根廷出口分别增长11.1%、4.6%、50.2%，美国、印度、新西兰、乌拉圭、巴拉圭出口减少。

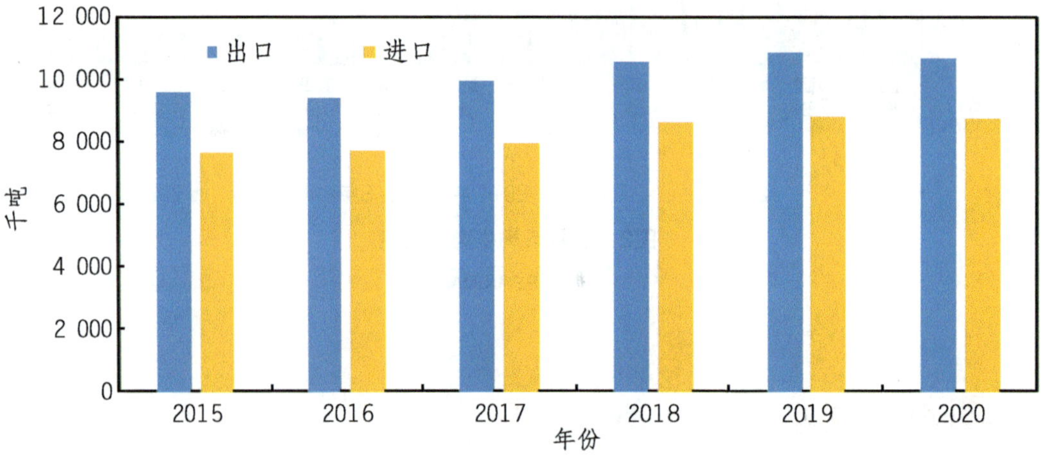

图4　国际市场牛肉贸易量

数据来源：USDA。

从我国的重点进口来源国来看，牛肉主要进口国为巴西、阿根廷、澳大利亚、乌拉圭和新西兰，2019年分别占我国进口总量的24.1%、22.6%、18.5%、17.2%和12.9%；羊肉主要进口国为新西兰、澳大利亚，占我国进口总量的53.4%和44.2%（图5）。

——巴西：据巴西肉类出口商协会（ABIEC）2020年5月预计，今年巴西将出口牛肉200万吨，出口额80亿美元，出口量和出口额都将创下历史新纪录。截至5月，巴西牛肉产量同比增5.1%。5月巴西牛肉价格环比涨0.8%，同比增24.7%。

——澳大利亚：2020年肉牛存栏量和产量受连续3年干旱影响，仍然在继续恢复中，预计今年出口受供给偏紧影响，徘徊在近年低位。绵羊屠宰量预计将下降6.2%。随着澳大利亚羊群重建，绵羊和羔羊的屠宰量有望在2021年低位回升。

——新西兰：根据COVID-19的肉类加工协议中关于物理距离要求，新西兰屠宰加工厂产能下降，加工成本大大增加，利润被中间商占有。2020年3月22日至4月25日，成年牛屠宰加工量同比减少10%，羊屠宰加工量同比减少13%。

——美国：受新冠肺炎疫情影响，屠宰加工产能下降，产量减少推高价格。但不可否认的是，中美第一阶段经贸协议签署后，我国解除了关于牛龄的限制，放宽了进口牛肉产品种类，增加了有资格出口企业清单，食品安全和检验要求也相应更新，未来从美国市场进口肉类潜力增大。

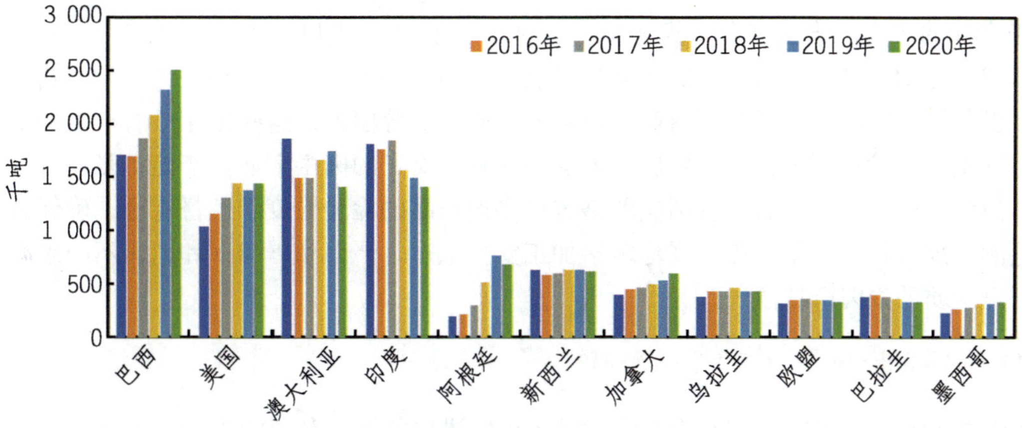

图5　世界主要出口国牛肉出口情况

数据来源：USDA。

四、世界主要国家产业竞争力

（一）牛肉出口市场将进一步萎缩

进入2020年，受新冠肺炎疫情影响，国内肉牛企业发展面临复工不足、运输受阻、资金断链等诸多严峻挑战。多地活牛交易市场处于无限期停业状态，活牛流通不畅，产销环节出现脱节，养殖企业饲养成本上涨，屠宰企业购牛困难加剧，线下餐饮服务业基本卡断，企业员工及日常生产所需的工具物品不能及时到位。原本可以降低的生产公摊和实现的现金流不能如期实现，但银行融资贷款的利息仍需支付，企业生存压力显著升级，而当前疫情发展形势的不确定性，给当前国内部分肉牛企业特别是疫情严重地区企业带来的危机感不言而喻。预计2020年我国牛肉出口市场将进一步萎缩。自2016年中国牛肉出口大幅下降以来，我国牛肉出口持续呈现下降趋势发展。据中国海关数据显示，2019年中国牛肉出口量为219吨，同比下降49.54%。据预测，2020年中国牛肉出口量将下降至118吨。从出口金额来看，2019年中国牛肉出口额为1 652千美元，同比下降48.34%。预计2020年出口额将下降至889千美元。

（二）疫情影响进口不稳定因素增加

预计今年我国从巴西等南美洲国家进口牛肉增加，从新西兰和澳大利亚等大洋洲国家进口牛羊肉下滑，从美国进口牛肉潜力有望增大。2019年，我国牛肉主要进口国为巴西、阿根廷、澳大利亚、乌拉圭和新西兰，分别占我国进口总量的24.1%、22.6%、18.5%、17.2%和12.9%；羊肉主要进口国为新西兰和澳大利亚，分别占我国进口总量的53.4%和44.2%。据巴西肉类出口商协会（AB-IEC）预计，尽管部分企业受疫情影响，2020年出口牛肉将创下历史新高。澳大利亚连续3年干旱，2020年肉牛存栏量和产量仍在恢复中，预计全年出口量明显下滑，加上前期几家澳牛企业违反检疫要求，出口我国不确定性增加。新西兰去年底以来的严重干旱同样使牛羊业损失惨重，2020年3月后受新冠肺炎疫情影响，屠宰加工厂按照最高生产能力的50%运行，加工成本增加价格上涨。据新西兰牛羊业2020年中期报告显示，4月，牛、羊屠宰加工量同比分别减少10%、13%。预计全年出口量明显下滑。2019年，美国牛肉仅占我国进口总量的0.5%，但中美第一阶段经贸协议签署后，预计未来从美国进口牛肉潜力有望增大。

（三）牛肉进口来源有望继续扩大

由于全球的牛肉供给国较多，截至2020年5月，我国牛肉进口来源国达到26个，未来考虑传统牛肉出口国产能增产潜力有限，我们将逐步扩展其他国家牛肉进口，特别是“一带一路”国家，例如印度、巴基斯坦、缅甸、老挝等南亚、东南亚和非洲部分国家，这些国家具有丰富的牛源，但是商品牛待开发。与发达国家相比，发展中国家由于缺乏真正的肉牛产业，产能扩张还有一定的潜力和空间。另外，今年疫情过后，各国应严格进口牛肉产品的检验检疫和监督管理，确保进口肉类、活畜可追溯，加大打击走私渠道，规范屠宰加工安全生产，严禁私屠滥宰和销售不明来源牛肉，保证合格安全优质的牛肉产品输入。

（四）关税不断消减，进口产品优势明显

2020年7月初，海南首批1 785头享受“零关税”进口的澳大利亚活牛运抵海南。目前，经过屠宰，检疫合格后这批牛肉正式进入市场销售。关于“零关税”澳牛销售在网络上掀起一波热潮。目前，经过屠宰，检疫合格后这批牛肉正式进入市场销售。从每斤价格上可以看到，它比市面上一些其他牛肉，便宜了将近20元。因其优越的肉质和实惠的价格，备受消费者的青睐。海南市面上同类牛肉的价格多在每斤60~70元。此次销售的“零关税”进口澳大利亚活牛按照首批7.5折的优惠，平均价格在每斤49元左右。这批活牛不过才是1 000多头，还无法造成太大的影响，但是如果航运线路稳定了，损耗慢慢降低，大量的活牛进入像海南这样的净进口省，肯定会影响当地的牛价。

五、主要国家产业支持政策新变化

（一）中美经贸协议打开美国牛肉进口中国新局面

2020年1月15日中美经贸协议的签订，中美两国在食品和农产品贸易中的合作将打开新的局面。其中，在食品和农产品篇章就包括对输华牛肉的安全性约定。

1. 取消对美国牛肉及牛肉产品中的牛龄要求

根据原国家质检总局的规定，中国从美国进口的牛肉应为30月龄以下剔骨和带骨牛肉，包括心、肾、肝、瓣胃、牛筋，并且需符合《进口美国牛肉检验检疫要求》。按照本次的协议内容：中国应自本协议生效之日起1个月内取消对进口美国牛肉和牛肉产品的牛龄要求。这一改变是基于对美国按照我国的管理要求提交了对所有美国牛肉、牛肉产品和含反刍动物成分的宠物食品进口相关的风险评估所需的所有资料。中国同意允许进口碎牛肉，增加了美企扩大进入中国市场的机会。按照日本内阁府食品安全委员会专门调查会提出的评估报告，只要切除特定部位、有适当的处置，牛龄不会对牛肉的安全性造成影响，因此取消了该要求。我国可进口美国牛肉的范围进一步扩大。

2. 我国预计将基于国际食品法典残留限量要求进行进口控制

在对进口美国牛肉的安全指标控制方面，按照原国家质检总局发布的《进口美国牛肉检验检疫要求》，在中国口岸入境时，不得检出中国法律法规禁止的非天然产生的兽药、促生长剂、饲料添加剂和其他化合物，包括莱克多巴胺。低于或等于本底水平的内源性激素不在禁止之列。此次协议

中，明确对进口牛肉中的玉米赤霉醇、群勃龙醋酸酯和醋酸美伦黄体酮采用最大残留限量。对于国际食品法典已制定上述激素最大残留限量的牛肉组织，采用国际食品法典的最大残留限量。

美国农业部在3月21日发布一份清单，根据中美第一阶段贸易协议谈判达成的新的、限制较少的规定，该部食品安全检验局（FSIS）列出能向中国出口牛肉的492家美国加工厂和449家猪肉出口加工厂。也就是说，美国将有941家加工厂有机会获得输华的资格。

（二）巴西2020年牛肉出口预计创纪录水平

巴西肉类出口商协会（ABIEC）有关负责人表示，尽管新冠肺炎疫情蔓延，巴西2020年预计将出口牛肉200万吨，实现出口额80亿美元，出口量和出口额都将创下历史新纪录。在2020年前4个月，巴西对华牛肉出口达20.2万吨，同比增长111%，实现出口额11亿美元。此外，巴西致力于在日本、韩国、加拿大等国家开拓高端国际牛肉市场，以提高牛肉产业的利润率。

巴西农业部网站发布新闻称，在过去10年间，巴西依靠不断改善畜群健康状况和持续保证优质产品出口，提升了其在全球动物产品市场中的地位。为了开发新的高价值市场，增加巴西农业在全球市场中的参与度，其迫切需要实质性地改善卫生状况。2017年7月，巴西农业部发布《预防和根除口蹄疫战略计划（2017—2026年）（Strategic Plan of the National Foot and Mouth Disease Program》。该计划与世界动物卫生组织（World Animal Health Organization，OIE）陆地动物卫生规范一致，旨在创造和维持不接种疫苗就能根除口蹄疫，并扩大根除口蹄疫的地理范围，最终在全南美洲得以实现。为了达成以上共识，巴西未来10年将为开展预防和根除口蹄疫做准备，并执行该规划设计。该计划在巴西农业部、畜牧和粮食供应部动植物卫生秘书处指定的技术小组协调下起草。由于动物健康涉及问题的复杂性，该计划应用了战略情景规划（Strategic Situational Planning）。

（三）澳大利亚牛肉产量、屠宰量将下降，出口不确定性增加

2019年除了持续的干旱气候外，年末的洪水和山火均对澳大利亚畜牧业工作产生了较大影响。然而，尽管面临这些压力，全球和澳洲国内市场对牛肉的需求仍然强劲，并在这些极端因素下支撑着牛价。

在经历了有纪录以来最具挑战性的一年之后，全澳牛群数预计在2020年将降至自1992年以来的最低水平，预计到2020年6月30日，全澳牛群数将同比下降5.8%。中国是2019年新西兰牛肉出口的第一大目的地。新西兰统计局国际统计专员达伦·艾伦说，近半数的牛肉出口到中国，约1/4的牛肉出口到美国，这一比重结构与2018年正好相反。

目前预测，2020年成年牛的屠宰量将下降15%，至720万头；2020年牛肉产量将下降13%，降至210万吨。与屠宰量减少趋势相反，随着谷饲喂养部分的增加，再加上母牛屠宰量的下降，意味着2020年胴体重量将上升3%，而这些较高的胴体重量能够抵消屠宰量下降带来的部分影响。

5月11日，由于质量问题，中国暂停受理澳大利亚170、235、239、640等4家输华肉类企业自2020年5月12日起启运的输华肉类产品进口申报。这4家受到禁令的企业分别是：昆士兰的Kilcoy Pastoral Company、the JBS owned Beef City、Dinmore，near以及一家新州的肉厂Northern Cooperative Meat Company，这4家澳洲肉厂占据着澳洲红肉对华出口的35%，而随着中国暂停进口，这很可能会使得澳洲红肉行业35亿澳元的出口目标落空。

（四）新冠肺炎疫情引发各国牛肉生产、贸易等相关政策变化

受疫情影响，多家南美主力牛肉工厂关停，国外疫情扩散的形势非常严峻，全球多个国家宣布进入紧急状态，澳大利亚、新西兰、阿根廷、乌拉圭等牛肉生产大国纷纷采取措施，暂时中断牛肉产业链，影响程度各不相同。

南美洲：3月17日，巴西的Minerva Foods宣布，将暂停其在巴西四个工厂的屠宰业务。其中一家公司也表示，正在考虑暂停其巴西部分牛肉加工工厂的活动。乌拉圭宣布暂停一切航空和海洋运输。

大洋洲：3月19日，新西兰宣布禁止所有非新西兰籍公民或非新西兰永久居民进入新西兰，并加强边境管控；3月20日，澳大利亚则决定“封国”。

我国牛肉消费市场对于外国牛肉及其相关产品依赖度是比较高的，而巴西、乌拉圭、澳大利亚等又是我们的主要牛肉进口国，如今通路受阻，带来的行业冲击可想而知。目前，无论是正关，还是走私，原有的牛肉输入通路都受到了极大的影响。表现在国际货源偏紧、牛肉加工厂采购被动、国际贸易物流不畅等。

六、世界供需形势展望

（一）生产

生产下降。预计2020年全球牛肉产量6 153万吨，将结束连续五年的增长，同比降1.7%。2020年，其中美国、澳大利亚等主产国牛肉产量缩减，巴西和中国牛肉产量预计增加。中国牛肉产量增长对全球生产格局产生积极的影响。受干旱影响，澳大利亚的牛肉产量继续下降，澳大利亚预计降幅高达14.3%，印度降幅为3.6%。增幅最快的预计是中国（4.2%）和俄罗斯（2.6%），美国、巴西增幅在1%左右。牛肉产业的增长步伐都受到新冠病毒疫情扰乱市场的负面影响，这也加剧了动物疫病的影响。

（二）消费

消费需求萎缩。受物流制约、船运限制和港口积压也很可能制约世界牛肉贸易，大多数国家牛肉消费预计下降。美国、巴西、欧盟、阿根廷、俄罗斯、日本等国家牛肉消费量均分别下降了2.0%左右。2020年中国牛肉消费量进一步增长，预计涨幅6.8%。印度、土耳其、巴基斯坦牛肉消费小幅上涨。

（三）价格

在新冠病毒疫情带来的经济困局、物流瓶颈以及封闭措施导致餐饮业需求大幅下降等因素的共同作用下，全球进口需求陷入疲软，导致出口价格推高。2020年牛肉价格指数215，在去年高点处（217）小幅下降，但仍然处于近年高位。在肉类平均价格水平以上，是肉类价格指数降幅最小品种。

（四）贸易

世界牛肉贸易受到疫情影响，全球供给下降及需求低迷，贸易活跃度下降。2020年全球牛肉出口预计达1 067万吨，减少2.0%。巴西、美国、印度、澳大利亚仍是主要牛肉出口国，2020年牛肉出口降幅最大的预计是澳大利亚，降幅达19.4%，其次是阿根廷、印度分别下降11.5%、6.3%，新西兰、乌拉圭、欧盟、巴拉圭降幅均在3%以内。澳大利亚产出仍然受干旱、山火、洪水等自然灾害影响，牛肉产出和出口均受限。

2020年全球牛肉进口预计达872万吨，减少1.0%。中国、美国、日本、韩国、俄罗斯、智利、埃及、加拿大等是主要牛肉进口国。2020年牛肉进口领涨的国家还是中国，日本进口增长2%。其他国家牛肉进口大多下降，美国、韩国分别下降3.8%、2.3%，俄罗斯、欧盟等国家降幅均达到10%左右。

参考文献

FAO，2020. Food Outlook[R]. 6.

MLA，2020. Australian-cattle-industry-projections[R]. MLA market information.

MOPI，2020. Situation and Outlook for Primary Industries[R]. 6.

USDA，2020. World Agricultural Supply and Demand Estimates[R]. 4

USDA，2020. Livestock and Poultry：World Markets and Trade[R]. 4.

杨春，司智陟，朱聪，2020（2019）. 中国农业展望—牛羊肉篇[R]. 4.

（中国农业科学院农产品加工研究所　司智陟）

专题四：羊　肉

近年来，羊肉在全球肉类总产量中的比重稳定在4.60%左右，与猪肉、牛肉相比占比较小。作为国际肉类贸易的组成部分，羊肉的全球贸易量呈波动增长趋势，2019年全球羊肉贸易量为308.06万吨，较2018年增加了0.70%。其中，亚洲是羊肉的主要进口地区，约占世界羊肉进口量的67.86%，且中国为世界最大的羊肉进口国，进口量39.20万吨，占全球进口量的24.83%；大洋洲是羊肉主要出口地区，较2018年有所下降，占世界羊肉出口量的62.52%，其中，澳大利亚与新西兰是世界羊肉第一大和第二大出口国，分别占全球出口量的35.72%和29.97%。2020年，受新冠肺炎疫情的影响，全球经济处于低迷状态，在这样大的经济环境下，根据对近几年世界主要羊肉生产国和贸易国供需分析，以及贸易保护主义抬头因素的影响，预计未来两年，世界羊肉生产将从温和增长转向温和下降，羊肉消费将由温和增长转向小幅减少，羊肉贸易也将逆转呈下降趋势。

一、世界供需现状

（一）产量持续增加

据联合国粮农组织（FAO）的统计数据，2010—2019年，世界羊肉产量整体呈上升趋势，由1 332.41万吨增长到1 518.56万吨，年均增长1.46%，但从2015年开始增速逐渐放缓（图1）。

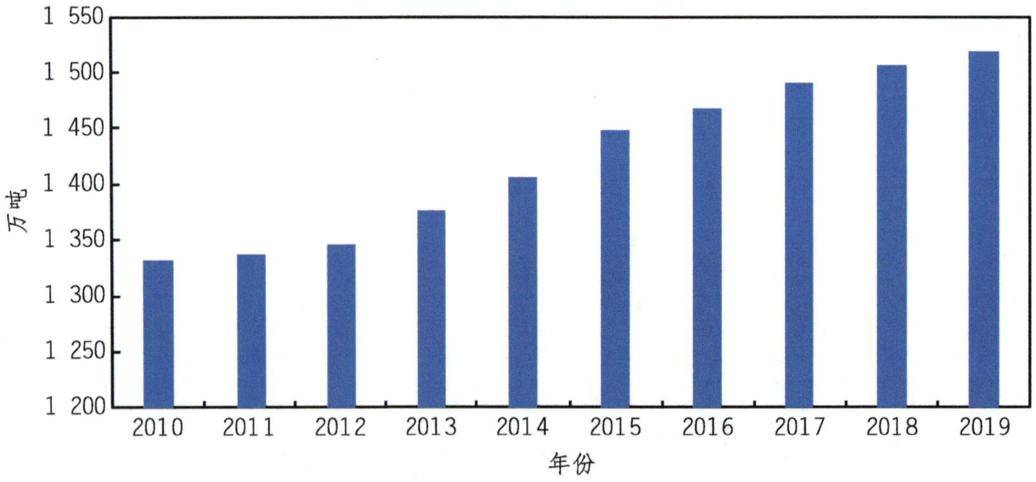

图1　2010—2019年全球羊肉产量变动情况

数据来源：OECD-FAO Agricultural Outlook 2020—2029。

2019年世界羊肉产量达到近年最高，为1 518.56万吨，较上年增长了0.84%。其中，羊肉产量排名前五位的国家分别是中国、印度、澳大利亚、巴基斯坦和新西兰，共计占世界羊肉产量的47.80%（图2）。中国是世界最大的羊肉生产国，其羊肉产量约占世界的32.14%。与2018年相比，2019年中国和巴基斯坦羊肉产量分别增长了3.56%和0.42%，印度、澳大利亚和新西兰羊肉产量则分别减少了0.22%、5.49%和4.63%。

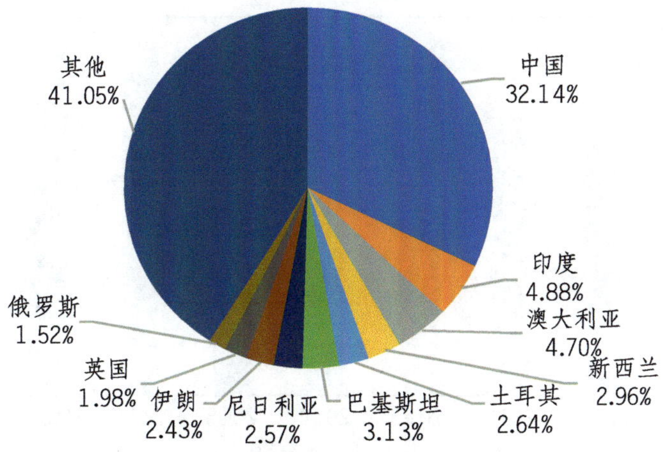

图2　2019年全球羊肉主产国产量占比分布

数据来源：OECD-FAO Agricultural Outlook 2020—2029。

印度是全球第二大羊肉生产国，产量占全球的比重呈下降趋势，2019年羊肉产量约占全球的4.88%。2010—2019年，羊肉产量呈现出略微下降的趋势（图3），从77.86万吨下降到74.14万吨，降幅为4.77%。但2015年以来产量较为稳定，在74.50万吨上下小幅波动。欧盟与英国在全球羊肉生产中占有重要地位，2010—2019年，欧盟羊肉产量呈现出先下降后上升的趋势（图3），2010—2014年产量由64.64万吨下降到59.51万吨，降幅为7.93%，2015年后开始增长，2019年达到66.33万吨；英国的羊肉产量则在2010—2019年比较稳定（图3），基本保持在30万吨上下，2012年羊肉产量28.57万吨，为近10年的最低值，2015年羊肉产量30.95万吨，为近10年的最高值。

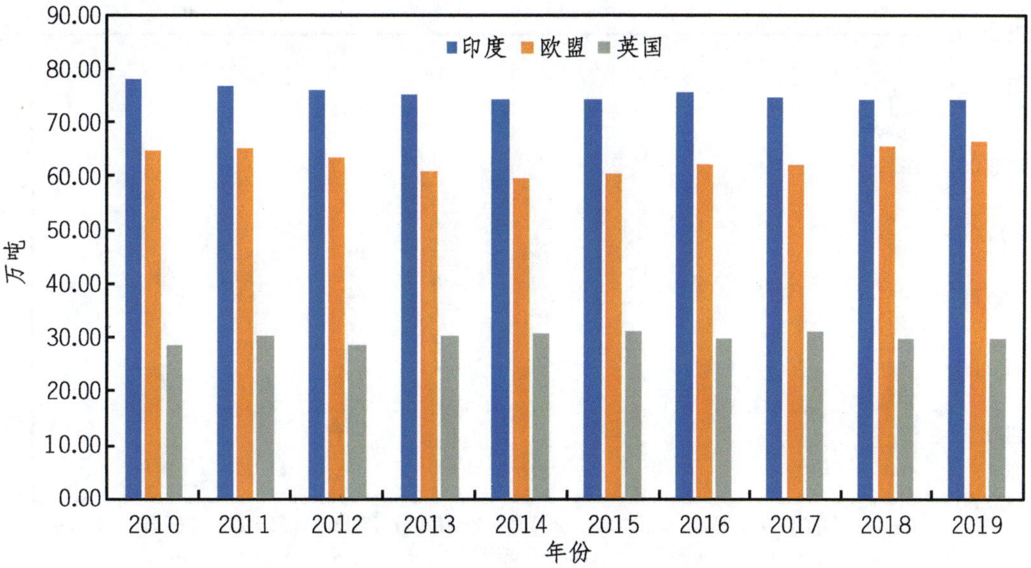

图3　2010—2019年印度、欧盟和英国羊肉产量

数据来源：OECD-FAO Agricultural Outlook 2020—2029。

澳大利亚为全球第三大羊肉生产国，产量占全球的比重呈上升趋势，2019年产量约占全球的4.70%。近10年羊肉产量呈稳定上升趋势（图4），从2010年的58.17万吨增长到2019年的70.93万吨，年均增长2.23%。由于近几年澳大利亚持续干旱导致牧草减少，羊肉产量增长变缓，再加上2019年澳大利亚发生了持续5个月的山火，席卷各地农场和森林，对澳大利亚畜牧业造成了严重冲击。2019年，澳大利亚羊肉产量下降明显，较上年减少了3.67万吨，下降幅度达4.92%。

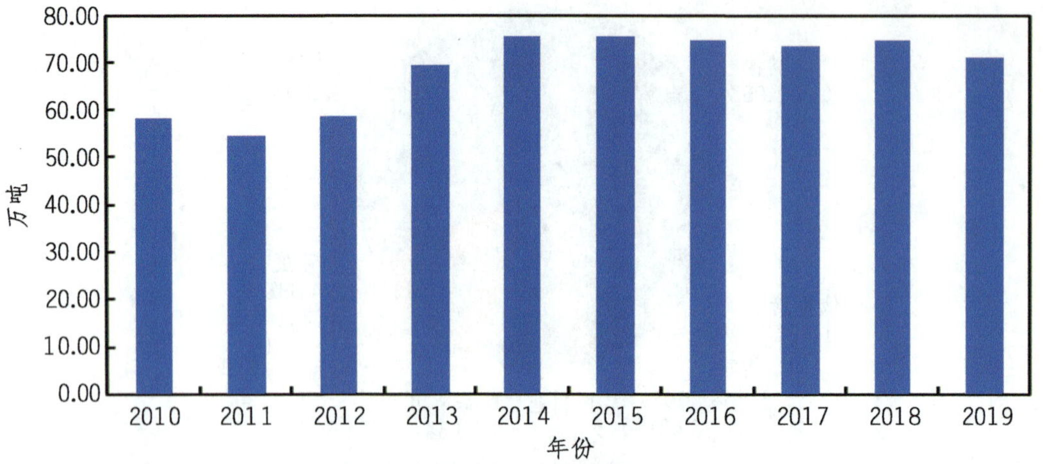

图4　2010—2019年澳大利亚羊肉产量

数据来源：https：//www.abs.gov.au。

新西兰是全球第五大羊肉生产国，产量占全球的比重呈现下降趋势，2019年产量约占全球的2.96%。近些年同样受到干旱影响，肉羊数量减少较多。2010—2019年，肉羊存栏数逐年下降，年均减少2.13%；其中，2010—2016年，存栏数下降较快；2017—2018年，存栏数放缓；2019年肉羊存栏数量减少到2 682.18万只，比2010年下降17.63%（图5）。虽然肉羊存栏量不断减少，但是新西兰通过提高肉羊的繁殖力、牧草的营养供给、动物福利和生产管理技术水平等方面提升肉羊生产效率，其羊肉产量近10年来基本稳定在47.04万吨左右水平。2019年，羊肉产量为45.46万吨，较上一年减少了1.62万吨，降幅达3.44%。

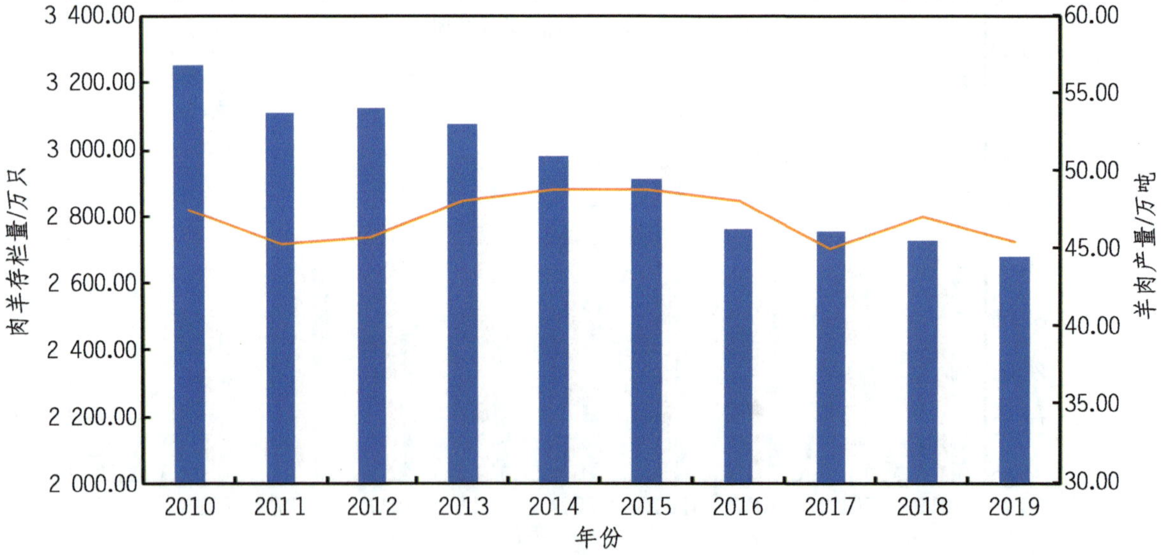

图5　2010—2019年新西兰肉羊存栏量和羊肉产量

数据来源：http：//nzdotstat.stats.govt.nz。

注：存栏量为当年6月30日统计数。

（二）世界消费小幅上升

2019年，全球羊肉消费量小幅上升，由2018年的1 506.86万吨增至1 527.87万吨，增幅为1.39%（图6）。2010—2019年，世界羊肉消费量呈逐年上升趋势，由1 316.96万吨增长到1 527.87万吨，年均增长1.66%，但年际间的消费增速差别较大；2010—2012年增速较慢，年均增速0.46%；2013—

2015年增速较快，年均增速3.02%；2016年以后增长相对稳定，年均增速1.42%。2019年，羊肉消费为近10年最高。近5年，世界羊肉消费量略高于产量，羊肉库存不断降低。

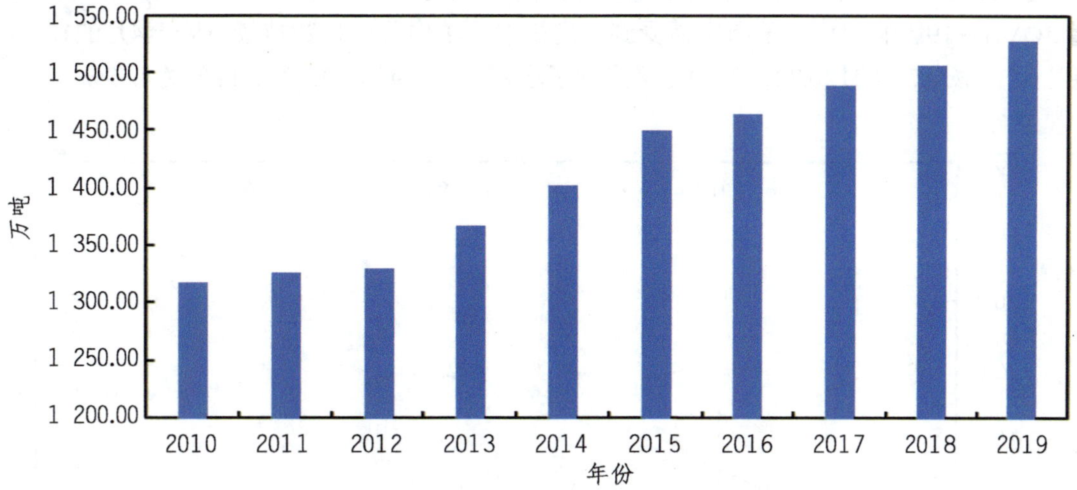

图6　2010—2019年全球羊肉消费量变动情况

数据来源：OECD-FAO Agricultural Outlook 2020—2029。

2019年，世界羊肉消费在各地区间分布不均衡，由高到低依次是亚洲、非洲、欧洲、拉丁美洲、大洋洲和北美洲，所占比重分别为65.94%、20.07%、8.65%、2.56%、1.43%和1.36%。

在亚洲地区中，中国是最大的羊肉消费国，且中国也是全球第一大羊肉消费国，消费量占全球的比重呈上升趋势，2019年羊肉消费量约占全球的34.50%。2010—2019年，羊肉消费量从403.67万吨增至到527.09万吨，增幅为30.57%。2019年，该地区羊肉消费排在中国之后的依次是印度、巴基斯坦、土耳其和伊朗，消费量占全球的比重分别为4.67%、3.09%、2.63%和2.60%。2010—2019年，印度、巴基斯坦和伊朗羊肉消费量占全球的比重呈下降趋势，而土耳其羊肉消费量增长较快，消费量占全球的比重呈上升趋势，由2.09%升至2.63%。

非洲羊肉消费量仅次于亚洲，其中，尼日利亚是该地区羊肉最大的消费国，2010—2019年，羊肉消费量由45.82万吨降至39.51万吨，消费量占全球的比重呈下降趋势，由3.48%降至2.59%。

在欧洲地区中，欧盟和英国是该地区羊肉主要消费地区。2010—2019年，欧盟羊肉消费量占全球的比重呈下降趋势，由6.16%降至4.68%；英国作为羊肉消费的传统大国，2010—2019年羊肉消费量占全球的比重也呈下降趋势，由2.38%降至1.98%。

在大洋洲地区中，羊肉消费最大的国家是澳大利亚。2010—2019年，羊肉消费量由22.59万吨降至17.70万吨，羊肉消费量占全球的比重也呈下降趋势，由1.71%降至1.16%。

由于羊肉的烹饪过程与牛肉、猪肉以及家禽在内的其他肉类相比较为复杂，且受消费习惯的影响，羊肉在总体肉类消费份额中所占的比重较低，但在中国、印度、伊朗、土耳其等亚洲许多发展中国家或地区的饮食结构中，羊肉是作为肉类蛋白的来源之一。2019年，亚洲进口羊肉107.12万吨，占世界羊肉进口量的67.86%，亚洲的这些国家对其偏好程度逐年增加。预计未来几年亚洲发展中国家人口数量的增长将成为全球羊肉消费量增长的主要动力来源。

二、国际价格走势

（一）FAO羊肉价格指数继续上涨

2017年1月至2020年9月，FAO羊肉价格指数呈现先上涨后下降趋势（图7）。2018年羊肉价格指数平均较上年提高11.11%。羊肉价格指数2019年以来总体呈现波动上涨趋势，1—3月小幅下降，3—7月开始持续上涨，7—10月价格指数小幅回落，10—12月进入上涨状态，涨至130.93，同比增4.76%。进入2020年，1—4月羊肉价格指数呈现出下降趋势，1月为121.25，同比上涨2.26%；进入2月随着COVID-19影响加重，羊肉贸易受到一定影响，羊肉价格指数持续下降至4月的109.45，5月份开始上涨，涨至7月的120.72，7—9月又出现了小幅下降，降至115.25，降幅为4.53%。

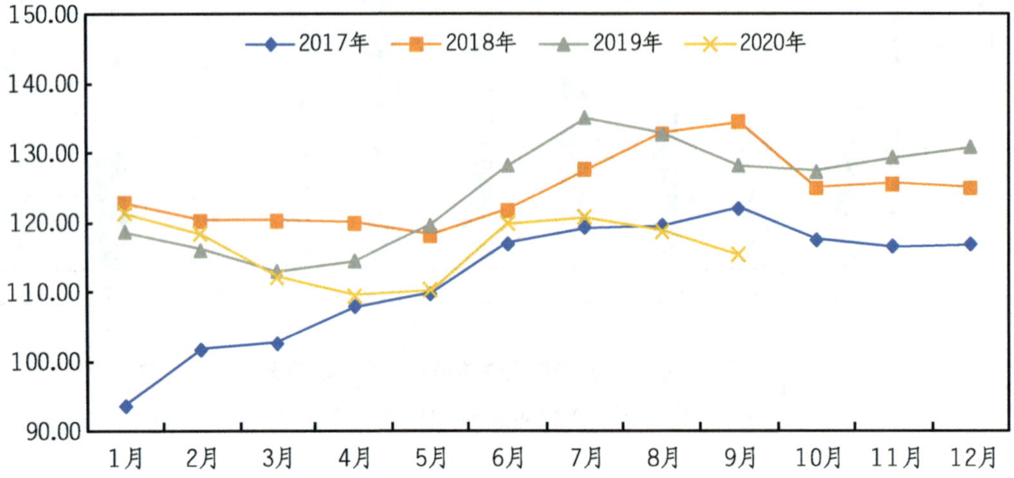

图7　2017年1月至2020年9月FAO羊肉价格指数（2014—2016=100）

数据来源：FAO。

（二）澳大利亚羊肉出口价格持续走高

2018年1月至2020年4月，澳大利亚羊肉出口价格表现出上涨趋势（图8），2018年均价为6.85澳元/千克，2019年均价为7.21澳元/千克，2020年前4个月的均价为8.14澳元/千克，同比上涨32.80%，涨幅较大。具体来看，2018年澳大利亚羊肉价格逐渐上涨，9月达到最高值8.75澳元/千克，之后开始下降，10月价格降至6.71澳元/千克，降幅为23.31%，11月和12月价格小幅波动。2019年1—12月，羊肉价格呈波动上涨态势，较上年涨5.29%。持续干旱气候、畜禽重建和2019年的山火等因素导致羊肉产量下降，2020年1—4月，羊肉出口价格较之前高涨，1月达到6.99澳元/千克，同比上涨26.62%，之后持续走高。

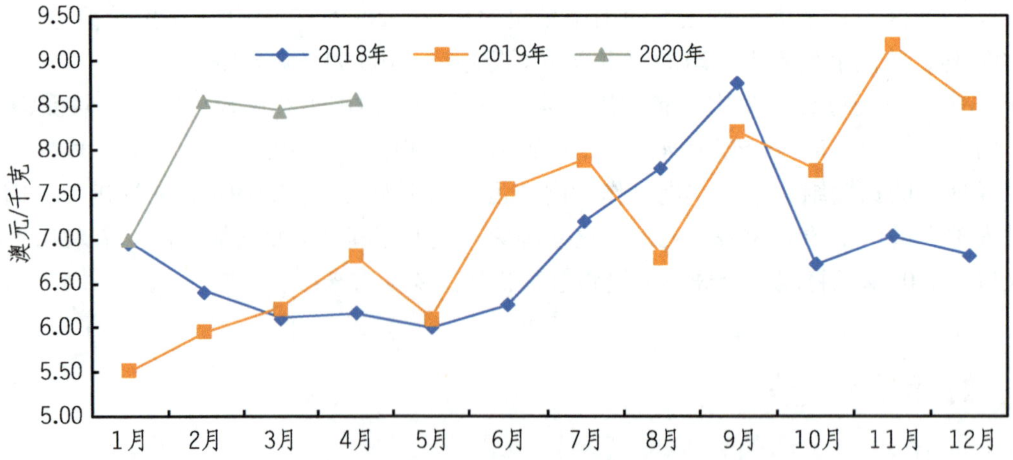

图8　2018年1月至2020年4月澳大利亚羊肉出口价格

数据来源：Australian Bureau of Statistic。

（三）新西兰羊肉出口价格继续上涨

从2010年3月至2020年3月新西兰羊肉出口价格指数统计数据可以看出，2010—2017年，羊肉价格指数较为稳定（图9）。2017年之后，羊肉价格指数处于持续高速增长的趋势，从2017年3月的1 151增长到2020年3月的1 707，年均增速高达14.04%。

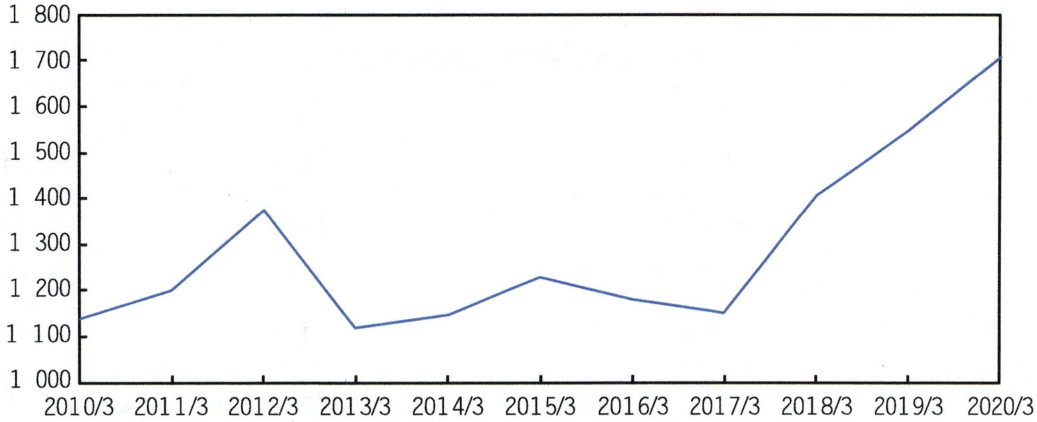

图9　2010年3月至2020年3月新西兰羊肉出口价格指数（2002年3月为基期1 000）

数据来源：http：//nzdotstat.stats.govt.nz。

三、国际贸易格局

（一）世界羊肉贸易保持增长

根据2010—2019年羊肉进出口量统计数据可以看出，近10年来世界羊肉进出口总量波动上涨（图10），年均增长2.32%，2019年世界羊肉贸易量为308.06万吨，比上年增长2.14万吨，涨幅为0.70%。在进口方面，2019年进口量为157.85万吨，2010—2019年，进口年均增速为3.32%；在出口方面，2019年出口量为150.21万吨，2010—2019年，出口年均增速为1.37%。在这10年中，进口增速高于出口增速。

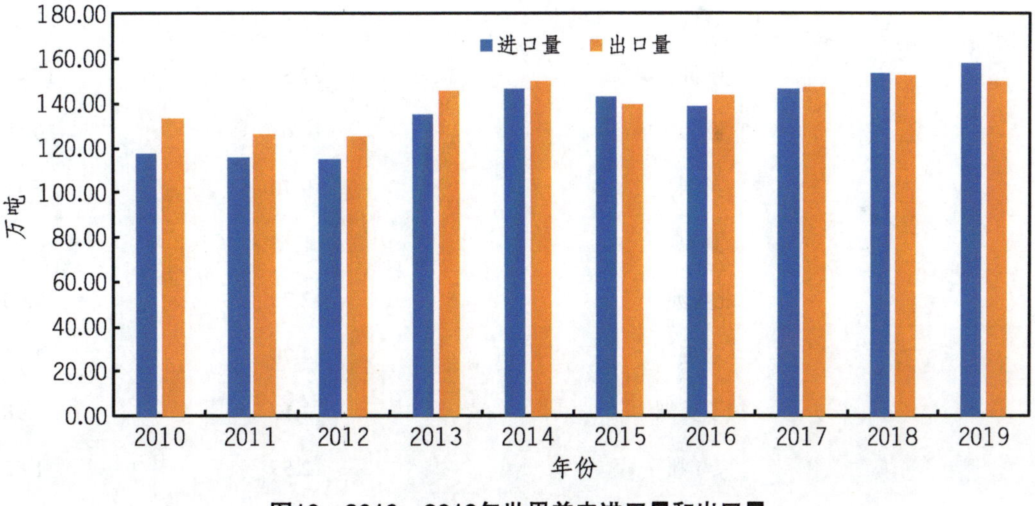

图10　2010—2019年世界羊肉进口量和出口量

数据来源：OECD-FAO Agricultural Outlook 2020—2029。

（二）世界羊肉贸易格局保持稳定

2019年，大洋洲继续为世界羊肉第一出口地，出口量为98.69万吨，占全球总出口量的65.70%，其中，澳大利亚和新西兰的出口量分别为53.66万吨和45.02万吨，占全球羊肉总出口量的35.72%和29.97%。欧洲和非洲分别位于出口量的第二位和第三位，但与大洋洲相比，羊肉出口量较少，分别为24.29万吨和12.34万吨，占总出口量的16.17%和8.22%（表1）。

表1　2019年全球羊肉贸易格局分布

国际贸易	地区	数量/万吨	比重/%
出口	大洋洲	98.69	65.70
	澳大利亚	53.66	35.72
	新西兰	45.02	29.97
	欧洲	24.29	16.17
	非洲	12.34	8.22
	亚洲	11.97	7.97
	拉丁美洲	1.92	1.28
	北美洲	0.99	0.66
	合计	150.21	100.00
进口	亚洲	107.12	67.86
	中国	39.20	24.83
	沙特阿拉伯	17.86	11.31
	伊朗	4.81	3.05
	马来西亚	3.65	2.31
	日本	2.50	1.58
	韩国	1.78	1.13
	其他	37.32	23.64
	欧洲	27.52	17.43
	欧盟	16.67	10.56
	英国	9.70	6.15
	其他	1.15	0.73
	北美洲	12.75	8.08
	非洲	4.79	3.03
	拉丁美洲	3.12	1.98
	大洋洲	2.55	1.62
	合计	157.85	100.00

数据来源：OECD-FAO Agricultural Outlook 2020—2029。

2019年，羊肉进口最大的进口地区为亚洲，进口量为107.12万吨，占总进口量的67.86%，其中，最大的羊肉进口国为中国，进口量远超过其他国家和地区，为全球第一大羊肉进口国，高达39.20万吨，占总进口量的24.83%；全球第二大进口国为沙特阿拉伯，进口量为17.86万吨，占总进口量的11.31%；伊朗为亚洲的第三大羊肉进口国，进口量为4.81万吨，占总进口量的3.05%。欧洲羊肉进口量仅次于亚洲地区，为27.52万吨，占总进口量的17.43%，该地区中最大的进口国为英国，进口量9.70万吨，占总进口量的6.15%。

（三）大洋洲羊肉出口增加

2010—2019年，大洋洲羊肉出口量存在较大波动，但呈现出增加的趋势（图11），由82.12万吨增至98.69万吨，增幅为16.79%。2010—2019年，澳大利亚的羊肉出口变动较大，但整体表现为波动增加趋势，从37.34万吨增长到53.66万吨，增幅达43.72%；2012年出口量超过新西兰，成为世界羊肉第一大出口国，之后一直保持第一的地位。与2018年相比，2019羊肉出口量下降3.74%。新西兰国内羊肉消费少，只占产量的8%，92%出口到世界120多个国家和地区。近10年来，与澳大利亚同为主要的羊肉出口国，新西兰的羊肉出口较为稳定，每年的出口量在44.02万吨左右，2019年出口量为45.02万吨，较上年增加1.21%。

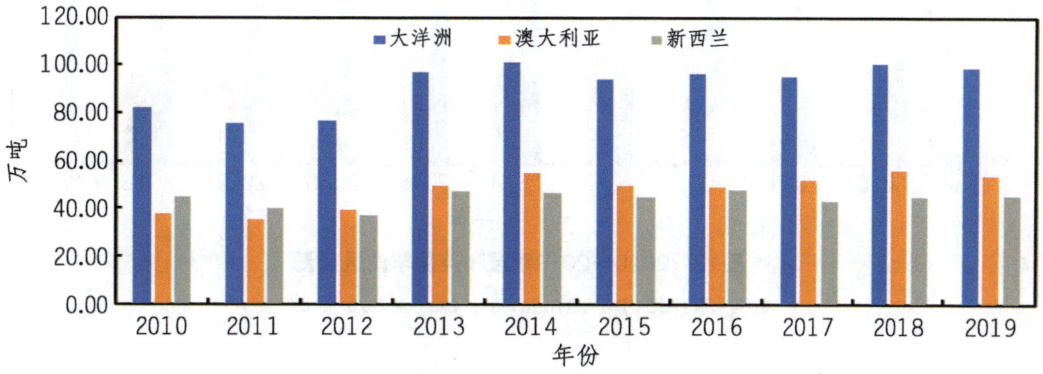

图11　2010—2019年大洋洲及澳大利亚、新西兰羊肉出口量

数据来源：OECD-FAO Agricultural Outlook 2020—2029。

（四）亚洲进口量持续增加

2010—2019年，亚洲羊肉进口量小幅波动，但整体上呈现出增长趋势（图12）。2010—2014年，由60.40增至92.55万吨，增幅高达53.22%；2014—2016年，发生了小幅下降，降至84.45万吨，降幅为8.75%；2016年之后，羊肉进口量持续增至107.12万吨，为近10年的最高值。

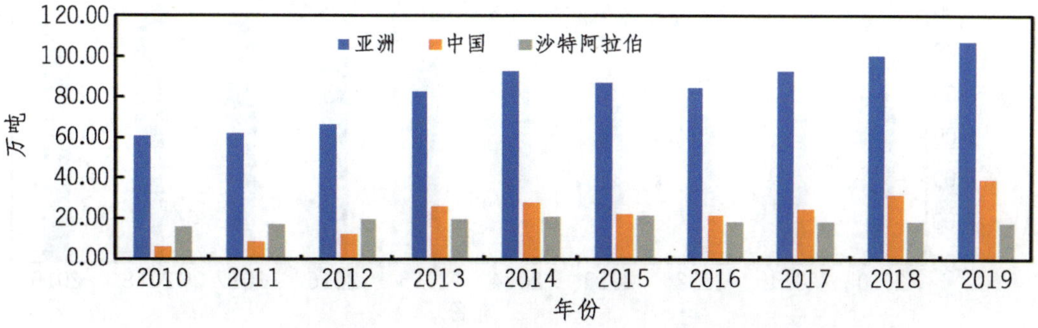

图12　2010—2019年亚洲及中国、沙特阿拉伯羊肉进口量

数据来源：OECD-FAO Agricultural Outlook 2020—2029。

2010—2019年，中国羊肉进口量波动中上涨，由5.70万吨增至39.20万吨，年均增长率高达23.89%。2018年和2019年羊肉进口量高涨，主要是因为受非洲猪瘟影响，中国猪肉产量下降，羊肉的替代性消费有所增加，加上国内产能增长较慢，进口明显增加。2010—2019年，沙特阿拉伯羊肉进口量呈现出先增加后减少的情况。其中，2010—2015年，羊肉进口量呈现出增长趋势，由15.88万吨增至21.55万吨，增幅为35.68%；之后，处于下降趋势，2019年降至17.86万吨。

（五）欧盟和英国进口量持续下降

2012年之前，欧盟是全球羊肉第一进口地区，2012年进口量被中国超越，之后一直低于中国进口量。近10年来，欧盟的羊肉进口量持续下降，由2010年的20.86万吨下降到2019年的16.67万吨，降幅为20.11%，目前比沙特阿拉伯的进口量（17.86万吨）还少1.19万吨。同欧盟的羊肉进口类似，2010—2019年，英国羊肉进口量也呈现出持续下降趋势（图13），由12.83万吨降至9.70万吨，降幅为24.41%。

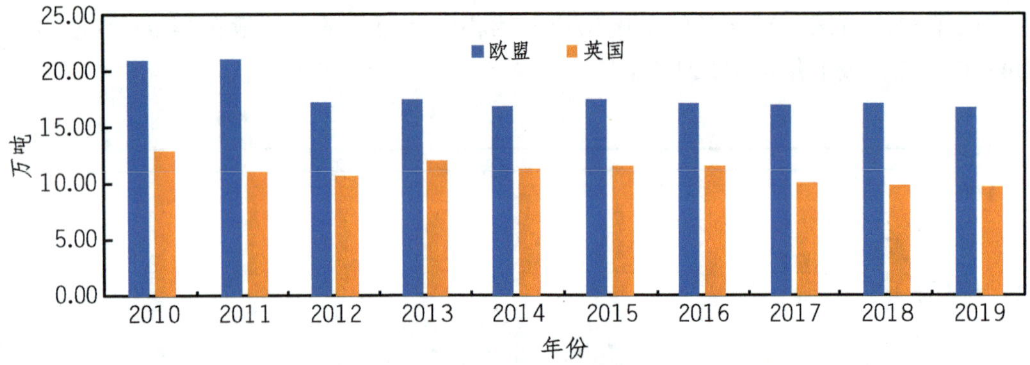

图13　2010—2019欧盟和英国羊肉进口量

数据来源：OECD-FAO Agricultural Outlook 2020—2029。

（六）美国进口量波动增加

2019年，北美洲羊肉进口量为12.75万吨，其中，美国为该地区最大的进口国，进口量为10.15万吨，占北美洲羊肉进口量的比重为79.60%。2010—2019年，美国羊肉进口量分为3个阶段，第一阶段：2010—2012年，该阶段变现为小幅下降，由7.51万吨降至6.97万吨；第二阶段：2012—2018年，为连续增长阶段，增至12.37万吨，为近10年的最高值；第三阶段：2018—2019年，羊肉进口量出现了较大降幅，为17.92%。近10年，整体呈现出波动上升趋势（图14）。

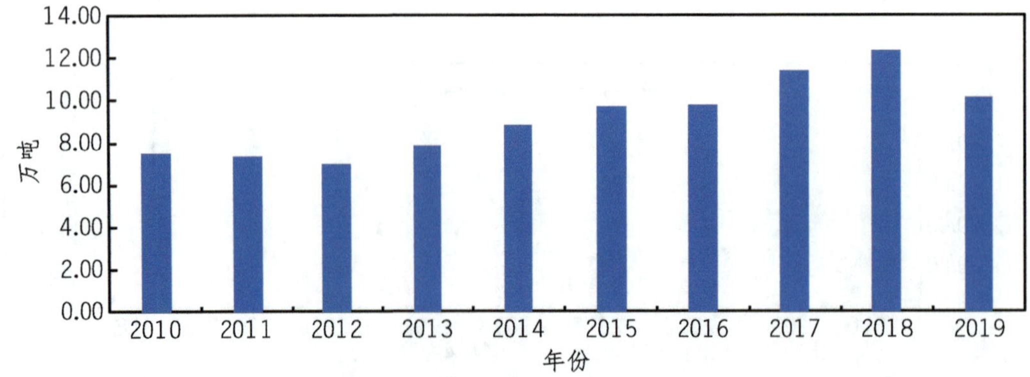

图14　2010—2019年美国羊肉进口量

数据来源：OECD-FAO Agricultural Outlook 2020—2029。

四、世界主要国家产业竞争力

（一）澳大利亚现代化畜牧业模式有效提升羊肉产业竞争力

澳大利亚拥有优良的草地资源及适宜畜牧业发展的条件，但并没有完全依赖这些发展畜牧业的天然资源，而是大力发展现代化畜牧业模式。在该模式下，尤其羊肉产业中，深化专业分工且在产业链的每个环节中提高机械化和信息化程度，重视良种的培育，注重生态环境保护和治理，发展可持续性畜牧业，通过走现代化畜牧业模式来提升羊肉产业在国际贸易中的竞争力。

近年来，澳大利亚受干旱的持续影响，使得畜牧业风险加大，养殖规模相应地做出了调整，中小规模农场数量增加，大规模和超大规模数量大幅减少，农场总的数量在增加，从2016/2017年度的17 220个增长到2017/2018年度的17 580个，增幅为2.09%。虽然养殖规模趋于变小，与世界其他国家或地区相比，澳大利亚肉羊的养殖规模仍处于前列（图15）。

澳大利亚肉羊产业不仅规模大、科技含量高，而且现代化程度高，最主要优势是各个环节的生产作业都是由机械来完成。如，每个牧场在耕作、播种、锄草、喷药、收获、贮藏和运输等环节都利用农业机械来完成，有的牧场还有草地播种、牧草收割、打捆、青贮、切碎、饲料加工以及剪毛等牧业机械，羊的屠宰有专门的屠宰机构，并在屠宰环节全部是机械化。特别是大型家庭牧场，一般生产设施比较完善，作业机械齐全使得效率更高。如，应用剪毛机械进行剪毛，每个剪毛工每天可剪200~300只羊的毛。

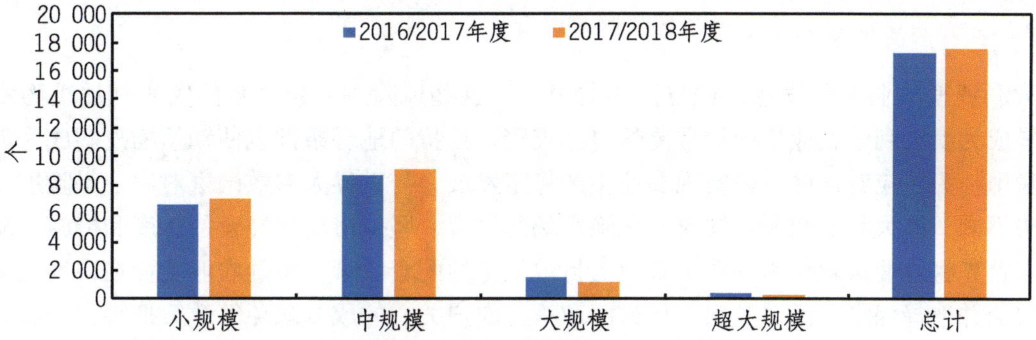

图15　2016/2017—2017/2018年度澳大利亚羔羊养殖场规模变化

数据来源：澳大利亚农业和水资源部（ABARES）。

注：小规模指200~500只；中规模指500~2 000只；大规模指2 000~4 000只；超大规模指4 000只以上。

澳大利亚现代化畜牧业模式的表现还有围栏放牧，对不同畜种、不同生长发育阶段、不同生产性能的家畜进行分群管理。对不同用途的草地进行科学的划区轮牧，使草地得到充分的利用和永久的保护，使草地生产和动物生产合理配置，实现物质和能量在生态系统中的良性循环，提高了草地生产能力和畜牧业生产的经济效益。通过围栏管理和科学放牧，也是澳大利亚现代化畜牧业模式的重要表现，使澳大利亚充分地利用了优质的草地资源，提升了羊肉产业竞争力。

（二）新西兰严格把控产业链各环节、健全服务组织和完善公共服务

为了提升羊肉产品竞争力，新西兰通过严格把控产业链各个环节、健全服务组织和完善公共服务等方面，使得新西兰的羊肉产品在世界贸易中占据一席之地。

严格把控产业链的各个环节，首先，在原材料供应环节，成立专门的牲畜购买组织——南太平洋肉类（SPM）购买组织，通过与地方养殖户、承包商和合作社建立长期有效的合作关系，保证了优质原材料供应。其次，在肉类生产环节，按照国际公认的最佳标准，引进世界上最先进的食品安全加工系统进行生产，而且为了确保运输和屠宰程序均符合要求，对所有肉羊胴体进行质量检查以

确保符合肉类的健康和卫生标准，有专门的检查员全程监督每个生产现场动物的处理过程。同时，为了提高产品质量和工作人员的工作效率，引进最先进的肉类和产品加工技术。最后，在肉类销售环节，销售的目标市场与目标客户较为多元化，包含大型超市、食品服务分销商、利基零售商、小商品制造商和预制食品加工商及餐厅等，众多企业主动拓宽国际市场。

在健全服务组织方面，成立全国性专业生产者组织——羊肉生产者局，该组织代表农牧场主利益，主要负责协调政策、组织生产、提供信息、开拓市场、加工产品、开展科研和引进技术，发挥保护和发展本行业生产的作用，指导农场主在产前、产中、产后全过程中严格按有关协会、合作组织或出口部门规定的商品质量、品种要求进行。新西兰还成立了多家养羊协会，这些协会向各农场提供优良品种、先进技术、市场信息，并定期召开会议讨论发展方向和新产品开发前景，在协会的指导下，各农场主根据自己的技术特长和实际确定生产方向。

在完善公共服务方面，新西兰按经济区合理设置教学、科研、推广服务机构，机构的经费完全来自政府的拨款，除了这些机构，还拥有农牧业研究所、农牧业技术研究服务中心、畜牧业生产技术培训中心。这些公共服务部门之间密切合作，紧密联系生产实际，如在肉羊良种繁育、疾病防治、检疫监测、灾害预测等方面。这些公共机构服务全国各地肉羊养殖场，在生产技术、市场信息、经营管理等方面为农场养殖提供服务。

五、主要国家产业支持政策新变化

（一）澳大利亚借助市场化农业保险制度实现农业生产稳定发展

澳大利亚畜牧业十分发达，但也面临着风险。这些风险主要包括自然灾害和动植物疫病，其中，干旱成为澳大利亚农业生产最重要的自然灾害，独特的地理条件也使动植物疫病成为该国重要的风险隐患。为了应对这些风险实现农业生产稳定发展，与世界大多数国家对农业保险进行政府补贴的做法不同，澳大利亚政府重视农业保险市场的培育，坚持市场化经营的态度和措施，减少政府的干预。首先将农业保险作为一揽子农业支持政策中的配套政策，激励农业企业在咨询机构等帮助下自行权衡并选择保险产品。其次，将鼓励政策与农户关心的成本减免等政策捆绑在一起，激励农户积极投保。这样的政策安排不仅促进农业保险发展，更好地减轻了农场主经营压力，也能减少家庭农场与保险公司合谋套取政府资金的可能性。

（二）新西兰制定兽医继续教育政策提高羊肉产业的生产率

新西兰兽医委员会根据《兽医法》和该国畜牧业可持续发展的需要，制定了本国兽医职业继续发展的标准要求。依据该标准要求，新西兰兽医协会编制了兽医职业继续发展基本框架，涵盖继续教育课程、培训机构、讲课类别和授课方式等方面，并采用多种形式提供相应的培训机会和专业课程，旨在提升执业兽医在工作中的专业技能水平，确保兽医不断地巩固、更新专业技能，更好地适应社会发展需求，如兽医继续教育，学术性培训学习，专项培训等形式。而且新西兰要求兽医执业资格每年年检一次，其中要求近三年职业继续发展教育的学习记录要达到60分。通过这样规范的教育政策，来不断提升兽医的业务水平，有助于畜牧业中疾病的预防和治疗，最终提升羊肉产业生产率。

六、世界供需形势展望

世界羊肉产量将温和下降。由于COVID-19的影响，全球各个国家和地区采取防疫隔离措施，会从羊肉产业链的不同环节对生产带来不利影响，首先，这些防疫措施会影响到肉羊饲养中饲草料获取，导致疫情期间饲草料不足的问题，不利于存栏量的增加；其次，羊肉屠宰、加工环节各国采取了积极防疫措施，以防止疾病在屠宰、加工厂的传播，如有工人感染病毒，会导致员工短缺，严重会使屠宰和加工厂停工，这在一定程度上影响羊肉的生产效率；最后，防疫隔离措施和加大对羊肉检疫力度，增加了羊肉流通运输成本。澳大利亚和新西兰因养殖方式为放牧，人员比较分散，使得养殖环节受到疫情影响非常小；在屠宰、加工环节，两国为了保护员工的健康安全，要求做好个人防护并保持安全工作距离，这导致生产效率降低。近些年，澳大利亚干旱气候以及2019年的山火，对畜牧业造成严重冲击，导致羊的存栏量减少，而自然灾害带来的羊群数量的减少，需要一定的时间恢复，预计澳大利亚的羊肉产量在未来两年会继续下降。再加上，近些年持续干旱使得新西兰羊只存栏量不断下降，羊肉产量增长乏力。中国作为世界最大的羊肉生产国，在COVID-19暴发的早期，果断采取疫情隔离措施、限制人员流动及关闭一些活禽交易市场，这期间对羊肉的生产各环节产生不利影响，导致羊肉产量下降，随着中国疫情防控的成功，各地相继复产复工，羊肉产量逐渐回归正常水平。印度、欧盟和英国作为羊肉的重要产区，新冠肺炎疫情没有得到有效控制，羊肉的生产受到较大的影响。综合这些因素，预计世界羊肉产量将温和下降。

世界羊肉消费量将小幅下降。消费主要受人们收入的影响，COVID-19突发事件使全球经济陷入低迷状态，根据联合国发布的《2020年世界经济形势与展望年中报告》对未来经济形势的研判，2020年全球经济预计萎缩3.2%，其中，发达国家经济将萎缩5%，发展中国家经济萎缩0.7%，世界羊肉消费受到一定的不利影响。其中，COVID-19对发达国家经济的影响较大，而对发展中国家经济影响较小，但考虑到70%以上的羊肉消费是发展中国家，预计2020年、2021年全球羊肉的消费量将会小幅降低，随着疫情得到有效控制、经济好转，羊肉消费将逐渐恢复增长趋势。

全球羊肉贸易量将会减少。由于世界各国羊肉生产和消费分布不均衡，需要国际贸易进行调节。地区和国家间的国际贸易需要经过海运和空运手段，为了防止COVID-19传播，各国采取的防疫隔离措施增加了运输成本，不利于进出口。由于2020年欧洲和美国新冠肺炎疫情较为严重，尤其羊肉重要的贸易国英国和美国疫情较为严重，这对羊肉的进口会产生不利影响，预计欧盟、英国和美国羊肉进口量将会下降。中国的羊肉进口量约占全球进口量的25%，对全球的贸易影响较大，受非洲猪瘟疫情的影响，中国猪肉供给量严重不足，消费者对羊肉的需求量有所增加，但由于受新冠肺炎的影响和肉羊生产周期长的特点，短期内中国羊养殖量及羊肉供给量不会大幅度增加，所以预计中国对羊肉的进口量会进一步增加，这在一定程度上弥补其他国家和地区进口量的下降。澳大利亚和新西兰的羊肉出口量约占全球出口量的65%，受制于产量的限制，两国的出口将会下降；受COVID-19影响，澳大利亚和新西兰也有一些羊肉企业反馈羊肉出口受到限制。同时，近几年贸易保护主义抬头，也会在一定程度上影响到全球羊肉贸易。预计未来两年世界羊肉贸易量将会减少。

世界羊肉价格会呈现波动上升趋势。从世界羊肉生产和消费、羊肉主要贸易国的进出口量及国际羊肉价格的走势分析，可预计，未来两年羊肉市场中羊肉平均价格会出现上涨趋势，这种上涨趋势是由于全球羊肉消费量高于产量所致。在羊肉贸易供给方面，由于最大的羊肉出口国澳大利亚羊肉出口量减少；羊肉贸易的需求方面，最大羊肉进口国中国有较高的进口需求，这个因素也会导致未来羊肉价格将保持在高位，并将波动上涨。还有2018年世界各地暴发的非洲猪瘟疫情到2020年也时有发生，这将会降低2020年全球猪肉产量，从而会推动对羊肉的需求，刺激价格上涨。除了这些导致羊肉上涨的因素外，还有一个不能忽视的影响因素，即2020年全球经济低迷，人们减少对羊肉的消费。综上所述，预计2020年和2021年世界羊肉价格会出现波动上升趋势。

参考文献

范丽萍，2014. 澳大利亚农业巨灾风险管理政策研究[J]. 世界农业（2）：35-38.

鲁苏娜，2019. 新西兰兽医管理制度概况[J]. 中国畜牧业（15）：41-42.

马凤江，杜桂娟，杨姝等，2016. 草地畜牧业现状与未来发展趋势[J]. 农业经济（12）：66-67.
邱波，朱一鸿，2019. 政府干预与市场边界：澳大利亚农业保险制度实践及其启示[J]. 保险研究（3）：79-85.
游锡火，2019. 澳大利亚肉羊产业发展经验及对我国的启示[J]. 中国畜牧杂志（8）：170-173.
杨振海，张智山，王锋，等，2011. 新西兰畜牧业发展概况[J]. 世界农业（1）：68-70.
张利宇，2020. 新冠肺炎疫情对畜牧业生产影响及应对建议[J]. 中国饲料（5）：3-4.
澳大利亚红肉协会. [EB/OL]. https：//www. mla. com. au/.
世界经济展望.，2020[EB/OL] . https：//www. sohu. com/a/404403073_100176301.
新西兰统计局. [EB/OL]. https：//www. stats. govt. nz/.
中国畜牧业信息网. [EB/OL]. http：//www. nahs. org. cn/.
Australian Bureau of Agricultural and Resource Economics and Sciences. [EB/OL] . https：//www. agriculture. gov. au/.
OECD-FAO Agricultural Outlook 2020—2029. [EB/OL]. https：//stats. oecd. org.
WTO. 全球商品贸易下滑趋势或因全球公共卫生问题而加深. [EB/OL] . https：// www. sohu. com/a/373991281_222256.

（内蒙古大学经济管理学院　钱贵霞
中国农业科学院农业信息研究所　朱　聪　曲春红）

专题五：乳制品

乳制品含有丰富的蛋白质、脂肪、维生素和矿物质等营养物质，且易于人体吸收，是餐桌上不可或缺的食物之一。2019年全球牛奶价格又历经了一个新的短暂升降周期，虽然价格比2018年有所回升，但全球原奶产量继续缓慢增长，需求没有明显复苏迹象，消费量占比仍在下降。最新数据显示，2019年下半年全球乳制品价格走势出现分化，除黄油价格下降外，奶酪、脱脂奶粉和全脂奶粉价格有小幅增长，但是进入2020年后都以较大幅度出现下降。预计2019—2020年黄油价格将有小幅下行，脱脂奶粉价格回升。尽管未来10年生鲜乳产量增长同比放缓，仍将以每年1.6%的速度增长，但是受全球新冠肺炎疫情、多地自然灾害频发等因素影响，全球乳制品生产和贸易存在面临着更多的不确定性。

一、世界供需现状

（一）全球牛奶供应增长放缓，消费需求放缓

2010年以来，全球牛奶产量以平均每年约1.92%的速度持续增长，全球牛奶消费量以平均每年约191万吨的速度保持增长，年均增长1.07%，因此每年消费量占牛奶产量的比重仍然呈现逐年下降趋势。短期看，牛奶产量的增速在2014—2015年出现了小高峰，2017—2019年的年增速逐年下降。2019年全球牛奶产量5.24亿吨，比2018年提高1.27%，仍低于1.92%的年均增速；消费量1.89亿吨，比2018年提高1.00%，也低于近9年1.07%的年均增速（图1）。由此可得，2019年度全球牛奶供需仍然呈现供应减缓、需求也放缓的整体形势。

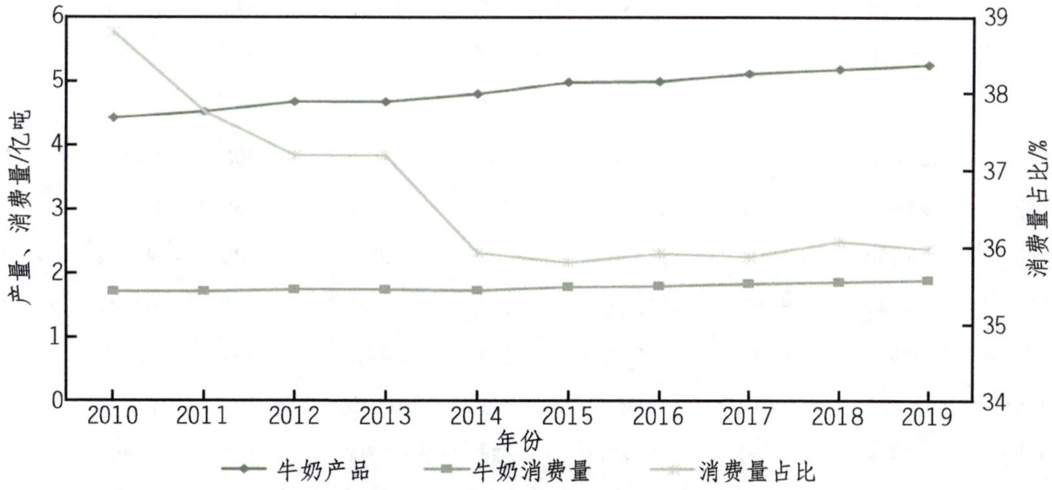

图1　近年全球牛奶[①]产量、消费量及其占比

数据来源：USDA。

① 仅指牛奶，不包括水牛奶和羊奶等。

（二）欧美依旧是生产主力，中国增速稳定领先

从地区来看，欧盟和美国2019年牛奶产量分别为1.55亿吨和0.99亿吨，供应了全球30%和19%的牛奶产量，相比2018年供应了全球31%和20%的牛奶产量，产量份额有所下降（图2）。其次为印度，2019年印度牛奶产量0.92亿吨，占全球的17%，产量份额相比2018年（15%）有所提升。中国和俄罗斯各为0.32亿吨和0.31亿吨，均占全球约6%，产量份额比2018年无变化。

虽然欧盟和美国依然是全球最大的牛奶生产基地，但近年也不可避免地出现了增速乏力的迹象，如欧盟2017年、2018年、2019年的产量年增速分别为1.59%、0.77%、0.40%，呈逐年递减趋势；美国2017年、2018年、2019年的产量年增速分别为1.45%、0.95%、0.37%，增速也持续下滑。

在主要奶源国家，中国、巴西、印度的增速最为明显。中国2019年牛奶产量3 200万吨，比2018年增产125万吨（同比增4.07%），远高于全球牛奶产量的平均增速。巴西2019年牛奶产量2 375万吨，占全球牛奶产量的5%，同比增速2.97%。印度的牛奶产量表现一直比较突出，2019年、2018年、2017年分别比上年提高了220万吨、617万吨、554万吨，年均增速保持在5%~6%。此外，欧盟、美国、俄罗斯、加拿大、白俄罗斯、日本等国家也比去年有小幅增长。

澳大利亚、乌克兰、阿根廷的牛奶产量有较大幅度的下降，以澳大利亚、乌克兰最为突出，2017—2019年连续3年均呈现下降趋势，年均减产分别为2.35%、1.55%。乌克兰2019年牛奶产量为1 007万吨，同比降1.69%；澳大利亚2019年牛奶产量为945万吨，同比降6.6%，远高于前两年的减产速度，可能是山火对农业造成了很大影响，预计这两个国家2020年产量还将下行（表1）。

表1　2019年全球牛奶生产量

国家（地区）	2019年产量/千吨	比2018年		比2017年		比2016年		2020年估计产量/千吨
		变化量/千吨	变化率/%	变化量/千吨	变化率/%	变化量/千吨	变化率/%	
欧盟	155 200	625	0.40%	1 175	0.77%	2 400	1.59%	155 900
美国	99 057	369	0.37%	926	0.95%	1 395	1.45%	100 880
印度	92 000	2 200	2.45%	6 166	7.37%	5 535	7.09%	95 200
俄罗斯	30 560	162	0.53%	−536	−1.73%	424	1.39%	31 000
中国	32 000	1 250	4.07%	364	1.20%	−254	−0.83%	31 800
巴西	24 450	705	2.97%	121	0.51%	898	3.95%	25 250
新西兰	21 852	−165	−0.75%	487	2.26%	306	1.44%	21 950
墨西哥	12 650	282	2.28%	247	2.04%	165	1.38%	12 867
乌克兰	9 900	−170	−1.69%	−205	−2.00%	−100	−0.96%	9 690
阿根廷	10 640	−197	−1.82%	747	7.40%	−101	−0.99%	10 800
加拿大	9 995	51	0.51%	269	2.78%	594	6.54%	10 095
澳大利亚	8 832	−619	−6.55%	−11	−0.12%	−24	−0.25%	8 550
白俄罗斯	7 394	49	0.67%	24	0.33%	181	2.54%	7 420
日本	7 305	16	0.22%	8	0.11%	−113	−1.53%	7 360
韩国	2 035	−6	−0.29%	−40	−1.92%	11	0.53%	2 030
其他	436	35	8.73%	6	1.52%	1	0.25%	441
全球	524 306	4 587	0.88%	9 748	1.91%	11 318	2.27%	531 233

数据来源：USDA。

（三）脱脂和全脂奶粉库存下降，乳制品消费量增长

从全球乳制品生产类别看，黄油、奶酪、脱脂奶粉和全脂奶粉2019年库存均保持在一个较低的水平，其中黄油45.8万吨、奶酪67.3万吨、脱脂奶粉75.2万吨、全脂奶粉80.5万吨。黄油近几年呈现稳定缓慢增长态势，产量和消费量均以年均3%的速度同步增长，预计2020年产量和消费量增速分别为2.36%和2.87%，库存下降至41.6万吨。奶酪增势平稳，2019年的产量和消费量较2018年增长2%，与过去8年的平均增速一致，受全球新冠肺炎疫情影响，奶酪消费有所增加，预计2020年产量和消费量均有所提升，产量增速2.03%，消费增速2.09%，库存与去年基本一致为67.5万吨。全脂奶粉和脱脂奶粉产量虽远小于黄油和奶酪，但脱脂奶粉产量继2015年、2016年略微下调后连续3年逐步回升，2019年产量较2018年增长0.32%，需求量较2018年增加1.34%，预计2019年脱脂奶粉的需求量仍继续提升，产量也逐渐上涨，但库存会保持不变为75.2万吨。全脂奶粉2019年产量和消费量都在提升，较2018年分别提升0.55%和5.15%，预计2020全脂奶粉生产量和消费量仍将上行，库存保持至79.0万吨（表2）。

表2　全球乳制品生产量、消费量和库存量　　单位：千吨

	供需	2011年	2012年	2013年	2014年	2015年	2016年	2017年	2018年	2019年	2020[①]年
黄油	生产量	8 688	9 027	9 254	9 651	9 999	10 119	10 309	10 576	10 808	11 063
	消费量	8 164	8 490	8 721	9 037	9 373	9 629	9 864	10 085	10 350	10 647
	库存量	524	537	533	614	626	490	445	491	458	416
奶酪	生产量	17 482	18 103	18 186	18 733	19 525	19 807	20 428	20 705	20 865	21 289
	消费量	17 033	17 549	17 618	18 051	18 859	19 216	19 734	19 995	20 192	20 614
	库存量	449	554	568	682	666	591	694	710	673	675
脱脂奶粉	生产量	3 731	4 059	4 041	4 524	4 760	4 740	4 728	4 753	4 768	4 836
	消费量	3 193	3 449	3 485	3 517	3 720	3 617	3 855	3 963	4 016	4 084
	库存量	538	610	556	1 007	1 040	1 123	873	790	752	752
全脂奶粉	生产量	4 408	4 500	4 568	4 961	5 099	4 635	4 809	4 790	4 869	5 039
	消费量	3 389	3 496	3 648	3 763	3 956	3 971	3 836	3 865	4 064	4 249
	库存量	1 019	1 004	920	1 198	1 143	664	973	925	805	790

数据来源：USDA。

（四）乳制品生产和消费日趋集中，中国仍是全脂奶粉消费第一大国

从国家和地区乳制品产量和消费量占全球的比例来看，不同乳制品中排名靠前的国家和地区日趋集中和稳定。其中，印度是黄油生产和消费第一大国，而欧盟是奶酪第一生产和消费地区。如图2可以看出，2019年黄油生产前三名的国家和地区分别是印度（54%）、欧盟（22%）和美国（8%），黄油消费前三名的国家也是印度（56%）、欧盟（21%）和美国（9%）。从图3可以看出，2019年奶酪生产前两位是欧盟（49%）和美国（29%），占全球产量的78%，其中欧盟占全球奶酪产量的近一半，同期奶酪消费量前两位的国家和地区依然是欧盟和美国，分别为46%和28%。

① 2020为预测值。

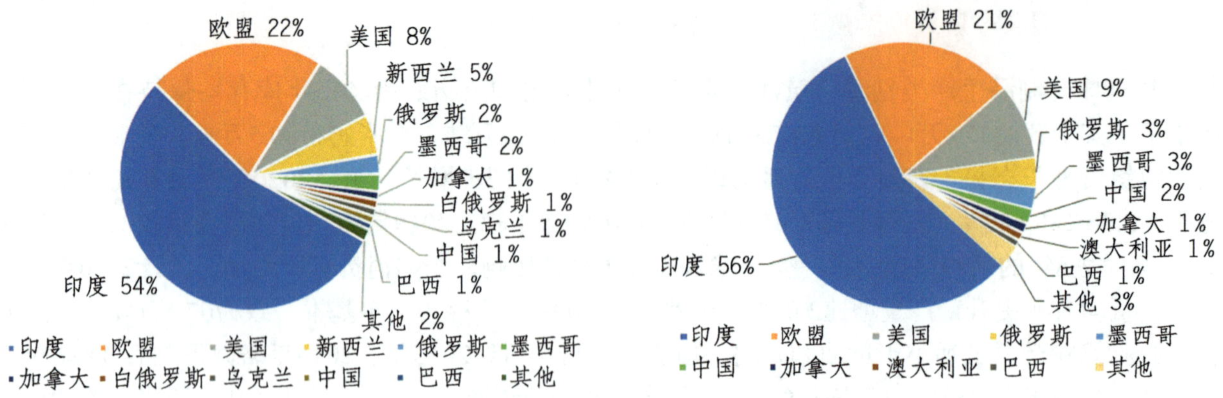

图2　2019年全球黄油生产（左）和消费（右）格局

数据来源：USDA。

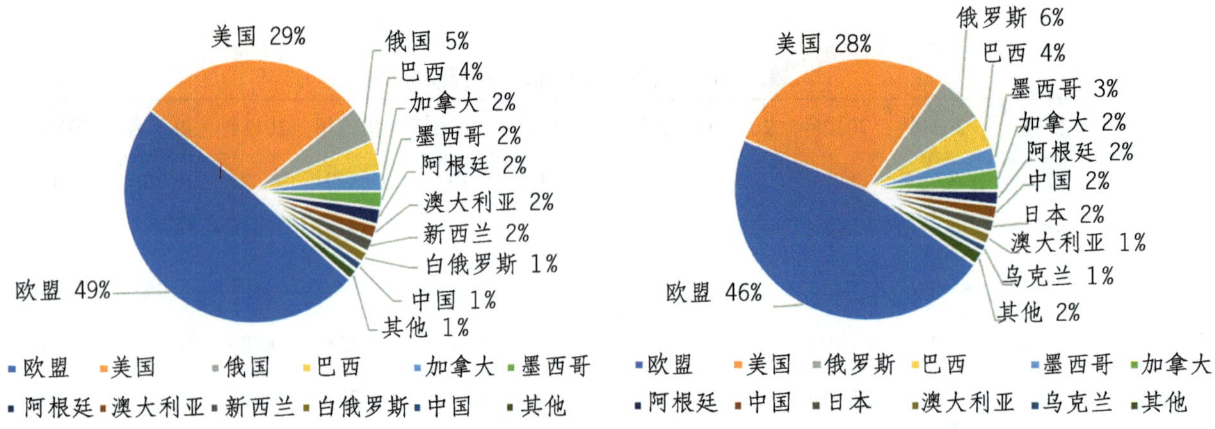

图3　2019年全球奶酪生产（左）和消费（右）格局

数据来源：USDA。

从奶粉生产和消费来看（图4和图5），2019年欧盟和美国依然是脱脂奶粉主产地，共产出全球60%的脱脂奶粉。但排名靠前的脱脂奶粉消费大国除了欧盟和美国外，还包括印度（13%）。虽然中国并非脱脂奶粉的生产大国，消费量也仅占全球9%，但中国全脂奶粉的生产位居世界第二，消费位居世界第一，2019年生产量（28%）仅次于新西兰（31%），消费量接近全球消费量的一半（49%），其次是巴西（16%）。

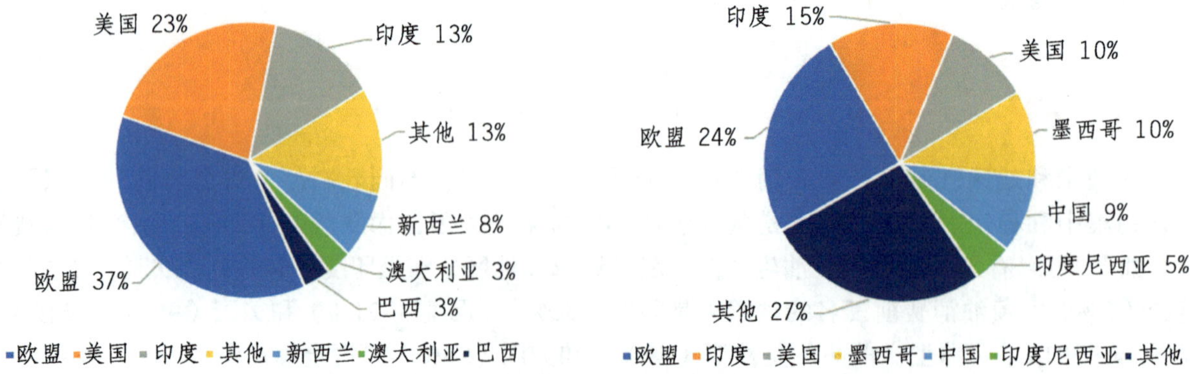

图4　2019年脱脂奶粉生产（左）和消费（右）格局

数据来源：USDA。

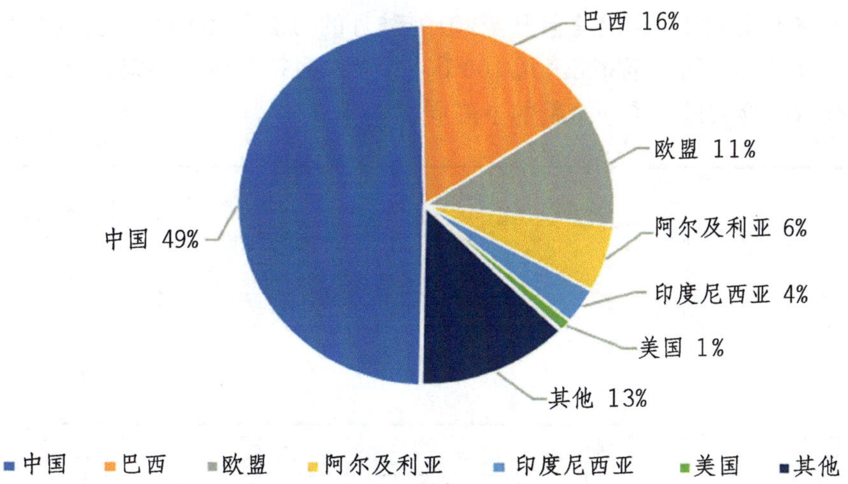

图5　2019年全脂奶粉消费格局

数据来源：USDA。

（五）全脂奶粉欧盟、澳新地区价格波动较大，美国持续走高

3个主产区价格聚合程度在2018年上半年全脂奶粉的表现上最明显，2019年则呈现不同趋势（图6）。2019年欧盟从1月的3 225美元/吨升至12月的3 417美元/吨，8月的价格全年最低为3 181美元/吨；澳新从1月的2 781美元/吨升至12月的3 208美元/吨，6月的价格全年最低为3 058美元/吨，可见欧盟、澳新地区全脂奶粉的价格波动幅度相对较大。虽然美国受到了关税贸易影响，但是全脂奶粉的价格自2018年9月以来一直在稳步提高，且持续至今，2019年全年稳定上升，12月美国全脂奶粉价格为3 939美元/吨，比1月提升了15%。

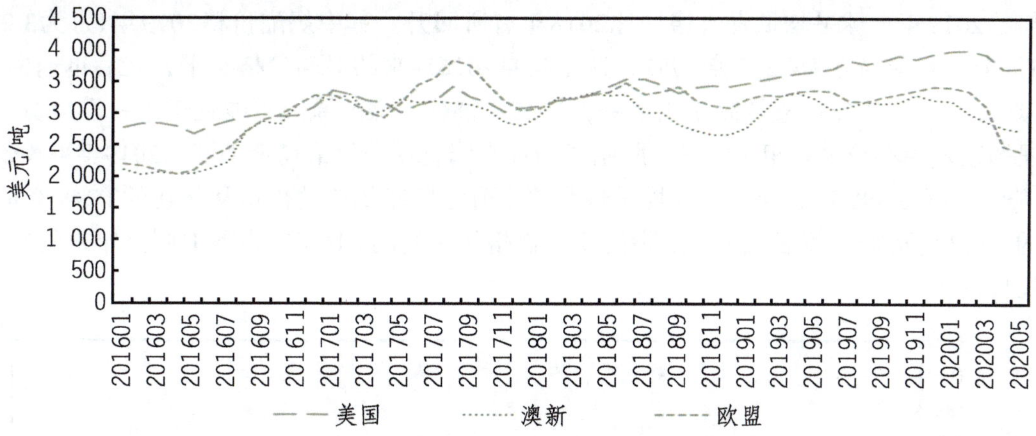

图6　2016年1月以来全脂奶粉生产格局

数据来源：USDA。

二、国际价格走势

（一）2019年全球奶价持续走高，历经新的周期

根据国际牧场联盟（IFCN）发布的乳品价格指数，全球奶价于2019年又历经了一个新的短暂升降周期。全球奶价自2016年年中回升以来，奶价一直呈现出整体波动的状态，如图7所示，近两年，继2018年5月全球奶价达到了当年的一个高峰（37.9美元/100千克），随后开始持续下降至年底。再进入2019年后呈现新的价格周期特点，即2019年上半年先经历了一个短暂的快速上升周期，

由2019年1月的33.6美元/100千克快速上升至2019年5月的41.2美元/100千克，达到了2019年以来的最高奶价，之后于6月快速回落至36.6美元/100千克，至10月持续保持稳定，11—12月有小幅上涨。2020年2月后，全球奶价又进入了一个新的下降周期。

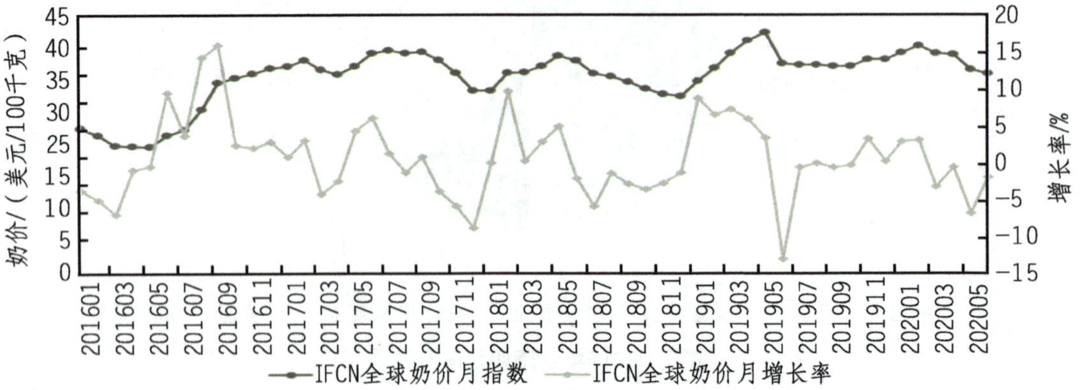

图7　2016年1月以来IFCN全球奶价月指数及其增长率

数据来源：IFCN Dairy Data[①]。

（二）黄油价格波动较大，脱脂和全脂奶粉、奶酪价格上行

从整体看（图8），2019年除了全球黄油价格年末比年初下降了14%，脱脂奶粉、全脂奶粉和奶酪年末价格比年初均表现出上行。具体表现在：黄油价格显著高于其他乳制品，而且价格差距在2017—2018年逐步加大；2019年，1月黄油价格为4 746美元/吨，5月上升至全年的最高价格5 124美元/吨，上涨8%；6月开始，黄油价格一路下滑，并与奶酪的价格差逐步缩小，至2019年12月奶酪价格反超黄油价格，自2020年2—5月，黄油价格持续低于奶酪价格。除了黄油，奶酪、脱脂奶粉、全脂奶粉的2019年全球平均批发价格均比2018年有所回升。其中奶酪价格2019年1月为3 276美元/吨，于5月上升至最高点为4 237美元/吨，这也是自2016年来的最高价格水平，之后迅速回落至6月的3 816美元/吨，下半年一直持续小幅上涨，2019年价格上涨的原因可能在于第一季度黄油和奶酪的需求强劲以及库存减少。相比之下，脱脂奶粉和全脂奶粉的价格稳定上涨，2019年平均价格分别为2 444美元/吨和3 390美元/吨，全年均呈现小幅上升。脱脂奶粉的价格从年初的2 249美元/吨上调至年末的2 824美元/吨，增长26%。全脂奶粉的价格从年初的3 160美元/吨上调至年末的3 521美元/吨，增长11%。

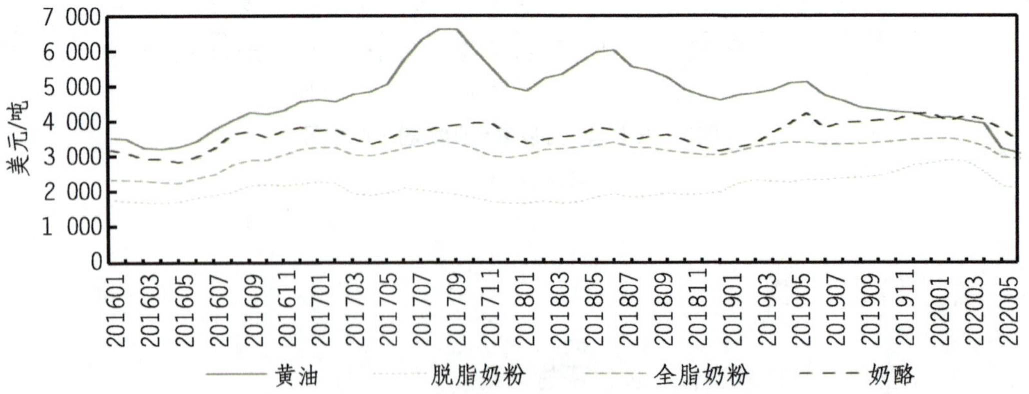

图8　2016年1月以来全球乳制品月度批发价格

数据来源：AHDB Dairy[②]。

① https：//ifcndairy.org/about-ifcn-neu/ifcn-dairy-research-center-method/.

② http：//dairy.ahdb.org.uk/market-information/milk-prices-contracts/wholesale-prices.

但是2020年上半年，受全球新冠肺炎疫情的影响，居民的消费水平有所下降，乳制品贸易流通遭受重创，进入2020年后，黄油、奶酪、脱脂奶粉、全脂奶粉的价格均呈现不同程度的下滑，5月价格比1月分别下滑了25%、14%、29%、17%。

（三）主产区原奶价格走势各不相同，美国原奶价格波动较大

各主产国和地区的原奶收购价格2019年表现各不相同。欧盟保持稳定，原奶价格始终稳定在33~34欧元/100千克。新西兰小幅增长，1—3月约为30欧元/100千克，4—10月小幅回落约至29欧元/100千克，11月开始上升，年末达到33.80欧元/100千克，且与欧盟的原奶价格差距逐步缩小，但仍保持不太显著的低成本原奶价格优势。瑞士原奶价格持续走高，7月后原奶价格进入高位，7—10月基本稳定在55~56欧元/100千克，2019年11月至2020年5月呈现小幅度下降，但仍保持较高水平。相比之下，美国呈现大幅度波动，原奶价格自1月的31.02欧元/100千克快速上升至11月的46.12欧元/100千克，达到了自2016年以来的最高价格，之后迅速跌落，跌至2020年5月的27.64欧元/100千克，也是近4年来的一个最低水平，形成大起大落（图9）。

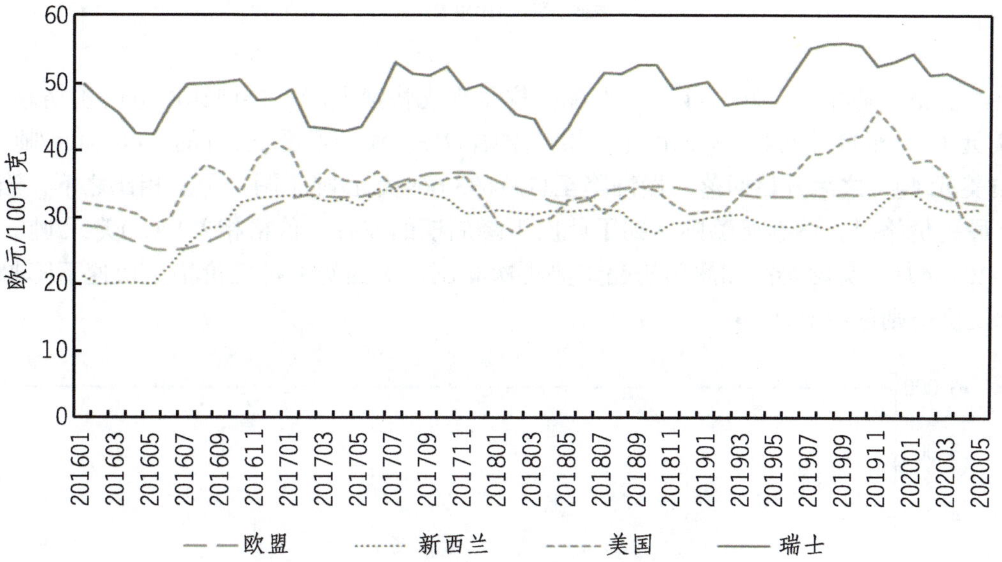

图9　2016年1月以来主要地区原奶月度收购价①

数据来源：AHDB Dairy。

（四）美国主导黄油高价市场，澳新奶酪价格波动与美国相反

2019年，美国、澳新、欧盟的黄油价格年末均比年初下降，下降幅度分别为11%、7%、21%。美国黄油价格从1月的4 926美元/吨上涨至7月的5 268美元/吨，上涨了7%，下半年持续下跌至12月的4 374美元/吨。澳新黄油价格虽然从1月的4 238美元/吨一路上涨至5月的5 631美元/吨，上涨了33%，但是6月开始也持续下降，12月跌至3 929美元/吨。而欧盟的黄油价格自2019年初期就开始下降，从1月的5 075美元/吨一路跌至12月的4 004美元/吨，降价幅度在3个地区中最大（图10）。2019年上半年，美国、澳新的黄油价格都经历了先涨后降，欧盟持续下降，虽然降价幅度不同，但是美国、澳新、欧盟3个地区的黄油批发价格于2020年1月再次聚合后，受新冠疫情对黄油消费和出口造成的影响，2020年3—5月仍在不同程度地继续下跌，美国和欧盟分别于2020年4月和2020年5月跌到了2016年以来的最低值。

---

① Farmgate milk prices，非实际销售价格，按照脂肪含量4.2%、蛋白质含量3.4%的统一规格调整后计算所得。

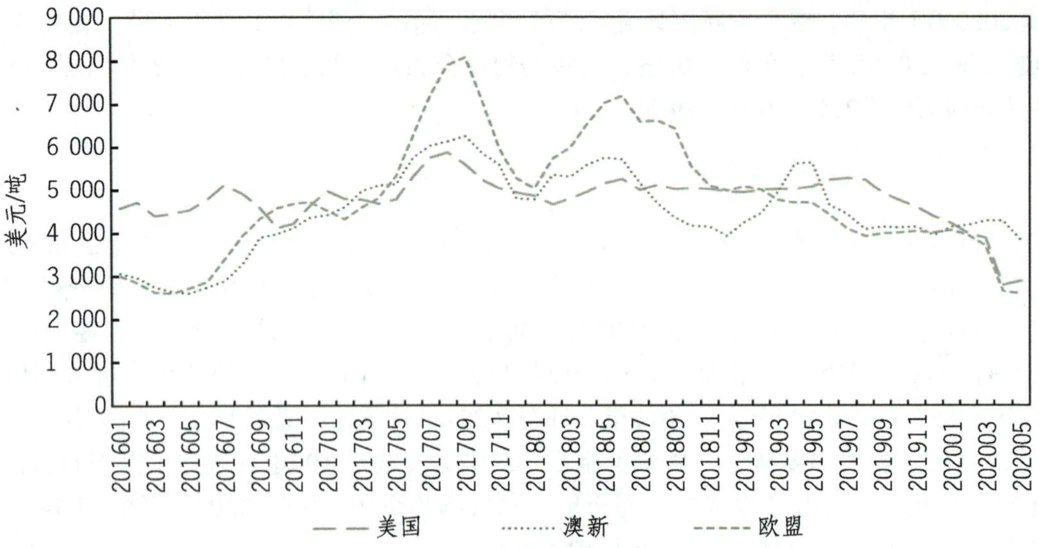

图10　2016年1月以来主要地区黄油月度批发价格

数据来源：AHDB Dairy。

与黄油价格走势相似，2019年美国奶酪同样呈现先快速上涨、再快速回落的价格趋势，从1月的3 057美元/吨升至11月的4 798美元/吨，累计增幅57%。澳新奶酪从1月的3 494美元/吨迅速升至5月的4 731美元/吨，之后开始回落，慢慢降至11月的3 669美元/吨（图11）。相比之下，当美国奶酪达到当年最高价格时，澳新奶酪则达到了此次下降周期的波谷，价格相差1 120美元/吨。自2019年12月至2020年4月，美国奶酪和澳新奶酪走势再次相反，美国奶酪批发价格呈快速下降趋势，而澳新奶酪批发价格则逐步上升。

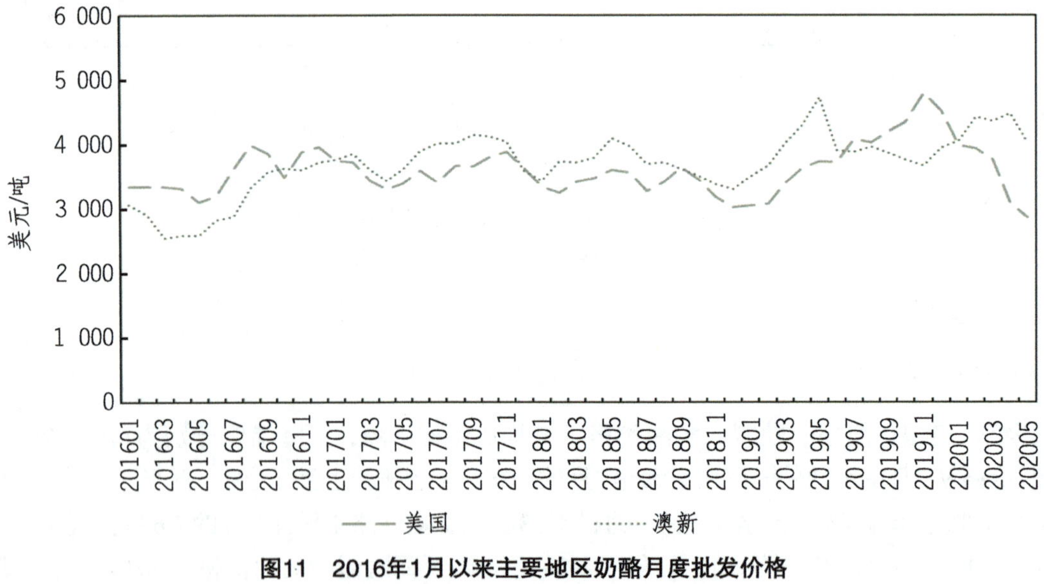

图11　2016年1月以来主要地区奶酪月度批发价格

数据来源：AHDB Dairy。

（五）脱脂奶粉价格波动频率一致，澳新价格提升幅度最大

2019年各主产国和地区脱脂奶粉出口价格年末比年初均有增长，12月美国、澳新、欧盟脱脂奶粉的价格为2 681美元/吨、2 946美元/吨、2 846美元/吨，分别比年初增长了28%、18%、32%，3个地区2019年价格波动频率近乎一致。从图12可以看出，澳新的脱脂奶粉价格与美国和欧盟的差距扩

大。澳新脱脂奶粉自2018年的全年价格就高于欧盟和美国，且一直持续至今，2019年上半年与美国和欧盟价格差距逐渐扩大，价格优势减弱。2019年3月与欧盟脱脂奶粉的价差再次拉大至369美元/吨，与美国脱脂奶粉的价差为461美元/吨。2020年1月，3个地区的脱脂奶粉价格均达到2016年以来的最高水平，并于2020年上半年均快速下降。

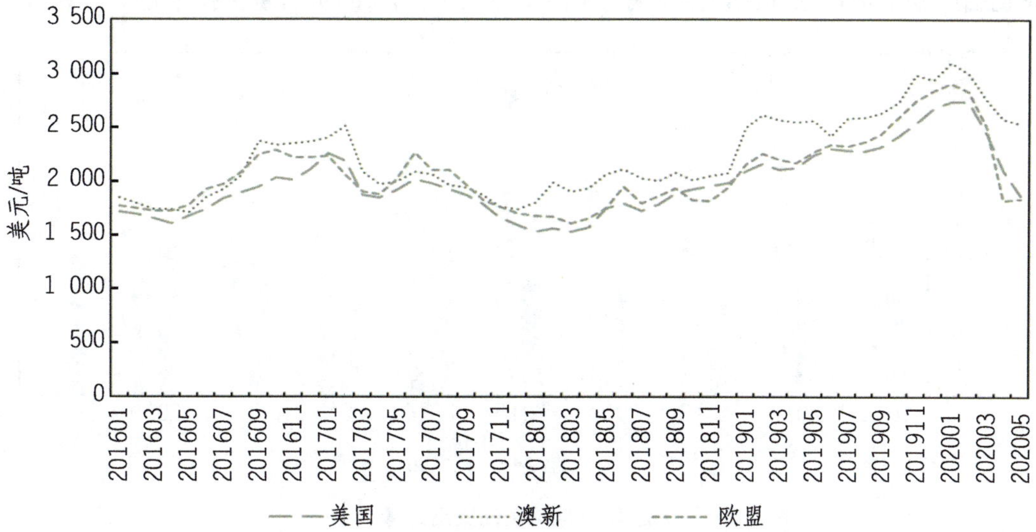

图12　2016年1月以来主要地区全脂奶粉月度批发价格

数据来源：AHDB Dairy。

三、国际贸易格局

（一）脱脂奶粉的贸易量最大，黄油的贸易量最小

2019年各乳制品的进出口量分别如图13所示，脱脂奶粉的进出口量最大，进口量和出口量分别为144.1万吨和238.8万吨。其次是奶酪和全脂奶粉，奶酪的进出口量分别为142.7万吨和209.2万吨；全脂奶粉的进出口量分别为120.3万吨和205.8万吨。贸易量最小的乳制品是黄油，其进出口量分别为47.3万吨和94.0万吨。

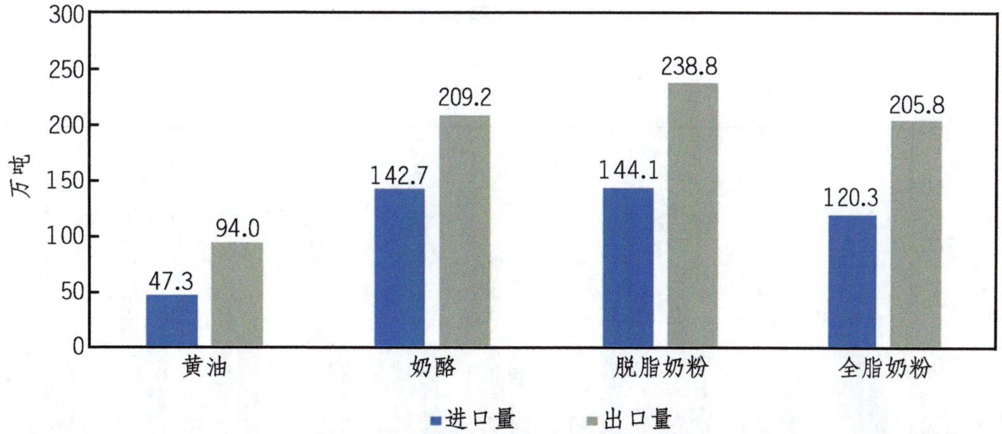

图13　2019年各乳品进出口量

数据来源：USDA。

图14至图17依次展示了黄油、奶酪、脱脂奶粉和全脂奶粉进出口量的逐年变化。其中2019年黄油的进出口贸易量都有所回升，进口量为47.3万吨，同比增加9.49%；出口量为94.0万吨，同比增加

4.79%。受新冠肺炎疫情影响，2020年预计进口量为44.9万吨，出口量为89.4万吨，与2019年均有所下降。近年来奶酪贸易量一直平稳上升，预计2020年进口量无显著变化，出口量同比增加3.95%。脱脂奶粉和全脂奶粉的进口贸易量均比2018年小幅增加，分别增长了3.67%、12.64%，不同的是全脂奶粉的出口贸易量呈现了增长趋势，增速为3.52%，而脱脂奶粉的出口量无显著变化。预计2020年，全球脱脂奶粉的进口量和出口量均有小幅增加，全脂奶粉的贸易量保持平稳。

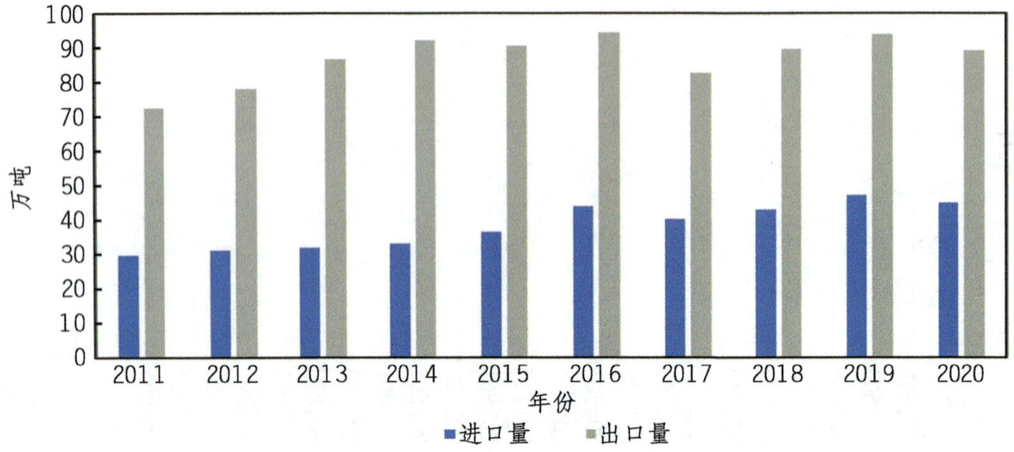

图14　全球黄油进出口量

数据来源：USDA。

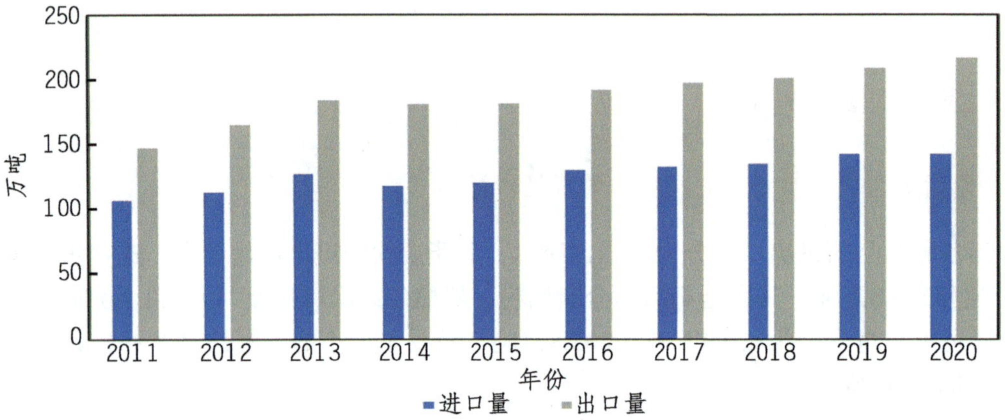

图15　全球奶酪进出口量

数据来源：USDA。

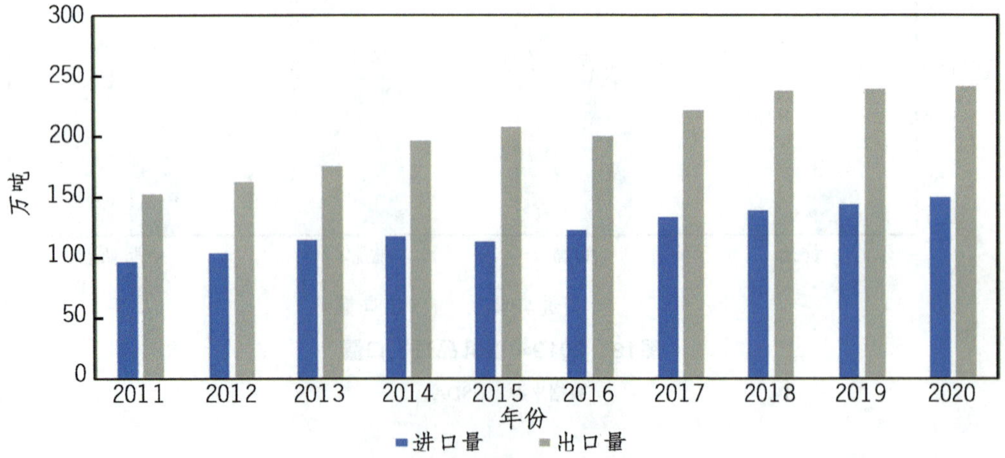

图16　全球脱脂奶粉进出口量

数据来源：USDA。

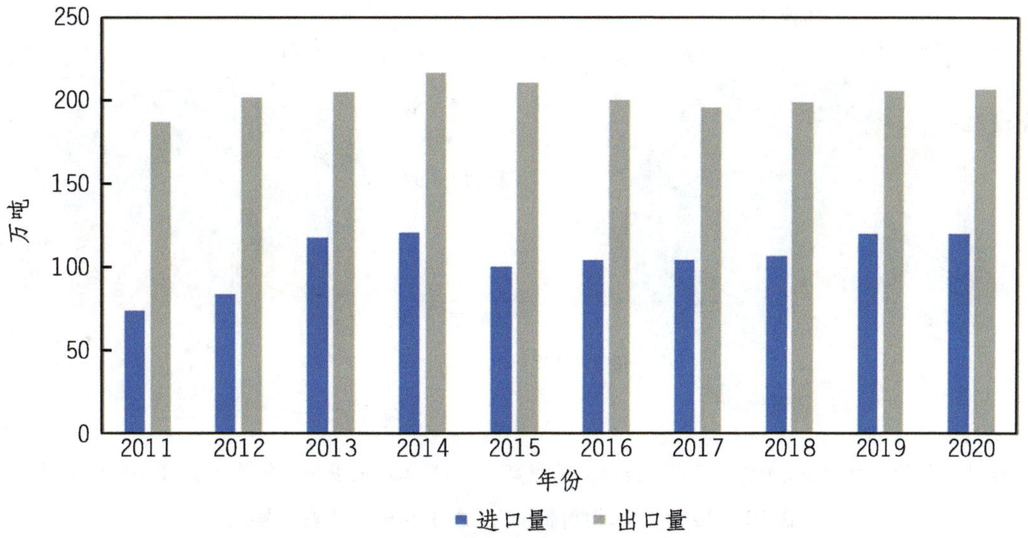

图17 全球全脂奶粉进出口量

数据来源：USDA。

（二）黄油出口主体是新西兰和欧盟，进口主体是俄罗斯和中国

如图18所示，2019年新西兰和欧盟共占据77%的世界黄油出口市场，其中新西兰54%，欧盟23%。另外7%的市场份额属于白俄罗斯，印度占5%，美国仅占3%。2018年黄油出口前三位分别为新西兰57%、欧盟18%、白俄罗斯9%，可见新西兰、白俄罗斯的市场份额稍有下降，欧盟的市场份额提高，近年来中国从欧盟进口的黄油有所增加，也是带动欧盟黄油出口的一个重要因素。在黄油进口市场中，俄罗斯的进口量最大占25%，其次是中国内地占19%，美国占14%。

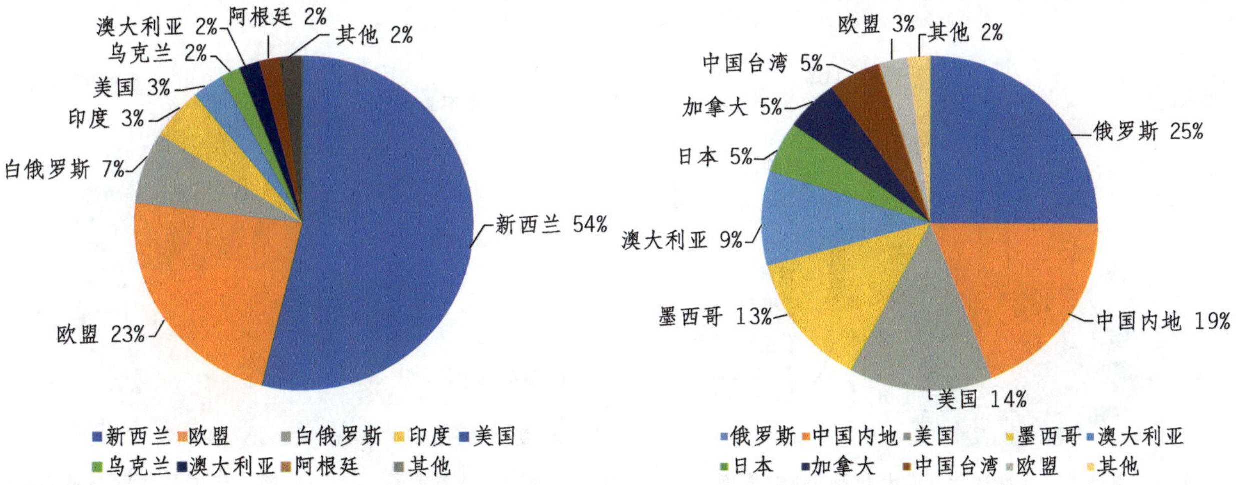

图18 2019年全球黄油出口（左）和进口（右）格局

数据来源：USDA。

（三）奶酪出口主体是欧盟和新西兰，进口国主要是日本和俄罗斯

与黄油出口市场相似，2019年欧盟和新西兰共占据58%的世界奶酪出口市场，其中欧盟占42%，新西兰占16%（图19），另外17%的市场份额属于美国。在奶酪进口市场中，日本进口量最大占21%，其次是俄罗斯占19%。相比2018年，排名前三位的国家其出口和进口市场份额无变化。

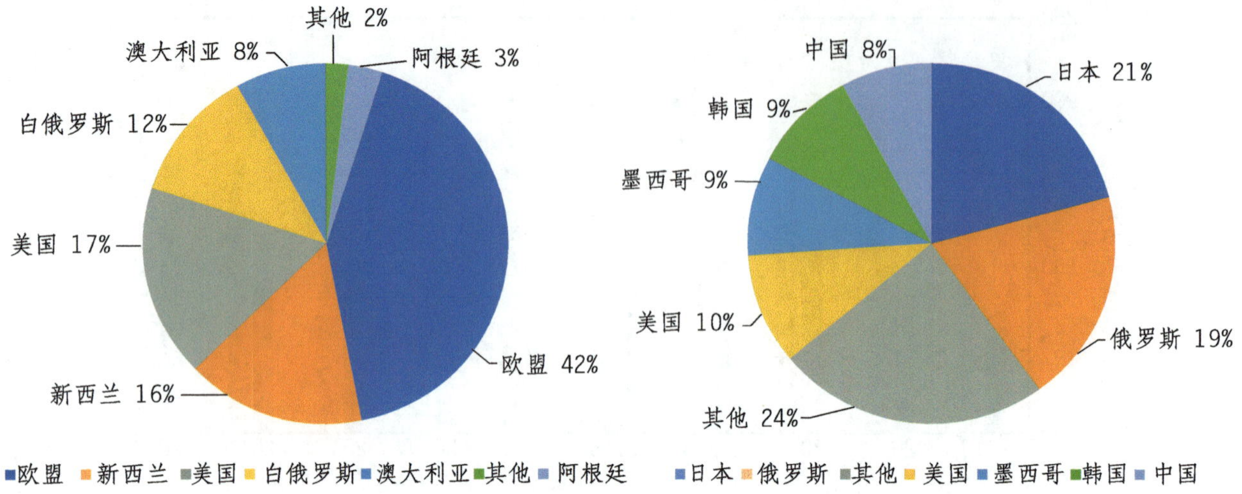

图19　2019年全球奶酪出口（左）和进口（右）格局

数据来源：USDA。

（四）脱脂奶粉出口主体是欧盟和美国，进口主要是墨西哥和中国

如图20所示，2019年欧盟和美国共占据69%的世界脱脂奶粉出口市场，其中欧盟占40%、美国占29%。另外16%的市场份额属于新西兰，澳大利亚仅占5%，其中欧盟的市场份额比2019年（34%）有所提高，近年来欧盟公共干预库存的持续释放阻止了脱脂奶粉价格的上涨，在某种程度上促进了欧盟脱脂奶粉的出口。在脱脂奶粉进口市场中，墨西哥的进口量最大为25%，其次是中国24%，印度尼西亚和菲律宾分别占13%和12%，阿尔及利亚第五占9%。在进口前三位的国家中，只有中国的进口市场份额有所增加，2018年为20%，随着经济的增长和人均乳制品消费量的提升，中国对乳制品的进口需求将持续增加。

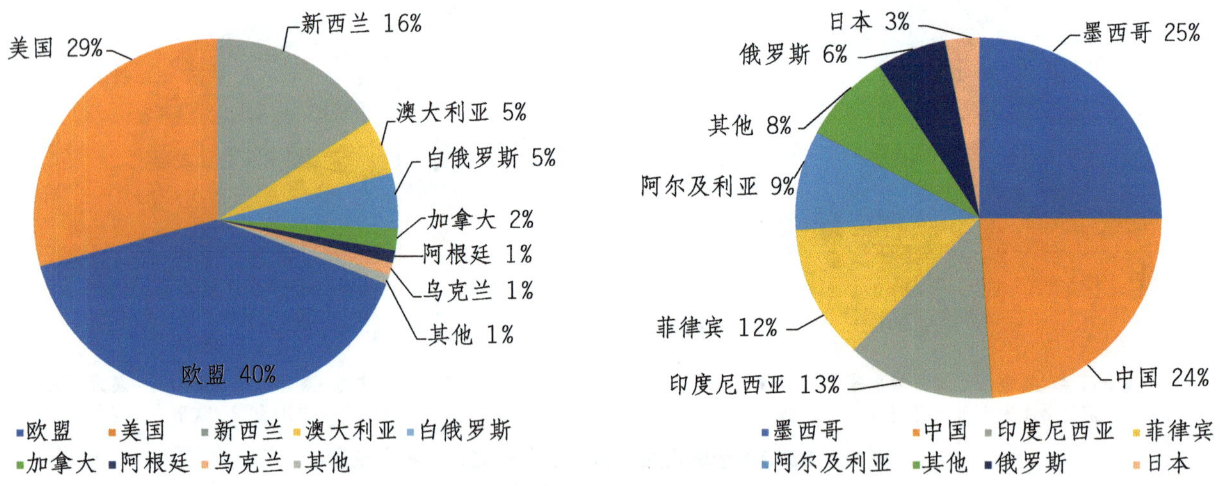

图20　2019年脱脂奶粉出口（左）和进口（右）格局

数据来源：USDA。

（五）全脂奶粉出口主体新西兰和欧盟，进口国主要是中国

如图21所示，2019年新西兰和欧盟共占据89%的全球全脂奶粉出口市场，其中新西兰占75%，欧盟占14%；2018年分别占69%、17%。在全脂奶粉进口市场中，中国的进口量最大，连续两

年均超过一半，2019年为56%，远远领先排名第二的阿尔及利亚，阿尔及利亚2019年市场份额占19%。

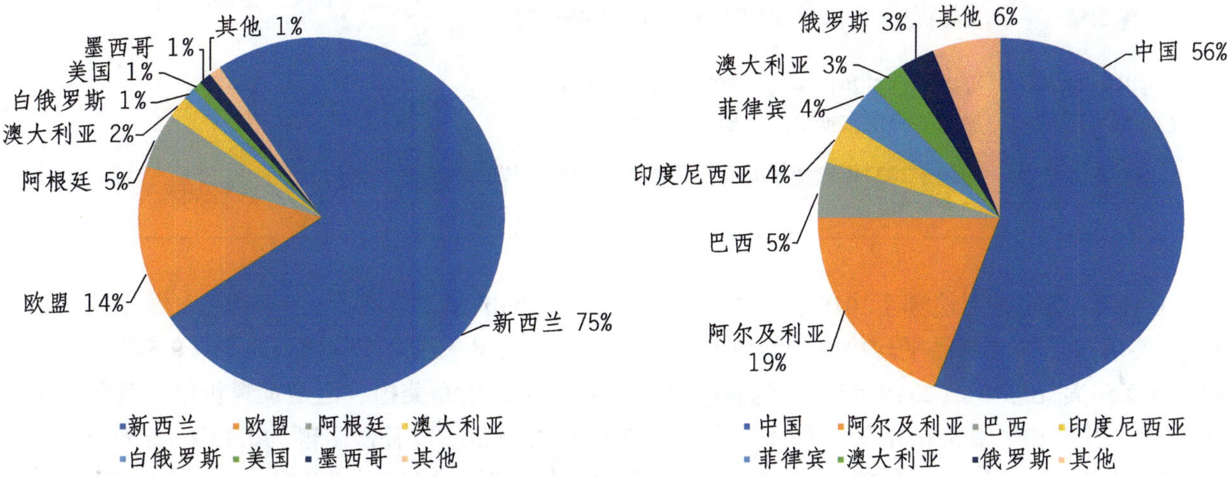

图21　2019年全脂奶粉出口（左）和进口（右）格局

数据来源：USDA。

四、主要国家产业支持政策新变化

2019年6月17日，美国正式与本国奶农签订新的“乳制品毛利润覆盖计划”合同，该计划取代了《2014年食物、农场及就业法案》中推出的“乳制品毛利润保障计划”。欧盟2019年继续强化“牛奶市场一揽子计划”的执行，并推出系列措施，为牛奶生产者和加工者创造了稳定的市场条件。而新西兰调整乳业法案，欲降低恒天然的垄断地位。

（一）美国实施新的“乳制品毛利润覆盖计划”，加大对奶农权益的保障

由于美国奶农对疲软的“乳制品毛利润保障计划”（MPP计划）已渐渐失去信心，所以国会领导人对该项目进行了整改，并将此标志性乳制品计划重新命名为“乳制品保证金覆盖范围”（DMC计划），新的DMC扩大了各种规模农场的保证金保险选择。与MPP计划相比，DMC计划加大了对乳制品利润的保障力度，受到了美国奶农的拥护和支持（表3）。

DMC计划实施后，奶农只需要缴纳100美元的管理费以及根据乳制品价格和饲料成本的差额等级来确定的保费，差额也由原来MPP计划规定的最高8美元/美担提升为9.5美元/美担，但是能购买9.5美元/美担级别的牛奶是有条件限制的，只能是每个牧场每年前500万磅牛奶产量（约2 250吨，大约200头泌乳牛的全年产量）的95%。若乳制品的实际利润低于你购买的差额利润，政府就会给予补偿。

表3　DMC计划与MPP-Dairy计划的对比

	DMC计划	MPP-Dairy计划
执行时间	2019年1月1日开始实施， 2019年6月17日起与奶农签订合同	从2014年9月2日开始， 2018年12月30日废除
保障毛利率水平	可以在5~9.5美元/美担进行选择，巨灾风险保障水平（CAT）为5美元/美担	可以在4~8美元/美担进行选择，巨灾风险保障水平（CAT）为4美元/美担

（续表）

	DMC计划	MPP-Dairy计划
保障数量	每年可选择历史产量的5%~95%作为保障数量	每年可选择历史产量的5%~90%作为保障数量
是否可以同时加入LCM-D计划	可以，且对2018年由于MPP-Dairy计划未允许加入的月份依据MPP计划进行赔付	不可以
优惠	2019—2023年选择相同的保障水平，保费可以打七五折	无优惠，每年都可调整保障水平

DMC计划实施可追溯至2019年1月1日。据美国农业部国家农业统计局（NASS）数据，2019年4月，终端市场的乳制品平均价格与饲料差额为8.96美元/美担，在最高等级条件下（9.5美元/美担）需补偿0.54美元/美担；2019年3月，乳制品价格比4月高0.2美元/美担，但是饲料价格（苜蓿价格提升较高，玉米和大豆价格稍降）总体提升了0.09美元/美担，所以补偿金额为0.43美元/美担。截至2019年6月5日，计划补偿金额平均为0.45美元/美担，除去保费0.15美元/美担，还剩余0.3美元/美担的补偿。

（二）欧盟推出系列措施，为牛奶生产者和加工者创造了稳定的市场条件

市场波动加剧时，欧盟采用多种机制来保护奶业生产。市场干预的主要方式有公共干预和私人储备援助两种形式，为乳制品生产在市场严重失衡的情况下提供保护网。欧盟的奶业政策在不同阶段和不同方面为牛奶生产者和加工者创造了稳定的市场条件，并且这些政策在持续不断的更新。

2018年和2019年欧盟乳品行业的政策重点在于继续强化“牛奶市场一揽子计划”（milk package）的执行。该计划是欧盟2012年CMO法案通过的一项重大修正案，规定了牛奶生产者和加工商之间的合同关系，以及农民通过生产者组织可以进行合同条款（包括价格）的集体谈判。该计划还为分支机构组织规定了具体的市场规则，指导乳业从业者组织开展活动，并提供交流平台。欧盟委员会于2016年11月向欧洲议会和理事会报告过去5年“牛奶一揽子计划”的运作情况，证实了该政策的实用性，并针对培训、财务或运营等方面提出建议。同时报告强调，作为产业基石的生产者组织尚未充分发挥潜力，主要是农民对加入生产者组织的目标、影响和优势缺乏足够的了解，因此需要在不同层面开展提高认识行动，传播生产者合作的好处，分享经验和最佳做法。根据这些结论，欧盟委员会启动了一项宣传运动，在2017年第四季度和2018年全年部署，以促进在奶业部门创建生产者组织，并改善现有部门的运作。2019年4月，欧盟委员会农业和农村发展总司公布了计划的2018年执行情况，报告中称参与计划的欧盟贸易量在逐步提升。

此外，欧盟委员会还于2020年上半年批准了一项条例，授权个体乳制品生产商和生产组织偏离正常的竞争规则，集体计划组织生产，以抵消全球新冠肺炎疫情造成的前6个月内的生产不平衡。选择这一时间段的基本原因在于，这6个月恰逢春季和夏季，这是牛奶和乳制品的高产季节，因此应产生最重大的影响。条例中提到的放宽竞争规则挑战包括收奶、运输、制造和销售乳制品，另外还包括取消合同和港口拥堵等因素，这些因素预计会导致牛奶产量下降。牛奶生产计划可能包括支付不生产的费用。

欧盟委员会还公布了对欧盟生产的奶酪实施私人储存援助（PSA）的法规，该法规出台表明了欧盟奶酪行业正在积极应对供需失衡造成的市场动荡。许多乳酪制造商无法将牛奶加工成非乳酪类别的乳制品，奶酪私人储存援助的目标旨在帮助维持价格水平。新法规的一个特点是，将奶酪私人储存援助扩展到了大多数欧盟生产的奶酪，而不仅仅是具有受保护的原产地名称或地理标志的奶酪。

（三）新西兰调整乳业法案，允许恒天然拒绝向竞争对手供应原料奶

2019年6月，新西兰宣布修改乳业相关法案，修改内容如下：一是保留自由进出条款以管控由于恒天然垄断市场造成的风险，同时允许恒天然在下列情况下拒绝接受牛奶供应，包括牛奶不符合或不可能符合恒天然供应标准，牛奶由新近转入的牧场供应，明确了恒天然的供应条款可以根据不同的牧场表现来定价，包括环境、动物福利、对气候变化的影响及其他可持续发展条款。二是移除了要求恒天然在每一产季中要向独立加工厂供应3 000万升牛奶的规定。三是要求每4~6年评估一次乳业法案。此外，新西兰政府还表示将加强对恒天然对牧场牛奶定价的监管。此次乳业相关法案的修改意味着新西兰将进一步限制恒天然在设定牛奶价格方面的自行决定权。

五、世界供需形势展望

（一）生鲜乳产量增长同比放缓，印巴地区将成奶业生产新星

据经济合作与发展组织（OECD）和联合国粮食及农业组织（FAO）联合发布的《经合组织—粮农组织农业展望报告2019—2028》，全球生鲜乳产量预计将以每年1.6%的速度增长，到2029年达到9.97亿吨，其中单产提高是产量的主要增长点。未来10年，黄油和脱脂奶粉的产量将以1.6%的速度增长，全脂奶粉的年均增速为1.7%。由于欧美地区食品市场的增长放缓，全球奶酪产量的年增长率将降低至1.2%。

未来10年，全球生鲜乳产量中超过一半的增量将由印度和巴基斯坦贡献，这两国也将成为全球奶业增产新星。到2029年，两国的生鲜乳产量将占据全球产量的30%以上，产量增长主要来自小散户的奶牛或水牛养殖。

欧盟的生鲜乳产量增速将继续低于世界平均水平。此外，欧盟的奶牛畜群数量也将下降0.6%，但基于欧盟对奶酪、黄油、奶油等需求的增长以及全球乳制品需求的增加，2020—2029年欧盟生鲜乳产量将以1%的速度增长。未来10年，欧盟生产有机牛奶的比例会越来越高。目前，欧盟有机生鲜乳生产主要分布于奥地利、瑞典、拉脱维亚、希腊和丹麦等地区，占欧盟生鲜乳产量的3%以上。

未来10年，美国和加拿大的牛群数量基本保持不变，单产进一步提高，北美依旧是奶牛平均单产最高的地区。由于土地利用率和环境承载力的限制，新西兰奶业在高效的草地管理和全年可放牧的自然条件下，以出口为导向的生产模式将使新西兰生鲜乳产量保持增长趋势。但由于全球新冠肺炎疫情的蔓延，2020年新西兰的出口形势面临着更多的不确定性。

由于畜群数量的增长，非洲地区的生鲜乳产量也将强劲增长。非洲饲养畜群，除了用于产奶，还用于肉类生产等，此外山羊奶和绵羊奶在非洲地区也占据一部分产量。由于广袤的地域优势，预计未来非洲的畜群数量将达到全球的1/3以上，生鲜乳产量将占到全球5%左右。

（二）预计澳大利亚出口市场份额缩减，亚洲对乳制品的进口需求将继续增加

未来，全球的乳制品贸易市场仍然以加工后的乳产品为主。新西兰、欧盟和美国仍是主要乳制品出口国，到2029年这3个国家（地区）奶酪、全脂奶粉、黄油、脱脂奶粉的合计出口量将分别占全球的65%、68%、76%和77%。传统出口大国澳大利亚失去了往日的市场份额，而南美的阿根廷正成为奶酪、脱脂奶粉和全脂奶粉的重要出口国，预计到2029年将占世界出口份额的5%。

从全世界比较看，中国人均乳制品消费量不高，仍将是最重要的乳制品进口国，尤其是在全脂奶粉（WMP）上。与世界其他地区相比，亚洲特别是东南亚的人均乳制品消费量较低，随着经济和人口的增长以及向高价值食品和牲畜产品的升级，亚洲国家对乳制品的进口需求将持续增加。

（三）全球鲜奶消费增长将快于过去10年，欧洲和北美地区固态乳制品消费增多

未来10年，随着发展中国家收入和人口数量的持续增长，全球鲜奶消费占乳制品消费的比重将有所上升，预计全球人均新鲜乳制品消费量将以1.0%的速度增长，略高于过去10年。

世界各地乳制品消费水平受国家人均收入、区域偏好等因素影响，呈现较大差异。其中，区域偏好的影响尤为明显，例如，印度和巴基斯坦地区的人均消费量显著高于中国。未来，欧洲和北美地区的乳制品消费将逐步由牛奶、酸奶等液态奶向奶酪、奶油等固态乳制品转移。这两个地区的消费者对食用乳制品的健康益处有更积极的认识，也反映出对加工程度较高的食品的偏好增加。

（四）脱脂奶粉价格回升，全球黄油价格将略有下降

2015年以来，国际市场乳脂需求强劲，黄油价格涨幅超过了脱脂奶粉，并在2017年达到历史高点后处于下降态势，但实际价格依然处在高位。未来10年，黄油的价格将继续略有下降。脱脂奶粉方面，在欧盟公共干预库存处理完毕之后，脱脂奶粉价格在2019年得以恢复，未来10年脱脂奶粉价格将保持稳定。而全球全脂奶粉和奶酪的价格预计将随着黄油和脱脂奶粉价格的变化而变化。

（五）全球乳制品市场发展的不确定性因素增多

2020年，新冠病毒在全球范围蔓延，严重影响了全世界的日常生活。其中，乳制品的供应链受到了严重影响，奶酪等乳制品的消费水平在全球都出现了下降。未来10年，疫情的影响更加不确定，主要取决于疫情持续的时间、各国经济的恢复速度以及全球贸易的结构是否会出现结构性变化。

另外，全球自然灾害的日益频发也给生鲜乳的产量带来了一定限制。气候的变化增加了局部地区干旱、洪水和疾病发生的概率，所有这些因素都能以多种方式影响着乳制品行业，比如牛奶价格波动、牛奶产量、奶牛存栏调整等。

在一些国家，近年来植物基乳制品替代品（例如大豆、杏仁、大米和燕麦饮料）在液态奶领域备受关注，例如北美、欧洲和东亚，生产企业对其品类的开发也有所增加。尽管目前基数较低，但植物基乳制品替代品的增长率很高。由于这类产品对环境的影响和人体的健康是否获益还存在分歧，未来植物基乳制品替代品的走向尚不确定。

参考文献

Dairy NZ，2020. DairyNZ Economic Survey 2018/2019[R]. New Zealand.

OECD，2020. OECD-FAO Agricultural Outlook 2020—2029[R]. Paris.

（中国农业科学院农业信息研究所　王　晶）

专题六：对　虾

对虾是全球水产养殖产量最高，贸易量最大的品种，对虾以其高蛋白、富含矿物质、高不饱和脂肪酸、易烹饪等特点赢得全球消费者的青睐，因此成为全球最重要的水产养殖品种，目前全球有40多个国家和地区养殖对虾，其中中国、印度、厄瓜多尔、越南、印度尼西亚、泰国这六国是对虾主要生产国，主养品种均为凡纳滨对虾（*Penaeus vannamei*），俗称南美白对虾，其产量超过全球对虾总产量的85%。

一、世界供需现状

纵观全球对虾生产趋势，受对虾消费需求增长驱动，2014—2018年全球对虾养殖产量连续5年保持增长态势（图1），其中，2014年和2017年增幅均达到15%，2018年以来，受全球经济疲软，对虾价格下跌，养殖利润下降，生产端积极性受到抑制，产量增幅放缓。据行业估算，2019年全球对虾养殖产量约为480万吨，同比下降超过3.4%。

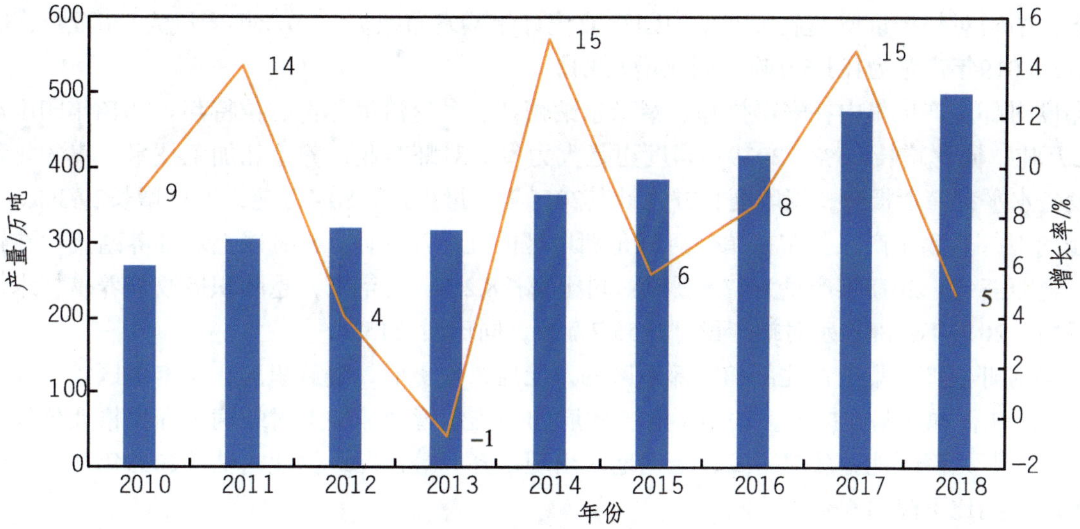

图1　2010—2018年全球对虾生产情况

数据来源：FAO。

（一）生产情况

亚洲和美洲是对虾生产的两大主产区。据FAO调查显示，2019年亚洲对虾产量略有下降，南美洲产量继续增长。

1. 亚洲是全球对虾最大产区，印度产量增速明显

近10年，亚洲对虾产量平均增速8.4%。其中，2017年前呈高增长态势，2017年后增幅放缓。10年前，中国、泰国、印度尼西亚是亚洲最重要的对虾生产国，随着全球市场消费需求的增加，以及对虾养殖技术在更多国家和地区的普及，越来越多的亚洲国家开展对虾养殖，参与到对虾国际贸易中。其中，以越南和印度发展最为迅速，越南2010年对虾产量仅占亚洲总产量的5%，2018年这一比例已经上升至12%，印度更是后来居上，从零产量国家发展到2018年占亚洲总产量的15%。中国方面，因为人工、用地用水等成本的上涨，以及长期养殖带来的病害等因素影响，产量从2010年占亚洲总产量的55%下滑至2018年的45%（图2和图3）。

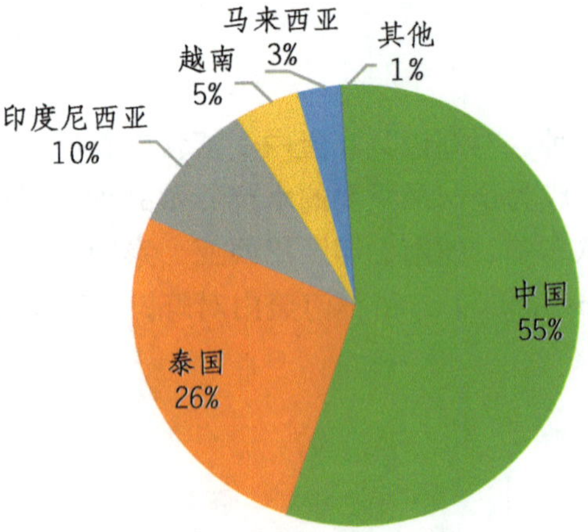

图2　2010年亚洲对虾生产分布

数据来源：FAO。

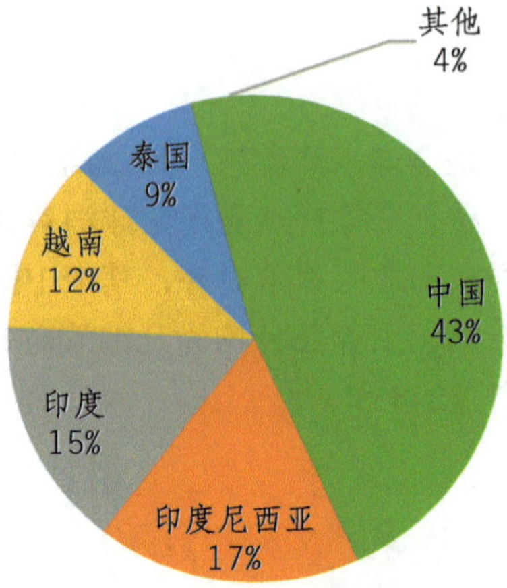

图3　2018年亚洲对虾生产分布

数据来源：FAO。

尽管对虾产量下降，中国依然是全球最大的对虾生产国，养殖区域主要集中在广东、广西、海南、江苏、福建、浙江、山东等地，近年来在环保压力加大、病害频发、养殖成本增加等多重因素影响下，中国对虾产量增速放缓，据中国渔业统计年鉴发布数据，2018年产量为176万吨，同比增长5.3%；2019年产量为181.6万吨，同比增长3.1%。

印度对虾主产区集中在安得拉邦、泰米尔纳德邦、本地治里和古吉拉特邦。2018年印度对虾产量62.2万吨，同比增长6.6%。2019年印度更是大力发展对虾产业，养殖和加工技术、集约化程度、设施设备水平都有所提升，据印度官方统计其2019年产量可达到80.4万吨，同比增长29.3%。

越南对虾养殖主产区分布在湄公河三角洲地区的九龙江平原，80%以上对虾养殖集中在朔庄、薄寮、金瓯三省。2018年产量为47.5万吨，同比增长8.2%。近年来，越南积极改善养殖技术，据其业界评估，2019年越南养殖对虾产量可达55.7万吨，同比增长15.2%。

泰国对虾主产区集中在北部和中部地区的万伦府，罗勇府，暖武里府，宋卡地区等。2018年产量为34.7万吨，同比基本持平。2019年泰国政府加强排污管理，加上对虾病害和价格疲软等问题，部分养殖户开始降低池塘放养密度，个别地区出现了弃养等情况，据业内估计2019年产量可能下滑至30万吨，同比下降13.6%。

印度尼西亚对虾主产区集中在松巴哇、东爪哇、西爪哇、达楠榜、南苏门答腊等地。自2017年开始，印度尼西亚对虾产量从50万吨大幅攀升至76万吨，2018年产量为71万吨，同比下降6.5%。

在亚洲地区，一些西亚国家的对虾养殖也取得新的进展，表现最突出的是沙特阿拉伯、伊朗、巴基斯坦等国，这些国家对虾的养殖产量均突破万吨，甚至几万吨，并已经向我国出口。

2. *厄瓜多尔产量领跑美洲*

厄瓜多尔、墨西哥、巴西是美洲对虾主产国。除北美的墨西哥外，其他主要为南美洲国家，近年来全球对虾养殖的增量南美洲占有重要一席之地。据业界估算，过去五年，南美洲国家对虾产量总和翻了一倍，2019年总产量约90万吨。

厄瓜多尔是美洲最主要的对虾生产国，2018年产量占美洲总产量的57%（图4和图5），近10年其产量增长近3倍，年均增速12.6%（图6）。中国是厄瓜多尔对虾最主要出口市场，近年来随着中国市场对厄瓜多尔对虾需求的快速增加，其产量增速呈现逐年增长态势。据厄瓜多尔水产养殖协会估计，2019年其养殖产量可达65万吨，同比增长27.5%。2020年新冠肺炎疫情的全球蔓延，尤其是中国海关多次在厄瓜多尔白虾外包装上检出新冠病毒阳性后，中国市场对厄瓜多尔白虾的接受度大幅下降，厄瓜多尔白虾价格下跌、库存高企，据其业界预计，2020年其产量增幅必定放缓，何时恢复尚无法估计。

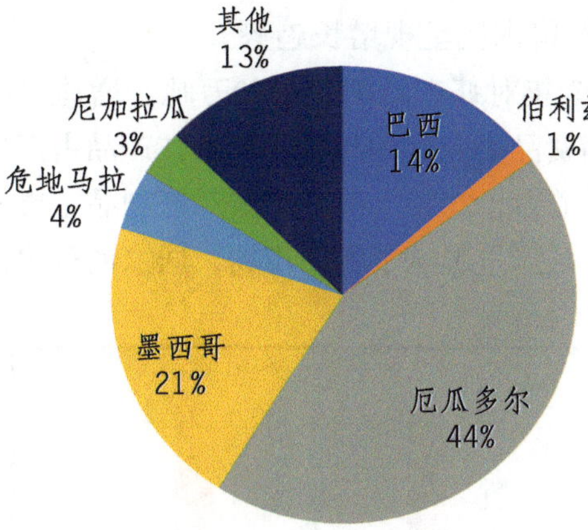

图4　2010年美洲对虾生产分布

数据来源：FAO。

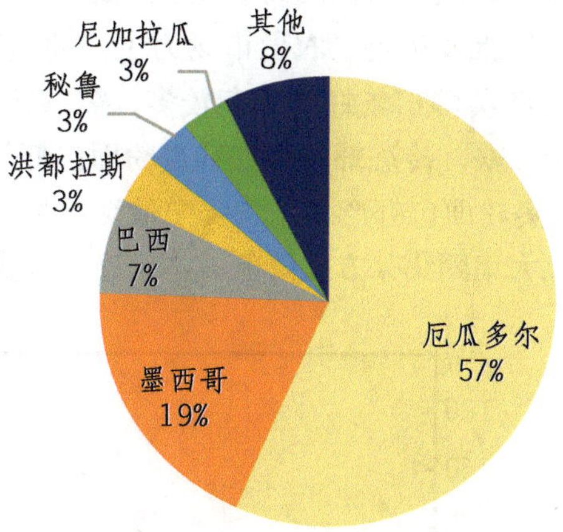

图5　2018年美洲对虾生产分布

数据来源：FAO。

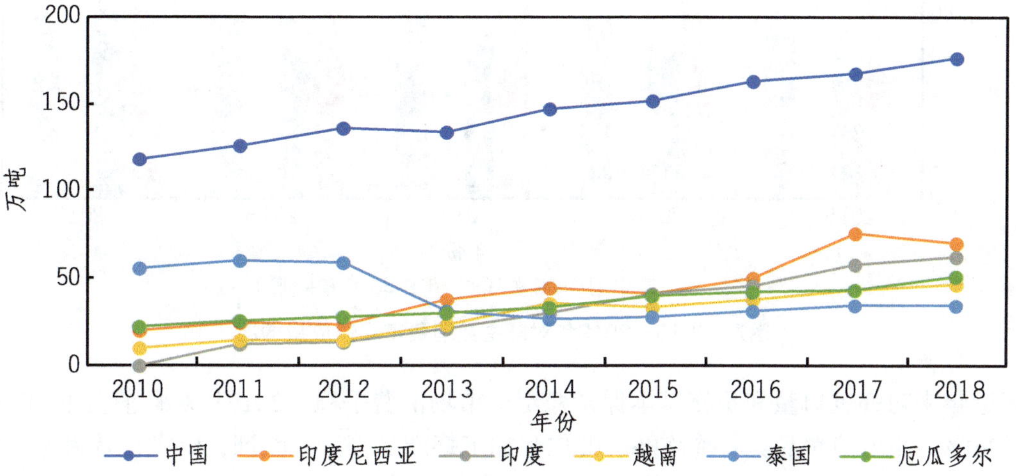

图6　2010—2018年全球各对虾主产国产量走势

数据来源：FAO。

墨西哥2013年受EMS虾病影响大幅减产，病害得到有效控制后，产业迅速复苏，自2014年开始一直呈现增长态势。2018年对虾产量达17万吨，同比增长7.3%。但毕竟市场容量有限，据墨西哥业界估计，2019年其对虾产量下降至16万吨，同比下降6.7%。

巴西被行业认为是极具潜力的对虾养殖国，2013—2016年产量呈现下滑趋势，2016—2017年产量基本保持稳定，2018年起产量开始呈现增长态势，其中当年产量6万吨，同比增加3.3%。据其业界估算，2019年巴西对虾养殖产量有望超过8万吨，同比涨幅高达30%以上。

（二）消费情况

近年来，全球对虾消费已从快速增长期进入平稳发展期，并开始呈现出消费疲软态势，市场容量没有显著增加的情况下，一些国家养殖产量持续大幅增长，必将导致供过于求，价格走低。中国、美国、欧盟和日本是全球对虾最主要的消费国家和地区，仅中国、美国和欧盟就消费了全球45%的对虾产量（图7）。从对虾消费形式上看，美国、欧盟和日本市场更加倾向于加工制品的消费，而中国市场主要是鲜活和冻品消费，中国进口的对虾几乎全部是冻对虾整虾。

近5年来，中国对虾进口持续大幅增长，在整体低迷的全球对虾消费市场表现极为亮眼，成为全球对虾生产国竞相争夺的“宝地”。中国对虾消费以鲜活及冷冻为主，加工制品主要有虾仁、虾滑和虾饺等，其中鲜活对虾仍是国人最爱，主要由国内养殖供应，市场价格整体高于进口冻虾。销售渠道仍以批发市场、农贸市场为主，商超和新零售销售占比呈现增长趋势。

2019年美国市场虾类库存较多，需求相对稳定，全年对虾产品消费量70万吨，增速已经放缓，同比微增0.5%。冷冻虾、虾仁和裹粉面包虾等是主要消费品类，其中冷冻虾和虾仁产品占消费总量的近80%，裹粉面包虾产品在快餐中最受青睐。从销售渠道看，2020年前，美国对虾制品主要供应餐饮消费，以大集团集采方式降低成本，新冠肺炎疫情的蔓延严重影响了餐饮市场，居家消费快速增长。

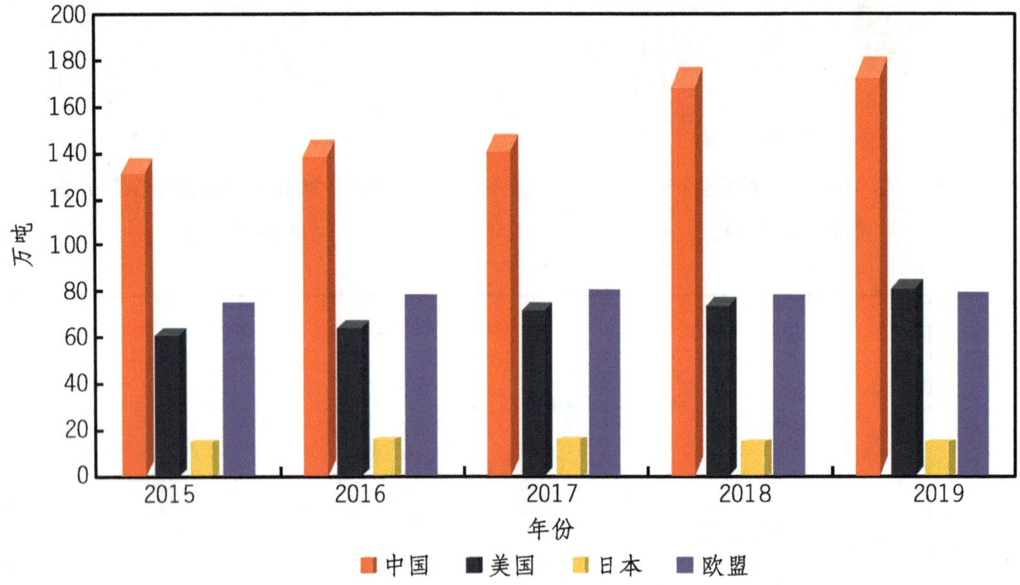

图7　2015—2019年对虾主要消费市场供应量情况

欧盟近年来对虾进口量和价格基本保持稳定，市场消费平稳，2019年对虾消费量为79.9万吨，同比微增2.0%。主要消费品类有冷冻虾、虾仁和加工虾产品等。在欧洲，虾类被认为是一种较难烹饪的食品，销售渠道与美国类似，主要供应餐饮市场。

日本近几年对虾消费需求整体低迷，消费维持在15万~17万吨，且季节波动性较大。2019年日本对虾产品消费量16万吨，同比基本持平。主要消费品类有冷冻虾、虾仁和天妇罗虾等，其中以天妇罗最受欢迎，在餐饮、便利店和超市中随处可见。销售渠道上以餐饮和便利店成品快餐为主。

二、国际价格走势

（一）2020年主产国对虾生产价格整体偏低

国际供需形势方面，近两年整体供过于求的局面使对虾交易价格下行压力持续加大，受此影响各主产国对虾产地价格均呈现不同程度的下降，新冠肺炎疫情的蔓延影响到各国的餐饮消费，进一步拉低对虾出塘价格。其中，厄瓜多尔虾价降幅最为明显（图8），印度、越南、泰国虾价亦呈现波动下降态势（分别见图9、图10、图11）。中国虾价季节性波动较大，一般会在春节等节日出现上涨行情，2020年走势和往年不太一致，春节期间由于疫情暴发，流通受阻，价格不升反降，后随着疫情得到较好的控制，价格出现一轮上涨行情，但5—7月又出现一波持续下降，直到8月才又呈现上涨态势（图12）。

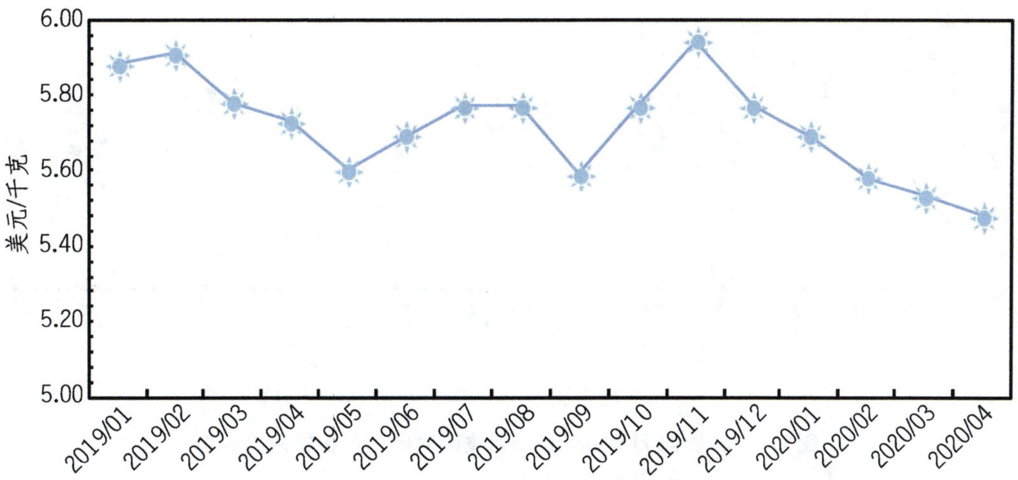

图8　2019年1月至2020年4月厄瓜多尔对虾出口价格月度走势

数据来源：https：//www.undercurrentnews.com。

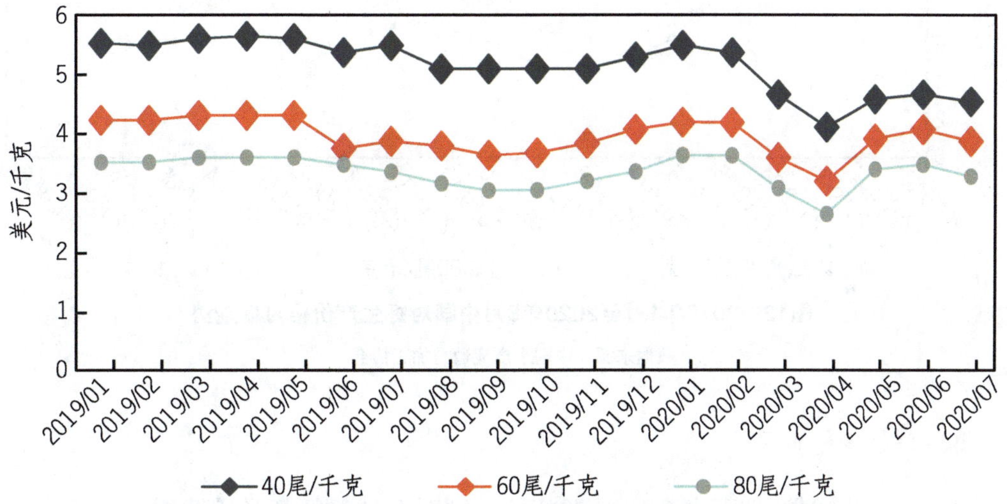

图9　2019年1月至2020年7月印度安得拉邦对虾生产价格月度走势

数据来源：https：//www.undercurrentnews.com。

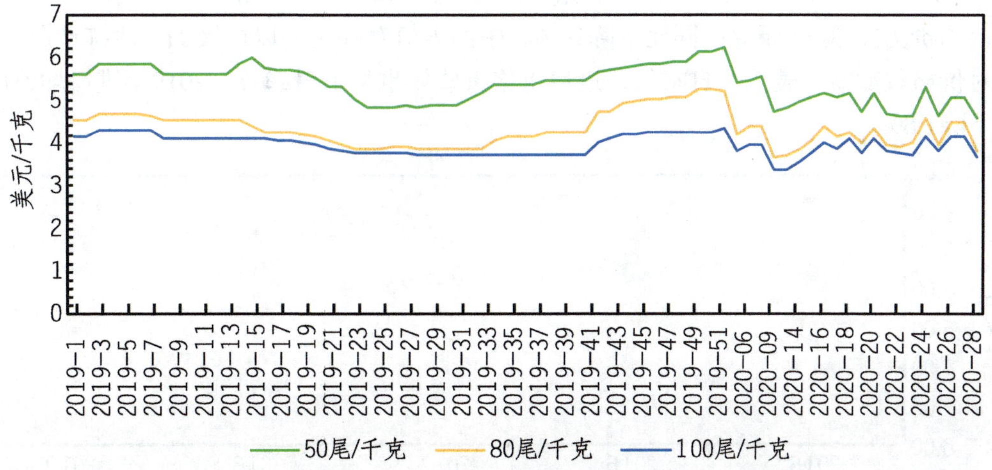

图10　2019年1月至2020年7月越南对虾生产价格每周走势

数据来源：https：//www.undercurrentnews.com。

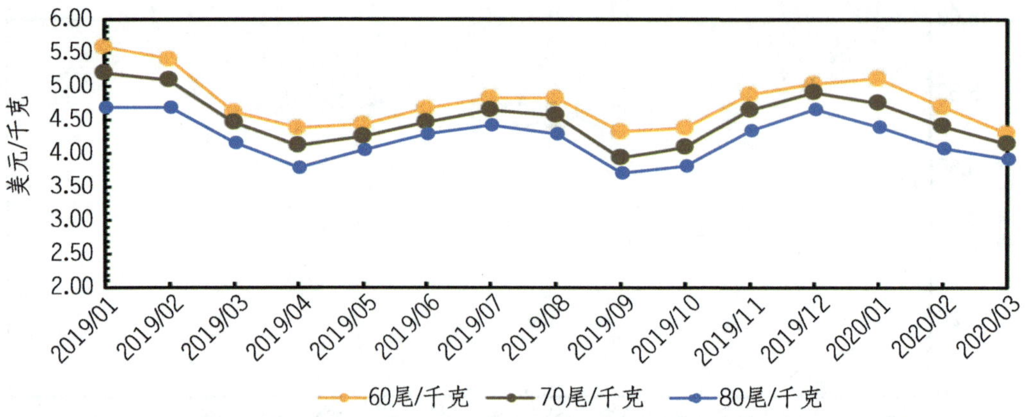

图11　2019年1月至2020年3月泰国对虾生产价格月度走势

数据来源：https：//www.undercurrentnews.com。

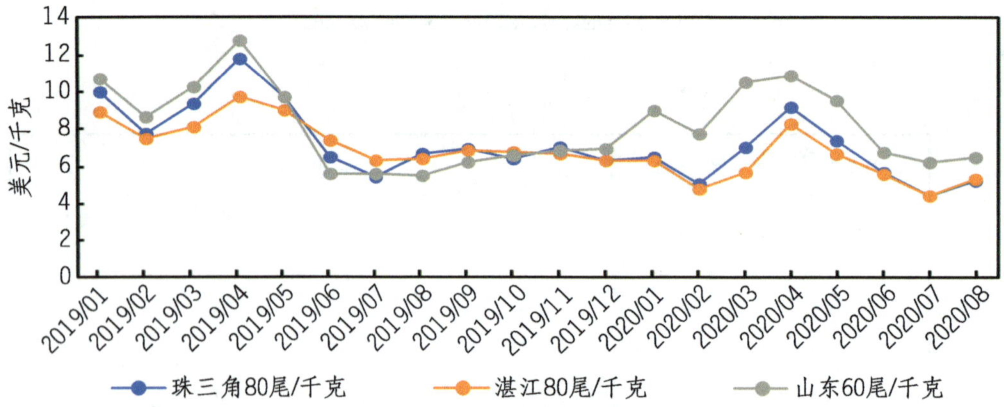

图12　2019年1月至2020年8月中国对虾生产价格月度走势

数据来源：中国水产流通与加工协会。

（二）国际贸易价格低迷

2018—2019年，全球经济不景气，消费疲软，同时全球对虾产量继续增长，供大于求的局面下，国际对虾价格整体低位运行（图13）。美国作为第一大进口国，依然掌握着全球对虾的定价权，2019年进口均价下滑至8.45美元/千克，同比下降4.1%。日本市场，近几年对虾产品价格亦呈现下降趋势，2019年进口均价为10.7美元/千克，同比下降6.2%。欧盟市场对虾进口价格同样低迷，2019年进口均价为7.8美元/千克，同比下降10%。中国进口对虾主要以初级加工冷冻产品（小规格）为主，相对价格较欧盟、美国、日本低，进口价格近些年也呈下滑趋势，2019年进口均价6.2美元/千克，同比下降1.6%。

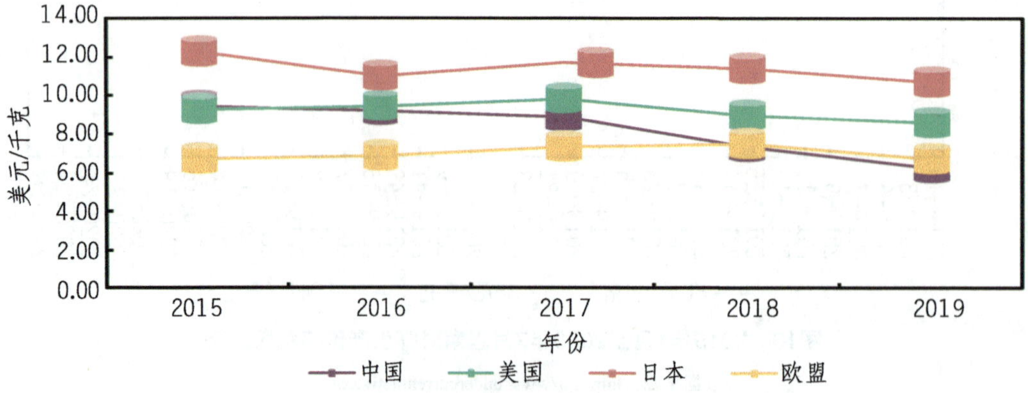

图13　国际对虾贸易价格趋势

三、国际贸易格局

近年来，全球对虾生产与贸易格局不断调整，印度、厄瓜多尔、越南、印度尼西亚、泰国是最主要的对虾出口国，其中印度位居首位，而中国早已退出主要出口国行列。进口方面，形成了中国、美国、欧盟、日本为核心的进口市场，其中，最值得关注的是中国对虾进口的逐年增加，各主要对虾出口国都将中国作为主要目标市场，伊朗和沙特阿拉伯的对虾也陆续进入中国市场。中国已成为比肩美国全球对虾最大的采购国，全球对虾贸易的格局正在重塑。

（一）对虾出口贸易竞争愈加激烈

1. 亚洲各对虾出口国全力开拓国际市场

全球对虾出口国主要集中在亚洲地区，近年来亚洲地区对虾出口呈现上升趋势。据FAO统计，2018年亚洲出口对虾175.7万吨，约占全球对虾贸易总量的55.4%。除中国外，其他各主产国因本国消费有限，对虾主要依赖出口，随着产量的增加，不得不开足马力、各显神通开拓国际市场。其中，印度和越南对虾出口总量占亚洲出口总量超过60%（图14），是亚洲出口增速最快的国家。

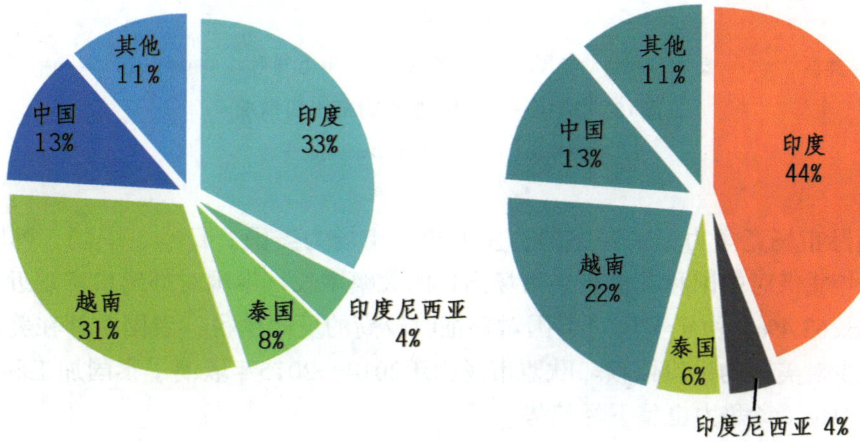

图14　2015年和2018年亚洲对虾主要出口国家出口占对虾国际贸易量的比例

数据来源：FAO。

印度对虾出口贸易起步略晚，但凭借其价格优势快速增长，到2015年已成为全球第一大对虾出口国，并呈现逐年增长趋势（图15）。美国、中国、日本和欧盟等国家（地区）是其主要出口市场。据印度工商部统计，2019年印度出口对虾66.71万吨，同比增长8%，增幅主要来自美国市场，2019年美国和中国市场约占印度对虾总出口量的65%，对整个印度对虾出口贸易具有支撑性作用。

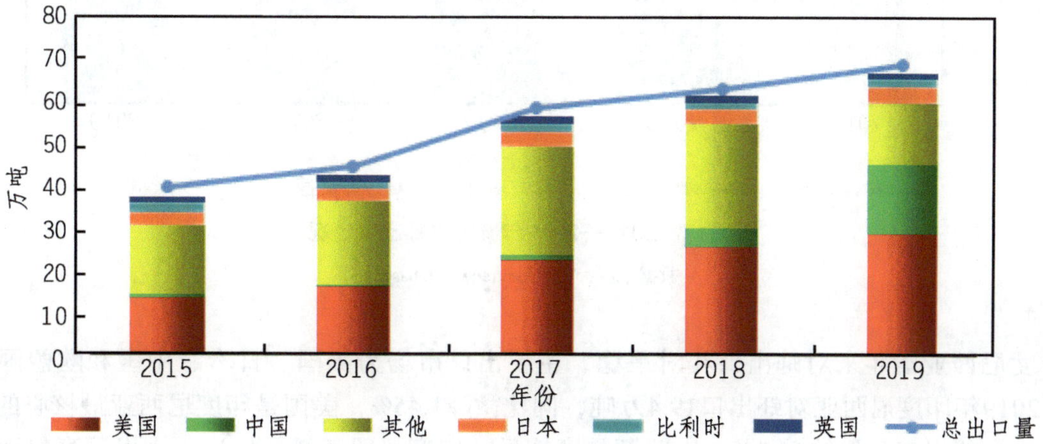

图15　2015—2019年印度对虾出口情况

数据来源：印度工商部。

越南对虾最主要的出口市场为欧盟、美国、中国和日本（图16）。2018年由于印度、泰国和印度尼西亚供给增加，以及美国市场库存量较大和中国政府严控边贸，越南对虾出口大幅下降。到2019年对虾出口有所恢复，全年出口35.1万吨，同比增长11.3%，同时受益于中美贸易摩擦，越南裹粉面包虾产品对美出口大幅增长。2020年8月开始，《欧盟—越南自由贸易协定（EVFTA）》生效，未来越南对虾在欧盟市场将更具优势。

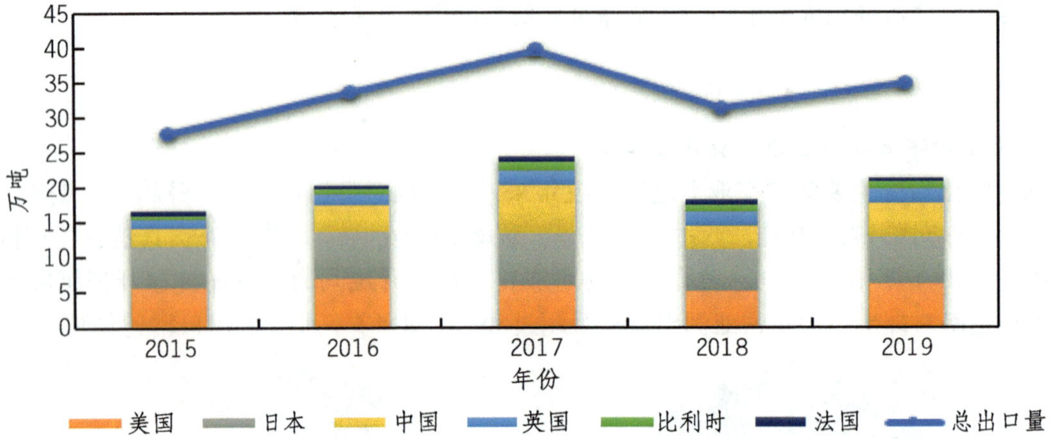

图16　2015—2019年越南对虾出口情况

数据来源：UN Comtrade Datebase。

泰国对虾国际市场竞争力呈下降态势，主要出口市场为美国、日本、中国、韩国及欧盟国家（图17）。2019年凭借对中国和其他新兴市场出口的大幅增长，泰国对虾出口实现近年来少有的大幅增长，同比增长62.4%。由于美国对泰国对虾征收较高的反倾销税，泰国对虾在美竞争力下降，目前泰国正在减少对美国的出口依赖。欧盟市场由于2014—2015年取消了泰国加工和冷冻虾的GSP（普惠制）优惠地位，竞争力也呈下降趋势。

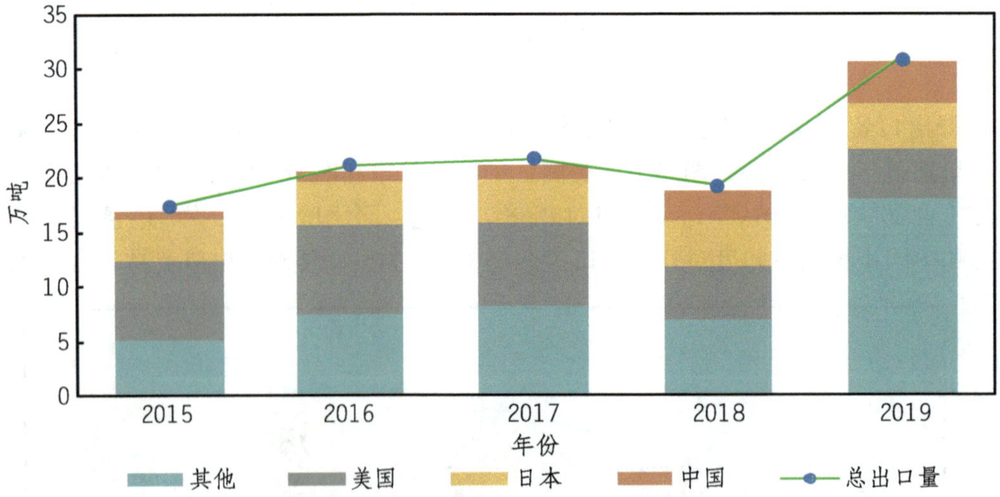

图17　2015—2019年泰国对虾出口情况

数据来源：UN Comtrade Datebase。

印度尼西亚近年来对虾出口相对平稳，主要出口市场为美国、日本、中国和欧盟国家（图18）。2019年印度尼西亚对虾出口19.4万吨，同比微降1.45%，美国是印度尼西亚最核心的对虾出口市场，占其出口总量的66.3%。中美贸易摩擦后，印度尼西亚抓住机遇大力发展裹粉面包虾加工，力争进一步竞争美国精加工对虾产品市场。

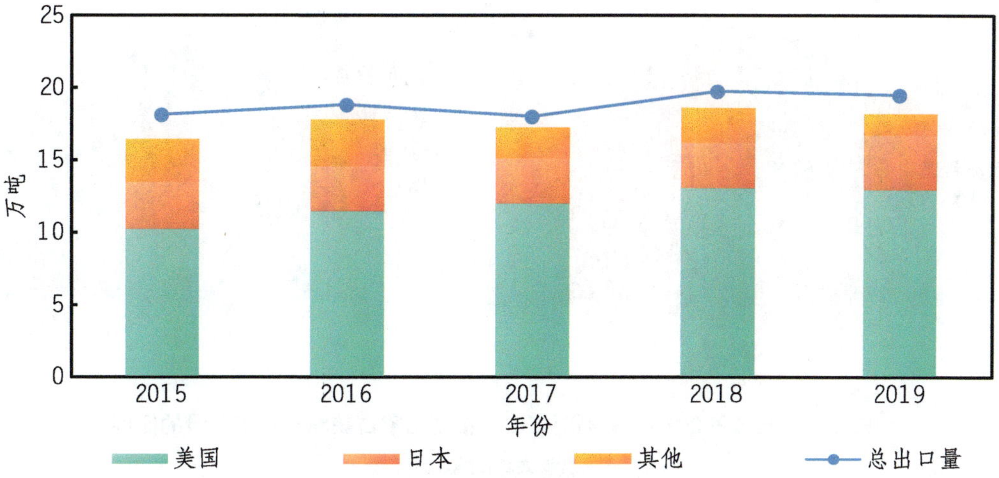

图18　2015—2019年印度尼西亚对虾出口情况

数据来源：UN Comtrade Datebase。

中国对虾主要出口市场为美国、中国台湾、中国香港、韩国和日本，2014以来对虾出口整体处于下滑态势（图19）。据中国海关统计，2019年中国对虾出口量13.1万吨，出口额15.4亿美元，同比分别下降26.1%和27.5%。受中美贸易摩擦影响，2019年我国对虾对美出口量2.7万吨，出口额2.2亿美元，同比分别下降47%和53.2%。从出口产品看，中国主要出口精加工的高附加值类虾产品。

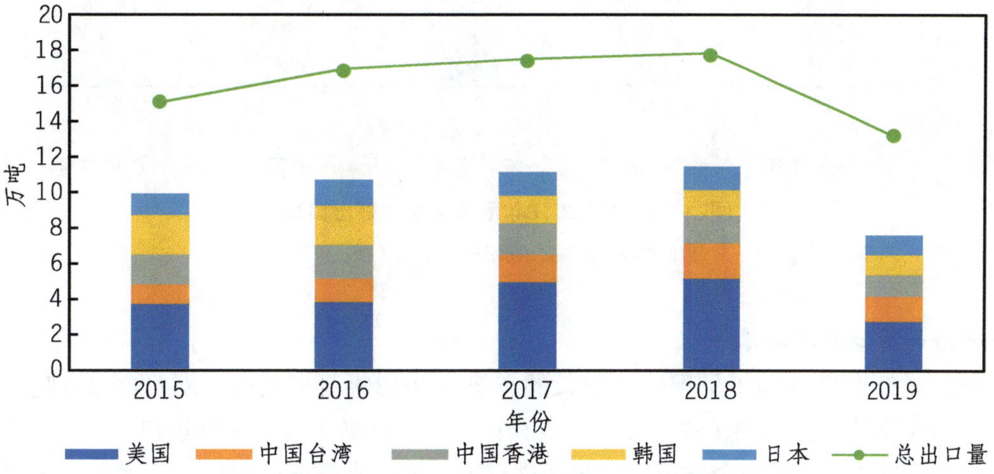

图19　2015—2019年中国对虾出口情况

数据来源：FAO。

2. 厄瓜多尔是美洲最主要的对虾出口国

据FAO统计，美洲对虾出口由2014年的53.9万吨增长到2018年的100万吨，约占全球出口总量31.5%（图20）。其中，2018年美洲对虾出口同比增长23.4%，增量主要来自厄瓜多尔。厄瓜多尔对虾出口从2015年占美洲出口总量的59%增长到2018年的73%，成为美洲乃至全球最主要的对虾生产和出口国，位居全球对虾出口第二位。

随着国际市场对厄瓜多尔低密度养殖对虾品质的认可，厄瓜多尔对虾出口得以快速增长。自2017年开始对虾成为厄瓜多尔除石油外最重要的出口商品，其中约2/3的对虾运往中国，其余出口到美国、西班牙、法国、意大利等（图21）。2020年7月，中国海关检测到来自厄瓜多尔的冻虾集装箱内壁和外包装样品中新冠病毒呈阳性，厄瓜多尔虾对中国出口骤降，恢复尚需时日。

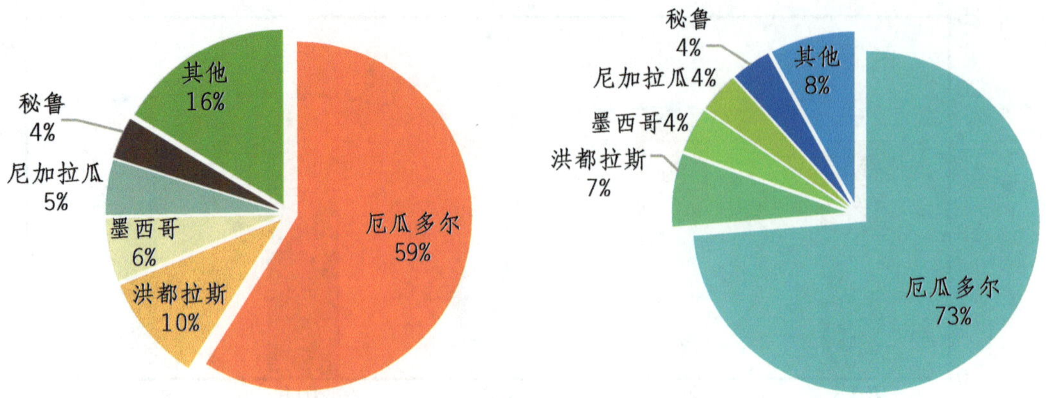

图20　2015年和2018年美洲对虾出口主要国家占美洲对虾出口量的比例

数据来源：FAO。

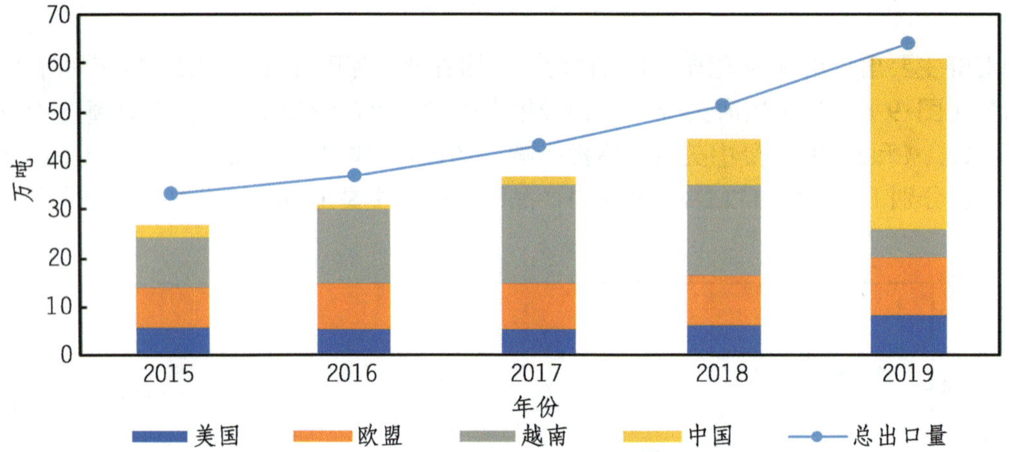

图21　2015—2018年厄瓜多尔对虾出口情况

数据来源：厄瓜多尔水产养殖协会（CNA）。

3. 亚洲对虾进口量不断攀升

在亚洲，对虾进口近10年呈现持续增长的态势，2018年亚洲共进口对虾86.2万吨，同比增长18.8%，约占全球对虾进口总量的32.7%。中国和日本是亚洲最主要的对虾进口市场。据业界统计，2014年中国已经超越日本成为全球第二大对虾进口国，成为支撑亚洲对虾进口增长的主要动力。

中国作为最具潜力的对虾进口大国，进口持续大幅增长，到2019年中国对虾进口量已为出口量的近5倍。随着中国政府各项鼓励进口、降低关税政策的出台，国民消费需求的增长，以及打击走私力度不断增强，2019年中国对虾进口激增，进口量达62.2万吨，进口额38.6亿美元，同比增幅分别达284.1%和223.8%。主要进口市场为厄瓜多尔、印度、泰国、越南（图22）。其中，2019年我国自厄瓜多尔进口量32.2万吨，进口额18.6亿美元，同比分别增长321.1%和282.5%，中国已经成为厄瓜多尔对虾最大出口市场；自印度进口量15.5万吨，进口额9.1亿美元，同比分别增长337.9%和332.2%；自泰国进口量3.9万吨，进口额3.7亿美元，同比分别增长57.8%和47.0%。

2017年，美国发起中美贸易摩擦，持续的贸易摩擦和全球经济疲软造成全球水产品贸易放缓并导致不确定性。中国对美出口对虾唯一优势产品“面包虾”进一步下滑，泰国、越南和印度尼西亚等国家抓紧占领美国市场份额，美国企业也加紧对东南亚国家的技术和装备扶持，中国仅存的优势也面临着难以维系的尴尬境地。

自2011年日本对虾进口持续下滑，低位徘徊，从历史最高水平的30多万吨下降至不足20万吨。

2019年日本对虾进口量15.9万吨，基本与2018年持平，进口额17.0亿美元，同比下降5.8%。主要进口市场为印度、越南、印度尼西亚等国（图23）。近两年，日本一些企业在越南等地进行投资，计划在越南建设面包虾生产线。

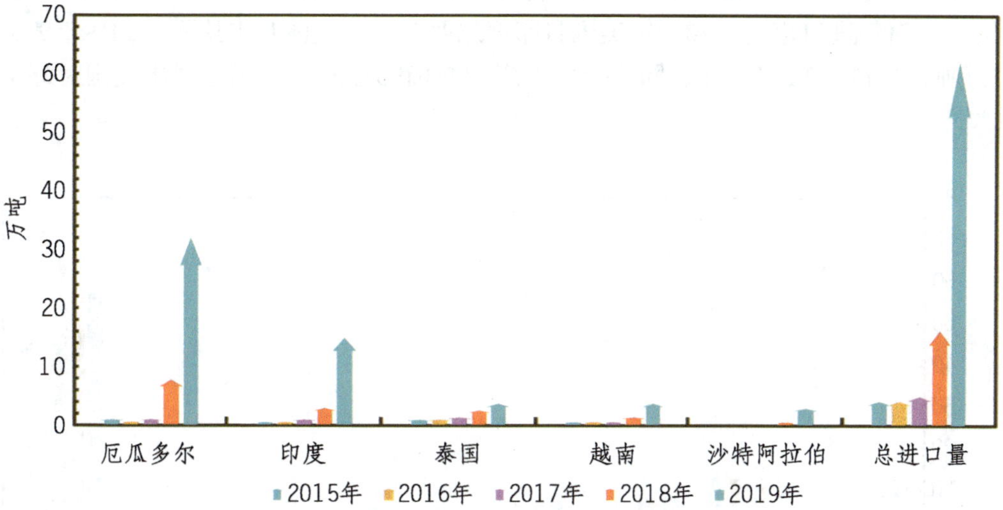

图22 2015—2019年中国对虾主要进口市场

数据来源：中国海关。

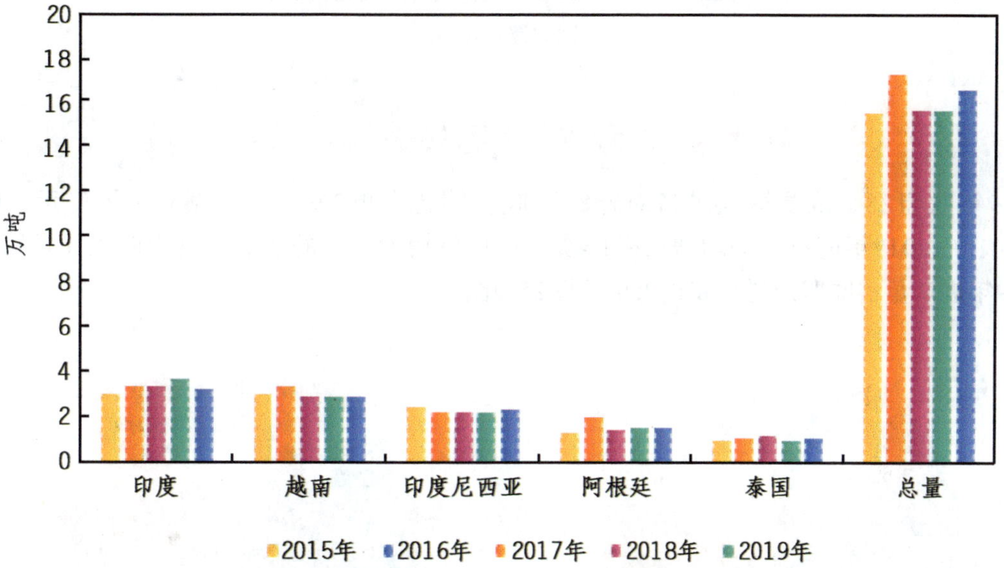

图23 2015—2019年日本对虾主要进口市场

数据来源：日本财务省。

（二）美国是美洲最主要的对虾进口市场

美洲近几年对虾进口呈稳定增长的态势，2018年美洲共进口对虾81.4万吨万吨，同比增长5%，约占全球对虾进口总量的30.9%。中国和日本是亚洲最主要的对虾进口市场。据业界统计，2014年中国已经超越日本成为全球第二大进口国，近几年亚洲对虾进口增速也主要来自中国的进口。

2015—2018年美国对虾进口量基本占美洲进口总量的86%左右。美元走势坚挺使美国市场采购能力增强，对虾采购量稳步增加，2019年美国进口对虾70万吨，同比增长0.5%，但近年来增速不断放缓。但由于美元升值，虽进口量微增，但进口额有所下滑，2019年进口额60.1亿美元，同比下降

3.7%。进口来源国依次为印度、印度尼西亚、厄瓜多尔、越南、泰国、墨西哥，以上国家在美国市场份额总和超过90%（图24）。其中，印度、厄瓜多尔、越南、墨西哥等国家进口量呈现不同程度的上涨，印度作为美国第一大对虾供应国，2019年美国自印度进口量28.2万吨，进口额23.8亿美元，同比分别增长14%和7.3%，印度对虾占美国市场份额从2014年的19%增长到2019年的40%。印度尼西亚是美国第二大对虾进口市场，2019年美国自印度尼西亚进口整体基本持平。2019年美国自中国进口对虾2.7万吨，进口额2.2亿美元，同比分别下降47.0%和53.2%，中国已退出美国对虾主要供应国行列。

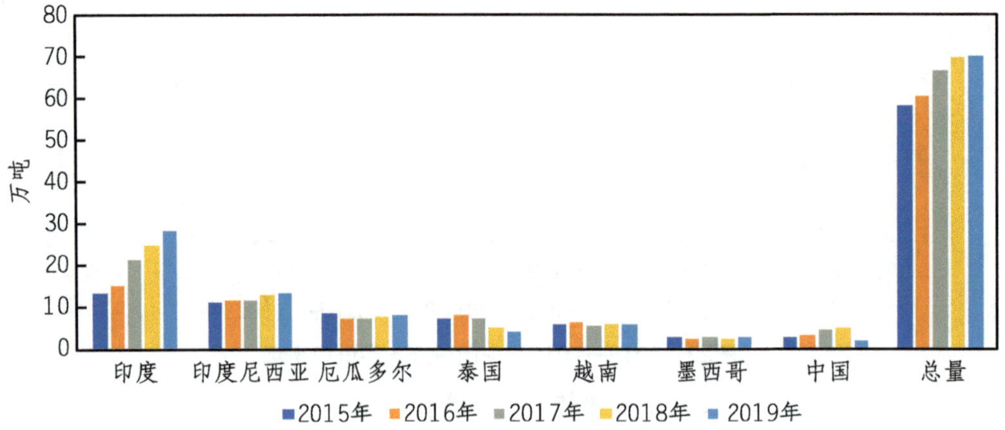

图24　2015—2019年美国对虾主要进口市场

数据来源：NOAA。

（三）欧盟对虾进口量增额减，主要消费国进口量小幅下滑

2019年欧盟28个成员国共进口对虾80万吨，同比微增2%；进口额53.6亿美元，同比下降8.3%。2015—2019年进口量平均增长率1.4%，进口呈较为稳定的态势。其中西班牙是第一大进口国，2019年进口量占欧盟总进口量的26%（图25和图26）。

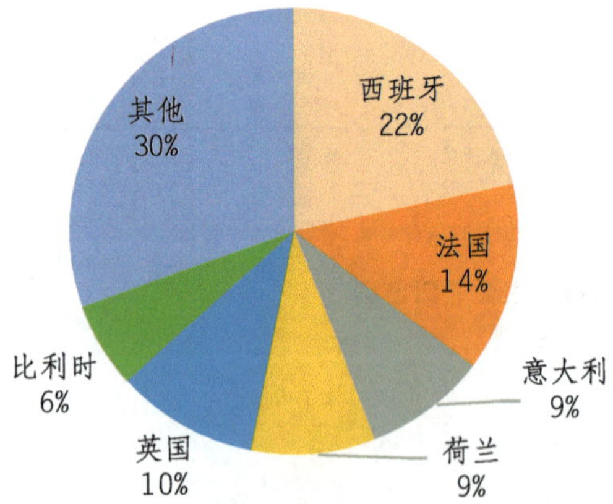

图25　2015年欧盟主要对虾进口国

数据来源：FAO。

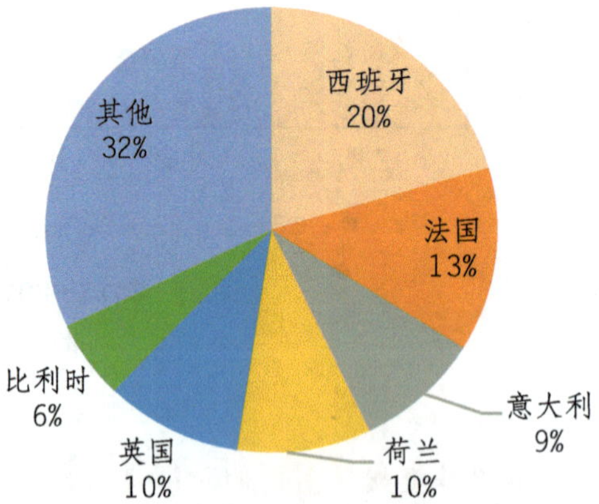

图26　2019年欧盟主要对虾进口国

数据来源：FAO。

从欧盟各国近5年的进口趋势看，西班牙、法国、意大利、荷兰、英国和比利时等最主要的对虾进口国近几年进口均相对稳定，无显著增长趋势（图27），市场消费动力略显不足。2017年欧元升值，市场得以恢复，但后劲不足，随着2018年和2019年欧元走弱，西班牙、法国、意大利、荷兰等国对虾进口也呈现小幅下降。

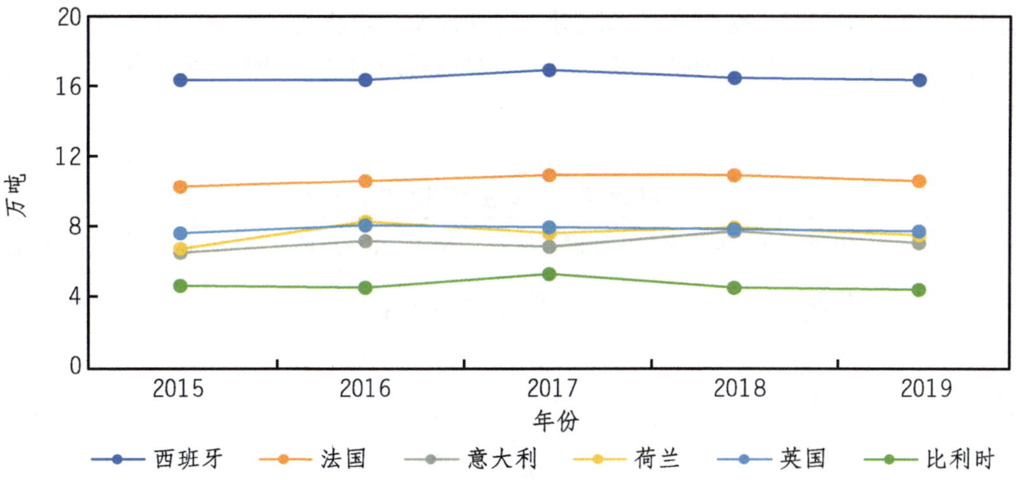

图27　2015—2019年欧盟对虾进口形势

数据来源：ITC。

（四）各主产国逐鹿中美欧市场

厄瓜多尔、印度、越南、印度尼西亚、泰国等对虾主产国近两年在对虾贸易中竞争激烈，加强拓展中、美、欧市场，进行全球市场布局以防控和应对贸易变化。厄瓜多尔凭借良好的产品口碑在中国电商平台热销，强势占领中国市场。印度方面美国市场份额的增长是一个积极信号，但部分印度企业还未能获得出口欧盟的通行证，因此，自欧盟决定加强印度白虾的抽检率后，印度海产品出口发展总局（MPEDA）建议出口商专注发展美国和中国市场，目前印度已成功成为中国第二大对虾进口国。印度尼西亚为提振本国对虾贸易，着手深耕美国市场。越南、泰国在稳定原有市场份额的情况下，亦瞄准中国市场制定了一系列针对性的扩张计划。

四、世界主要国家产业竞争力

近几年，亚洲对虾养殖产量变化波动较大，但对虾仍是亚洲最为重要的水产养殖品种之一。越南、印度、印度尼西亚是对虾产量增长较快的国家，这些主产国仍以散户养殖为主，养殖户多而散、规模化程度不高、养殖模式多样。近年来，随着以中国为主的众多国际投资者的资金进入，当地对虾养殖、加工技术不断提升，进一步推动了当地对虾产业的发展。拉丁美洲的厄瓜多尔则坚持低密度养殖，凭借当地丰富的水资源，产量稳步增长。整体来看，全球主要生产国对虾产品的竞争主要集中在生产成本方面。从成本来看，苗种、饲料是构成对虾生产的主要成本，其中美洲种源优势明显，而中国在饲料方面更具优势，近年来大型企业开始布局对虾种苗市场，可以看到明显的进步，仍有待进一步观察。其他主要成本构成中，中国的工人工资、租金等明显高于其他主要养虾国家，处于劣势，但在技术和养殖模式等方面又有着较为明显的优势。

（一）中国

中国对虾产业经历了几十年的发展，现已形成了养殖、加工、流通、消费完整的产销链条。养殖方面，病害问题一直困扰着中国对虾养殖业，直接影响养殖成功率，而养殖成功率决定了产量和企业利润。从成本来看，苗种、饲料、水电煤、仓储、运输和临时员工工资等可变成本，以及土地租金、固定员工工资、设备维修、贷款利息、固定资产折旧和科研投入等固定资本均处于上升通道。因为中国在饲料、种苗、养殖模式和设施上技术先进，所以相对其他国家具有明显的优势（表1）。但随着整体成本的增加，中国对虾在国际市场的竞争力逐步下降，对外出口逐年缩减。目前，裹粉面包虾是我出口唯一优势产品，因对技术和设备要求较高，短期内无法完全被取代。从消费趋势来看，鲜活对虾主要供应内销市场，国人对鲜活对虾的消费习惯由来已久，进口冻虾暂无法替代其市场地位。

表1　中国和其他对虾主产国生产成本比较

比较项目	中国	厄瓜多尔、印度、越南、泰国、印度尼西亚等主产国	成本比例估算/%
饲料	优势	劣势	65
种苗	—	劣势	8
病害损失	劣势	优势	3
雇工	劣势	优势	9
塘租金	劣势	优势	6
养殖设备	优势	劣势	4
动保产品投入	优势	劣势	3
环保成本	劣势	各国情况不一	2
气候条件	劣势	优势	—
养殖模式	优势	劣势	—

（二）印度

印度是对虾养殖新兴主产国，也是增长最快主产国之一，过去的10年，印度养虾业在全球市场成本优势的背景下迅速崛起。印度对虾在塘租、人工成本等方面具备相对优势，在产业空间、加工水平等方面也有提升的空间。目前，印度对虾产量的增长还主要来自养殖面积的扩张，养殖效率方面还需继续改进。印度对虾凭借价格优势迅速拓展国际市场，产品形态上印度以初级冻品为主，精加工能力较低。一直以来印度对虾产品质量饱受质疑，抗生素超标事件时有发生，对此，印度政府和业界表示将致力于提升养殖技术、改善环境，提升整体产品品质。

（三）越南

越南在水产养殖环境上有着得天独厚的条件。1993年越南开始实行土地私有制，大部分养殖渔民的池塘均归属于个人，无需塘租成本，部分租用池塘成本也远低于中国。再加上人工成本低廉，因此整体养殖成本具有一定的优势。此外，越南政府非常重视水产养殖行业，特别是对虾养殖板块。在亲虾进口、养殖保险、银行融资支持等方面都给予了非常优惠的政策。

（四）厄瓜多尔

厄瓜多尔主张生态型、低密度养殖对虾，保持可持续的增长率。在其他国家遭受EMS（对虾早期死亡综合征）困扰时，厄瓜多尔低密度养殖的优势逐渐显现出来。厄瓜多尔对虾养殖成本较低，并且一年可以养殖3~5造，其他国家平均养殖2~3造，因此在成本和养殖周期方面比东南亚国家更具优势。因地处偏远，运输一直是厄瓜多尔对虾最大的成本支出，燃油价格对其成本影响很大，目前政府对运输货轮给予一定的燃油补贴。近年来，厄瓜多尔在全球大力宣传推广生态型低密度、可持续养殖概念，质量和信誉获得业界广泛认可。

（五）泰国

泰国2003年开始全面养殖南美白对虾，对虾产量开始提升，但受病害影响严重，加上塘租、人工等成本在东南亚国家中相对略高，泰国对虾养殖产量和效益相对较低，同时因为其他主产国的产量大幅上升，整体拉低虾价，泰国在国际贸易中呈现下滑趋势，2018年下滑至第六位。2020年泰国对虾养殖技术提升和对虾疾病得到有效控制，产量有望提升。虽然泰国对虾价格竞争力不高，但泰国整体水产品加工实力相对较好，加工水平和人工熟练程度都较高。因此，为提升产业竞争力，泰国全力发展对虾精深加工，随着技术和资本的进入，整体技术水平将会快速提升。

（六）印度尼西亚

印度尼西亚2015—2018年水产养殖产量年均增长3.36%，增量主要来自虾35.2%、淡水鱼35.1%、鲶鱼23.9%。据了解，印度尼西亚人工成本相对越南、泰国等较高，成本方面并不具备优势。但印度尼西亚尚有大量适合发展水产养殖的区域尚未开发，近年来政府迫切希望通过吸引外商投资方式振兴该国水产养殖业，发展潜力和空间较大。同时印度、越南、中国等对虾产品都曾被美国列入反倾销国家之列，而印度尼西亚未被列入，因此，近几年来在美国市场业绩呈上升趋势。

五、主要国家产业支持政策新变化

（一）中国

近年来中国大力推进环境治理，倡导资源节约、环境友好型渔业，鼓励渔业转型升级，一二三产业融合发展。2016年，农业农村部印发《关于加快推进渔业转方式调结构的指导意见》，提出以创新、协调、绿色、开放、共享发展理念为引领，坚持提质增效、减量增收、绿色发展、富裕渔民，大力推进渔业供给侧结构性改革。

2019年2月，经国务院批准，农业农村部等10个部委联合印发了《关于加快推进水产养殖业绿色发展的若干意见》，新中国成立以来第一个经国务院同意、专门针对水产养殖业的指导性文件，共8个部分、26条具体的政策措施，围绕加强科学布局、转变养殖方式、改善养殖环境、强化生产监管、拓宽发展空间、加强政策支持及落实保障措施等方面做出全面部署。政策明确了养殖布局更趋科学合理，养殖生产制度和监管体系更加健全，保障了水产养殖的可持续发展。

（二）印度

印度政府一直倡导“蓝色经济”，旨在利用印度狭长的海岸线和咸淡水储备资源大规模发展水产养殖业。

2018年，印度总理Narendra Modi担任领导职务的内阁经济事务内阁委员会批准设立渔业和水产养殖基础设施发展基金，基金总计7.12亿美元。渔业和水产养殖基础设施发展基金旨在帮助发展印度可持续渔业生产，在2020年全国产量提升至1 500万吨，年增长率8%~9%，2022—2023年产量增长至2 000万吨。渔业和水产养殖基础设施发展基金贷款发放周期为五年（2018—2022年），最长偿还周期12年。

2018年印度古吉拉特邦政府称，要大力发展养虾业，为此州政府签发了5 000公顷沿海土地开发许可证，专用于对虾养殖。

（三）越南

2007年越南政府提出《到2020年越南海洋战略》中提出水产业是越南优先鼓励和支持发展的行

业，要“靠海致富”，至2020年海洋和沿海经济产值要占国内生产总值（GDP）的53%~55%。

2017年初，政府总理提出到2025年水产品出口额实现100亿美元的目标，越南农业和农村发展部也制定了虾类养殖业总体规划：2017—2020年出口额预计达到45亿~50亿美元，年均出口额增长9.5%~12%，养殖面积预计达到71万公顷，年产量预计达到85万吨。2021—2025年，要形成规模化生态养殖和高技术加工业，稳步投资建设与之相适应的基础设施。

2019年6月30日，欧盟委员会与越南签署《欧盟—越南自由贸易协定（EVFTA）》，协议于8月1日生效。协议商定10年内，越南和欧盟将接近免税状态（取消99%的关税）。此外，该协定将削减欧盟面临的非关税壁垒，同时还将向欧盟企业开放越南的服务和公共采购市场。从EVFTA受益的行业主要是纺织、鞋类、农产品和水产品等。

2020年6月17日越南国会审议通过2020《投资法（修正案）》，将于2021年1月1日正式生效。其中享受投资优惠政策的行业和投资地区包括养殖、加工农林水产品，以及捕捞海产品及渔业服务性产品等。

（四）泰国

2016年9月，泰国内阁批准通过第十二个“国民经济和社会发展新五年计划（2017—2021年）”。旨在推动先进的水产养殖、消费安全产品，利用市场营销带动生产，改善渔民生活，并且平衡资源的可持续性。

相比越南、印度，泰国虾养殖成本偏高，使其失去了国际市场的竞争优势，如美国和欧洲。为此，2018年泰国养虾行业计划未来五年将替换传统的养殖模式，普及应用最新的封闭式室内养殖模式，以防控疾病、提升效益和可持续性为发展导向。

（五）印度尼西亚

印度尼西亚拥有全球第二长的海岸线，自然条件优越，养殖对虾有着较大发展潜力。近几年政府在积极发展基础设施建设，农村地区的物流成本有所降低，有利于刺激养殖面积的扩大。

2020年6月，印尼海洋与渔业部水产养殖司宣布未来几年政府关于发展养虾业的总体计划，目标在2024年前将虾类出口额提升250%。政府鼓励发展兼顾产量增长和环境保护的可持续虾类养殖业，并将其作为国家推行的一项优先事项，目前已规划好发展路线图。

（六）厄瓜多尔

厄瓜多尔大力推动国内海水养殖发展，为国内外海水养殖投资者提供了优越的发展环境。如出台文件《MAE-MAGAP》，用于鼓励商业化海水养殖的计划，授予海洋空间使用特许权，为期20年，可续期，投资方无须付费。活鲜、冷冻和工业化生产的养殖产品在《生产、贸易和投资的组织规范》中属优先领域，对优先领域的新投资和进口替代产生的收入免除从投资首年起5年内的所得税，从开始生产使用之日起5年内，每年额外扣除100%生产性资产的年折旧成本。对于激励措施税收稳定性的投资合同，有效期最长为15年，可在最初批准的期限内续签。同时，2019年厄瓜多尔政府还对对虾运输货轮燃料进行补贴，以降低对虾成本价格。

六、世界供需形势展望

（一）短期（未来1～2年）

1. 受新型冠状病毒疫情影响，产业不确定性加剧

2020年初春，中国暴发新冠肺炎疫情，为控制疫情，所有户外活动取消，旅行和餐饮订单取消，消费大幅下滑。疫情初期，对虾进口渠道还算畅通，影响更多体现在物流环节，运输周期变长、运费提升。对虾产品市场认可度高，是家庭水产品消费的重要品种，疫情期间在各个电商平台销售火爆，进口情况较为稳定。但6月，发生在北京新发地的第二波疫情，水产品成为重灾区。7月，自厄瓜多尔进口虾集装箱内壁和外包装样品中检测出新冠病毒后，从进口到销售均受影响，消费市场疑虑进一步加深。

在欧美市场，虾类商品主要消费需求源于餐饮。2020年2月、3月欧美疫情相继暴发并迅速蔓延。欧洲对虾消费大幅下滑，虽零售端销量上涨，但难抵餐饮损失。5月随着疫情的好转市场消费开始缓慢回升，但之后有出现下滑，预计2020年全年市场在反复波动中销量下滑。美国方面，疫情持续恶化，为应对餐饮库存压力，经销商将部分供给餐饮的对虾产品，经过重新分装包装转至零售板块销售。对虾主要消费市场的变化给2020年全球对虾产业前景蒙上了阴影，带来了一系列不确定性。

2. 全球供给和消费预计全面下滑

受新冠肺炎疫情影响，各对虾主产国年初确定生产计划尤为困难，影响具体表现在：投苗推迟，饲料供应受物流影响不及时，产生压塘现象。预测2020年全球对虾产量将低于2019年水平。中国、美国、欧盟将继续引领全球对虾采购，支撑全球对虾市场的发展。2020年全球经济景气度下降，中、美、欧经济恢复程度不一，且缓慢，中国、美国、欧盟市场也面临众多问题，发展形势尚不明朗，日本市场也处于下行趋势，迫于市场压力，预计全球虾价将持续走弱。中国依然是最具潜力的对虾消费市场，随着疫情的有效控制，第四季度将进入对虾消费的高峰期，消费者逐渐恢复对虾消费的信心，进口对虾将逐步恢复常态，国产对虾价格有望保持相对高位运行，鲜活虾和冷冻虾的价差可能会进一步拉大。

（二）中长期（未来3~5年）

长远来看，随着人们对优质动物蛋白，健康饮食认识的提高，全球对虾生产和消费仍有拓展空间，各主产国产量将由快速增长期进入稳定期，养殖模式将逐步向可持续转型，产品品质将成为市场竞争的关键。新兴产区加速发展，沙特阿拉伯、伊朗、埃及、委内瑞拉等新兴对虾养殖国加大发展本国对虾养殖业，潜力不可小觑。目前，整个中东地区对虾养殖产量已经达10万吨以上。其中，2019年沙特阿拉伯产量约5万吨，伊朗约4万吨，并将继续积极扩张，目前其绝大多数产品供应中国市场。未来，中国市场成为众多对虾主产国逐鹿的主战场。

国际贸易方面，中国、美国和欧洲仍是最主要的消费市场。在中国“一带一路”倡议和积极扩大进口的背景下，进口规模将会继续扩大，并将继续加大从养殖到加工、贸易的全产业链海外投资力度，布局全球对虾供应链。未来，中国将成为全球对虾产业关注的中心，中国的供需走势将直接影响全球对虾供应，并将与美国、欧盟成为世界对虾产业良好的三角支撑。

参考文献

联合国粮食及农业组织，2018. 中国水产品市场价格报告[R]. http：//www. fao. org/3/ca9229zh/CA9229ZH. pdf.

联合国粮食及农业组织，2018. 年世界渔业和水产养殖状况[EB/OL]. www. fao. org/publications.

经济合作与发展组织，联合国粮食及农业组织. 2018—2027年农业展望[M]. 北京：中国农业科学技术出版社.

联合国粮食及农业组织，2019. 全球食品市场前景展望 [EB/OL]. http：//www. fao. org/3/ ca4526en/ca4526en. pdf.

农业部市场预警专家委员会，中国农业展望报告（2018—2027）[M]. 北京：中国农业科学技术出版社.

中国渔业统计年鉴，2020 [M]. 北京：中国农业出版社.

（中国水产流通与加工协会　崔　和　朱亚平　张琳琳）

第四部分

热作产品

专题一：香　蕉

2018年延续上年增长态势，产量达11 573.8万吨，但增幅收窄。印度、厄瓜多尔、巴西和印度尼西亚产量增加较多，产量的增长主要得益于种植面积的扩张。世界香蕉消费量与上年基本持平，印度、中国等9个国家为主要的消费国，占全球消费量的61.6%。2019年贸易规模继续扩大，出口量增加较多的国家为菲律宾、老挝，进口量增加较多的国家为中国、荷兰。根据发展趋势和相关专业机构预测，未来10年（2019—2028年）全球香蕉产量每年将以1.5%的速度增长，到2028年达1.35亿吨，由于发达国家进口市场的需求放缓，预计全球香蕉贸易将以每年1%的速度适度增长。

一、世界供需现状

（一）世界香蕉生产小幅增长

1. 世界香蕉产量继续增长，但增幅收窄

自2010年以来，全球香蕉供给呈现波动增长的态势，香蕉产量从2010年的10 866.4万吨增加到2017年的11 435.9万吨，年均增长0.73%；2018年继续延续上年增长态势，同比增1.21%（图1）。2018年产量增加较多的国家有印度（增长33.1万吨，同比增1.09%）、厄瓜多尔（增长22.4万吨，同比增3.56%）、巴西（增长16.7万吨，同比增2.54%）和印度尼西亚（增长10.2万吨，同比增1.42%），产量的增加主要得益于种植面积的扩张。2010—2018年，全球香蕉收获面积从539.8万公顷增加到572.9万公顷，增幅达6.1%。2018年香蕉单产为20.2吨/公顷，与2010年的20.1吨/公顷基本持平（表1）。

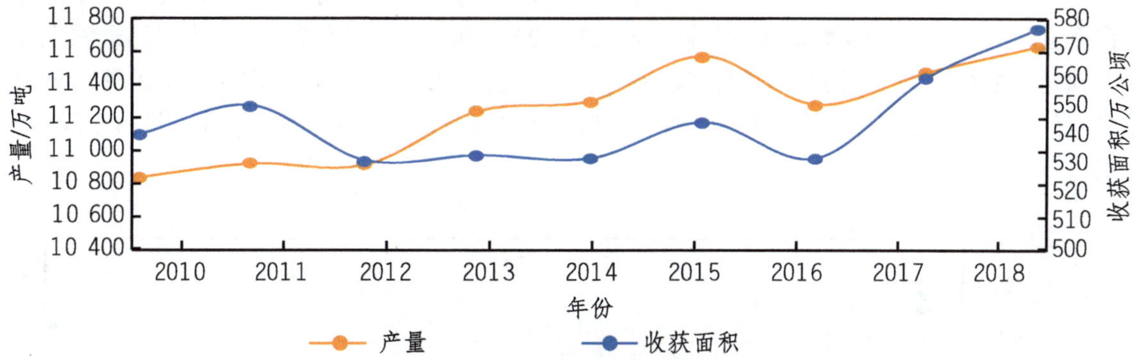

图1　2010—2018年世界香蕉产量及收获面积

数据来源：联合国粮农组织（FAO）。

表1　2017—2018年世界主要香蕉生产国家产量变化

产量排序	国家	年产量/万吨		年增量/万吨	增长率/%
		2017年	2018年		
1	印度	3 047.7	3 080.8	33.1	1.09
2	中国	1 152.6	1 157.8	5.2	0.45

（续表）

产量排序	国家	年产量/万吨		年增量/万吨	增长率/%
		2017年	2018年		
3	印度尼西亚	716.3	726.4	10.2	1.42
4	巴西	658.5	675.2	16.7	2.54
5	厄瓜多尔	628.2	650.6	22.4	3.56
6	菲律宾	604.1	614.4	10.3	1.70
7	危地马拉	408.3	402.7	−5.6	−1.38
8	哥伦比亚	372.5	370.7	−1.8	−0.48
9	安哥拉	409.3	349.2	−60.1	−14.68
10	坦桑尼亚	343.9	346.9	3.0	0.86
11	哥斯达黎加	259.9	252.9	−7.0	−2.69
12	墨西哥	223.0	235.4	12.5	5.60
13	越南	204.5	208.7	4.2	2.05
—	世界	11 435.9	11 573.8	137.9	2.05

数据来源：联合国粮农组织（FAO）。

2. 世界香蕉种植分布广、集中度高，南亚地区是主要生产区域

由于香蕉较强的适应性，全球种植香蕉的国家多达136个，但一半以上国家香蕉只是小面积零星种植，产量多在10万吨以下。从区域看，世界香蕉种植主要集中在南亚、中南美洲、东南亚和撒哈拉以南非洲地区。其中，南亚地区是全球香蕉种植最集中的区域，2018年该区域香蕉产量约3 161.8万吨，占全球的27.3%。中南美洲地区香蕉种植规模仅次于南亚地区，2018年该区域香蕉产量2 772.2万吨，占全球的23.9%；该区域虽然香蕉产量较大，但主产国多，单个国家产量大多较少。东南亚地区是世界第三大香蕉种植区，2018年该区域香蕉产量1 889.6万吨，占全球的16.3%。从国家看，香蕉产量超过100万吨国家有21个，这些国家香蕉产量10 136.6万吨，占全球的87.5%。印度和中国是全球两大香蕉生产国，其中，印度2018年香蕉产量达3 080.8万吨，占全球的26.6%，产量远远领先其他国家。中国是排名第二的香蕉生产大国，2018年香蕉产量达1 122.2万吨。除印度和中国外，香蕉产量超过500万吨的国家还有印度尼西亚、巴西、厄瓜多尔和菲律宾，这6个国家合计产量占全球的59.4%（图2）。

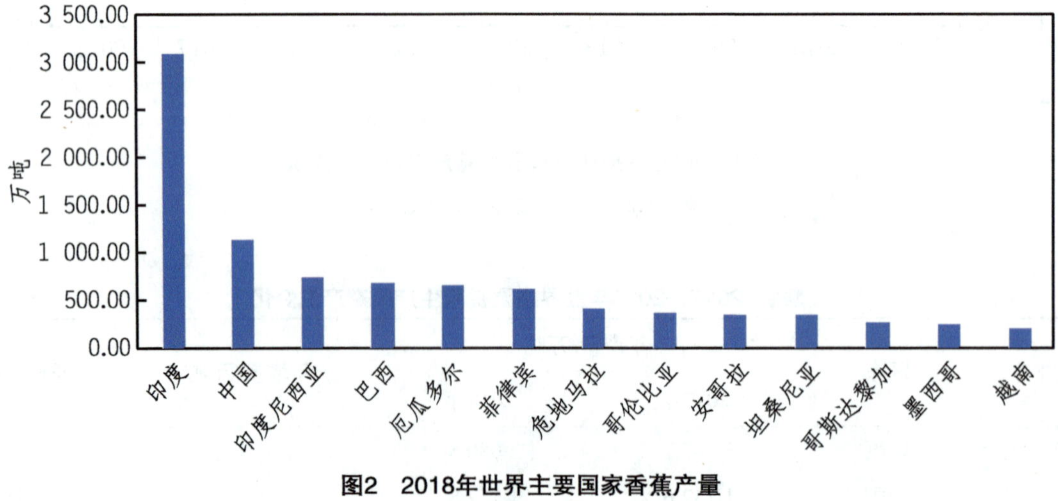

图2　2018年世界主要国家香蕉产量

数据来源：联合国粮农组织（FAO）。

3. 香蕉单产差异较大，土耳其为单产最大的国家

联合国粮农组织（FAO）数据显示，全球香蕉的平均单产约为20吨/公顷，但各国单产相差很大。2018年香蕉单产最高的国家为土耳其，单产达65.5吨/公顷，是世界平均水平的3倍多。从主要香蕉生产国来看，印度尼西亚单产高，达60.33吨/公顷；厄瓜多尔作为全球最大的香蕉出口国，香蕉单产达40.3吨/公顷，约为全球平均水平的2倍。中国作为全球第二大香蕉生产国，香蕉单产也高于全球平均水平，达30.5吨/公顷（图3）。

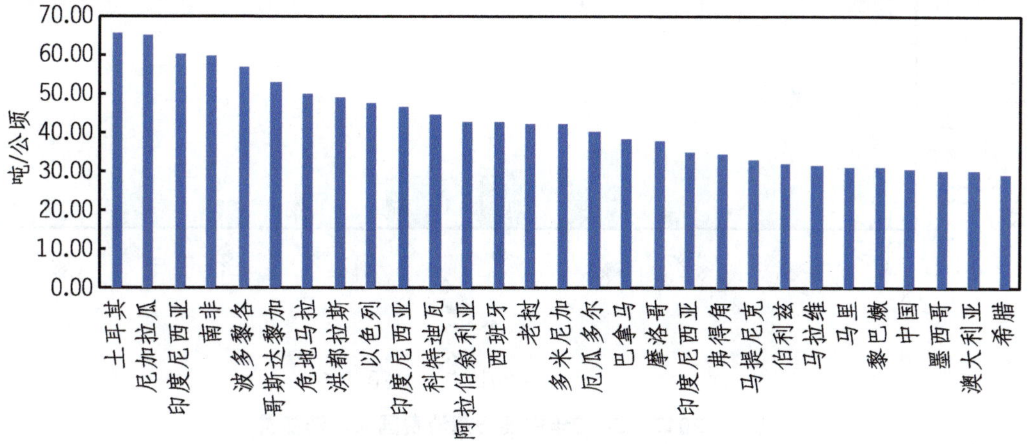

图3　2018年世界主要国家香蕉单产

数据来源：联合国粮农组织（FAO）。

（二）世界香蕉消费与上年基本持平

随着发展中国家经济增长，全球香蕉消费量逐年增长。根据FAO和ITC数据，2018年，世界香蕉消费量为11 399万吨，较2017年（11 457万吨）减少0.5%，基本持平。其中，印度、中国、印度尼西亚、巴西、美国、安哥拉、坦桑尼亚、菲律宾、卢旺达9个国家为主要的香蕉消费国，占全球消费量的61.6%。其中，印度为第一大香蕉消费国，年消费量3 069万吨，占全球消费量的26.8%；中国为第二大香蕉消费国，年消费量1 275万吨，占全球消费量的11.1%；印度尼西亚、巴西、美国、安哥拉、坦桑尼亚、菲律宾、卢旺达分别为723万吨、669万吨、457万吨、349万吨、347万吨、276万吨和174万吨（图4）。

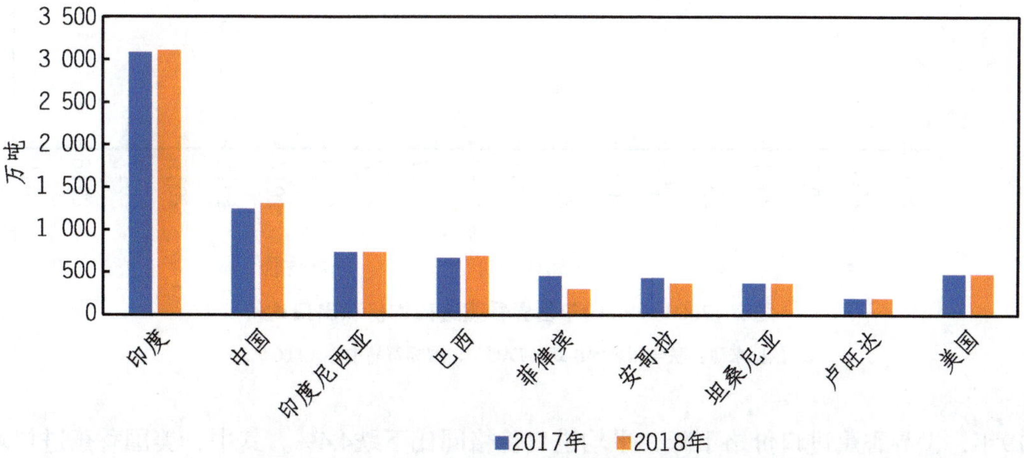

图4　2017—2018年世界主要香蕉消费国家消费量

数据来源：联合国粮农组织（FAO）、国际贸易中心（ITC）。

从人均消费量看，2018年世界香蕉人均消费量为14.9千克/人，较2017年（15.2千克/人）减少1.6%。卢旺达人均消费量最大，达到141.4千克/人，其次是安哥拉（113.2千克/人）、坦桑尼亚（61.6千克/人），这些国家把香蕉作为主食之一。香蕉进口量最大的美国，人均消费量仅为14.0千克/人；印度人均消费量为22.7千克/人，中国人均消费量为8.9千克/人，比世界平均值低6.0千克/人（图5）。

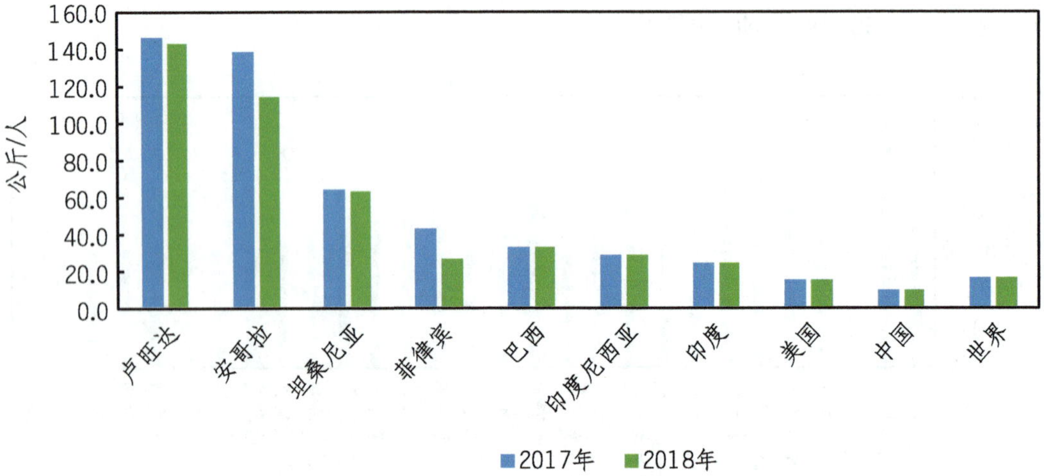

图5　2017—2018年主要香蕉消费国人均消费量

数据来源：联合国粮农组织（FAO）、国际贸易中心（ITC）。

二、国际价格走势

（一）世界香蕉价格呈现波动上涨趋势

自2001年以来，世界香蕉价格呈现波动上涨态势，平均出口价格从2010年的291美元/吨上涨到2019年的523美元/吨，年均涨幅为1.8%；平均进口价格从2010年的291美元/吨上涨到2019年的657美元/吨，年均涨幅为3.3%（图6）。

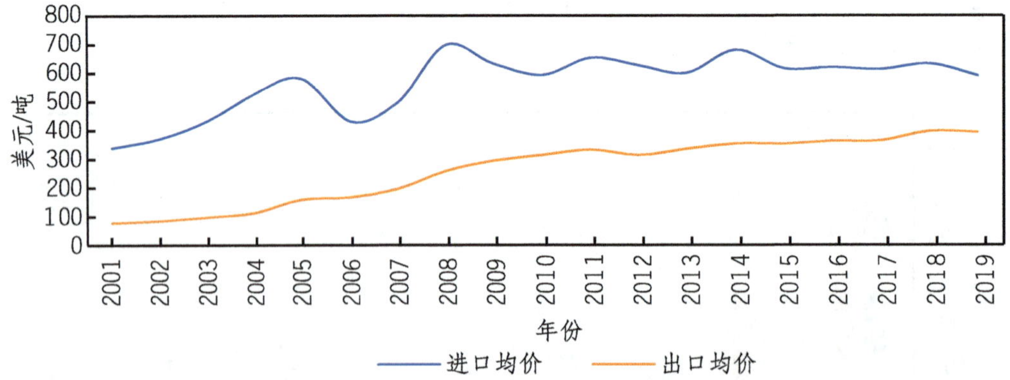

图6　2001—2019年世界香蕉进口均价和出口均价

数据来源：联合国粮农组织（FAO）、国际贸易中心（ITC）。

2019年，世界香蕉进口价格下降，平均进口价格同比下跌4.4%。其中，美国香蕉进口均价同比下跌0.4%，由2018年的547美元/吨下跌至545美元/吨，中国香蕉进口均价同比下跌2.9%，由2018年的581美元/吨下跌至564美元/吨。2019年，世界香蕉出口价格上涨，平均出口价格同比上涨1.4%。

其中，厄瓜多尔出口均价同比上涨1.4%，由2018年的475美元/吨上涨至481美元/吨，菲律宾香蕉出口均价与上年基本持平，2019年为444美元/吨。

厄瓜多尔香蕉出口价格较菲律宾、危地马拉等国不具竞争力，月度价格总体平稳，呈现稳中有增趋势，与上年相比整体小幅上涨。2019年1—3月，受冬季香蕉产量下降及国际市场香蕉价格低迷影响，厄瓜多尔出口价格小幅下降，5月降至469美元/吨，6月开始小幅反弹，12月底涨至525美元/吨；菲律宾香蕉出口价格波动相对剧烈，整体呈“W”形走势，1—8月，基本在450美元/吨上下震荡，9—11月价格下降趋势明显，年底价格小幅回升至410美元/吨。危地马拉出口价格整体呈“U”形走势，呈现先下降后上涨趋势，上半年出口价格基本维持在350美元/吨上下，7月、8月价格跌至340美元/吨，9月开始恢复性上涨，至年底回升至360美元/吨（图7）。

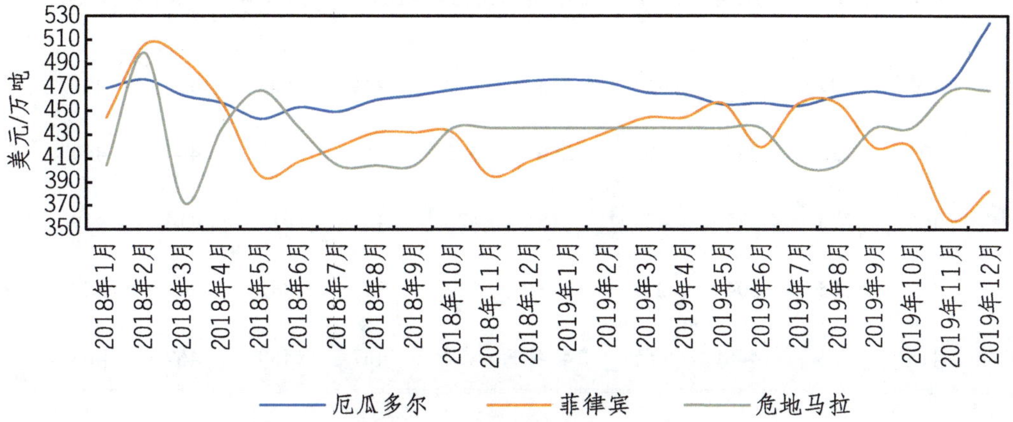

图7　2018年和2019年主要生产国出口价格化对比

数据来源：国际贸易中心（ITC）。

2019年香蕉进口价格与出口价格表现相似，整体较上年波动平缓。俄罗斯进口价格与上年相比整体呈微增趋势，1—2月价格小幅上升后，3—7月价格在740美元/吨徘徊，8月跌至730美元/吨，9月起震荡上升，12月突破750美元/吨；美国进口价格全年变化不大，基本维持在540美元/吨上下；中国香蕉进口价格较上年微降，全年呈波动下降趋势，4月价格波动下降至530美元/吨，5—6月回升至590美元/吨，之后开始下降，12月降至年度最低值500美元/吨（图8）。

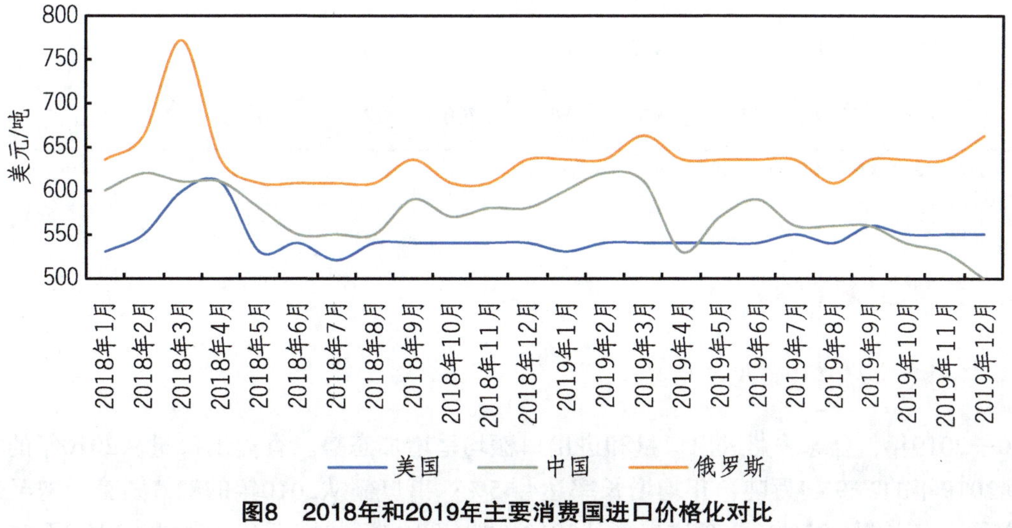

图8　2018年和2019年主要消费国进口价格化对比

数据来源：国际贸易中心（ITC）。

（二）主要进出口国价格存在明显差异

出口方面，2019年厄瓜多尔出口价格为每吨481美元，而同期危地马拉为350美元每吨，相差131美元。另外，2019年价格较2018年变化的幅度也不一样，其中厄瓜多尔、哥斯达黎加、危地马拉小幅增长，哥伦比亚同比负增长。进口方面，2019年，比利时价格最高，每吨919美元；美国最低，每吨545美元，前者高出后者374美元每吨。另外，2019年价格较上年除日本外整体下降，幅度最大的是比利时，下降7%，最小的是俄罗斯，下降0.3%（表2）。

表2　世界主要进出口国家价格变化　　单位：美元/吨

出口均价	2010年	2011年	2012年	2013年	2014年	2015年	2016年	2017年	2018年	2019年	2019年较2018年增/%
厄瓜多尔	394	389	400	427	433	449	444	462	475	481	1.3
菲律宾	201	230	245	295	286	312	443	413	444	444	0.0
哥斯达黎加	366	376	375	404	418	422	421	413	414	419	1.2
危地马拉	257	305	304	311	321	332	327	342	347	350	0.9
哥伦比亚	415	426	448	465	464	477	467	458	467	465	−0.4
进口均价	2010年	2011年	2012年	2013年	2014年	2015年	2016年	2017年	2018年	2019年	2019年较2018年增/%
美国	486	529	524	519	524	524	531	531	547	545	−0.4
俄罗斯	659	726	734	744	751	742	737	739	742	740	−0.3
中国	371	491	584	653	721	720	660	558	581	564	−2.9
荷兰	844	790	753	797	831	641	618	840	852	816	−4.2
比利时	1 120	1 144	1 077	1 113	1 099	916	934	968	988	919	−7.0
日本	767	851	818	837	857	880	967	861	910	917	0.8
德国	723	759	792	826	806	700	725	716	752	741	−1.5

数据来源：联合国粮农组织（FAO）、国际贸易中心（ITC）。

三、国际贸易格局

（一）全球香蕉贸易规模继续增长

2010—2019年，全球香蕉进出口量和进出口额均呈增加态势。香蕉出口量从2010年的1 821.5万吨增加到2019年的2 695.4万吨，年均增长率达4.45%；出口额从2010年的83.3亿美元增至2019年的140.1亿美元，年均增5.95%。香蕉进口量从2010年的1 886.6万吨增至2019年的2 396.9万吨，年均增长率达2.70%，进口额从124.2亿美元增至2019年的157.6亿美元，年均增长率达2.68%（图9）。

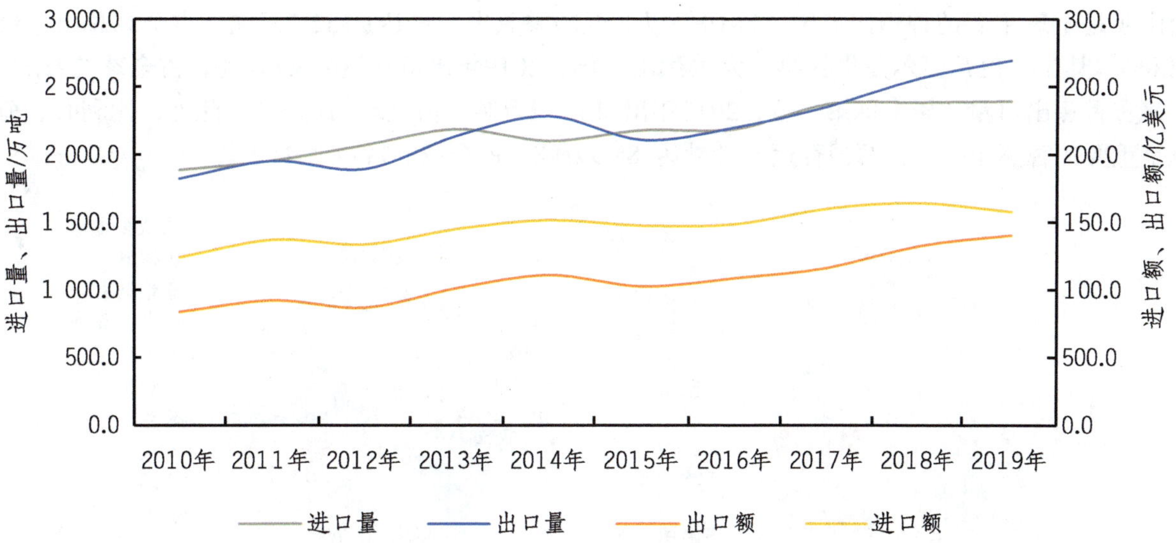

图9　2010—2019年世界香蕉贸易情况图

数据来源：国际贸易中心（ITC）。

从国别看，出口量增加较多的国家为菲律宾（增96.3万吨，同比增28.42%）、老挝（增51.3万吨，同比增395.63%），出口额增加较多的国家为菲律宾（增4.3亿美元，同比增28.32%）、多米尼加（增2.2亿美元，同比增105.88%）；进口量增加较多的国家为中国（增39.5万吨，同比增25.60%）、荷兰（增18.4万吨，同比增16.06%），进口额减少较多的国家为比利时（减2.6亿美元，同比减19.47%）。

从月度变化看，2019年世界香蕉月度出口额变化与上年差异不大，波动相对平缓，月出口额最大值不超过11.0亿美元，最小值不小于8.9亿美元。出口额在各月相对平均，这与香蕉以鲜食为主、全球周年供应的特征是一致的。2019年世界香蕉月度进口额变化趋势与上年整体一致，在12.0亿美元上下波动，在部分月份呈现涨跌交替态势。除7月、9月和12月以外，其他月份进口额均低于上年。2019年5月进口额14.0亿美元，同比减3.64%，是当年进口额的最大值（图10）。

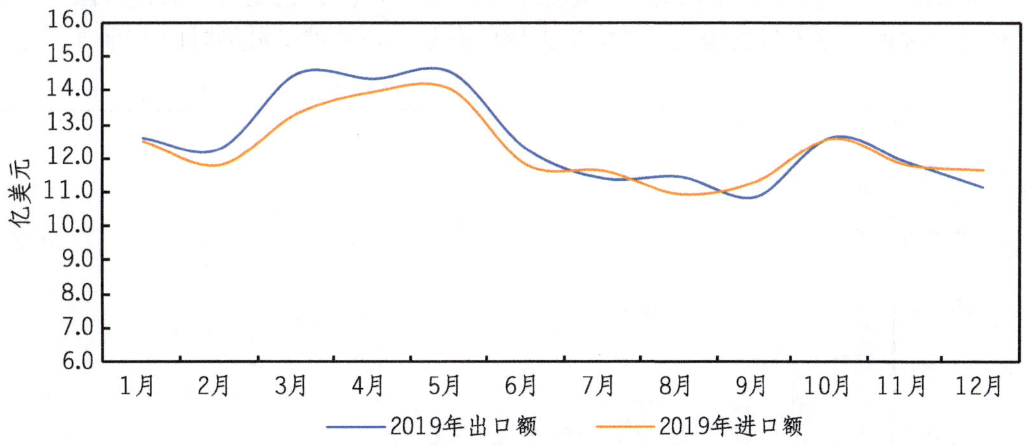

图10　2019年世界香蕉进口额月度变化对比图

数据来源：国际贸易中心（ITC）。

（二）全球出口格局与生产格局差异较大

全球香蕉出口相对集中且格局相对稳定。厄瓜多尔、菲律宾、危地马拉、哥斯达黎加、哥伦比亚是全球主要的香蕉出口国。2019年以上五国香蕉出口量达1 832.7万吨，占全球总出口量的68.0%。其中，厄瓜多尔是世界第一大香蕉出口国，2019年出口量达688.1万吨，占全球的23.6%；菲律宾香蕉出口量位居全球第二位，2019年出口435.2万吨，占全球的13.8%。此外，比利时、荷兰也是重要的香蕉出口国，两国香蕉出口量达188.9万吨，占全球的7%（图11）。

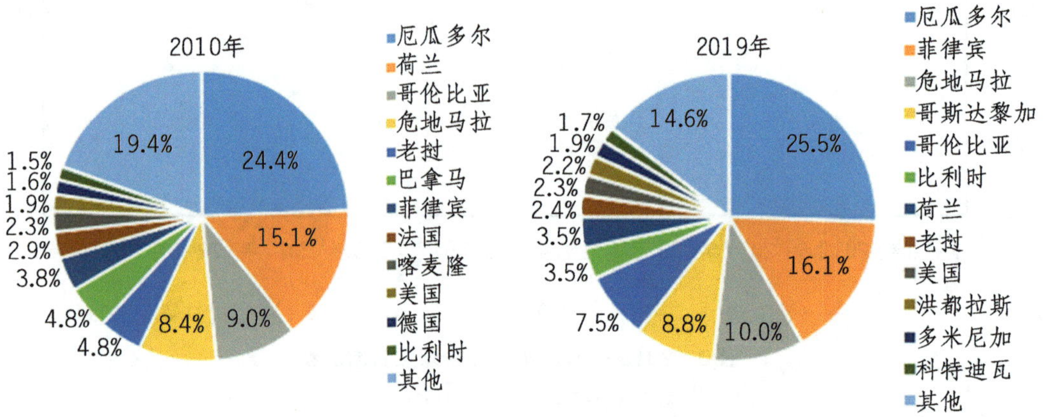

图11　2010年和2019年主要香蕉进口国占比

数据来源：国际贸易中心（ITC）。

从各国出口变化情况来看，菲律宾、荷兰近年来香蕉出口增长加快，2015—2019年，菲律宾香蕉出口年均增长率达41%，占全球的比重从4.3%大幅提高到了13.8%。荷兰近5年的香蕉出口年均增长率也达到了17%。

（三）全球进口国以发达国家为主

全球香蕉进口格局相对稳定，除中国以外，香蕉进口国主要为发达国家。2019年，香蕉进口量100万吨以上的国家有8个，分别是美国、中国、俄罗斯、荷兰、德国、比利时、英国和日本，其进口量合计达1 441.6万吨，占全球的60.1%。美国仍是全球第一大香蕉进口国，2019年进口量504.4万吨，占全球的21.1%（图12）。中国既是全球第二大香蕉生产国，也是第二大进口国。此外，荷兰和比利时作为重要的香蕉转口基地，呈现大进大出的态势，香蕉进口量仍居世界前列。

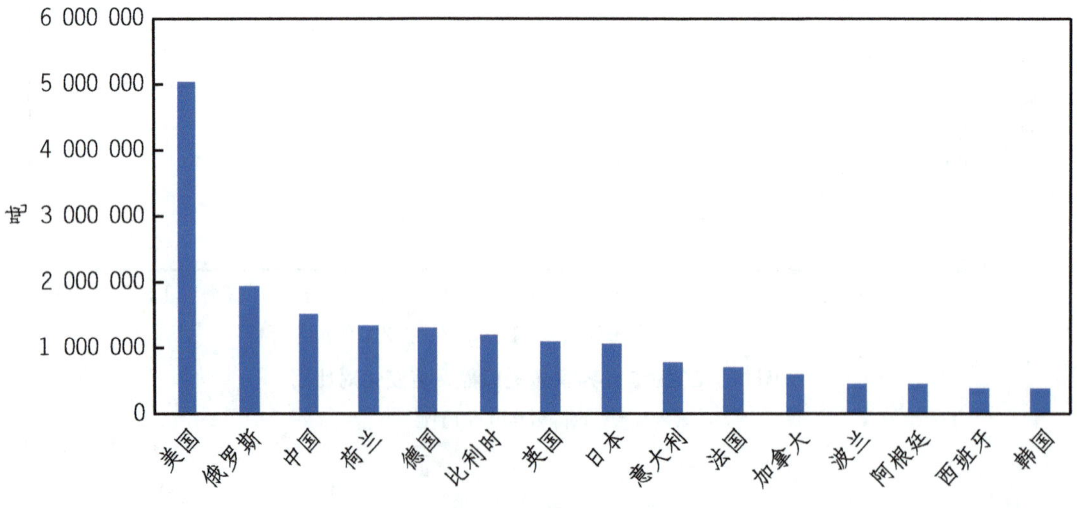

图12　2019年世界主要香蕉进口国进口量

数据来源：国际贸易中心（ITC）。

四、世界主要国家产业竞争力

（一）印度

印度是世界最大的香蕉生产国，面积和产量均居世界第一位，主要集中在泰米尔纳德邦、马哈拉施特拉邦、古吉拉特邦、卡纳塔克邦、喀拉拉邦、安德拉邦、西孟加拉、中央邦等地区，其中，泰米尔纳德邦香蕉产量占全国的80%以上。虽然印度香蕉产业规模很大，但竞争力较弱，小农户分散经营是制约印度香蕉产业竞争力的主要因素。受印度土地私有制限制，土地规模经营程度较低，香蕉种植主要依靠千家万户的小农户。由于小农户资金实力较弱、文化程度不高，新品种、新技术推广应用困难，造成了印度香蕉生产技术水平和生产效率偏低，生产成本和市场价格偏高，产业竞争力不强。

（二）厄瓜多尔

厄瓜多尔是世界第一大香蕉出口国，出口量占全球的23.6%。厄瓜多尔香蕉种植主要集中在西部沿海地区和大河谷地，埃尔奥罗、瓜亚斯和洛斯里奥斯三省的种植面积约占全国香蕉种植总面积的92%。厄瓜多尔产业竞争力位居世界前列。一是气候适宜性强。厄瓜多尔香蕉主产区常年气温较稳定，自然灾害和病虫害少，发展香蕉种植优势明显。二是龙头企业实力强。不仅拥有Noboa这样的本土香蕉巨头，而且都乐等国际巨头也在厄瓜多尔设有分支机构，年出口量超过50万箱的出口商有30多个，这些企业不仅负责香蕉收购和销售，而且建设有香蕉运输专用码头，建立了营销队伍，开展网络营销，搭建B2B香蕉供应平台等。三是规模化优势突出。厄瓜多尔香蕉种植以规模化农场经营为主，据统计，种植规模50公顷以上的种植园占58.5%，其中种植面积220公顷以上的大种植园占30%，大型农场有6 000多个，这些大型农场拥有成熟的种植、管理、贮藏等技术和统一的品质控制标准，实现了标准化生产。

（三）菲律宾

菲律宾是全球第二大香蕉出口国，香蕉种植规模也位居世界前列。棉兰老岛是菲律宾主要的香蕉种植和出口基地，约占全国产量的90%。菲律宾香蕉产业具有以下优势：一是区位优势，菲律宾背靠东亚和东南亚，该区域是世界最大的香蕉消费市场且快速增长，与南美香蕉种植区相比，菲律宾香蕉运输成本优势明显。二是龙头企业自建基地，都乐公司和金吉达公司等在菲律宾棉兰老岛建设了一大批大规模香蕉种植园，种植园拥有完善的基础设施、先进的生产技术，执行严格的质量标准，种植采收、包装保鲜、冷链运输以及销售等方面形成了标准化的运作模式，同时建立了包括采后处理、港口运输等配套基础设施。三是香蕉加工相对发达，尤其是香蕉片出口在全球占有重要位置。菲律宾现有15家大型香蕉片加工厂，产品甜度适中，口感较脆，外观和品质均较好，已经成为香蕉片加工出口第一大国。但菲律宾香蕉种植两极分化严重，除了跨国企业自建的规模化基地外，还有大量的小农户建设的香蕉园，基础设施和技术设备落后，种植方式原始粗放，提高小农户香蕉种植技术水平是提高菲律宾香蕉产业竞争力的关键。

（四）巴西

巴西是世界第四大香蕉生产国，主要种植区域在巴伊亚州、圣保罗州和伯南布哥州。总体来看，巴西香蕉产业竞争力较弱，主要原因：一是种植标准化水平不高，新品种新技术普及率低，病害流行，单产仅为15.03吨/公顷，低于全球平均单产，且香蕉品质一般。二是配套产业落后，香蕉采后处理、分级包装和冷链仓储等配套产业不发达，普遍采用木板条箱包装，产品保鲜时间短。三是交通条件较差，香蕉流通主要依靠公路汽车运输，且路况较差，导致运输时间长、成本高、损耗大。由于巴西香蕉产业竞争力不强，导致香蕉以国内自销为主，出口也只局限于阿根廷、乌拉圭等少数邻国。

五、世界供需形势展望

（一）生产面积将进一步扩大，产量稳步增加

香蕉是世界农业生产和贸易中的重要作物。为了应对生产国人口的快速增长以及全球进口需求的扩大，近几10年来，香蕉产量和贸易额迅速增加。

据粮农组织展望，假设气候条件正常，香蕉疾病不再进一步蔓延，预测世界香蕉产量将年增长1.5%，2029年达1.326亿吨；预计亚洲仍将是全球领先的生产区域，产量将占51.8%，预计印度将在2029年达3 550万吨，人均消费量为23.5千克。

相关专业研究机构预测，未来10年，世界香蕉产量预计将以每年1.5%的速度增长，将达1.35亿吨，是热带水果中增长较慢的，原因是大多数地区对香蕉的需求相对饱和和由于人口增长带动消费增长的驱动力减弱。

（二）亚洲仍将保持其最大生产地区的地位

亚洲预计将保持其巨大的生产份额，占全球产量的54%，印度将保持其全球最大的香蕉生产国地位，预计2028年产量为3 300万吨。印度生产增长得益于国内人口增长带来的国内需求增加。

拉丁美洲和加勒比海地区的生产大国——厄瓜多尔、巴西、危地马拉、哥伦比亚、哥斯达黎加和墨西哥，受发达国家进口需求的拉动，预计产量将达3 400万吨。

（三）消费需求增长趋缓，新兴市场潜力很大

预测香蕉需求在多数地区将日益饱和，特别是在人口驱动型的生产区域。收入增长以及进口市场国家对健康认识的提高仍推动了需求的增加，欧盟和俄罗斯联邦的香蕉消费大幅增加。在一些迅速发展的经济体，主要是印度和中国，收入快速增长将刺激人们健康和营养观念的转变，从而扩大对香蕉的需求。

香蕉消费远远高于其他热带水果，但自2010年以来，全球人均消费量一直保持在15千克左右，中期预计，香蕉消费略有增加。据联合国粮农组织（FAO）和世界贸易组织（WTO）数据分析，近年来世界香蕉的消费量年均增长约2.2%，2017—2025年消费量将继续增加，增长率预计年均增长2%；预计到2025年市场香蕉的容量将达1.36亿吨。预计俄罗斯是人均消费增长最大的国家，人均消费将从基期的10.7千克增至2029年的12.8千克。消费量持续增加的原因：一是由于世界最大的两个新兴国家中国和印度的人均消费量低于或接近世界平均水平，其消费增长潜力大；二是发达国家，特别是美国和大部分欧洲国家，消费观念的转变，香蕉已被视为重要的健康食品，市场空间很大。

（四）传统出口商地位进一步巩固，进口格局将发生明显变化

预计2028年世界出口量将达2 200万吨。拉丁美洲和加勒比海地区预计将稳固地保持其作为世界香蕉主要供应商的地位，估计占总货运量的80%，达1 710万吨。厄瓜多尔是全球最大出口国，预计2028年出口量将从现在的630万吨扩大到740万吨，占世界出口市场份额1/3。拉丁美洲和加勒比海地区主要出口区域的产量预计将达3 480万吨，主要进口市场的需求不断增加，特别是欧盟、美国和俄罗斯。该地区最大的出口商厄瓜多尔、危地马拉、哥伦比亚和哥斯达黎加都将从中受益，前

提是生产增长能够有效避免不稳定的天气事件和疾病暴发的不利影响。

菲律宾的出口预计，主要受来自中国迅速增长的进口需求驱动（中国的人均消费预计将年均增长1.1%）以及菲律宾传统主要出口目的地日本持续收入增长驱动的需求。成功的疾病控制、增加投入和扩大种植面积将增加菲律宾香蕉供给，预计菲律宾将把其在全球香蕉出口中的份额从基期的15.6%扩大到2029年的18.6%。

（五）TR4的传播将极大的影响世界香蕉生产贸易格局

据FAO专家通过模型分析，到2028年，全球因TR4感染造成的香蕉生产面积损失估计16万公顷，产量减少280万吨，世界产量的下降将导致全球价格上涨9.2%，并将意味着大约24万名香蕉工人失业。由于TR4导致亚洲、东南亚国家种植面积减少，预计2028年较2019年减少产量390万吨，亚洲地区的减产导致世界市场价格的上涨，从而刺激其他非感染国家增加产量，预计拉丁美洲和加勒比海地区2028年将增加产量120万吨，欧洲、南非、中东香蕉生产国产量将有小幅增长。

参考文献

市场资讯，2019. 世界香蕉主产国香蕉产业发展综述[J]. 世界热带农业信息（12）：27-29.

禾本，2019. 厄瓜多尔：香蕉售价上涨[J]. 中国果业信息，36（10）：36-37.

黄艳，2019. 菲律宾香蕉主导中国香蕉进口市场[J]. 世界热带农业信息（3）：33.

刘建玲，2019. 热作产业发展报告（2018年）[D]. 中国农业科学技术出版社.

FAO，2020. Banana Market Review：Preliminary Results 2019. Rome.

（中国农垦经济发展中心　胡从九　钟　鑫

农业农村部规划设计研究院　张忠明）

专题二：咖　啡

2019/2020年度，世界咖啡总产量1 001.616万吨，消费量986.922万吨；出口量793.56万吨，进口量128 626万吨；库存量210.57万吨；咖啡价格整体依然低迷，波动幅度较大。

一、世界供需现状

（一）咖啡总产量小幅下降

世界咖啡总产量受咖啡主产国巴西收获周期影响，2019/2020年度为1 001.616万吨，比2018/2019年减少47.724万吨，减4.55%。其中，巴西产量下降了33.0万吨，至355.8万吨。洪都拉斯的产量下降了11.49万吨，至33.6万吨。乌干达的产量下降了3.3万吨，至22.5万吨。从类别上看，小粒咖啡产量2019/2020年度为562.956万吨；中粒咖啡总产量2019/2020年度为438.66万吨（图1）。

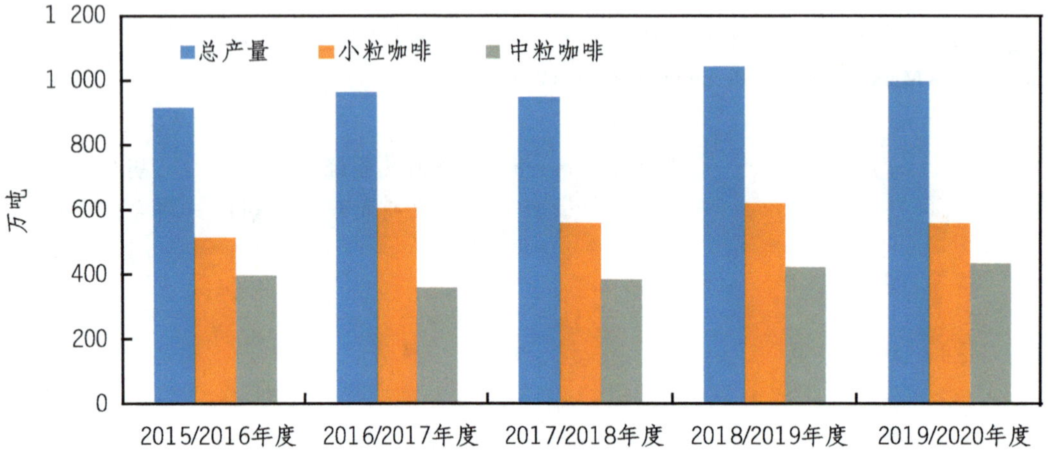

图1　2015/2016年度以来世界咖啡总产量

数据来源：美国农业部。

2019/2020年度，世界咖啡产量居前十位的国家依次为巴西、越南、哥伦比亚、印度尼西亚、埃塞俄比亚、洪都拉斯、印度、乌干达、秘鲁和墨西哥。其中巴西、越南、哥伦比亚的产量分别为355.8万吨、187.8万吨和82.8万吨，分别占世界总产量的35.52%、18.75%和8.27%（图2）。

小粒咖啡总产量居前十位的国家依次为巴西、哥伦比亚、埃塞俄比亚、洪都拉斯、秘鲁、危地马拉、墨西哥、尼加拉瓜、中国和印度（图3）。2019/2020年度，巴西、哥伦比亚、埃塞俄比亚的小粒咖啡产量分别为246.0万吨、187.8万吨和44.7万吨，占世界小粒咖啡总产量的43.70%、14.71%和7.94%。

中粒咖啡产量居前10位的国家则依次为越南、巴西、印度尼西亚、乌干达、印度、马来西亚、科特迪瓦、泰国、坦桑尼亚和墨西哥（图4）。2019/2020年度，越南、巴西和埃塞俄比亚中粒咖啡产量分别为181.2万吨、109.8万吨和56.7万吨，占世界中粒咖啡总产量的41.31%、25.03%和

12.93%；越南和巴西分别较2018/2019年度增长2.95%、10.24%；埃塞俄比亚与2018/2019年度基本持平，略有增加。

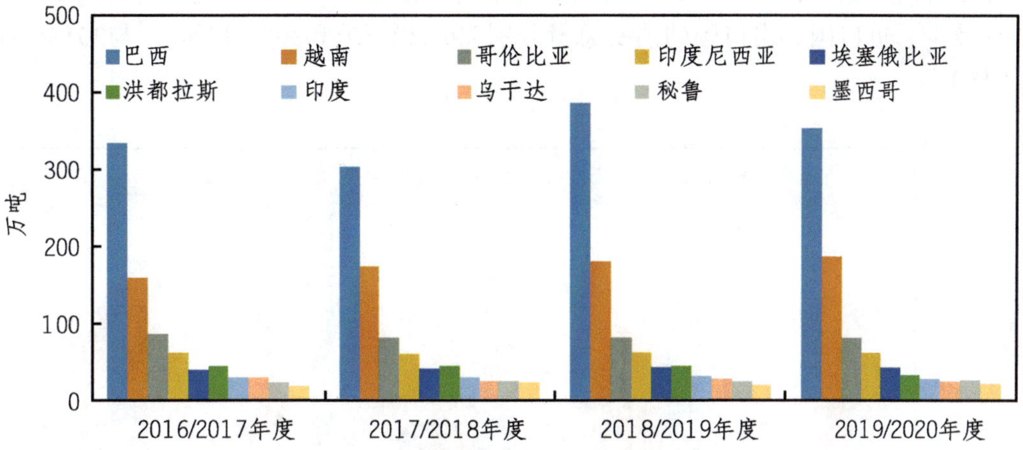

图2　2016/2017年度以来世界十大咖啡出产国产量

数据来源：美国农业部。

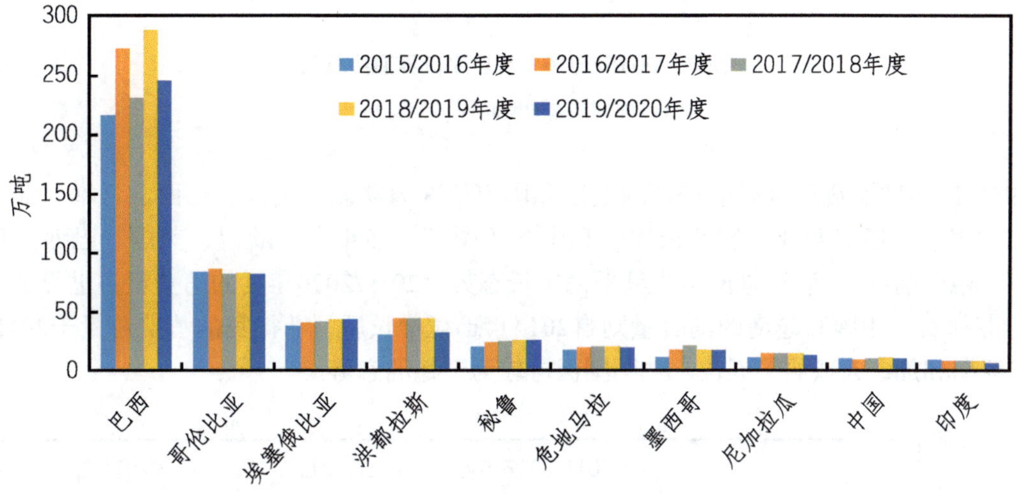

图3　2015/2016年度以来世界小粒咖啡十大生产国产量

数据来源：美国农业部。

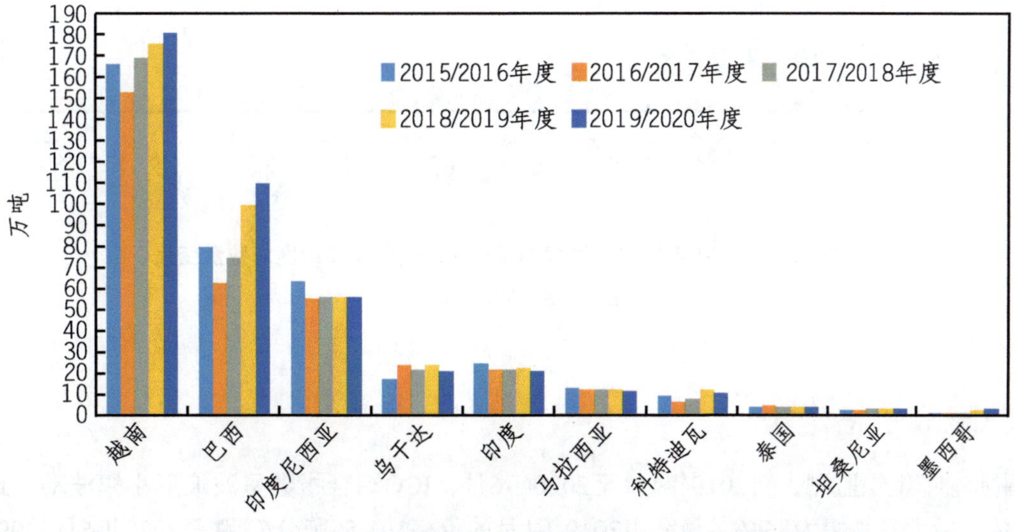

图4　2015/2016年度以来世界中粒咖啡十大生产国产量

数据来源：美国农业部。

（二）世界咖啡消费量稳步增长

据国际咖啡组织数据，2019/2020年度世界咖啡消费总量为986.922万吨，与2018/2019年度基本持平，略有减少，进口国和出口国的消费总量分别686.232万吨和300.69万吨，与2018/2019年度基本持平（图5）。

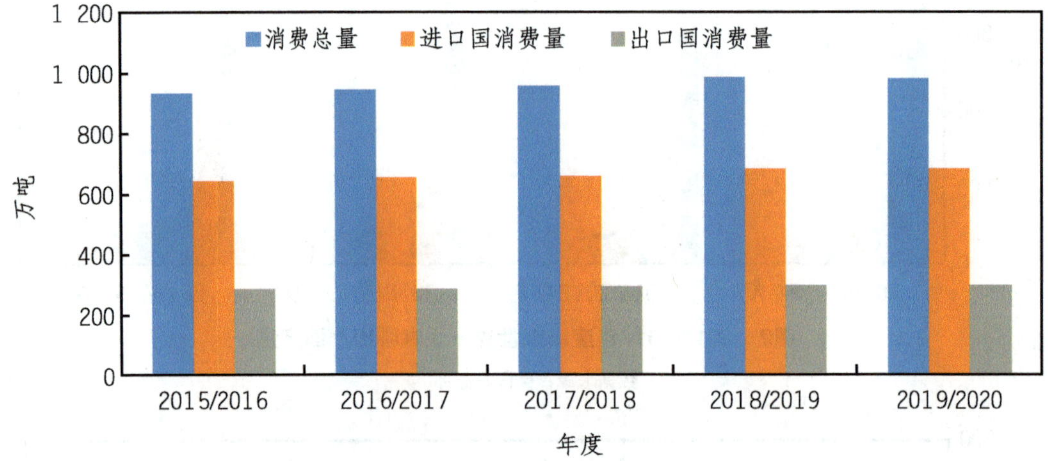

图5　2015/2016年度以来世界消费总量

数据来源：国际咖啡组织（TCO）。

2019/2020年度消费总量居前10位的地区和国家依次为欧盟、美国、巴西、日本、菲律宾、俄罗斯、加拿大、印度尼西亚、埃塞俄比亚和中国（图6）。5年来，欧盟、美国、巴西、日本的消费总量一直稳居前4位，消费总量整体呈平稳增长态势；2019/2020年度的消费量占世界消费总量的63.27%。菲律宾、中国和越南的消费量则自2014年迅猛增长后，菲律宾的消费总量于2015/2016年度超越俄罗斯和加拿大跃居第五位，中国则保持较为平稳的态势。

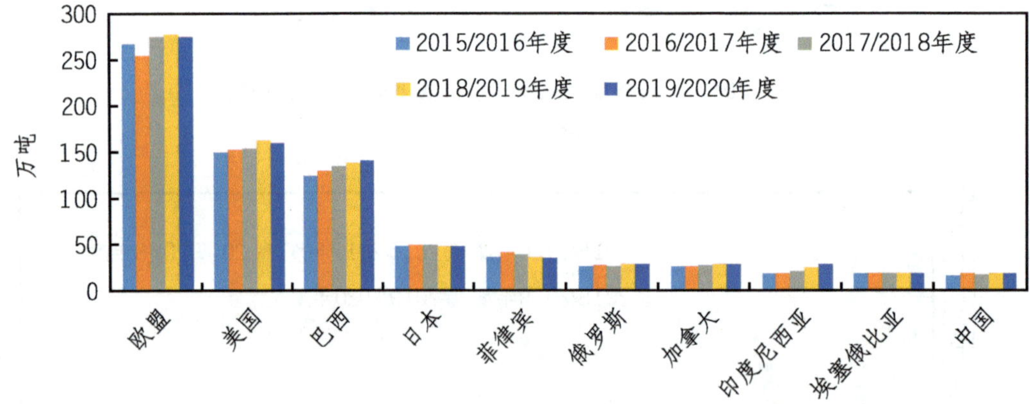

图6　2015/2016年度以来世界咖啡十大消费国家和地区消费量变化

数据来源：美国农业部。

二、国际价格走势

据国际咖啡组织监测，自2019年1月至2020年6月，ICO综合指数呈波浪形小幅波动，最高月涨幅为10.1%，最大月跌幅为8.9%，最终由2019年1月的价格101.56美分/磅跌至2020年6月的99.05美分/磅（图7）。

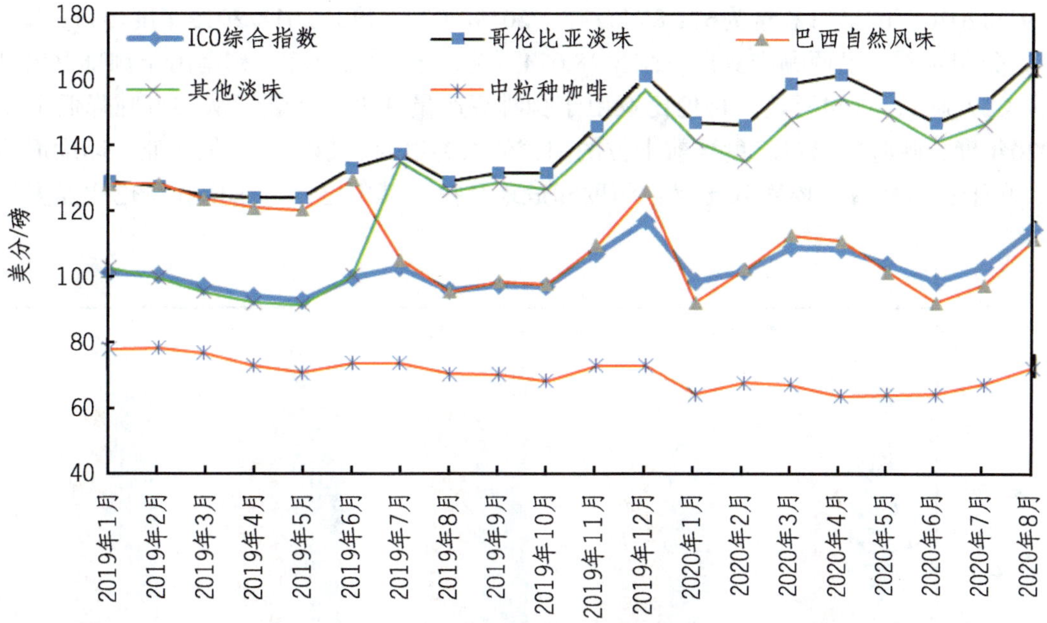

图7　2019年1月至2020年8月国际咖啡价格变化

数据来源：国际咖啡组织。

2019年1月，ICO综合指数月平均上涨0.9%，至101.56美分/磅。每日综合指数从99.16美分/磅的低点开始，在本月余下的时间里上升到103.58美分/磅的高位。

2月起连续4个月下跌，5月跌至93.33美分/磅，环比跌1.20%，主要是因为恶劣天气影响巴西咖啡生产，及巴西雷亚尔阶段性走强。

6月起，ICO综合指数连续2个月缓慢回升，7月升至103.01美分/磅，环比升3.0%。

这是自2019年2月以来平均价格首次超过100美分/磅，为100.67美分/磅。

8月，受市场供过于求等影响，ICO综合指数明显回落至96.07美分/磅，环比降6.7%。

9—10月，ICO综合指数基本稳定在97美分/磅。11月起，ICO综合指数连续2个月上涨，12月涨至117.37美分/磅，环比涨9.5%。

经过两个月的上涨后，2020年1月ICO综合指数下跌8.9%，至106.89美分/磅。

ICO综合指数在2月再次下跌，平均为102美分/磅，比去年同期低4.6%。

经过两个月的下跌后，ICO综合指数在3月上升至109.05美元/磅，比2月高出6.9%。

4月，ICO综合指数平均为108.91美分/磅，比3月低0.1%。

5月，ICO综合指数平均为104.45美分/磅，比4月下降4.1%，连续第二个月下降。

6月，ICO综合指数平均为99.05美分/磅，比5月低5.2%。这是自2019年10月以来，ICO综合指数首次跌破100美分/磅，连续第三个月下降。在3个月连续下跌后，ICO综合指数的月平均值在2020年7月上涨4.7%至103.66美分/磅。

2020年8月，ICO综合指数月平均上涨10.7%，至114.78美分/磅。与2019年8月ICO综合指数（96.07美分/磅）相比，增长了19.5%，该指标为2006年以来8月份的最低平均值。

三、国际贸易格局

（一）出口

据美国农业部数据，2018/2019年度咖啡产品总出口量为845.562万吨，2019/2020年度出口量为793.56万吨，比2018/2019年度出口量减少6.15%。2018/2019年度咖啡豆总出口量为722.436万吨，2019/2020年度的出口总量为671.874万吨，2019/2020年度比2018/2019年度出口量减少7.00%（图8）。分国别看，巴西咖啡豆出口减少28.074万吨，至196.2万吨。越南由于咖啡豆出口产品减少，减少4.2万吨，至144万吨。哥伦比亚由于咖啡豆产量减少，袋装量从75万吨降低至72万吨。2019/2020年度，咖啡豆出口总量居前十位的国家依次为巴西、越南、哥伦比亚、印度尼西亚、洪都拉斯、乌干达、秘鲁、埃塞俄比亚、印度和危地马拉，其中巴西、越南和哥伦比亚多年稳居前三位。

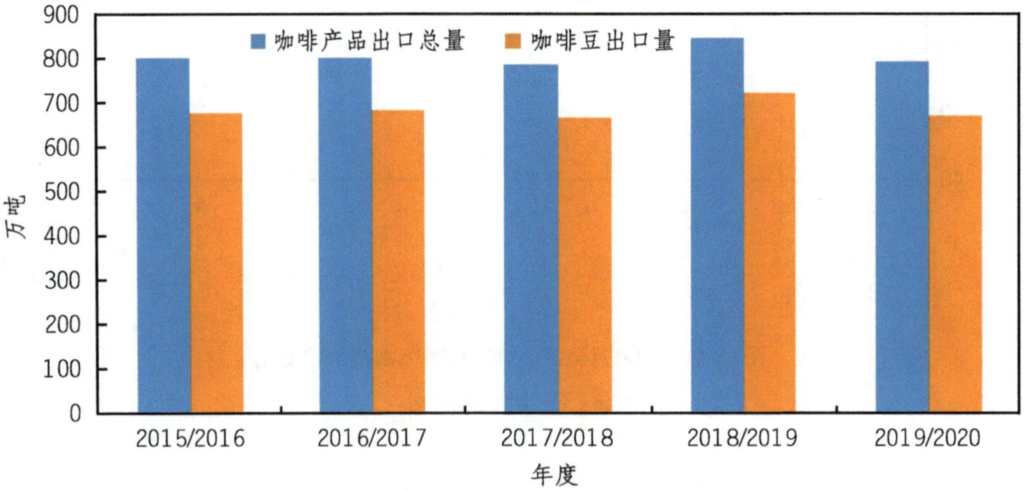

图8　2015/2016年度以来全球咖啡出口总量变化

数据来源：美国农业部。

中国作为全球优质咖啡豆的产地之一，其咖啡豆的年出口量也在逐年递增，使得中国自然而然地成为了全球咖啡豆供应的一股新力量。2018年，中国生咖啡豆、烘焙咖啡豆以及速溶咖啡粉出口量达11.31万吨，其中生咖啡豆出口量为8.43万吨，烘焙咖啡豆及速溶咖啡粉出口量为2.88万吨。

世界咖啡深加工产品出口方面，2019/2020年度出口总量达4 231万吨；速溶咖啡的出口量较为稳定，2019/2020年度出口总量为96.3万吨（图9）。

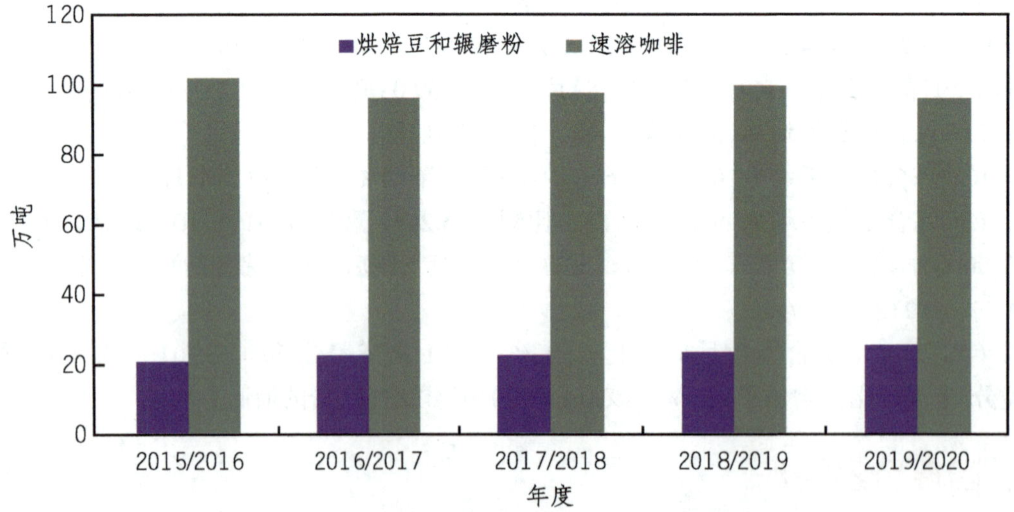

图9　2015/2016年度以来世界烘焙豆和辗磨粉及速溶咖啡出口总量

数据来源：美国农业部。

分国别看，烘焙豆和碾磨粉出口量居前十位的国家和地区为欧盟、瑞士、越南、墨西哥、哥伦比亚、印度尼西亚、中国、巴西、哥斯达黎加和巴拿马。欧盟多年均是第一大烘焙豆和碾磨粉出口地，2019/2020年度出口量为10.62万吨。位居第二位的瑞士的出口量亦逐年增长，2019/2020年度出口量增至8.55万吨。

2019/2020年度，速溶咖啡出口量居前10位的国家依次为巴西、马来西亚、越南、印度、印度尼西亚、墨西哥、哥伦比亚、欧盟、泰国和中国。巴西2019/2020年度的出口量为23.4万吨，较2018/2019年度（24.138万吨）下降3.06%；马来西亚的速溶咖啡出口量稳步增长，由2015/2016年度的17.874万吨增至2019/2020年度的18万吨（图10），2016/2017年度与2015/2016年度持续持平。

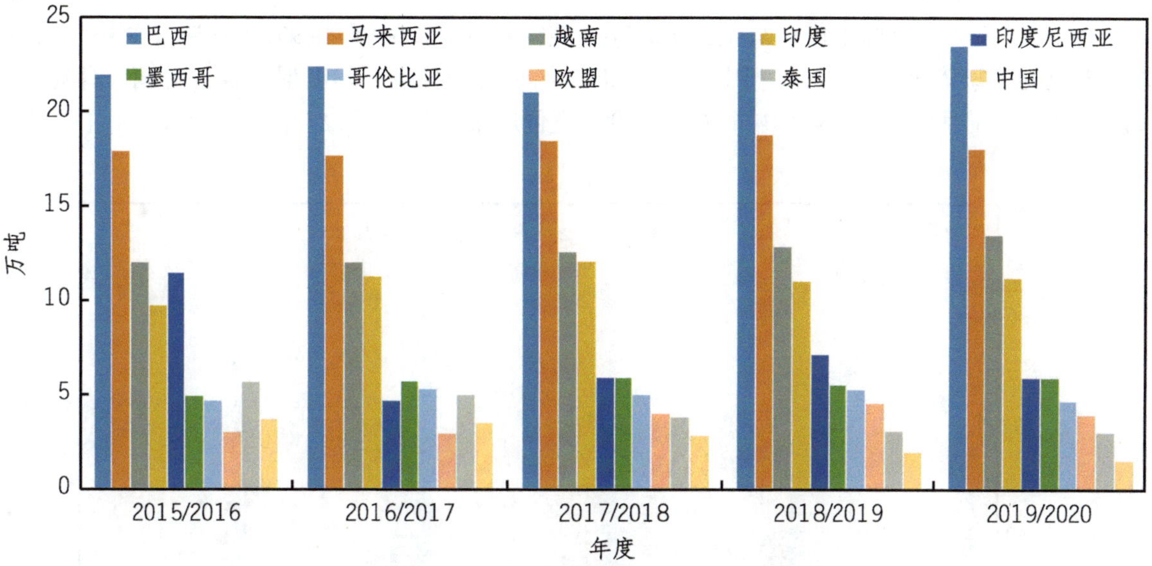

图10　2015/2016年度以来世界十大速溶咖啡出口国出口量

数据来源：美国农业部。

（二）进口

据美国农业部数据，2015/2016—2018/2019年度，世界咖啡产品进口总量逐年增长，由2015/16年度的747.042万吨增至2018/2019年度的814.458万吨；而2019/2020年度的进口总量为771.756万吨，较2018/2019年度减少5.3%（图11）。其中，2019/2020年度全球咖啡豆进口总量为658.332万吨，较2018/2019年度696.408万吨减少5.47%。

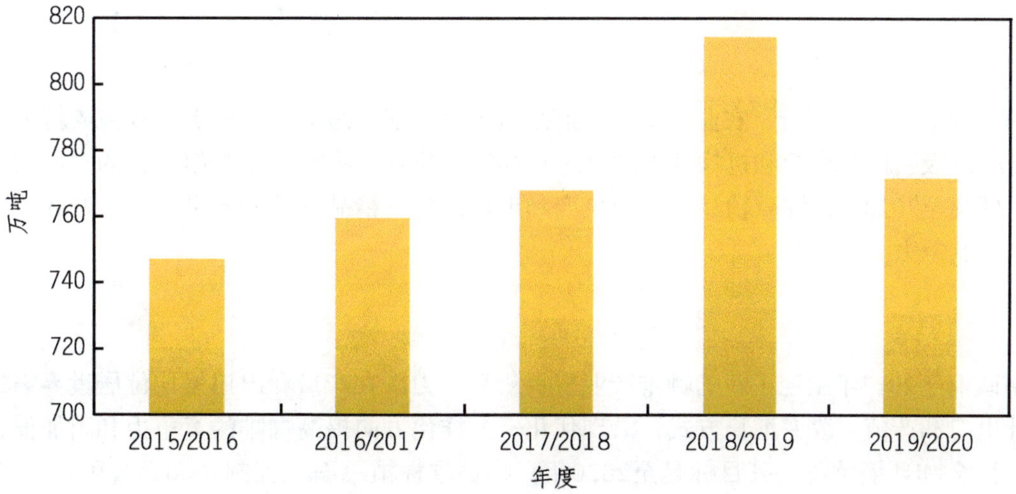

图11　2015/2016年度以来世界咖啡进口总量变化

数据来源：美国农业部。

咖啡豆进口量居前十位的国家为欧盟、美国、日本、加拿大、俄罗斯、瑞士、韩国、阿尔及利亚、马来西亚和澳大利亚，其中欧盟和美国的进口量约占全球咖啡豆总进口量的66.08%，近5年来其进口量均呈持续稳步增长趋势。

2019/2020年度世界烘焙豆和碾磨粉进口总量为21.048万吨，较2018/2019年度（20.91万吨）增长0.66%。进口量居前九位的国家依次为俄罗斯、加拿大、乌克兰、美国、韩国、越南、中国、澳大利亚、挪威。中国烘焙豆和碾磨粉进口总量2016/2017年度跃居第一位，为5.67万吨，此后进口量逐年减少，到2019/2020年度下降到第七位，为1.44万吨。俄罗斯从2015/2016年度开始，进口量逐年增加，2019/2020年度达到3.0万吨，位居第一位。

2019/2020年度速溶咖啡进口总量为92.376万吨，较2018/2019年度97.14万吨减少4.90%，进口量居前十位的国家依次为菲律宾、中国、俄罗斯、加拿大、日本、印度尼西亚、美国、乌克兰、南非和澳大利亚。菲律宾近5年速溶咖啡进口总量一直位居第一位（图12）。

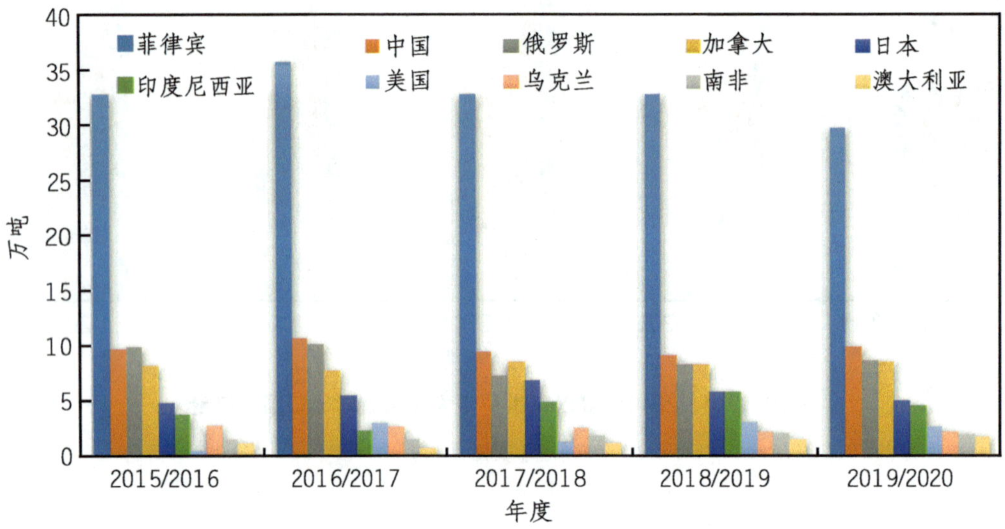

图12　2015/2016年度以来十大速溶咖啡进口国进口量变化

数据来源：美国农业部。

四、主要国家产业支持政策新变化

（一）巴西

巴西主要通过农村信贷、农业保险、政府采购剩余产能（最低价保护）等政策支持咖啡产业发展。政府积极吸引国际企业和机构开展咖啡可持续发展项目，将2008年开始执行的“巴西，咖啡之国”计划延续至2020年，注重精品咖啡的生产和出口，提升精品咖啡的产量、出口量和市值，提高咖啡产业的竞争力。

（二）越南

越南政府于2017年制定了新的咖啡产业发展规划，力图在产量和出口量均位居世界第二的基础上，提升出口和产值，改变增长方式，沿现代化、多样化方向提高咖啡的竞争力和附加值，稳步取得经济、社会和环境效益。其目标是至2020年，将咖啡种植总面积控制在60万公顷，单产达到2.7吨/公顷，总产量控制在160万吨/年，每公顷平均产值达到1.2亿越盾（约3.6万元人民币），将咖啡加工比例从目前的10%提高到30%，速溶、烘焙咖啡产量达到总产量的25%，出口额达到38亿~42亿美元。该规划的主要支持方向包括：①转变种植结构；②寻求产品差异化；③降低生产成本，提高综合效益，调整投资结构；④提升咖啡加工能力，提高附加值；⑤多渠道开拓市场；⑥内销外贸并重，深挖越南国内咖啡消费潜力，创新贸易伙伴关系。

为了提高越南咖啡附加值，越南农业与农村发展部正开展“越南优质咖啡”的国家产品发展提案，实施时间2018—2023年，远景展望至2030年，提出援助至少10家企业完善咖啡湿法加工流程，提高质量和减少收获后损失，至少10家企业参加投入优质咖啡产品生产和深加工；50%一流企业在国内外市场拥有越南优质咖啡品牌等目标。

（三）哥伦比亚

2018年，由于比索对美元走强导致的国内和价格下降和国际价格下跌，咖啡种植户要求政府通过农民收入保护（PIC）中的补贴项目加以支持，哥伦比亚政府未重启PIC项目支持咖啡种植户，而是通过农村激励基金项目（ICR）给予咖农金融支持，以折现还本的方式提供贷款。此外，政府的农业融资基金还为小型种植户提供一类特殊贷款，支持小型种植户进行咖啡种植。哥伦比亚农业部亦为致力于收获后加工技术改良和咖啡品质提升的具体项目提供支持。哥伦比亚政府资金和哥伦比亚全国咖啡种植者联合会（FEDECAFE）基金2018年拨付的资金总额估计达450亿比索（1 600万美元），主要用于扶持咖啡种植项目。

2019年，因国际市场下跌国内价格下降，咖啡种植户要求政府给予支持，哥伦比亚政府以直接支付的方式拨出1 550亿比索（5 000万美元）补贴咖农收入，当国内价格低于715 000比索每袋（125千克）时，政府将最高补贴30 000比索（9.5美元）每袋。此外，哥伦比亚政府还通过再融资、免除部分债务等方式支持咖农；农业部融资基金会（FINAGRO）还将为需要更新种植的小种植户提供折现还本贷款和专项贷款。

哥伦比亚的大多数种植户都是FEDECAFE的会员，可从该组织获得人才培养、技术培训和销售支持等方面的支持。FEDECAFE通过推广服务为咖啡生产者提供技术支持，帮助种植户提高种植、收获和收获后种植管理以及对咖啡最后品质有影响的加工等方面的实践水平。此外，FEDECAFE还为种植抗锈病品种提供低息贷款。

五、世界供需形势展望

（一）2020/2021年度世界供需形势展望

据美国农业部预计，2020/2021年度世界咖啡产量将比上年增加54.6万吨，达到创纪录的1 056.6万吨。预计巴西将占大部分增产，因为其小粒咖啡作物进入双年度生产周期的大年度，而中粒咖啡则达到创纪录的产量；小粒咖啡产量将比上一季增加40.8万吨，至286.8万吨。在大多数咖啡地区，气候条件良好，有利于水果的坐果、发育和充实，因此产量高；中粒咖啡的产量将增加10.8万吨，达到创纪录的120.6万吨。小粒咖啡和中粒咖啡的总产量预计将增加51.6万吨，达到创纪录的407.4万吨。

预计越南产量为181.2万吨，比上年下降6.6万吨，其中中粒咖啡仍占总产量的95%以上。预计印度尼西亚的产量将因中粒咖啡产量下降而减少2.4万吨至61.8万吨；大约75%中粒咖啡生长于苏门答腊南部（Southern Sumatra）和爪哇（Java），由于降雨延迟，单产下降。位于苏门答腊北部的小粒咖啡生产条件良好，预计可增长0.3万吨的产量至7.8万吨。预计印度的产量将增加2.4万吨至31.8万吨；咖啡豆出口将减少1.8万吨，至19.8万吨，而库存则有望小幅增长。

预计中美洲和墨西哥的总产量将增加3.6万吨至108万吨；洪都拉斯约占该地区产出的1/3，预计将带来该地区几乎所有增长，在有利的生长条件下，加上增加肥料用量可以提高单产，总产量将达36.6万吨。墨西哥和危地马拉各自约占该地区总产值的20%，并继续实施以防锈品种替代树木的计划。由于咖啡锈病导致单产下降，预计尼加拉瓜（Nicaragua）的产量将连续第3年下降。

世界出口量预计将增加，很大程度上取决于巴西的增产。巴西预计将有大约一半的产量将出口；越南预计咖啡豆出口将持平于144万吨；哥伦比亚预计主要出口到美国和欧盟的咖啡豆将增加2.4万吨；至74.4万吨；印度尼西亚预计咖啡豆出口将减少1.2万吨，降至35.4万吨。预计中美洲和墨西哥的咖啡豆出口总和为87万吨，该地区超过45%的出口产品发往欧盟，其后约1/3出口到美国。

随着消费量的增长，预计世界进口总量也会有所增长。预计欧盟的进口量将增加12万吨，至297万吨，占世界咖啡豆进口量的近45%。预计供应商包括巴西（29%），越南（23%），哥伦比亚（7%）和洪都拉斯（6%）。美国进口的咖啡豆量位居第二，预计将增加12万吨，至162万吨。预计供应商包括巴西（24%），哥伦比亚（22%），越南（16%）和洪都拉斯（6%）。

由于产量超过消费量，预计全球期末库存将跃升至近6年高位。预计欧盟期末库存将增加6万吨，至87万吨；预计美国期末库存将增长3万吨，达到42万吨。巴西随着消费量也上升，预计期末存量将略有下降。哥伦比亚随着消费量也上升，预计期末存量将略有下降。印度尼西亚由于目前的价格几乎没有动力来降低库存，预计期末库存仍将保持在15.6万吨。同样由于供大于求，根据国际咖啡组织（ICO）的月度综合价格指数，咖啡价格在最近几个月内回落至2020年5月的平均每磅1.04美元。

（二）未来3~5年供需形势展望

咖啡产量强烈受气候变化和病虫害发生的影响，由于全球变暖，气候变化加剧，以及当前咖啡价格低迷，种植成本上升，全球咖啡生产将在未来3~5年内经受严重挑战。不过，世界咖啡主产国巴西、越南和哥伦比亚均已积极采取措施应对气候变化和病虫害带来的不利影响。随着哥伦比亚抗锈品种更新计划、越南增产计划以及巴西可持续发展计划的推进，其咖啡产量已恢复至锈病大发生前的水平，未来3~5年世界咖啡产量预计会持续增长。而在咖啡豆产品品种结构方面，三大主产国均在推行高品质咖啡计划，增加小粒咖啡、高品质咖啡的比例。

世界咖啡消费方面，国际咖啡组织的数据显示，美国、日本、韩国的咖啡消费量呈现出平稳发展态势，整体市场较为饱和，而中国、菲律宾市场对于咖啡的需求正在强势增长。预计未来全球咖啡销量将继续保持稳定上升趋势。到2025年巴西民众消费的咖啡量将会超过美国，成为全球咖啡消费量最多的国家，消费量将达150万吨。

参考文献

ICO，2019. Coffee Market Report[R]. http：//www. ico. org/.

ICO，2020. Coffee Market Report[R]. http：//www. ico. org/.

USDA，2020. Coffee：world markets and trade[R]. http：//www. fas. usda. gov/data/coffee-world-markets-and-trade.

USDA，2019. Brazil-Coffee Annual 2019[R]. https：//www. fas. usda. gov/search/coffee.

（云南省农业科学院　李荣福　申　科　万红辉）

专题三：天然橡胶

2019年全球天然橡胶产量为1 382.0万吨，消费量为1 372.1万吨，加上主产国尤其是中国库存高企，总体上天然橡胶仍处供过于求状态。全球天然橡胶消费量同比减0.3%，中国、欧盟、印度、美国、泰国、日本、印度尼西亚和巴西仍是全球主要天然橡胶消费国。全球天然橡胶贸易格局变化不大，价格小幅回升，但仍处低位。新冠肺炎疫情对天然橡胶产销构成重大冲击，预计2020年天然橡胶产量将下降到1 313万吨，消费量将下降到1 290万吨。

一、世界供需现状

（一）生产出现回落

1. 全球产量与上年持平略减

自2010年以来，全球天然橡胶供给呈现稳步增长态势，但2019年发生逆转（图1）。根据联合国粮食及农业组织数据，2019年，全球天然橡胶产量为1 382.0万吨，同比减少0.1%。其中，天然橡胶生产国联合会（ANRPC）成员国割胶面积为950.0万公顷，同比增加3.80%，总产量为1 197.0万吨，同比减少2.10%。天然橡胶产量下降主要原因有两个方面：一是泰国、印度尼西亚、马来西亚、印度、斯里兰卡等主产国大面积发生橡胶真菌病，天然橡胶单产大幅下降，平均产量为84.0千克/亩，同比减少8.0%；二是中国、印度等主要进口国天然橡胶进口量减少，加工商缩减了生胶采购规模，加之天然橡胶价格低迷，胶农不得不停割减产。

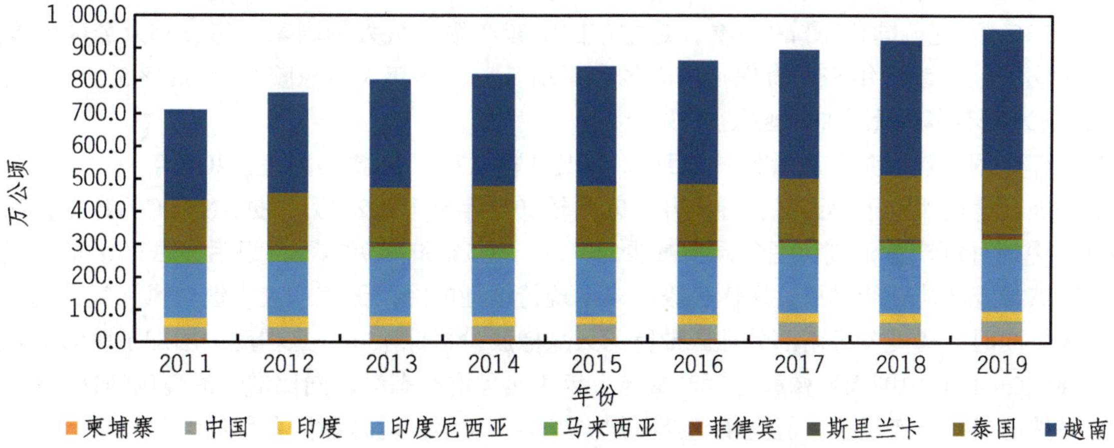

图1 2011—2019年主要天然橡胶生产国割胶面积

数据来源：天然橡胶生产国联合会（ANRPC）、国际橡胶研究组织（IRSG）。

2. 东南亚仍然是主要生产区域

从生产布局看，亚洲特别是东南亚仍然是天然橡胶主要生产区域。其中，泰国、印度尼西亚、越南、中国、印度、马来西亚、菲律宾是主要的天然橡胶生产国。2019年，以上7个国家天然橡胶产量合计1 160.1万吨，占全球总产量的83.90%，与2010年占比87.00%基本持平。从主要区域看，东南亚主产国是全球橡胶主产区中的优势产区。从国家看，泰国、印度尼西亚和越南依然是全球最主要的天然橡胶生产国，2019年3国产量分别为485.2万吨、330.1万吨和118.5万吨，产量大幅高于其他国家，3国产量合计占全球的67.60%（表1）。

表1　2000—2019年天然橡胶主产国产量占比情况

2000年				2010年				2019年			
国家	产量/万吨	占比/%	累计占比/%	国家	产量/万吨	占比/%	累计占比/%	国家	产量/万吨	占比/%	累计占比/%
泰国	227.9	32.1	32.1	泰国	305.2	28.2	28.2	泰国	485.2	35.1	35.1
印度尼西亚	150.1	21.2	53.3	印度尼西亚	273.5	25.2	53.4	印度尼西亚	330.1	23.9	59.0
马来西亚	92.8	13.1	66.4	马来西亚	93.9	8.7	62.1	越南	118.5	8.6	67.6
印度	63.0	8.9	75.2	印度	86.2	8.0	70.0	印度	70.2	5.1	72.7
中国	48.2	6.8	82.0	越南	75.2	6.9	76.9	中国	81.3	5.9	78.5
越南	29.1	4.1	86.1	中国	69.1	6.4	83.3	马来西亚	64.0	4.6	83.2
菲律宾	21.6	3.0	89.2	菲律宾	39.5	3.6	87.0	科特迪瓦	—	—	83.2
科特迪瓦	12.3	1.7	90.9	危地马拉	31.7	2.9	89.9	菲律宾	10.8	0.8	83.9
尼日利亚	10.7	1.5	92.4	科特迪瓦	23.5	2.2	92.0	危地马拉	—	—	83.9
利比里亚	10.5	1.5	93.9	斯里兰卡	15.3	1.4	93.5	缅甸	26.0	1.9	85.8
世界	709.4	100.0	100.0	世界	1 083.9	100.0	100.0	世界	1 382.0	100.0	100.0

数据来源：联合国粮农组织（FAO）、天然橡胶生产国联合会（ANRPC）。

值得关注的是，2019年泰国天然橡胶开割面积为3 551.0公顷，同比下降1.33%，产量为485.2万吨，同比下降2.40%，主要是因为开割初期天气干旱，导致实际开割期推迟了近1个月，同时，因为胶价低迷，加工厂因亏损导致收胶减少，胶农割胶积极性不高；后期受真菌病害影响，增大了减产幅度。印度尼西亚属于暴发真菌病害导致减产较为严重的国家，据ANRPC的数据，2019年天然橡胶产量为330.1万吨，同比下降9.06%，是主产国中减产幅度最大的国家，超过35万公顷的橡胶园暴发真菌病害。越南近年来一直保持较高的产量增长，2019年天然橡胶产量为118.5万吨，同比增3.78%，是为数不多产量增加的国家。

2019年中国天然橡胶总产量为81.2万吨，同比下降0.7%。主要是因为，2019年一二季度云南西双版纳等地区遭遇严重干旱天气，导致开割时间较2018年推迟近2个月，据ANRPC的数据，2019年3—5月，中国月度产量分别比上年同期减少25.7%、28.5%和21.9%。6月以后，云南干旱天气得到缓解，天然橡胶产能开始释放，海南植胶区未出现持续性的降雨天气或灾害性台风天气，割胶情况好于上年。同时，海南及云南部分地区推行的天然橡胶价格保险在一定程度上增加了胶农的割胶积极性，导致6—12月中国天然橡胶月度产量与上年相比呈增产态势，同比增幅最高达到16.9%。整体上看，虽然前半年减产较多，但全年割胶面积仍高于2018年，但总量呈有所减少。

（二）消费小幅下降

1.全球消费量出现回落

据国际橡胶研究组织（IRSG）的数据，2019年，全球天然橡胶消费量为1 372.1万吨，比2018年减少4.2万吨，下降0.3%。消费量减少主要是受世界经济总体放缓和汽车行业下滑的影响。经济合作与发展组织（OECD）的数据显示，2019年全球经济增长预期从3.7%降至3%，2019年世界经济走势依然“处于下滑阴影内”，且下滑幅度大大超出了外界预期。在天然橡胶下游需求的构成中，约70%被运用于汽车轮胎生产。2019年全球汽车产量为9 179万辆，同比下降3.78%，降幅相比2018

年扩大了2.53个百分点。在前十名汽车生产国中，仅巴西和西班牙汽车总产量出现上升，其余国家汽车产量均呈现出不同程度的下降，其中，中国汽车产量同比减7.5%，美国同比减3.7%，日本同比减0.5%，印度同比减12.2%（图2）。

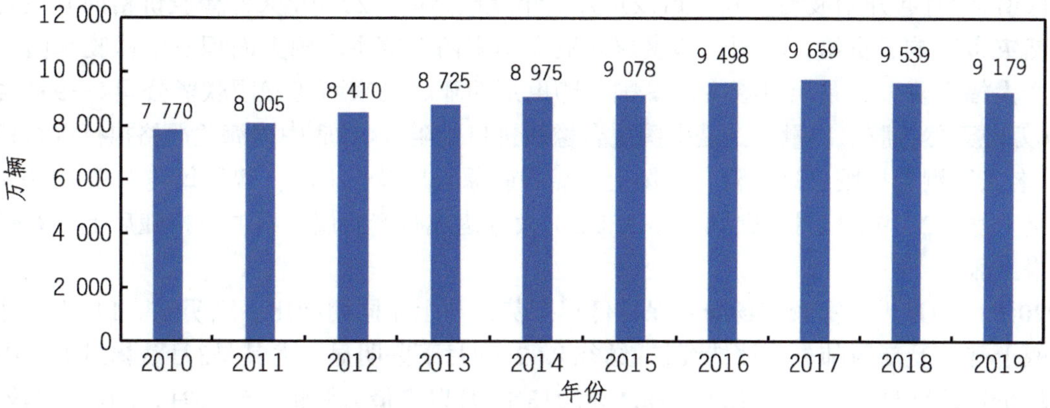

图2　2010—2019年全球汽车消费量

数据来源：世界汽车组织（QICA）。

2. 消费格局变化不大

从国别看，中国、欧盟、印度、美国、泰国、日本、印度尼西亚和巴西仍是全球主要天然橡胶消费国（地区）。2019年，以上8国（地区）天然橡胶消费量达1 136.7万吨，占全球的82.84%，与上年（82.95%）基本持平。中国、欧盟和印度天然橡胶消费量位居全球前三位，2019年3国（地区）天然橡胶消费量均比上年小幅下降，消费量合计781.2万吨，占全球的56.9%，比上年下降1个百分点。除以上3国（地区）外，其他国家天然橡胶消费量均小幅增长。中国继续保持天然橡胶第一大消费国的地位，2019年，天然橡胶消费量549.7万吨，占全球的40.1%（图3）；欧盟118.2万吨，同比减3.94%，印度113.2万吨，同比减7.21%；美国100.8万吨，同比增7.35%；泰国80.0万吨，同比增6.41%；日本70.7万吨，同比增0.11%；印度尼西亚62.5万吨，同比增1.12%；巴西41.5万吨，同比增4.30%。

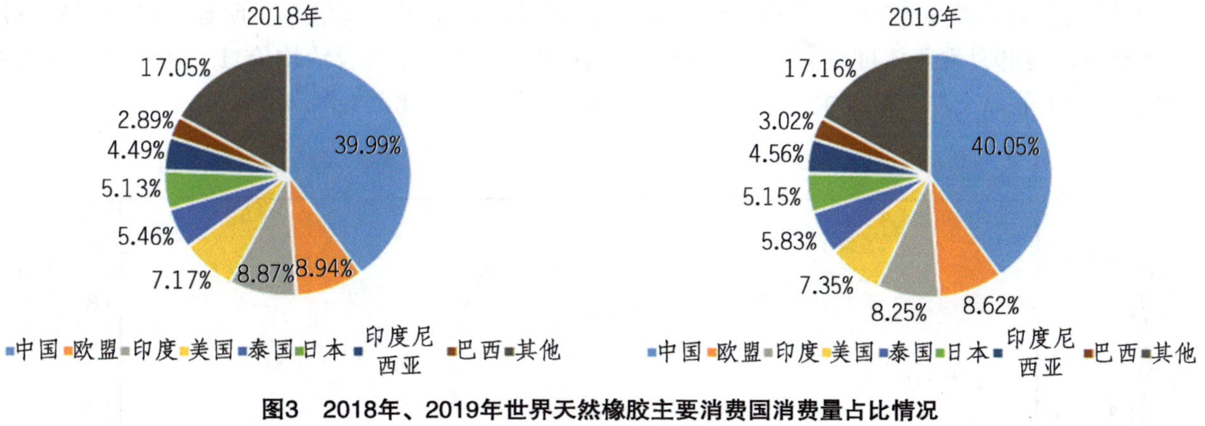

图3　2018年、2019年世界天然橡胶主要消费国消费量占比情况

数据来源：国际橡胶研究组织（IRSG）。

二、国际价格走势

（一）天然橡胶现货价格小幅回升，但仍处低位

2019年，天然橡胶现货市场继续保持低迷态势，但与上年同期相比小幅上涨。泰国RSS3年均

价51.7美元/吨，同比增1.97%；印尼SIR20年均价1 438.9美元/吨，同比增4.31%；马来西亚SMR20年均价5 779.5美元/吨，同比增6.27%。中国全乳胶年均价11 188.6元/吨，同比增3.36%。从月度变化看，1—2月现货价格小幅回升，3月开始下行，4月价格小幅回落，经过5—7月的震荡，8月跌至年度最低值，9月起开始波动上升，到12月升至年度最高值。2019年天然橡胶价格回升主要原因：一是自然灾害影响了供给，泰国、印度尼西亚、马来西亚等主产国大面积发生橡胶真菌病，天然橡胶单产大幅下降；二是出口减少，泰国、印度尼西亚、马来西亚三国联盟公司4—9月共削减约20万~30万吨天然橡胶出口量；三是中国混合橡胶进口受阻，4月底中国海关严格执行混合橡胶认定方法，“名义”混合橡胶进口受阻，市场上天然橡胶原胶反弹性上涨，曾经每吨上涨1 000元；四是石油价格上涨，2019年12月，欧佩克（OPEC）大会达成减产协议，石油价格随后上涨并带动天然橡胶价格上涨。

2020年1—9月天然橡胶市场继续保持低迷态势，与上年同期相比下跌明显。1月天然橡胶现货价格小幅上涨，受新冠肺炎疫情持续扩散影响，2—4月下跌明显，尤其是3月跌幅最大，中国全乳胶市场均价环比跌11.2%，同比跌12.6%，为2018年1月以来最大跌幅。5—6月，随着中国轮胎和汽车市场和逐步恢复，天然橡胶价格开始回调，但仍低于上年同期水平，7月欧盟等海外轮胎市场开始恢复，价格继续上涨，至9月上涨至年度最高值，当月全球主要橡胶现货市场价格同比增最高达到15.9%。

（二）天然橡胶期货价格震荡上涨

2019年，天然橡胶期货价格与现货价格表现基本一致，整体呈低位震荡态势，较上年同期小幅回升。上海期货交易RSS3均价11 414.6元/吨，同比增1.76%，东京交易所RSS3达190.5日元/千克，同比增14.35%，新加坡交易所TSR20均价为1 400.8美元/吨，同比增2.59%。分月看，1—12月，前两个季度呈现震荡上涨态势，但涨幅不高，在0.76%到2.95%之间。经历了7月、8月两个月的回落后，上海期货交易所RSS3价格达10 407.5元/吨的低位，为2019年年度最低值。9月起，受下游拉动刺激，期货价格开始向上拉动，到12月上涨至年度最高值12 666.4元/吨，环比增7.91%。新加坡与日本期货市场价格走势与上海走势大致相同。

2020年1—9月天然橡胶期货价格与现货价格表现基本一致，整体呈震荡走低态势，2020年1月与上年12月基本持平，2月起开始下跌，至4月底开始震荡上扬，但涨幅不明显，经历了5—8月的持续拉升，到9月涨至年度最高值。1—9月，上海期货交易所主力合约均价11 179元/吨，同比跌4.4%；东京工业品交易所橡胶主力合约结算均价169日元/吨，同比跌8.9%（图4）。

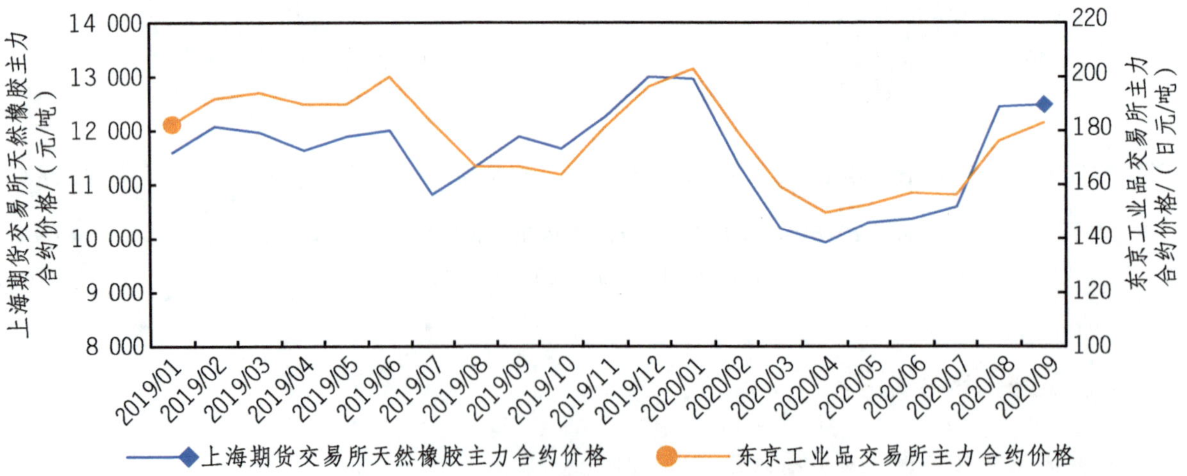

图4　2019年以来天然橡胶期货价格月度走势

数据来源：中国农垦经济发展中心、中国天然橡胶协会。

三、国际贸易格局

（一）天然橡胶进出口小幅下降

从出口看，2019年全球天然橡胶出口出现小幅回落，出口量为1 236.2万吨，比上年减少20.3万吨，降幅为1.62%（图5）。其中，泰国421.9万吨，比上年减少28.0万吨，降幅为6.22%；印度尼西亚258.0万吨，比上年减少38.2万吨，降幅为12.88%；越南169.8万吨，比上年增加19.8万吨，增幅为13.22%；马来西亚101.2万吨，比上年减少8.4万吨，降幅为7.66%。

从进口看，2019年全球天然橡胶进口量为1 175.7万吨，减少66.8万吨，降幅为5.3%。其中，中国474.5万吨，比上年减少46.6万吨，降幅为8.94%；欧盟154.4万吨，比上年减少5.4万吨，降幅为3.37%；马来西亚108.3万吨，比上年增加5.9万吨，增幅为6.80%；美国101.0万吨，比上年增加1.3万吨，增幅为1.25%。日本73.1万吨，比上年增加3.8万吨，增幅为5.43%。

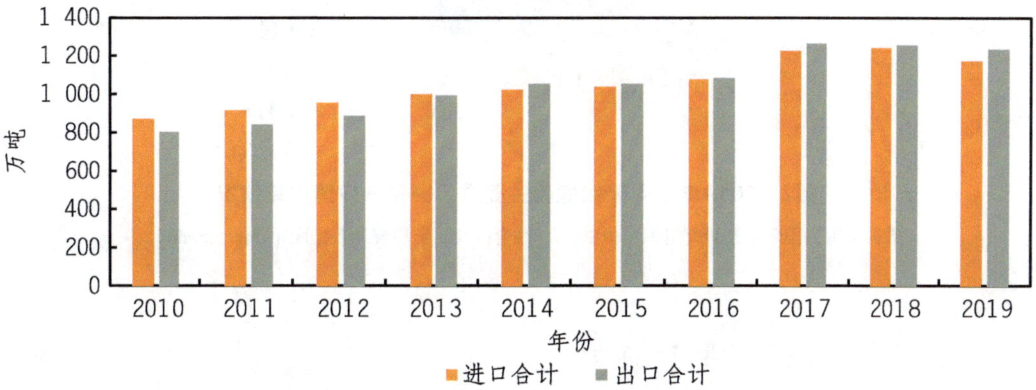

图5　2010—2019年世界天然橡胶进出口量

数据来源：国际橡胶研究组织（IRSG）、联合国商品贸易统计数据库（Uncomtrade）。

（二）进出口区域相对集中

出口方面，作为全球最主要的天然橡胶产区，东南亚地区也是最主要的天然橡胶出口区域。2019年，东南亚地区天然橡胶出口量达1 024.5万吨，占全球的82.9%，与2018年相比，出口量减少42万吨（图6）。从国别看，天然橡胶出口市场份额日渐分散的格局正在形成。泰国、印度尼西亚、越南和马来西亚是全球最主要的天然橡胶出口国，2019年以上4国出口量下降到950.9万吨，占全球比重继续下降至76.9%；危地马拉、科特迪瓦、柬埔寨、缅甸、老挝等国家出口大幅增长，2019年5国出口量为240.7万吨，全球占比也上升为19.5%。

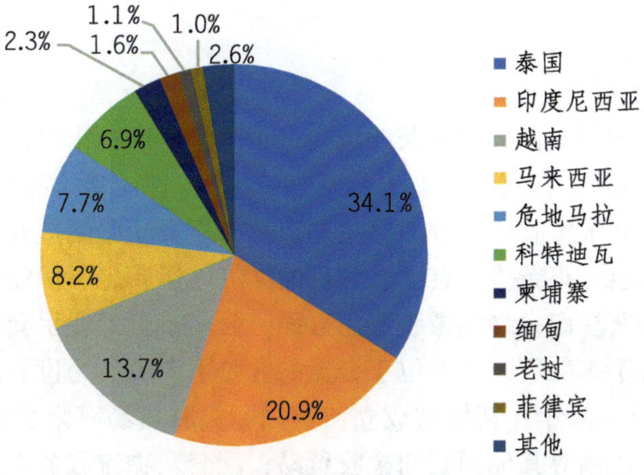

图6　2019年世界天然橡胶主要出口国家出口量占比情况

数据来源：国际橡胶研究组织（IRSG）、联合国商品贸易统计数据库（Uncomtrade）。

进口方面，天然橡胶主要进口区域与主要消费区域基本重合，中国和欧盟是全球最主要的天然橡胶进口国（地区），2019年，合计进口628.9万吨，同比减7.6%，占全球的53.8%，比上年下降，1.3个百分点，其中中国进口474.5万吨，占全球的40.4%。马来西亚既是全球主要的天然橡胶生产国、出口国，还是主要的天然橡胶进口国，2019年天然橡胶进口量108.3万吨，占全球的9.2%（图7）。

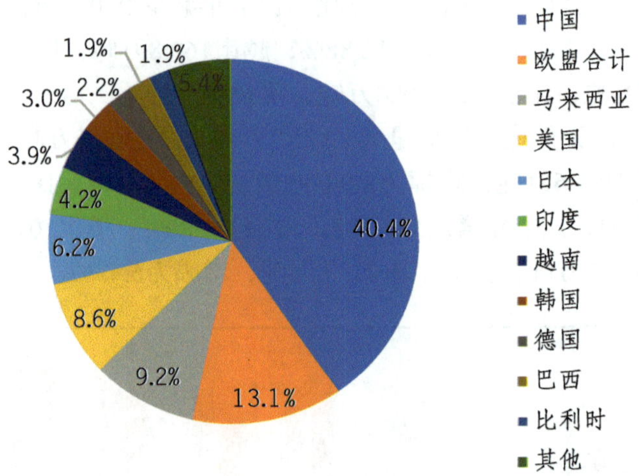

图7　2019年世界天然橡胶主要进口国家进口量占比情况

数据来源：国际橡胶研究组织（IRSG）、联合国商品贸易统计数据库（Uncomtrade）。

四、世界主要国家产业竞争力

（一）成本收益分析

天然橡胶成本一般由土地成本、人工成本、材料服务成本和其他成本构成，以中国为例，土地成本占12%左右，人工成本占54%左右，材料服务成本占15%左右，其他成本占20%左右。近年来，人工成本尤其是割胶成本快速上涨是推高天然橡胶成本的主要因素。从国外看，土地成本和人工成本占比均大幅低于中国，但材料服务成本占比明显高于中国。调研数据显示，马来西亚、柬埔寨等国直接生产成本明显高于中国，主要体现在人工和肥料方面费用支出，中国橡胶树抚管实行精细化管理，开大穴施肥，平均每株有机肥施10千克，化肥1千克；而马来西亚及柬埔寨等国家，具有优越的地理气候资源，每株橡胶树施复合肥约0.75千克/年；同时，中国橡胶树抚管作业人工成本高，还需要为工人购买“五险一金”，平均人工成本比马来西亚、柬埔寨等高出近2~4倍。

（二）代表性企业（集团）

1. 泰国诗董橡胶

诗董橡胶股份有限公司是泰国天然橡胶领域中最大的生产商和出口商。目前拥有23家工厂，天然橡胶年生产能力达120万吨，公司主营业务包括初级橡胶原料、终端橡胶产品、国际橡胶贸易、配套及物流服务等。其中初级橡胶原料方面，主要客户有从事轮胎制造业的米其林、固特异、普利司通、大陆、倍耐利、韩泰、正新等，有从事贸易的丸红、伊藤忠、伊联、丰田等贸易商，还包括有中国一些大型轮胎厂和贸易商；终端橡胶产品方面，公司投资工业手套、医用手套、高压液压胶管、橡胶成型件、电梯扶手等工厂，其中位于合艾的乳胶手套工厂为世界最大的乳胶手套厂之一；国际橡胶贸易方面，公司2002年在新加坡成立诗董国际橡胶贸易有限公司，除销售泰国自产橡胶外，还从事印度尼西亚、越南等其他国家的橡胶贸易；配套及物流服务方面，设立了多家原料收购站；还生产与橡胶相关的机械设备及其他一些工业设备；公司拥有大型物流运输公司，并从事橡胶木材生产和贸易等。目前，诗董橡胶（上海）有限公司已在中国上海设立公司，在青岛设立办事处，在青岛保税区每月周转库存约3 000~5 000吨，主要品种有标胶、烟片胶等。

2. 印度尼西亚KM公司

印度尼西亚KM公司全称PT.Kirana Megatara，位于印度尼西亚南雅加达，是目前印度尼西亚最大的天然橡胶企业，在印度尼西亚拥有14个橡胶工厂和5个橡胶种植公司，主要从事天然橡胶及棕榈的种植、加工和销售业务，现已取得包括米其林、普利司通、固特异等全球前20家轮胎制造商中13家的认证，天然橡胶年产能72万吨。目前公司主要产品为SIR10（印尼10号标准胶）、SIR20（印尼20号标准胶），产品主要用于轮胎生产，主要供应欧美轮胎市场。2017年，被中国海南农垦收购了45%的股权。

3. 新加坡R1公司

新加坡R1公司R1 International Pte Ltd，是全球最大的橡胶贸易公司，其目前业务主要集中在亚洲地区，集团旗下的公司在新加坡、马来西亚、印度、泰国、日本等地分别开展橡胶采购和销售业务；此外，R1公司在欧洲和美洲地区设有代表处，并在南美洲、非洲和大洋洲也有业务开展。2012年，被海南农垦投资有限公司出资收购75%的股权。

五、主要国家产业支持政策新变化

在天然橡胶供给大于需求的情况下，主要生产国为保护、发展国内橡胶产业，一般采取了减少供给、增加国内消费、提高库存、限制出口、提高生产者补贴、提高收购价格等政策或措施，有些政策或措施是长期的，有的是中短期的，这些政策或措施对橡胶生产、消费、市场贸易产生了直接的影响。

（一）泰国

泰国政府2018年实施胶农补贴政策，将宜胶区作为支持重点，给予符合条件的胶农补贴，计划补贴1.6万泰铢/莱，每户胶农最多给予10莱的补贴金。2019年泰国内阁已经批准预算约170亿泰铢，每莱橡胶地可获补助1 800泰铢，每户胶农获补助土地不得超过15莱，7月补助金已全部发放，90%的胶农已经获得补助，以达到减少橡胶种植面积从而减少产量来提振天然橡胶价格的目的。泰国政府将天然橡胶纳入价格保护商品目录，橡胶生产各环节都纳入政府监管范围。为了刺激国内经济，泰国内阁通过了“购物助国”政策，该政策涵盖了书籍、乡村产品和泰国制造的橡胶轮胎。凡是购买这三类商品的消费者，可以减免最高不得超过15 000泰铢的个人所得税。其中，购买橡胶轮胎（向泰国橡胶局购买橡胶原料所制轮胎）的消费者可获得税收“优惠券”。泰国政府要求将国内橡胶使用率提升50%，橡胶使用比例提高至8%。2017年，在557个道路修缮翻新计划中，使用了天然橡胶合计7 172吨。泰国政府通过了一项新补贴政策和采取其他措施来帮助胶农，总投入资金将达186亿泰铢。其中包括向在泰国橡胶协会注册的小户胶农发放每莱（约合0.16公顷）土地33美元的直接补贴，上限为500美元，新补贴将会使100万胶农和30万割胶者受益。该措施将会在2019年1月开始实行。

（二）印度尼西亚

印度尼西亚政府通过政府直接采购，来提振橡胶价格，印度尼西亚公共工程部将直接向农户和合作社采购橡胶，采购价7 500~8 000卢/千克（折合人民币3.6~3.8元/千克），借此提振印度尼西亚国内胶价。

（三）马来西亚

马来西亚2019年起实施橡胶生产激励项目（RPI）计划，提高橡胶生产激励补贴标准，计划通过补贴，将天然橡胶价格从每千克干胶2.2林吉特提高到2.5林吉特，预计每个橡胶小农户每月将增加144林吉特或每公顷每年增加1 728林吉特收入（1林吉特=1.65元人民币）。

2018年1月，泰国、马来西亚、印度尼西亚3国成立国际三方橡胶委员会（ITRC），联合实施严格控制橡胶出口的政策（AETS），橡胶出口缩减行动计划涉及的橡胶产品包括标准烟胶、标准胶块和合成橡胶等，目标是缩减35万吨橡胶出口量，其中泰国234 809吨、印尼95 192吨、马来西亚20 000吨，受此影响，全球橡胶价格2018年已经从年初的1.4美元/千克升到1.6美元/千克，增长了10%。同样，泰国橡胶价格也从44~45泰铢/千克上涨到47.2泰铢/千克。

（四）科特迪瓦

科特迪瓦部长会议通过一系列应对橡胶生产困难的举措，以重振该行业，提高种植者收入：一是政府与橡胶加工企业签订投资协议，通过给予最大期限为5年的税收减免待遇，推动加工企业提升产能，增加本地胶乳产量；二是延长关于限制胶乳出口的规定；三是创办种植者学校，提供技术和培训。

（五）缅甸

缅甸2019年年底加入了天然橡胶生产国联合会（ANRPC），ANRPC成员国总数达到了13个，天然橡胶产量占全球总产量的90.5%。缅甸加入ANRPC，将有利于促进其国内橡胶种植业的发展。

缅甸橡胶主要种植地区为勃固省、德林达依省、孟邦及克伦邦。缅甸的天然橡胶单产很低，约为每公顷777千克。2017年6月至2018年6月，缅甸从全国约31.1万公顷的橡胶树中采割了24.2万吨天然橡胶。缅甸还有34.6万公顷的橡胶林未达到成熟期，预计6年内缅甸天然橡胶年产量将超过50万吨。

六、世界供需形势展望

从生产来看，2013—2019年是全球新植橡胶高增的周期，之后橡树逐渐老化，橡胶产量将有所下滑，加上市场需求不振导致胶农生产积极性下降，预计全球橡胶产量大概率下降。权威机构ANRPC预测，2020年世界天然橡胶产量将达到1 313万吨，同比减少4.7%。

从消费看，受新冠肺炎疫情影响，世界经济缓慢恢复，橡胶产业链下游需求疲软，导致天然橡胶消费需求整体低迷。据相关报道预测，2020年世界天然橡胶消费量将达1 290万吨，同比减少6%，其中中国和印度分别减少11.2%和21.3%。

整体上看全球天然橡胶市场供需情况为供大于求态势，叠加2020年新冠肺炎疫情带来经济大幅下降导致有效需求减少，短期内天然橡胶价格仍将在低价位徘徊（1 400~1 800美元/吨），中长期天然橡胶价格有望缓慢回升上涨（2 000~2 200美元/吨）。同时，疫情导致的经济下行压力也带来了局部政治经济局势波动、地缘政治冲突加剧、贸易保护主义抬头等，加深外部环境的不确定性，另外，国际贸易限制措施和反倾销调查增多，多边和双边政治经济摩擦不断，都会对天然橡胶市场供需形势带来较大不确定性。

参考文献

莫业勇，杨琳，2020. 2019年国内外天然橡胶产销形势[J]. 中国热带农业（2）：8-12.

钟鑫，孙娟，2020. 2019年我国天然橡胶进出口情况及贸易展望[J]. 中国热带农业（2）：13-16+12.

（中国农垦经济发展中心　胡从九　钟　鑫

农业农村部规划设计研究院　张忠明）

第五部分

农　资

专题一：化　肥

化肥是必不可少的农业生产资料。2019年化肥供应量和需求量分别为232.31百万吨和190.50百万吨，同比分别提高1.20%和0.90%；全球贸易格局基本保持相对稳定，亚洲是氮肥生产和消费核心区域，亚洲和美洲是磷肥生产和消费主战场；欧洲和美洲是钾肥主要生产区，亚洲和美洲是钾肥主要消费区。预计2021年化肥需求量将出现反弹，恢复至1.89亿吨，其中预计氮肥增加220万吨，磷肥和钾肥约增加120万吨和100万吨；预计到2024年，全球化肥需求预计将以年均0.7%的速度增至1.971亿吨；氮肥需求量预计将比磷肥和钾肥恢复更快。由于暴发的新冠肺炎疫情严重阻碍了生产和供应链，磷酸盐价格呈现短时上涨；预计磷酸二铵的价格将逐渐走软，平均下降约7.0%；钾肥供应量充足，价格将下降4.1%，2021年后价格逐步波动回升。

一、世界供需现状

（一）世界化肥供需情况

1. 化肥供应量持续上升，供大于求趋势明显

据FAO和IFA数据显示（图1），2019年化肥供应量和需求量约为232.31百万吨和190.50百万吨，与2018年相比分别提高了1.20%和0.90%。从整体来看，2010—2019年全球化肥供应量和需求量年均增长速度分别为2.07%和1.33%。近5年间，化肥供应量增速高于化肥需求量，并且供大于求的形势越来越明显。

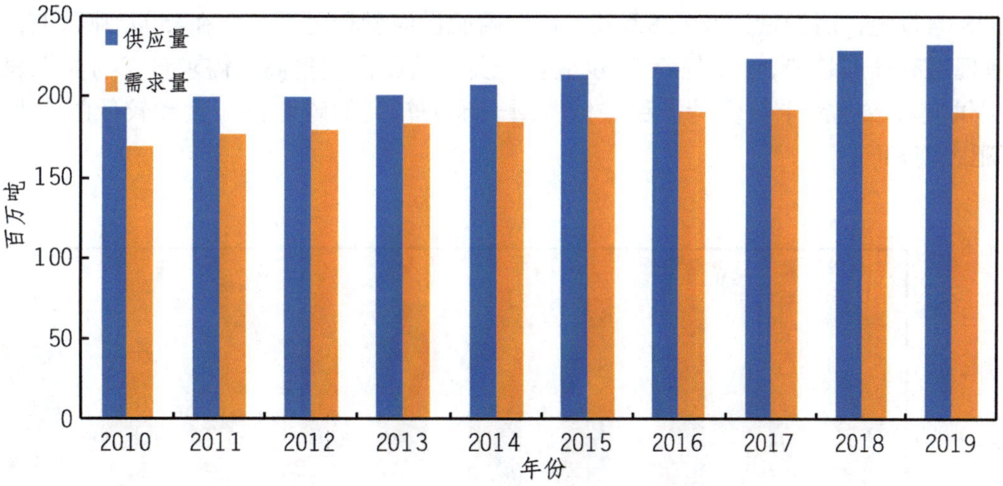

图1　2010—2019年世界化肥供应和需求量

数据来源：FAO，IFA（折纯量，余同）。

2. 氮肥前期供不应求，后期供大于求

在2014年以前，氮肥供应和需求量平稳缓速上升（图2），年均增加230.19万吨和202.35万吨，年均增速为2.15%和1.85%。2014年以后，氮肥供应量上升较快，上升速度高于氮肥需求量。到2019年，氮肥的供应和需求量分别达13 628.1万吨和12 590.4万吨。与2018年相比，分别提高了2.64%和9.12%。

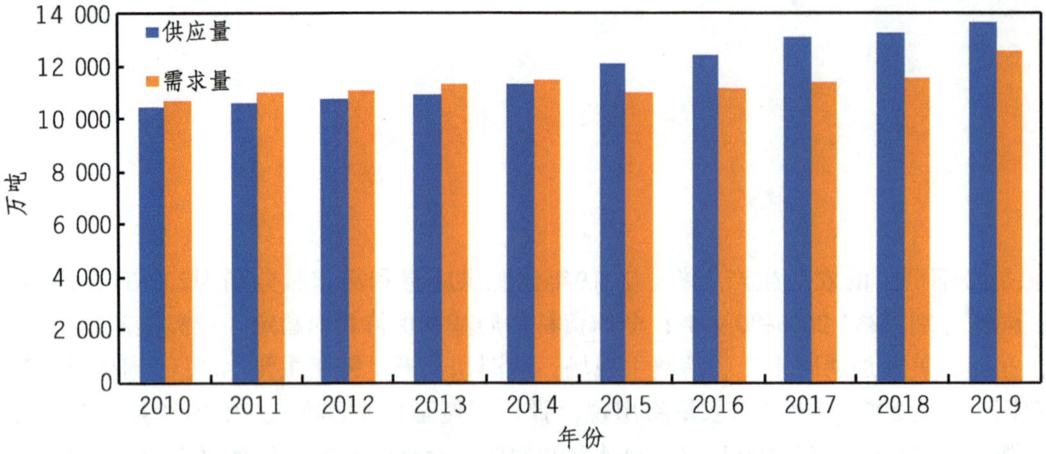

图2　2010—2019年世界氮肥供应量和需求量

数据来源：FAO，IFA。

从主要国别看，中国氮肥的供应和需求量远远高于其他国家，且呈现先升高后逐年下降趋势。2018年中国氮肥的供应量和需求量分别为3 274.28万吨和2 830.64万吨，比2017年分别降低6.17%和4.72%。印度氮肥的需求量一直高于供应量，依赖从国外进口，2018年为1 333.68万吨和1 762.82万吨，分别比2017年降低了0.64%和3.95%。美国氮肥的供应量呈现逐年增加趋势，2018年供应量达1 126.46万吨，比2017年提高了5.26%，氮肥需求量略有减少趋势，2018年与2017年基本持平。俄罗斯的氮肥供应量逐年增加，2017年、2018年供应量保持在1 000万吨以上，但需求量基本平稳，氮肥供应主要用于出口。

3. 磷肥供应量持续增加，需求量后期平缓

2019年，世界磷肥供应量为5 654.2万吨（图3），需求量为4 687.8万吨，分别比2018年增3.0%和1.4%。从国别看，中国磷肥供应量在2016年达到峰值，2017年、2018年均有明显下降，2018年生产量为1 328.04万吨，消费量为787.58万吨。印度磷肥供应量相对平稳，在450万吨以上，农业需求量近3年呈现略有增加趋势，且明显高于供应量。美国磷肥供应量高于需求量，与氮肥表现不同，近3年磷肥供应和农业需求量保持平稳。俄罗斯表现为较高的磷肥供应量和较低的农业磷肥需求量，与氮肥表现相同。

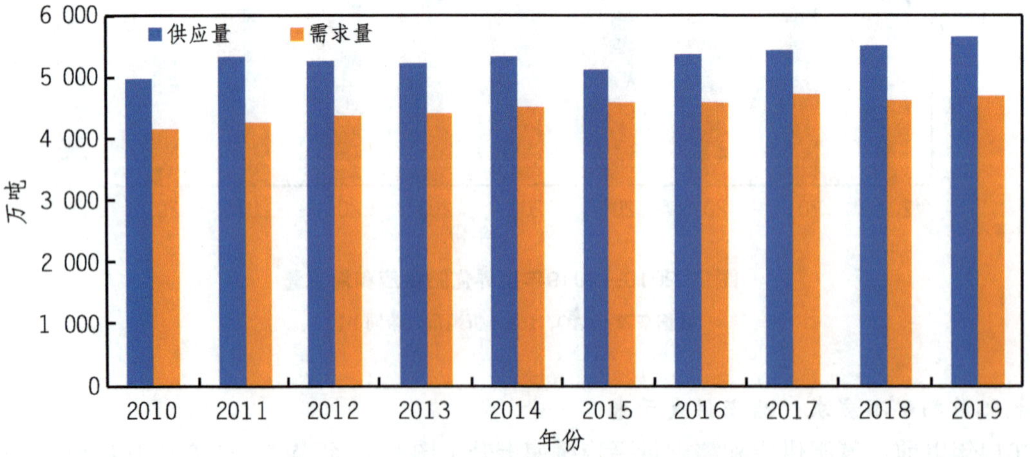

图3　2010—2019年世界磷肥供应量和需求量

数据来源：FAO，IFA。

4. 钾肥供应量持续上升，需求量后期疲软

2010年以来世界钾肥供应量持续上升，2018年生产量达4 724.9万吨（图4），2019年为4 795.8万吨，同比增1.5%，钾肥需求量在2014年之后，增长势头疲软，基本保持在4 000万吨以下，并且供大于求矛盾加大。2019年世界钾肥需求量为3 923.82万吨，比2018年提高了35万吨。

中国钾肥在农业的需求量远远高于供应量，近3年供应量在600万吨左右，而钾肥农业消费量在1 000万吨以上。印度钾肥几乎没有供应量，但需求量近3年保持在250万吨以上。美国虽有一定的钾肥生产，但是远远不及农业需求量，近3年保持在450万吨以上。俄罗斯是主要钾肥生产国家，近两年钾肥产量在800万吨以上，但该国自身钾肥消费量较少，生产钾肥主要用于出口。

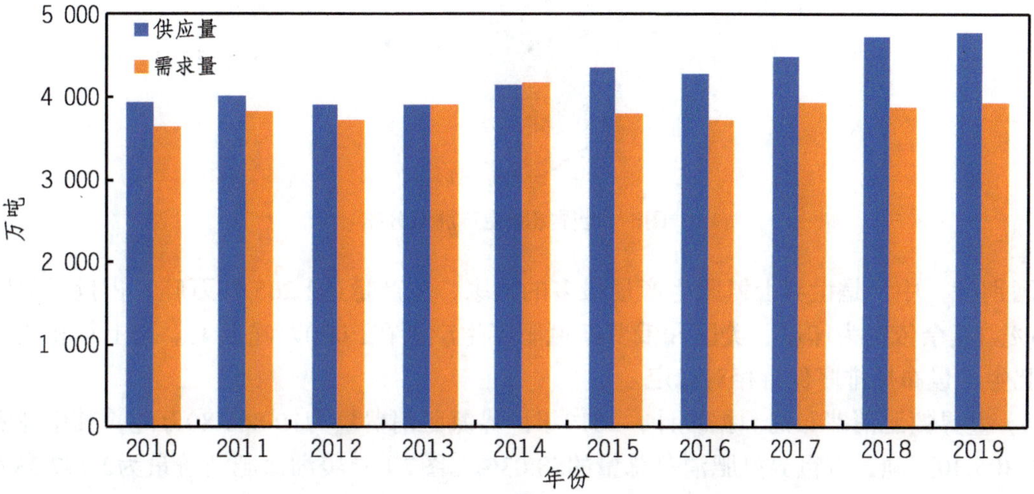

图4　2010—2019年世界钾肥供应和需求量

依据世界化肥生产、消费、进出口数据，计算得出每年化肥总供需平衡状况（折纯量，$N+P_2O_5+K_2O$）。结果显示（图5），全球化肥生产一直呈现供大于求的局面，2010—2013年盈余量有降低趋势。2015年以后，盈余量逐年上升，2019年化肥盈余量约为5 800万吨。

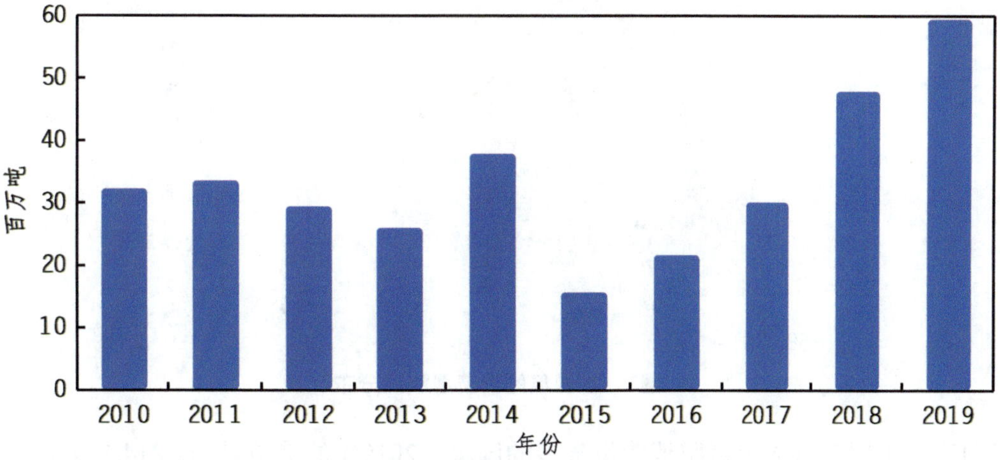

图5　2010—2019年世界化肥盈余量

（二）世界化肥生产和消费格局

1. 亚洲氮肥生产和消费高居榜首，中国居世界第一

（1）世界氮肥生产布局。据统计数据（图6），2019年世界氮肥产量约11 961.53万吨，其中亚洲6 955.14万吨，占世界氮肥总产量的58.15%，是氮肥的主要产区；其次为欧洲2 443.42万吨，占世界氮肥总产量的20.43%；第三为美洲1 787.34万吨，占世界氮肥总产量的14.94%。与上年相比，氮肥产量各州布局基本保持相对稳定。

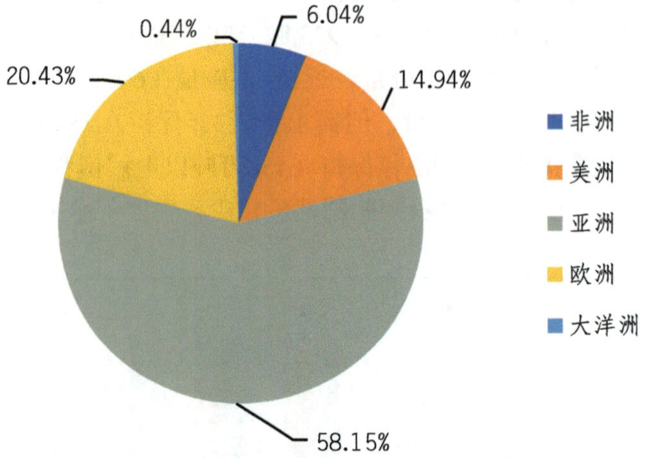

图6 世界氮肥生产洲域分布

从国别看，中国是世界上氮肥生产量最多的国家，生产量达3 265.78万吨，占世界氮肥总产量的27.30%。其余依次为印度、美国和俄罗斯氮肥年生产量在1 000万吨以上。与上年相比，各主要国家氮肥生产量布局排序保持相对稳定。

（2）世界氮肥消费布局。据统计，2019年世界氮肥消费量为10 865.80万吨，其中亚洲氮肥消费量为6 305.30万吨，占世界氮肥消费总量的58.03%（图7）；美洲氮肥消费量为2 457.38万吨，占世界氮肥消费量的22.62%，居世界第二；第三为欧洲，氮肥消费量为1 482.73万吨，占世界氮肥消费量的13.65%；非洲和大洋洲氮肥消费量分别占世界氮肥消费量的3.96%和1.75%。与上年相比，各州氮肥消费量基本保持平稳。

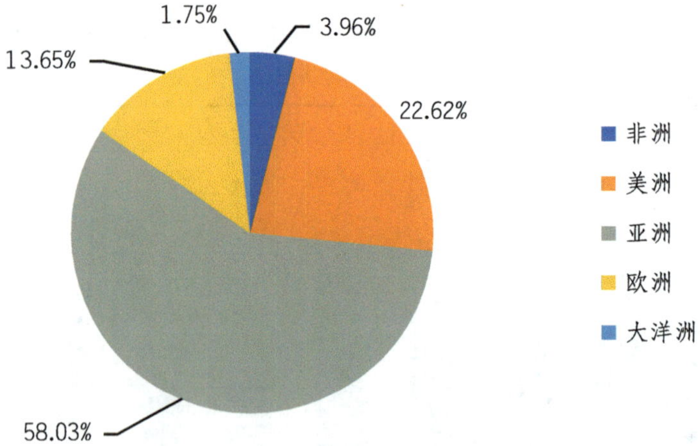

图7 世界氮肥消费量洲域分布

从国别看，中国是世界上氮肥消费量最多的国家，2019年的消费量为2 814.15万吨，占世界氮肥消费量的25.90%；其次为印度和美国，消费量分别为1 762.82万吨和1 164.45万吨，占世界氮肥消费量的16.22%和10.72%。综合来看，亚洲是氮肥生产和消费主要洲域，且亚洲的生产和消费量贡献主要来自中国。与上年相比，各主要国家的氮肥消费量布局保持相对稳定。

2. 亚美是磷肥生产和消费主战场，中国仍居首位

（1）世界磷肥生产布局。2019年世界磷肥产量达4 420.75万吨，其中亚洲磷肥产量为2 331.46万吨，占世界总产量的52.74%（图8）；美洲磷肥产量为824.54万吨，占世界总产量的18.65%，排名第二；欧洲和非洲磷肥产量分别为679.10万吨和514.80万吨，分别占全球总产量的15.36%和11.65%。大洋洲磷肥生产量占比较小。与上年相比，亚洲磷肥生产量减少了197.33万吨，占比相应降低了2.26%。其他洲磷肥产量保持稳定，占比变化不大。

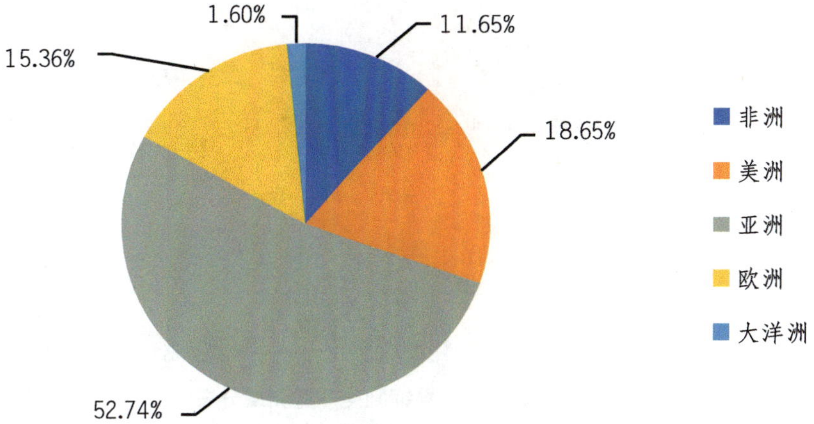

图8　世界磷肥生产量洲域分布

从国别看，中国是世界上磷肥生产量最多的国家，产量达1 323.76万吨，占世界磷肥总产量的29.94%。居磷肥产量第二位的国家为美国，达555.14万吨。印度、摩洛哥、俄罗斯磷肥产量分别居世界第三、第四和第五位。其余国家虽有生产，但是产量相对较低。磷肥生产的国家布局与上年相比，未发生明显变化。其中，中国的磷肥产量与上年相比，减少了177.29万吨；摩洛哥产量提高了90.83万吨，相应的占比提高了3.52个百分点。

（2）世界磷肥消费布局。世界磷肥消费量达4 064.79万吨，其中亚洲磷肥消费量为2 111.34万吨，占世界消费量的51.94%，表明世界磷肥一半以上由亚洲国家使用（图9）。美洲磷肥消费量为1 290.33万吨，占世界总消费量的31.74%，排名第二；欧洲磷肥消费量为387.34万吨，占世界总消费量的9.53%，排名第三；其余洲占比较小。总体看，全球磷肥消费量的洲域分布保持稳定。

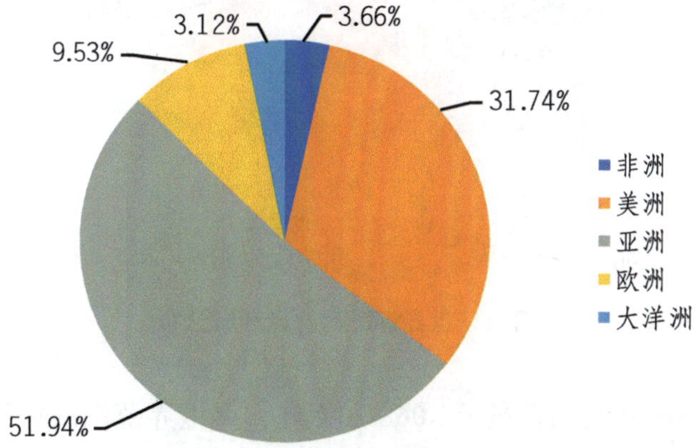

图9　世界磷肥消费量洲域分布

从国别看，2019年世界各国磷肥的消费量中国排名第一，达774.76万吨，占全球磷肥消费总量的19.06%。印度磷肥消费量为696.79万吨，占比为17.14%。巴西和美国分别位于第三和第四位，远远高于排名四、五位的巴基斯坦、加拿大。综合比较可以看出，中国和印度是磷肥生产和消费的主要国家。

3. 欧亚是钾肥主产和主消区，加拿大和中国是主产和主消国

（1）世界钾肥生产布局。钾肥生产需要依赖丰富的钾矿资源。2019年全球钾肥产量达4 451.86万吨，其中欧洲产量为2 033.17万吨，美洲产量为1 410.09万吨，欧洲和美洲是世界主要钾肥生产区，分别占世界钾肥总产量的45.67%和31.67%（图10）。亚洲钾肥产量为1 008.6万吨，占世界钾肥总产量的22.66%；非洲和大洋洲钾肥生产量较小。与上年相比，生产布局未发生明显变化。

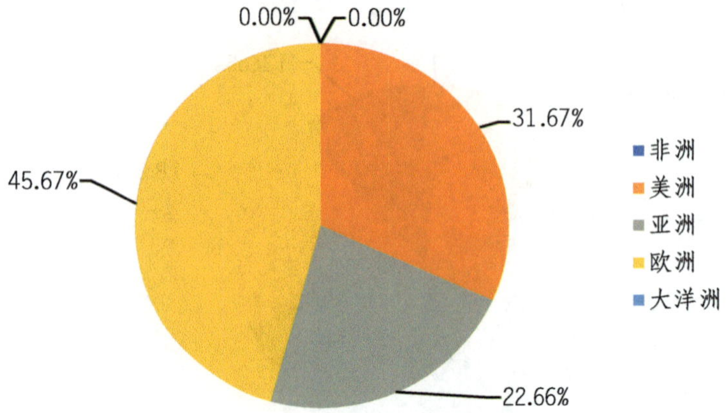

图10　世界钾肥生产量洲域分布

从国别看，加拿大、俄罗斯、白俄罗斯、中国具有丰富的钾矿资源，是世界上钾肥生产量排名前四位的国家，远高于其他国家，分别占世界钾肥生产量的27.36%、19.20%、16.50%和13.81%。德国、以色列、约旦、智利、西班牙、波兰也有钾肥生产，进入前十位。

（2）世界钾肥消费布局。2019年世界钾肥消费量达3 885.40万吨，其中，亚洲消费量高居世界第一，为1 967.88万吨，占世界总消费量的50.65%（图11）；美洲为1 346.69万吨，占世界的34.66%，居全球第二位；欧洲钾肥消费量为435.99万吨，占世界总消费量的11.22%，居世界第三位。

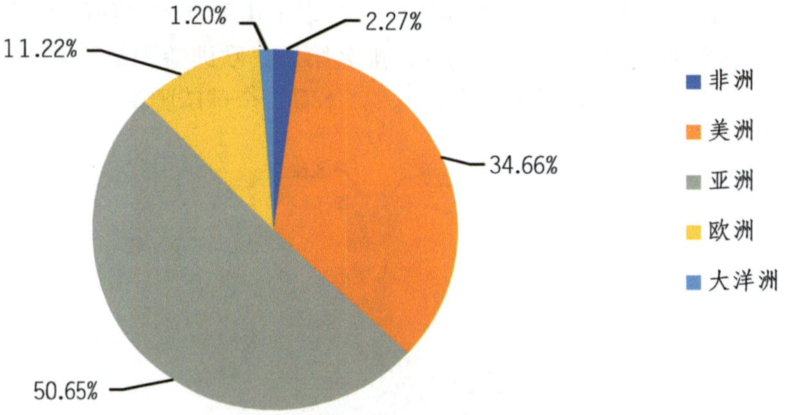

图11　世界钾肥消费量洲域分布

从国别看，2019年中国钾肥消费量近1 068.10万吨，是世界范围内钾肥消费量最高的国家，占全球总消费量的27.49%，是排名第二位巴西和第三位美国的1.58和2.33倍。印度、印度尼西亚排名第四和第五位，但是钾肥消费量远低于以上国家。

二、国际价格走势

2019年磷酸二铵、重过磷酸钙、尿素和氯化钾的价格分别为306.36美元/吨、294.58美元/吨、245.28美元/吨、255.50美元/吨，与上年相比，磷酸二铵、重过磷酸钙、尿素价格分别下降了87.07美元/吨、52.08美元/吨和4.17美元/吨，尿素价格相对平稳，氯化钾价格提升了40.0美元/吨。

从月度情况看（图12），化肥的价格呈现周期性变化趋势。但尿素价格变化相对较为频繁。

2015年1月至2016年6月，尿素价格处于下降通道，由305美元/吨下降到142.63美元/吨；之后到2017年1月，整体处于上升趋势，达233.75美元/吨。随后呈现波动下降，到2017年7月达到谷底，之后上升到当年11月达到峰值。

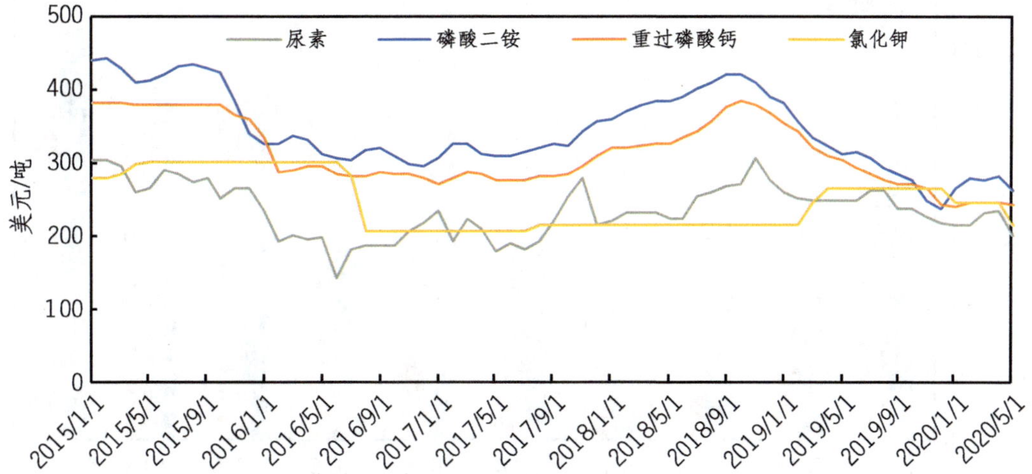

图12　2015年1月至2020年5月国际化肥价格月度变化

数据来源：世界银行。

从近期化肥市场价格来看，2018年第一季度随着生产恢复和新产能进入市场，尿素价格有所回落，与2017年第四季度相比，价格下跌了6%。第三、第四季度由于需求增加，价格有所拉升。2018年11月又达第二个高峰，为305.60美元/吨。2019年，由于环保保持高压态势，测土配方施肥、化肥使用量零增长、有机肥替代化肥、轮作休耕范围扩大，复合肥企业开工率低等因素，尿素需求疲软，整体处于下降通道。到2020年5月，降为201.90美元/吨。

磷酸二铵价格呈现周期波动变化，到2017年10月期间，价格保持在296.63~326.00美元/吨。由于供应紧张和较高的成本投入，之后价格上升趋势明显，到2018年10月，价格快速上升到420.75美元/吨，随后一直到2019年12月，进入长期的下降通道，为238.16美元/吨。截至2020年5月，价格有所上升，但是仍保持相对低位运行，在263.00~282.00美元/吨波动。

重过磷酸钙价格变化相对平稳。2015年期间变化不大，保持在360.00~383.00美元/吨。2016年起始，价格降到300美元/吨以下，一直到2017年9月，重过磷酸钙价格整体平稳，保持在270.00~295.00美元/吨。之后进入上升通道，到2018年10月达到峰值，为385.00美元/吨。随后进入长期下降通道，到2020年5月，降为243.00美元/吨。整体来看，重过磷酸钙价格波动趋势与磷酸二铵价格波动趋势相近。

氯化钾价格变化呈现阶梯性。2016年8月之后又下降到206.50美元/吨，下降了近100美元/吨。直到2019年2月，氯化钾价格基本保持平稳。之后，价格上调至265.50美元/吨，与2018年相比，上调了45美元/吨。2020年报价为245.00美元/吨。近期由于主要钾肥企业加快了扩张步伐和新增产能的投入，全球钾肥市场仍将保持盈余。另外，主要钾肥企业正通过各种方式降低生产成本。因此，未来国际市场钾肥价格仍有较大的下行压力与空间，预计未来几年价格重心在200~300美元/吨波动。

三、国际贸易格局

（一）化肥总体进出口量呈现波动增长趋势

据数据显示，2010年以后，随着经济复苏，化肥进出口量逐渐恢复性增长（图13），2015—

2017年全球化肥出口量高于进口量。2018年全球化肥进出口量分别增至11 973万吨和11 401万吨，2019年化肥进口量比2018年增加了758万吨，出口量为10 356万吨，相比2018年下降了1 045万吨。

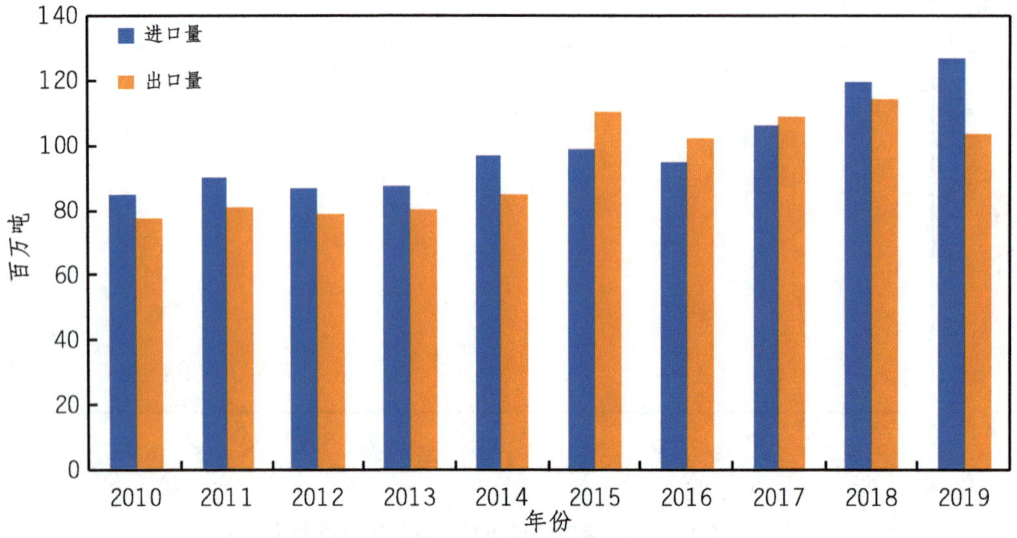

图13　2010—2019年世界化肥进出口量

数据来源：FAO 和UN comtrade数据库。

2016年化肥进、出口贸易额达到第1个谷底（图14），分别下降到335.90亿美元和266.47亿美元。2017年、2018年贸易额有所提升，2019年进、出口贸易额分别为376.58亿美元和268.72亿美元，相比于2018年分别降低了5.75%和22.32%。

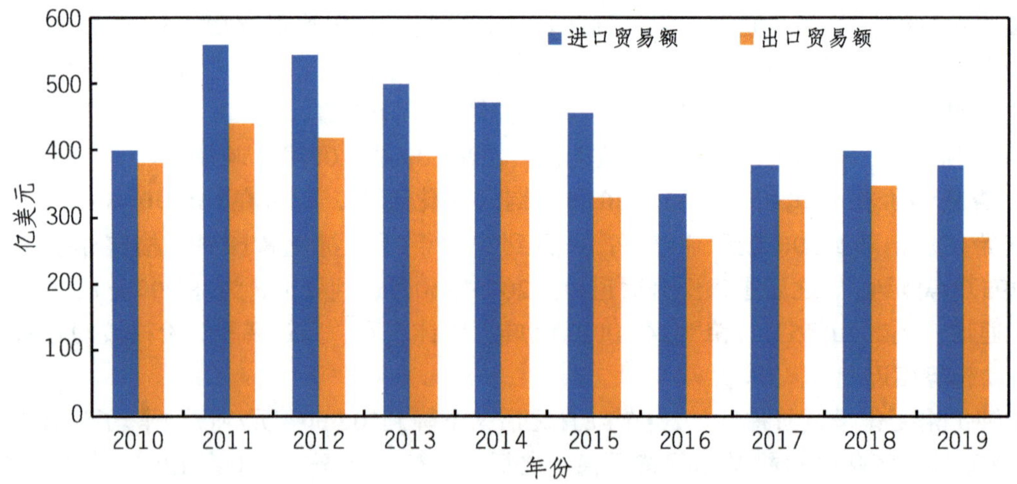

图14　2010—2019年世界化肥贸易额

（二）主要肥料种类贸易额呈现下降趋势

世界氮肥贸易额变化与化肥贸易整体变化趋势较为一致，并且氮肥进口贸易额均高于出口贸易额。2010—2012年，氮肥进、出口贸易额有所提升恢复，2012年以后整体进入下降通道（图15）。到2016年分别降低到195.88亿美元和161.04亿美元，2018年提升到225.05亿美元和192.09亿美元。2019年初步统计为227.59亿美元和147.25亿美元，相比于2018年，氮肥进口贸易额保持相对平稳，而出口贸易额相对降低。

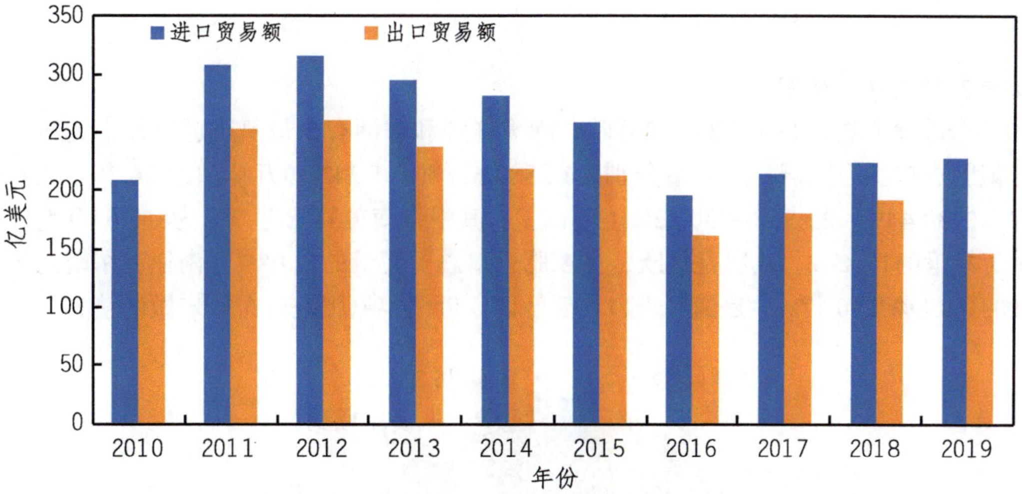

图15　2010—2019年世界氮肥贸易额

磷肥出口贸易额整体低于磷肥进口贸易额。2011年后处于下降周期。2015年、2017年磷肥进口贸易额虽比上年有所提升，但是劲头疲软，上涨动力不足。初步统计，2019年磷肥进、出口贸易额下降到13.61亿美元和10.46亿美元（图16），与2018年相比，分别降低了4.66亿美元和4.70亿美元。钾肥的进、出口贸易额到2011年达到高峰之后处于下降趋势（图17）。2016年达到低谷，2017—2018年有所回升，2019年钾肥进、出口贸易额分别减少了13.35%和19.96%。由于全球钾肥矿产资源的分布不均，全球钾肥的进口贸易长期高于出口贸易。

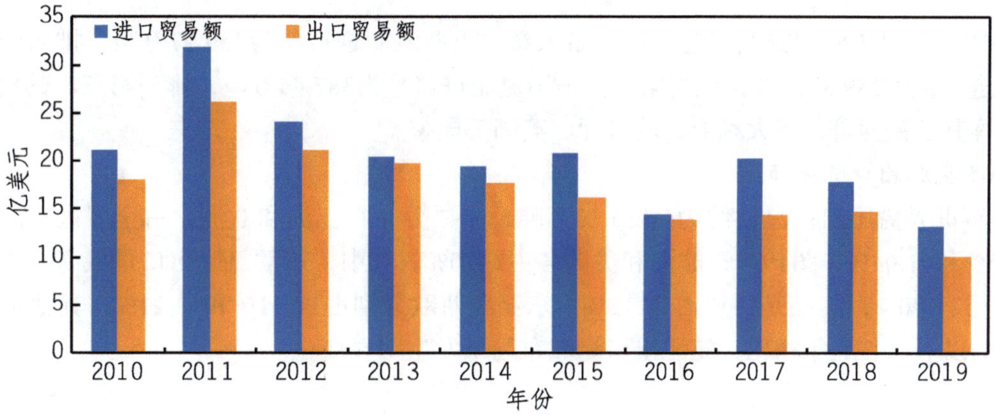

图16　2010—2019年世界磷肥贸易额

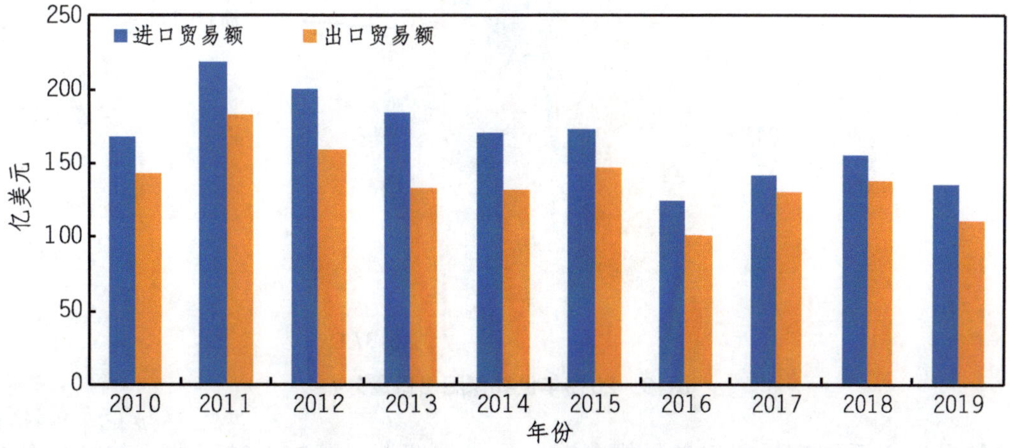

图17　2010—2019年世界钾肥贸易额

（三）亚欧氮肥进出口活跃，印度依进口，俄罗斯主出口

1. 全球氮肥进口量分布

2019年全球氮肥进口量为4 232.22万吨，除大洋洲和非洲有少量氮肥进口外，美洲、亚洲和欧洲是全球氮肥进口主力区域，进口量分别为1 288.46万吨、1 242.59万吨和1 304.28万吨，分别占世界氮肥进口的30.44%、29.36%和30.82%（图18）。其中，南美氮肥进口量为667.65万吨，占世界氮肥进口总贸易量的15.85%。其次是西欧，占氮肥进口总贸易量的12.08%。南亚和东南亚各占全球氮肥进口量的10.68%和10.17%，是氮肥进口主要地区。近两年氮肥进口布局未做调整。

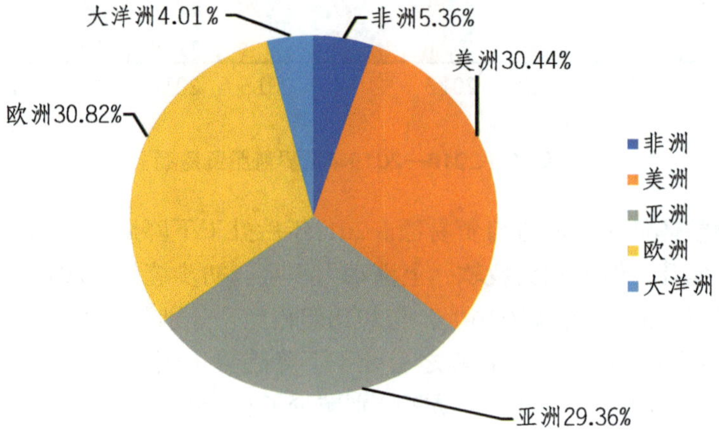

图18　2019年世界氮肥进口量洲域分布

从2019年世界主要国家氮肥进口量排名来看，巴西氮肥进口量为459.97万吨，排名全球第一。印度氮肥进口量为389.37万吨，位列第二。美国氮肥进口量为387.44万吨，排列第三。其次为法国、泰国、土耳其、墨西哥、澳大利亚、西班牙、英国等国家。

2. 世界氮肥出口量分布

2019年世界氮肥出口总量约为4 336.13万吨，主要分布在亚洲和欧洲，占全球氮肥出口总贸易量的37.65%和41.04%（图19）；非洲和美洲各占约10%。其中，东欧氮肥出口量最高，占世界氮肥出口总量的21.00%，其次是西亚占17.12%；东亚和西欧分别占14.11%和12.21%；其他地区偏少，占比在10%以下。与上年相比，氮肥出口洲域布局未发生明显变化。

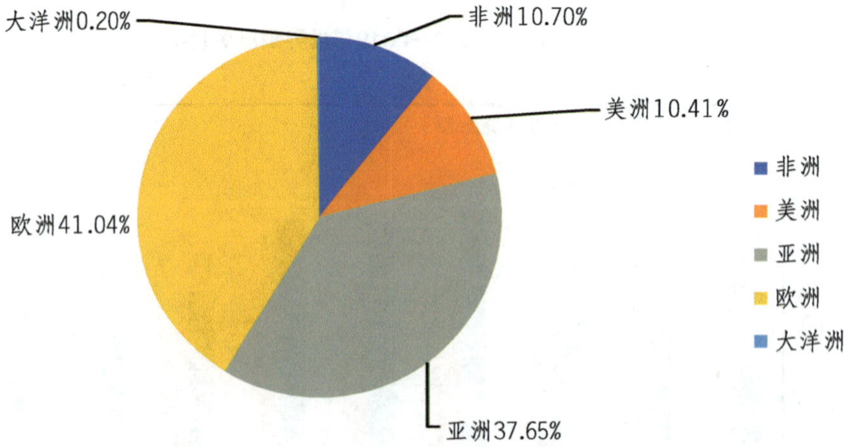

图19　2019年世界氮肥出口量分布

2019年世界主要国家氮肥出口量排名第一位是俄罗斯，达708.07万吨，与2018年相比增长9.16%。中国氮肥出口排名第二位，出口量达484.61万吨，与2018年相比，减60余万吨。卡塔尔、

沙特阿拉伯、埃及分别位于第三、第四和第五位，氮肥出口量分别为228.90万吨、213.89万吨和201.81万吨。其他国家如荷兰、美国、阿曼、比利时、加拿大也均有不同量的氮肥出口，进入全球氮肥出口前十行列，氮肥出口量变化不大。

（四）亚美磷肥进口频繁，亚欧出口繁荣

1. 世界磷肥进口量分布

2019年世界磷肥进口量约为2 055.71万吨，亚洲和美洲磷肥进口量各占磷肥总进口贸易量的1/3（图20）。其中，南亚和东南亚磷肥进口量总计为582.63万吨，占全球进口总量的28.34%。南美洲磷肥进口量约为469.84万吨，占全球进口总量的22.85%；北美洲相对较低，占总进口量的9.02%；欧洲整体占全球进口量的22.72%，东欧和西欧相对较多。与上年相比，磷肥的进口量洲域分布未有明显变化。

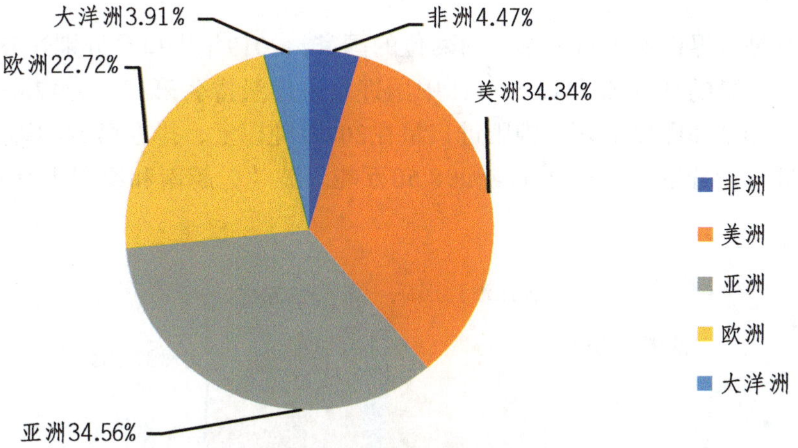

图20　2019年世界磷肥进口量分布

世界主要国家磷肥进口量主要集中在巴西和印度，2019年出口量分别为314.74万吨和309.74万吨，占全球进口总量的15.31%和15.03%；排名第三的是美国，进口量为171.20万吨，占全球进口总量的8.33%。前三名国家磷肥进口总量占全球磷肥进口总量的近四成，其他国家磷肥进口量在100万吨以下。

2. 世界磷肥出口量分布

2019年世界磷肥出口量约为2 010.43万吨（图21）。其中亚洲磷肥出口量占全球出口总量的37.96%，其中东亚占27.12%，西亚占9.12%。欧洲磷肥出口量占全球出口贸易总量的27.24%，主要分布在东欧，占16.65%。非洲磷肥出口主要分布在北非，占全球出口总量的17.85%。美洲磷肥出口量占全球的15.23%，主要分布在北美，占12.75%。

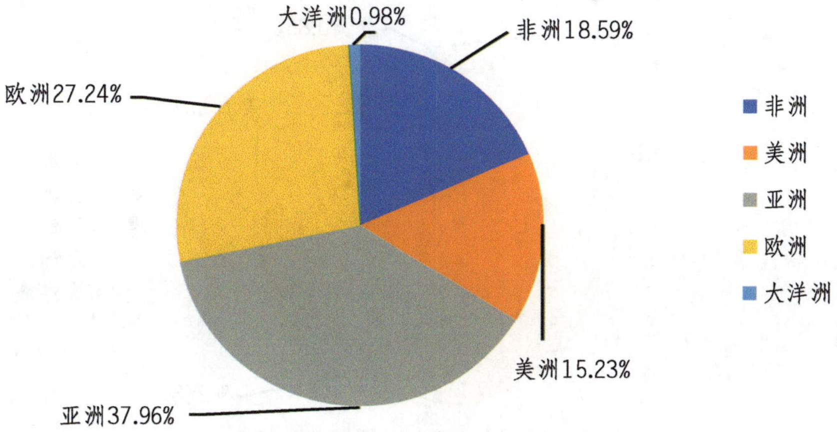

图21　2019年世界磷肥出口量分布

中国是磷肥出口贸易大国，出口量达575.53万吨。摩洛哥磷肥出口量排名第二，为349.68万吨。俄罗斯磷肥出口量为312.08万吨，排名第三。以上3个国家是全球磷肥主要出口国，分别占全球出口总量的27.35%、16.62%和14.83%。美国和阿拉伯磷肥出口量分别排名第四和第五，分别为199.52万吨和162.24万吨。比利时、以色列、立陶宛、墨西哥、挪威等国家磷肥出口量也进入世界前十名，磷肥出口量在50万吨以下。

（五）美洲钾肥进出口并存，亚洲依进口，欧洲主出口

1. 世界钾肥进口量分布

2019年全球钾肥进口量约为3 808.36万吨，主要为亚洲和美洲进口，各占全球进口总量的37.68%和39.23%（图22）。亚洲钾肥进口主要分布在东亚和东南亚国家，分别占15.16%和12.41%。欧洲钾肥进口量约为700.11万吨，占全球进口总量的18.38%。非洲和大洋洲钾肥进口占比较小。

美国和巴西是世界钾肥进口量排名前两位的国家，2019年进口量分别达781.36万吨和653.37万吨，占全球总进口量的19.82%和16.58%；中国钾肥进口量排名第三，为476.80万吨，占全球进口总量的12.10%。印度和印度尼西亚钾肥进口量在200万吨以上，排在第四和第五位。马来西亚、比利时国家钾肥进口量分别为111.54万吨和98.50万吨。波兰、越南和泰国也有钾肥进口，进口量在100万吨以内。

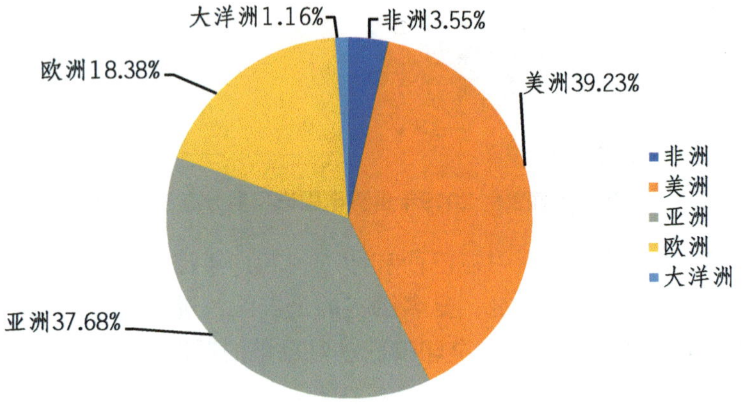

图22　2019年世界钾肥进口量洲域分布

2. 世界钾肥出口量分布

2019年全球钾肥出口量约为3 537.39万吨，一半以上来自欧洲出口，以东欧国家为主，占40.06%；西欧也有少量钾肥出口，占10.35%；其次为美洲，占36.13%，主要来自北美，占33.05%；亚洲也有少量钾肥出口，占全球出口量的8.49%（图23）。

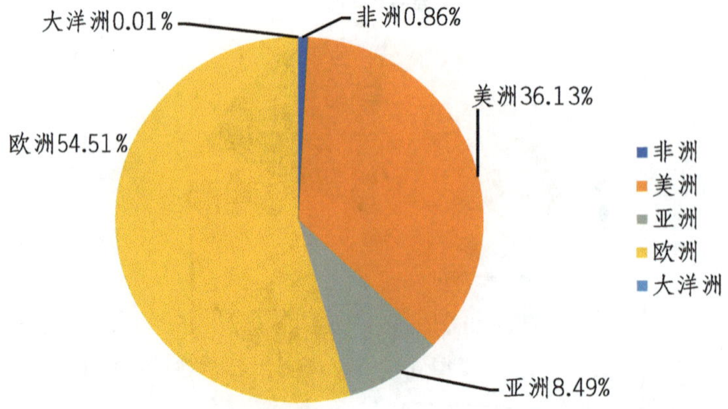

图23　2019年世界钾肥出口量洲域分布

由于加拿大的钾矿资源充足，钾肥出口贸易量高达1 317.16万吨，是全球钾肥出口主要国家，占全球出口总量的38.34%。俄罗斯和白俄罗斯也有丰富的钾矿资源，钾肥出口量分别为619.48万吨和580.47万吨，分别占全球总出口量的18.03%和16.90%。以色列和德国也有一定的钾肥出口，出口量在200万吨以上。比利时、智利、西班牙、荷兰、挪威钾肥出口量相对较低，在100万吨以下。

四、世界主要国家产业竞争力

（一）主要国家化肥国际市场占有率比较

不同国家化肥国际市场占有率不同，不同化肥种类国际市场占有率也各有高低。从化肥出口总量来看，加拿大化肥总体国际市场占有率较高（表1），2010年、2016年、2018年化肥出口贸易额分别占全球贸易额的15.62%和11.33%和15.67%。其次为俄罗斯，2010年、2016年、2018年化肥国际市场占有率保持在10%以上，并且2018年市场占有率提高了2.98个百分点。中国居于第三位，国际市场占有率在2018年为6.78%，相比2016年降低1.94个百分点。美国2018年化肥国际市场占有率为5.21%，提高了2.28个百分点。荷兰化肥国际市场占有率相对偏低，在4%以下。

表1　主要国家化肥国际市场占有率比较

国家	氮肥国际市场占有率/%			磷肥国际市场占有率/%			钾肥国际市场占有率/%		
	2010年	2016年	2018年	2010年	2016年	2018年	2010年	2016年	2018年
加拿大	4.95	2.94	2.47	0.01	0.01	0.01	35.13	36.56	35.67
俄罗斯	11.66	10.28	14.51	0.01	0.05	0.06	18.16	19.14	14.66
中国	13.26	13.14	9.41	25.25	23.26	31.05	0.22	1.06	0.48
美国	2.55	2.81	3.74	0.36	0.60	0.93	7.80	4.92	7.71
荷兰	6.50	4.86	5.97	3.34	6.88	4.65	0.78	1.96	0.68

2018年俄罗斯的氮肥国际市场占有率为14.51%，在5个国家中居首位，并且呈现增长趋势。其次是中国，氮肥国际市场占有率为9.41%，相比于2016年下降了3.73个百分点。荷兰、加拿大和美国的氮肥国际市场占有率相对偏低。

以上5个国家中，中国磷肥国际市场占有率稳居第一，2018年占有率约占全球国际市场的1/3，相比于2016年有增长趋势，这与中国丰富的磷矿资源优势有关。其余国家磷肥国际市场占有率较小。

加拿大钾肥国际市场占有率达全球1/3以上，其次为俄罗斯，占钾肥国际市场的14.66%，与2016年基本保持稳定；美国也有少量钾肥出口，市场率为7.71%。中国和荷兰相对较少。

（二）主要国家化肥贸易竞争指数比较

俄罗斯和加拿大的化肥贸易具有较强的竞争力（表2），荷兰化肥贸易竞争指数处于中等，中国化肥总体贸易竞争指数相对偏低，在0.19~0.09，说明中国化肥有一定的出口能力，但是竞争力相对较弱。美国化肥贸易指数为负数，竞争力最弱。

从氮肥、磷肥和钾肥单品贸易竞争指数来看，俄罗斯氮肥和钾肥的竞争贸易指数均接近1，说明俄罗斯这两种主要化肥品种的竞争优势最强；磷肥贸易竞争指数在2018年为0.66，相比于2010年，降低了0.18。加拿大钾肥的贸易竞争优势明显，与俄罗斯基本相当，氮肥贸易竞争力相对偏弱并有下降趋势，在2018年基于处于净进口国家。由于缺少磷矿资源，磷肥竞争贸易指数为负值，处于劣势。中国氮肥、磷肥的竞争优势明显，尤其是磷肥贸易竞争力最强。但是中国钾肥依赖进口，竞争力较差。美国氮肥、磷肥和钾肥的贸易指数均为负值，并且从美国进出口量和贸易数值来看，美国是全球氮肥、磷肥和钾肥主要进口国家，3种肥料其贸易竞争力最弱。荷兰氮肥贸易竞争力相对较高，磷肥次之，钾肥较弱。

表2　主要国家化肥贸易竞争指数比较

国家	化肥贸易竞争指数		氮肥贸易竞争指数		磷肥贸易竞争指数		钾肥贸易竞争指数	
	2010年	2018年	2010年	2018年	2010年	2018年	2010年	2018年
加拿大	0.88	0.80	0.45	−0.07	−0.74	−0.95	0.99	0.99
俄罗斯	0.99	0.98	0.99	0.99	0.84	0.66	1.00	0.96
中国	0.19	0.09	0.99	0.94	0.91	1.00	−0.97	−0.93
美国	−0.61	−0.50	−0.74	−0.55	−0.83	−0.83	−0.51	−0.45
荷兰	0.45	0.65	0.72	0.92	0.20	0.14	−0.42	−0.29

（三）主要国家化肥生产成本比较

成本优势是国际竞争优势所表现出来的重要因素之一。不同国家化肥生产在资源以及原料价格、生产成本、规模、技术、管理、流通、品牌等方面存在较大的差距，生产成本较高，总体上在国际竞争中处于劣势。中国化肥生产成本优势不足，以天然气为化肥原料的美国和俄罗斯成本优势明显。氮肥企业由于使用原料的不同，生产成本差会有较大差别，其中以天然气为原料最为合理、经济。以尿素生产为例，以天然气为原料的生产成本只占以石油为原料的生产成本的65.1%，占以煤为原料的成本的78.7%。世界上以天然气为原料生产的化肥占80%~90%，美国以天然气为原料生产的化肥则达到了98%，俄罗斯也达到了92%，而中国则仅为20%多。

磷、硫、合成氨是磷复肥生产的三大原料，其原料价格成本占磷肥成本的80%以上。以磷酸二铵为例，美国、北非等地区有较丰富、质量较好的磷矿资源。综合来看，美国磷肥原料成本要远低于中国。美国硫磺的成本平均在60美元/吨左右，而中国进口硫磺成本在70美元/吨以上；中国从美国进口合成氨价格在100~120美元/吨，而中国生产的合成氨成本在200美元/吨左右。由于国际市场煤、石油、天然气等能源的不断上涨，国际化肥价格也在一路飙升。国际上东欧一些国家和中东地区的氮肥最具竞争优势，其原因在于这些地区具有丰富和廉价的石油、天然气等资源。

五、世界供需形势展望

2020年由于新冠肺炎疫情影响，石油需求空前下降，国际贸易特别是与运输业有关的商品受阻，全球生产活动和供应链受到影响，经济持续下行，加之一些国家遭受严重病虫害灾害，以及多个国家受到气候不利影响，农业生产受到严重阻碍。据世界银行和国际肥料工业协会等相关资料显示，2020年化肥供应量预计比2019年增加1.6%，为2.36亿吨；需求量比2019年下降2.9%，预计约为1.85亿吨；预计2021年化肥需求量将出现反弹，恢复至1.89亿吨，其中氮增加220万吨，磷和钾肥约增加120万吨和100万吨；预计化肥的库存压力较大，供需矛盾较为突出；全球的化肥贸易格局基本保持相对稳定。

预计到2024年，全球化肥需求预计将以年均0.7%的速度增长，达1.971亿吨。氮肥需求量预计将比磷肥和钾肥恢复更快。在展望期内，拉丁美洲预计将推动全球化肥需求量，占总增长量的37%；其次是欧洲经济共同体（27%）、南亚（22%）、非洲（15%）和北美（12%）。随着化肥总需求（主要是中国）的预期下降，预计东亚地区增长将放缓。由于拉丁美洲是全球消费增长的主要地区贡献者，因此，在预测期内，预计磷肥消费量的年平均增长率（+0.8%）将略高于氮肥（+0.7%）和钾肥（+0.6%）。

经济增长疲软将进一步降低整体大宗商品需求，多数商品价格下跌，同样影响化肥价格的变化。由于全球化肥需求下滑，钾肥和尿素价格下跌，2020年第一季度化肥价格指数下降了4.5%。全球化肥整体供应仍然充足，2020年化肥价格指数预计将下降9.9%。预计2020年磷酸二铵的价格将逐渐走软，平均下降约7.0%；由于产能过剩和投入成本降低，尿素价格将下降10.3%；预计钾肥供应量充足，价格将下降4.1%。

参考文献

巩前文，穆向丽，谷树忠，2014. 大宗能源价格波动对国内化肥价格的影响[J]. 资源科学，36（7）：1402-1407.

李向升，2006. 中国化学肥料产业国际竞争力研究[D]. 暨南大学.

鲁沂，2008. 农业生产资料价格上涨的原因分析[J]. 粤港澳市场与价格（1）：18-22.

彭代彦，郭更臣，颜军梅，2013. 中国农业生产资料价格上涨原因的变结构协整分析[J]. 中国农村经济（6）：48-59+85.

中国产业信息，2015-12-30. 2016—2022年中国化肥市场全景评估及市场前景预测报告. http：//www. chyxx. com/industry/201512/374285. html

中国产业信息，2018-01-05. 2017年全球磷矿石产量及磷矿石供需情况分析. http：//www. chyxx. com/industry/201801/600472. html

中国报告网，2018-03-07. 2018年国内外农资流通行业供需状况及变动趋势分析. http：//free. chinabaogao. com/nonglinmuyu/201803/03I23D92018. html

FAO. http：//www. fao. org/faostat/zh/

FAO，2015. World fertilizer trends and outlook to 2018 [R].

FAO，2017. World fertilizer trends and outlook to 2020 [R].

Internal Fertilizer Association，2017. Short-term fertilizer outlook 2017—2018 [R].

Internal Fertilizer Association，2020. Global Medium-Term Outlook for Fertilizers and Raw Materials 2020—2024[R].

（北京市农林科学院农业信息与经济研究所　串丽敏）

专题二：农　药

农药作为重要的农业投入品，为世界人口提供有效、安全的食物供给做出了巨大贡献。世界人口不断增加，而耕地资源有限，不仅对农药需求旺盛，而且对农药的质量要求越来越高。同时，农药企业结构也在持续变化，跨国公司并购重组加剧，农化巨头产能继续向发展中国家转移。

一、世界供需现状

2019年全球农药总销售额为655.9亿美元，同比增0.8%。2019年农药销售额增长放缓，其主要原因在于按美元计市场增长持续受到汇率的影响，美元的强势部分抵消了市场的增长；不利的天气条件也对部分主要国家农药市场造成影响，如印度先遇干旱，再遭洪涝；澳大利亚持续严重干旱；东南亚国家也出现干旱天气等；中国由于贸易形势紧张，减少了对农药的进口。2019年，亚太地区农药销售额（按美元计）也出现负增长。

2018年国际农化巨头企业重组并购后，全球农化形成四强格局，先正达、拜耳、巴斯夫、陶氏杜邦四强公司农药销售额全部增长。2019年，先正达克服了一些不利影响，包括美国历史性的洪涝、澳大利亚的干旱、汇率的不利等，实现农药销售额101.18亿美元，同比增1.7%。先正达在巴西市场强势增长，但被美国疲弱的市场部分抵消。2019年，科迪华农药销售额为62.56亿美元，同比减2.9%（表1）。

表1　2018—2019年全球领先跨国公司的农药销售额

公司名称	2018年/亿美元	2019年/亿美元	同比/%
先正达	99.50	101.18	1.70
拜耳作物科学	96.41	108.66	11.70
巴斯夫	63.51	68.97	8.60
科迪华	64.45	62.56	−2.90

（一）除草剂占据全球农药市场主要份额

从全球农药市场销售结构来看，除草剂在目前占有全球最大的农药市场份额。2019年，全球作物用化学农药销售总额为577.90亿美元，同比仅增0.4%，与2018年基本持平；包括非作物用农药在内的总销售额为655.90亿美元，同比增长0.8%，其中，除草剂仍为全球第一大产品类型，其销售额为299.76亿美元，占全球农药销售总额45.7%。

（二）亚洲、拉丁美洲是农药需求的主要市场

从区域分布来看，亚洲、拉丁美洲地区对农药的需求量不断上升，并已成为农药消费的主要市场（表2）。2019年，亚洲、拉丁美洲农用农药销售额分别为172.04亿美元和166.76亿美元，位列第一和第二位。亚洲市场农药销售额与去年比略有下降，而拉丁美洲市场增长强劲，同比增17.59%。

此外，欧洲、北美地区作为传统农药消费市场，农药市场需求比较稳定，但在2019年农药销售额均出现小幅下降。

表2 2019年全球主要地区农用农药销售情况

地区	销售规模/亿美元	占比/%
亚洲	172.04	29.77
拉丁美洲	166.76	28.86
欧洲	112.60	19.48
北美自由贸易区	104.23	18.04
世界其他地区	22.27	3.85
合计	577.90	100.00

（三）跨国公司主导的寡头垄断竞争格局形成

经过几十年的激烈竞争与发展，目前全球农药行业已呈现寡头垄断的格局。国际农化巨头企业重组并购，拜耳收购孟山都、陶氏杜邦合并、中国化工收购先正达，使农药市场呈现新的发展格局。2019年先正达、拜耳、巴斯夫、陶氏杜邦、科迪华跨国公司占全球农药市场份额高达80%以上。全球农药生产、研发高度集中，研发实力与市场份额决定产业地位。这些企业主要专注于制剂生产及新产品的开发，形成农药技术开发的垄断局面，从而进一步巩固其在全球农药市场的垄断地位。签署协议、缔结合作关系和共同协作是农药巨头们最常见的战略措施，未来预计将进一步提升和刷新这一市场格局。国际跨国公司对农药新产品开发的垄断间接强化了其在全球农药市场的垄断地位。

（四）农药产能正逐步向亚太及拉美地区转移

农药原药产能呈现为从欧美等发达国家地区开始向亚太地区一些发展中国家转移。这种转移主要基于不同国家和地区的生产成本、环保政策要求存在差别而产生的。由于发达国家出台更加严格的环境保护法律法规及政策，对农药的环境相容性提出了更高的要求。美、欧、日等发达国家及地区在出台一系列加强农药环保的法律法规后，促使这些地区的跨国农药企业将其农药原药生产外包给亚太及拉美地区的厂家。随着全球经济一体化，各大农药跨国公司出于成本考虑，不仅将农药产能转移至发展中国家，也会选择与发展中国家的一些在工艺、技术、环保、成本方面具有优势的农药企业建立战略合作关系，进行相关原药的采购。同时，农药市场的增长主要集中于以巴西、阿根廷为代表的拉美地区以及中国、印度、亚太地区等新兴国家，进一步催生了本土农药企业的发展。

二、国际价格走势

全球农药市场逐渐回暖，行业景气度提高。2016—2018年农药价格出现明显回升，农药需求加大，出现“量价齐升”局面。2019年全球农药市场同比持平，运行态势稳定。

（一）国际油价低位运行，农药成本和价格双降

近年来，由于国际油价一直处于60美元/桶价格低位震荡，加之中国环保导向的供给侧改革导致不少原药生产企业或关停、或搬迁，正常产能得不到有效释放使得下游精细化工品成本端压力骤增，2019年上游石化市场疲软，主要化学品价格低迷，使得农药生产成本降低，但由于下游市场需求减

弱，农药生产企业不得不压价竞销，使得农药产品的成本和价格双双下降，价格指数亦同步下挫。

（二）农药供需结构改变，市场竞争加剧

从全球看，2019年农药市场环境复杂，北美水灾、澳洲旱灾等不利气候因素频发，导致农药需求不旺；国际市场竞争加剧，导致农药库存增加，进一步影响供需结构平衡。从国内看，近年来供给侧结构性改革加速提升产业集中度，行业内外资本加速流入原药和中间体市场，2019年产能逐步释放，短期内供需格局被改变，企业和渠道去库存，导致市场竞争加剧，价格变动过程中非理性因素增加，国内农药市场价格走低。

（三）新兴国家农药市场仍是需求主力

近年来，发展中国家如南美地区（特别是巴西、阿根廷）及亚洲地区农药市场规模呈现较快增长趋势，美国、欧盟等成熟市场的销售规模将继续保持低速增长。2019年受天气、汇率等因素影响，南美地区巴西农药市场增长较快，而亚太地区包括中国在内，农药市场增产趋缓。从长期来看，由于发展中国家人口增速较快，稳定增长的粮食需求形成农药消费的刚性支撑，且居民粮食消费升级导致作物种植结构发生变化，对农药的需求进一步增加。新兴国家在农药市场上持续发力，巴西、中国、阿根廷农药消费额增长迅速，2019年主要发展中国家的农药市场规模突破338.83亿美元。

三、国际贸易格局

（一）全球及各大洲农药市场贸易情况

从全球市场来看，天气、价格、汇率等仍是影响农药市场的主要因素。亚太仍为全球第一大地区市场，但拉美以接近18%的增长率大大拉近了两者的差距。2019年，拉丁美洲市场销售额为166.79亿美元，同比增长17.6%。中东和非洲市场销售额为22.27亿美元，同比基本持平。亚太地区、北美、欧洲市场都出现不同程度下跌，其中，北美市场销售额为104.23亿美元，同比下降10.3%，跌幅最大；欧洲销售额为112.6亿美元，同比下降6.2%；亚太地区市场销售额为172.04亿美元，同比下降1.2%。

2019年拉美地区农药市场实现大幅增长。尤其在巴西，2019年农药的市场持续恢复，扭转了全球农药市场的下降态势。经过2014—2017年的大幅下滑后，巴西农药市场连续两年实现反弹，其农药公司销售业绩同比大幅增长。前几年，阿根廷严重干旱限制了农药销售，而2019年显著增长，拉美地区市场强势反弹，同比增17.6%。

2019年，亚太仍为最大的地区市场，但增速趋缓。如果按本国货币计，该地区农药市场呈现增长；但按美元计，市场出现下滑。不利的天气条件也对一些主要国家的农药市场造成影响。据日本植保协会估计，该国的农药销售额同比略增，这主要因为除草剂的市场需求增加所致。2019年，亚太地区农药销售额（按美元计）下降了1.2%。

2019年，北美地区的农药市场受到不利天气条件的影响。在美国中西部，2019年一季度的严寒、暴风雨，加之后来的洪涝灾害，推迟了季节前农药的使用及春播。不利的天气条件降低了农民对作物收成及未来收入的预期，加之贸易形势变化等，都打击了美国农民生产投入的积极性。2019年，北美地区的农药销售额同比下降10.3%。2019年，欧洲市场也遭受到不利天气条件的影响。北欧和东欧干热，使病虫害发生较轻。近年来，欧洲市场的增长大多来自前苏联地区的市场增长。此外还有一些其他影响因素，如一些主要农药产品的禁限用，英国脱欧的不确定性，英镑对美元的弱势等。2019年，欧洲地区的农药销售额同比下降6.2%；中东和非洲地区的作物用农药销售额为

22.27亿美元，同比基本持平。

（二）各大农化企业加速争夺拉美市场

2019年，先正达、拜耳、巴斯夫、富美实和安道麦等几家公司均在拉美地区表现强劲，投资取得了两位数的增长。巴西作为拉美地区最大的市场，其近两年的数据与跨国公司的业绩形成了呼应。根据巴西农药工业协会发布的数据，2018年巴西农化市场销售总额（以公司销售业绩统计）达到107.93亿美元，与上年相比大幅增长了21.3%。这是巴西农化行业连续四年负增长后的第一次正增长。2019年巴西农化市场销售额达到115亿美元，再一次实现增长。

国际主要农化公司近两年正紧锣密鼓地拓展拉美市场，将更多资本转移到该地区。比如安道麦公司，在过去两年先后收购了巴西经销商Foco Agronegócios部分资产和秘鲁作物保护公司AgroKlinge，并于2019年启用了投资逾2 000万雷亚尔的两个巴西杀菌剂工厂。公司在产能提升，区域扩张和渠道延伸三方面同时发力拉美市场。日本三井和石原共同收购巴西领先的农化公司Ourofino25%的股权。住友化学开始全面运营其智利子公司，加强在拉美地区业务。2019年农化企业在兼并重组方面，经历过上一轮大规模的收购浪潮后还处于内部整合调整期，但其他企业的并购还在持续进行。

（三）中国仍是世界农药出口第一大国

中国是世界农药生产、贸易、使用大国，2003—2019年，农药出口保持较快增长，由2003年的30.2万吨增长为2019年的146.8万吨，增4.86倍，年均增11.12%；2003—2019年，农药出口金额由2003年的8.6亿美元增至2019年的72.46亿美元，增8.4倍，年均增15.27%；2019年，农药出口目的地区和国家中，中国香港、东盟、韩国、乌克兰、美国、澳大利亚出口金额出现较大的下降，同比分别下降14.7%、11.6%、23.1%、9.7%、27.4%和33.2%；出口增幅较大的是中国澳门、印度、中东和加拿大，同比分别增89.6%、10.5%、52.4%和57.9%。亚洲已成为中国除草剂、杀虫剂、杀菌剂以及杀鼠剂出口量最大的市场，南美洲则是除草剂、杀菌剂的第二大出口市场，出口量与出口额仅次于亚洲。

四、主要国家产业支持政策新变化

（一）亚洲

2019年2月，日本厚生劳动省发布生《食发0207第3号公告》，修改定虫隆、矮壮素、多杀霉素、氟苯脲、吡菌苯威及甲霜灵和精甲霜灵6种农兽药在部分食品中的残留限量标准。公告自发布之日起生效，但部分食品中的农兽药残留限量，自公告发布日起6个月内仍可适用以往规定。

2月，越南农业和农村发展部发布一项决议，将禁止含有乙基毒死蜱和氟虫腈产品的使用。含有上述两种活性成分的植保产品将最多只能在1年的宽限期内进行生产和进口，并且从2019年2月19日起的两年后禁止销售和使用。所有含有上述成分的产品登记程序将于公布决议之日起终止。

3月，日本农林水产省首次制定农业领域普及小型无人机计划，该计划到2022年度把通过无人机喷洒农药的面积从2万公顷扩大至100万公顷，且一半以上水稻、小麦和大豆种植区域引入无人机，以节省劳动力和提高生产力。此外，为了便于无人机喷洒农药，农水省还确定了大幅增加果树和蔬菜可用农药数量的标准。

4月，印度中央杀虫剂理事会及登记委员会（CIBRC）新批准了3项农药原药的登记，分别为氯苯胺灵，异丙草胺和咪鲜胺。

9月，泰国危险物质监测委员会对禁用百草枯、草甘膦、毒死蜱3种农药进行分析，自2019年12月1日起，不得进口、销售或使用含有上述活性成分的产品。

12月，孟加拉国政府制定一项行动计划，以停止使用包括草甘膦在内的有害农药，并引入安全的替代品来替代含草甘膦的农药。

（二）欧洲

2019年1月18日，欧盟委员会发布法规（EU）2019/89，对欧盟议会和理事会条例（EC）No396/2005《食品中农药最大残留限量》的附件Ⅱ、Ⅲ和Ⅴ进行修订，对豆类蔬菜等食品中溴敌隆（bromadiolone）、依托芬酯（etofenprox）、多效唑（paclobutrazol）和戊康唑（penconazole）的最大残留限量进行修订，修订后的限量标准自欧盟官方公报发布后起第20日生效。

3月，欧盟委员会授权EFSA对2013年版“PPP蜜蜂环境风评导则”进行更新，修订的重点为：蜜蜂自然死亡率、暴露途径（喷雾、种子处理和颗粒剂）、吸引蜜蜂的植物列表以及蜜蜂高阶风评的方法，预计修订稿将于2021年完成。

3月，欧盟委员会有条件地批准了拜耳拟收购孟山都的交易。拜耳已经获得了30多个监管机构中超过半数的批准，包括此前巴西和中国监管机构的批准。德国化工巨头拜耳公司以625亿美元收购世界排名第一种子公司孟山都的交易，此次收购将是近年农业领域最大的收购活动。交易完成后，拜耳公司将占全球种子和农药市场超过25%的份额。

欧盟委员会对杀螨剂丁氟螨酯发布了新的限制条件，成员国最迟须在2019年11月30日之前撤销或修改含丁氟螨酯作物保护产品的登记。所有成员国给予的宽限期应尽可能短，最晚为2020年5月30日。

6月，法国食品、环境和职业健康与安全管理局（ANSES）宣布禁止销售氟环唑，称其疑似致癌物质，还可能会危害人类生殖健康。目前，氟环唑主要由巴斯夫生产，法国约一半谷类作物和70%的甜菜作物都在应用。

6月，欧盟委员会发布委员会实施条例（EU）2019/1090，根据欧洲议会和理事会关于将植物保护产品投放市场的条例（EC）No1107/2009，不再批准使用活性物质乐果（dimethoate）并修订欧盟委员会实施细则（EU）第540/2011号。

7月，欧盟委员会向WTO通报，不再批准噻虫啉（Thiacloprid）的欧盟登记，禁用的主要原因有噻虫啉CLP分类下为致癌2类物质和生殖毒性1B类物质，代谢物对地下水造成污染，对人类存在致癌风险等。

10月，欧盟委员会向WTO通报，建议不再批准毒死蜱（Chlorpyrifos）和甲基毒死蜱（Chlorpyrifos-methyl）的再评审申请。主要原因是：基于已有数据，无法排除毒死蜱和甲基毒死蜱的潜在基因毒性；缺乏毒理学参考值，膳食和非膳食风险评估无法开展。

11月，欧盟委员会发布委员会实施条例（EU）2019/1942，不再批准多菌灵作为活性物质用于9类型产品的生物杀灭产品。

12月，瑞士联邦农业办公室宣布禁止使用百菌清，决定立即撤销含有百菌清产品的销售许可。世界卫生组织（WHO）的数据显示，百菌清对鱼类和水生无脊椎动物的毒性极大。因此，欧盟决定在2020年正式实施对该物质的禁令。

（三）北美洲

2019年3月，美国农药登记相关法规PRIA4颁布，农药登记评审费不断上调。美国环保署颁布了《2018年农药登记改进扩展法案》（Pesticide Registration Improvement Extension Act of 2018，PRIA4），其有效期跨越5个财年，到2023年9月30日截止。根据PRIA4，美国EPA农药登记评审费普遍上涨。在此基础上，2019年10月1日或之后收到的农药登记申请的评审费将继续增加5%，而到2021年9月30日，评审费还会继续上调。

3月，加拿大卫生部发布PRVD2019-02号咨询文件，有害生物管理局拟批准继续登记嗪胺灵（triforine）及其相关产品。嗪胺灵是一种杀菌剂，用于控制一系列浆果作物、核果、梨果和观赏植物中的真菌病害。

7月，美国环保署宣布与伊利诺斯州的Stepan公司达成协议，解决该公司89次关于《联邦杀虫剂，杀真菌剂和灭鼠剂法案》（FIFRA），销售或分销与美国环保署（EPA）批准标签不一致的农药的违规。Stepan同意支付61.2万美元的行政处罚，并与其分销商Spartan Chemical一同纠正标签和配方的违规行为。近两年，针对销售量大的公司，EPA监管逐渐趋严。

8月，美国环保署更新了4个农药产品的药效试验导则内容，包括杀菌剂类药效导则中的卫生用杀菌剂药效试验的通用导则（810.2000）、杀菌剂、杀孢子剂和净化剂的药效试验导则（810.2100）、用于物体表面的杀菌剂的药效试验导则（810.2200）以及控制无脊椎动物农药产品的药效试验导则中的用于室内处理的农药产品的药效试验导则（810.3500）。

12月，美国环保署（EPA）宣布下一批将要根据新修订的《有毒物质控制法》（TSCA）进行风险评估的20种化学品。优先进行风险评估的高优先级化学品清单的敲定是TSCA要求的厘清优先顺序流程的最后一步，也标志着环保署努力确保市场上现有化学品安全的另一个重要里程碑。

（四）南美洲

2019年初，阿根廷针对除草剂2，4-D丁酯的禁令进行了公开商议，决定未来将停止生产此类产品。后期阿根廷国家卫生和食品质量局（SENASA）将会开始执行针对这一常用植物激素类除草剂的禁令程序。

1月，巴西卫生监督局发布第589、591、594、595、597和598号公众咨询文件，拟制定氟唑菌酰胺（Fluxapyroxad）、精甲霜灵（metalaxyl-M）、噻虫嗪（thiamethoxam）、阿维菌素（abamectin）、吡丙醚（pyriproxyfen）和啶虫脒（acetamiprid）在部分食品中的最大残留限量，向公众征求意见时间为2019年1月23日至2月21日。

巴西政府于2019年4月底开始使用一项新法案，农药登记耗时将会因此减半。该法案将在一年内完成所有的规章条例。巴西目前的农药登记时间太长，而在阿根廷、澳大利亚和美国等地仅需约2~3年的时间。出台的新法案有助于减少农药在巴西的登记时间。

6月，巴西政府发布了历时五年才完成的巴西小宗作物农化品使用条例，该文件梳理并简化了小宗作物应用农化品登记过程，这项措施代表着立法的重大进步。

7月，巴西开始实施采用农药标签新制度，即根据农药所含化学物质对该国生产的农药实施分类和标签管理。新制度着重于向农药的主要使用者或农村工人提供更准确的信息。

（五）其他地区

2019年7月，新西兰环保署就进口巴斯夫新款杀菌剂Revystar（氯氟醚菌唑+氟唑菌酰胺）征求公众意见。此款杀菌剂含有两种活性成分，其中一种为氯氟醚菌唑（商品名为Revysol），于2019年获得欧洲、美国和澳大利亚批准登记，但尚未在新西兰使用过，另一种活性成分为氟唑菌酰胺（商品名为Xemium），目前在新西兰已获批准登记。

11月，澳大利亚农药和兽药管理局（APVMA）提议批准一种新的杀虫剂活性成分醚菊酯。醚菊酯最初被提议用于核果上昆士兰果蝇和地中海果蝇的防治。醚菊酯通过与钠通道产生相互作用干扰神经元的功能，从而对昆虫的神经系统发挥作用。醚菊酯兼具接触和取食活性，可以快速击倒各种有害生物。

五、世界供需形势展望

（一）并购重组仍是农药企业未来发展的战略选择和主旋律

自2014年起，受气候变化、农作物价格下跌、汇率波动、全球农业经济疲软等因素的影响，全球农化巨头掀起了新一轮的并购浪潮。从目前来看，他们更多的是在搭建平台、打造生态圈，甚至突破边界、赋能行业新生态，以求得突破性发展。这种生态圈的打造，不单单是整合资源，而是对各方资源进行高效组合，形成良性的生态运营。这方面，拜耳与孟山都的践行最具代表性。中国中化集团也将种子、化肥、农药三大业务板块放在一起，进行生态圈布局，并建立MAP全新农业服务模式。通过针对性的服务，广泛汇集农业产业链优质合作资源，逐步建立多方共赢的现代农业服务“生态圈”。而在2018年末、2019年初沙隆达和安道麦合并、更名、扩张（拟收购辉丰生产线）使得2019年农药行业风起云涌，未来更具不确定性。

（二）环保与安全依然是高压线，政策导向性越来越明显

2018年以来农药行业围绕着环保核查、安全生产展开。几家规模上的大企业因环保责任与义务不到位而曝光，多家制剂企业因产品违规添加和不规范经营而被处罚，严厉程度和处罚力度都是前所未有的。而2019年，随着新条例的深入执行，要求越来越严格，农药企业、农资渠道生存空间变窄。随着经济发展水平和模式的转变，全社会的环境保护和食品安全意识不断加强，使得环保治理要求和力度日益提高。全球对于高毒、高风险农药的禁用、限用管理措施，我国相关主管部门也陆续发布了多项关于禁止和限制使用农药的公告，加快淘汰剧毒、高毒、高残留农药。高效、安全、经济、环境友好的农药新产品的推广将有效促进农药产品结构的优化调整，在满足农业生产需求的同时降低对于环境的影响。

（三）全球农药进入后专利时代，农化企业竞争更加激烈

随着专利农药的逐步到期甚至过期增加，而研发成本提高和新药投放速度的减缓，供给数量减少，导致全球过专利期产品将占据主导地位。专利到期或过期，原有的农药生产环节必须产生转变，针对系列产品成熟过专利产品以及专利即将过期产品，承接的企业通过技术创新、工艺优化，为客户提供具有市场竞争力的专业化、系统化解决方案，从而降低成本，使客户获得价格优势，延长产品生命周期。由于专利到期，原有的专利药的价格将缓慢下行，带来产品的市场应用的快速扩展，进入一个快速的产品放量过程，一般市场进入快速放量期，逐渐走向成熟期。中游企业同下游客户之间联系紧密，在专利期后，仍将持续承接产品的代工生产，而随着下游需求的快速提升，代工环节反而受益于市场需求数量的提升，带动更大的发展空间。2018—2022年，共有30个农药的化合物专利到期，预期将大幅提升原专利农药的销售数量，带动相应农药的生产需求和中游行业持续发展。

（四）低毒、环保、可持续发展仍是农药产业发展方向

当前全球绿色发展浪潮风起云涌，全球贸易单边主义倾向等引起国家外贸及产业政策的调整、严厉的环保政策和在国际市场上的法规、绿色壁垒等，都在困扰行业发展，尤其是绿色发展成为行业发展的关键。近年来，日趋严格的环保政策，直接影响了部分企业的产能发挥，大量缺乏环保投入的中、小型企业纷纷关停产能或停产整顿，农药面临着产业生态化的极大挑战，在目前严峻环保的背景下，必须转变传统生产模式：即进行环保、产品等方面的转型升级。因此，由传统生产方式转向绿色生产方式，推进农药生产智能化、绿色化转型发展将成为主流趋势。当然，绿色转型离不

开创新，转型到绿色也必须依靠创新，必须能够有效地促进资源合理配置、生态改善、环境友好、降低各种消耗等。

参考文献

2020年世界农化品市场或将适度增长. 中国产业发展研究网，http：//www. chinaidr. com/news/2020-07/142804. html.

柏亚罗. 2019年全球农药市场同比持平，2020年11个新产品或将上市. 农药资讯网，http：//www. jsppa. com. cn/news/yanfa/2038. html.

南农，2019. 美国科学院公布：未来农业发展的五大方向[J]. 南方农机（21）：1.

杨益军，2019. 2019年全球农药市场状态与主要特点分析[J]. 农药科学与管理（40）：13-19.

（张　正）

专题三：农　机

2019年，全球农机市场再次进入衰退期，作为全球三大农机主力市场的北美、欧洲和亚洲的主要农机产品销量呈基本稳定或下降趋势；世界农机产品贸易格局基本稳定，突出特征依然为主要农机产品出口集中度较高、重点出口国家为德美等发达国家，进口集中度较低、进口国分布较为分散等；发达国家或地区产业支持政策重点方向为促进精准农业发展，发展中国家支持重点为加速农业机械化发展，部分新兴国家产业发展步伐逐步加快；知名跨国企业进一步加快全球市场扩张步伐，世界五大知名农机跨国企业都面向北美、南美、欧洲和亚洲等农机市场采取新策略拓展海外市场，部分企业加速开拓非洲市场。

一、世界供需现状

（一）全球供需形势

全球农机市场连续两年复苏后在2019年再次出现衰退，各类农机产品销量均出现不同程度下滑。从全球生产季度指数变化来看，各类农机产品表现出较大差异（图1）。但2020年第一季度生产指数基本均呈下降趋势，新冠肺炎疫情是其重要影响因素之一。

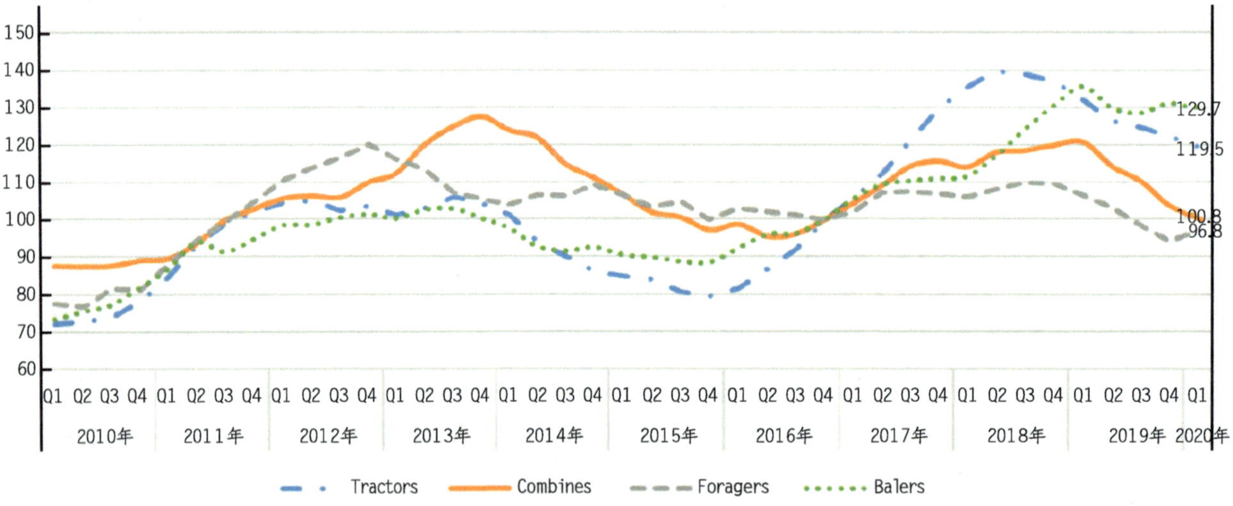

图1　全球农机产品季度生产指数变化情况（2016年第四季度指数为100）

数据来源：国际农机制造商联盟。

在拖拉机方面，在2018年第二季度达到峰值后开始一直下降，2020年第1季度生产指数较上年同期下降了9.40%。在联合收割机方面，2019年第一季度后生产指数开始连续下降，2020年第一季度生产指数较上年同期下降11.40%。在青饲料收获机方面，2020年第一季度生产指数达96.8，与上年同期相比下降了9.10%。在打捆机方面，生产指数在2019年第一季度达到2010年以来的最高值，在第二、三季度出现短暂下滑后回升，然后在2020年第一季度又下降，生产指数较上年同期下降了3.90%。

（二）北美市场形势

1. 美国

就2019年美国主要农机产品市场表现来看，各类产品销量与2018年相比变化不大。其中，40马力以下、100马力以上两类两轮驱动农用拖拉机销量分别增5.00%和3.50%，40~100马力的两轮驱动农用拖拉机销量减0.20%；四轮驱动农用拖拉机销量增5.60%，自走式联合收割机销量则减0.70%。

就2020年5月当月来看，除100马力以上两轮驱动农用拖拉机、四轮驱动农用拖拉机和自走式联合收割机销量同比出现负增长外，其余马力段的两轮驱动农用拖拉机均有不同程度的增幅，其中40马力以下和40~100马力两轮驱动农用拖拉机销量增幅分别达19.06%和10.59%（表1）。从2020年1—5月总销量来看，100马力以上两轮驱动农用拖拉机、四轮驱动农用拖拉机和自走式联合收割机销量出现负增长，降幅分别为4.78%、7.91%和9.48%。40马力以下两轮驱动农用拖拉机销量同比增6.18%，40~100马力两轮驱动拖拉机销量基本保持不变，略增0.52%。

表1　美国农用拖拉机和联合收割机市场

类别	5月销量			1—5月总销量		
	2020年/台	2019年/台	增长/%	2020年/台	2019年/台	增长/%
两轮驱动农用拖拉机	33 366	28 936	15.31	106 145	101 933	4.13
其中：<40马力	25 493	21 411	19.06	76 282	71 845	6.18
40~100马力	6 508	5 885	10.59	22 992	22 872	0.52
>100马力	1 365	1 640	−16.77	6 871	7 216	−4.78
四轮驱动农用拖拉机	156	178	−12.36	989	1 074	−7.91
总农用拖拉机	33 522	29 114	15.14	107 134	103 007	4.01
自走式联合收割机	272	280	−2.86	1 576	1 741	−9.48

数据来源：美国装备制造商协会。

2. 加拿大

就2019年加拿大主要农机产品市场表现来看，各类产品销量与2018年相比变化较大。其中，仅有40马力以下的两轮驱动农用拖拉机销量出现增长，年增幅为3.58%，40~100马力、100马力以上两类两轮驱动农用拖拉机销量分别下降了8.16%和18.04%；四轮驱动农用拖拉机销量下降幅度更是高达35.59%，自走式联合收割机销量也下降了19.36%。

就2020年5月来看，除40马力以下两轮驱动农用拖拉机和四轮驱动农用拖拉机销量同比分别增长8.07%和13.64%外，其余马力段的两轮驱动农用拖拉机和自走式联合收割机销量同比均出现了不同程度的负增长，其中最高降幅达64.96%（表2）。从2020年1—5月总销量来看，同比都出现了负增长，其中100马力以上两轮驱动拖拉机、四轮驱动农用拖拉机销量同比降幅分别高达25.56%和23.82%，自走式联合收割机销量更是暴跌41.09%。

表2　加拿大农用拖拉机和联合收割机市场

类别	5月销量			1—5月总销量		
	2020年/台	2019年/台	增长/%	2020年/台	2019年/台	增长/%
两轮驱动农用拖拉机	2 704	2 733	-1.06	8 155	8 947	-8.85
其中：<40马力	2 115	1 957	8.07	5 470	5 763	-5.08
40~100马力	381	418	-8.85	1 695	1 854	-8.58
>100马力	208	358	-41.90	990	1 330	-25.56
四轮驱动农用拖拉机	50	44	13.64	259	340	-23.82
总农用拖拉机	2 754	2 777	-0.83	8 414	9 287	-9.40
自走式联合收割机	41	117	-64.96	324	550	-41.09

数据来源：美国装备制造协会。

（三）欧洲市场形势

从整体来看，2019年欧洲各地共注册了191 587辆拖拉机，43 642辆为50马力及以下，147 945辆为50马力及以上。其中，154 321辆是农用拖拉机；与2018年相比，农用拖拉机注册量增5%左右。统计显示2017年12月拖拉机注册量激增，而后2018年第一季度注册量相对较少，这是因为2018年1月1日生效的新立法对2018年的注册有负面影响，导致了2017年12月出现大量拖拉机预注册，而对拖拉机的潜在需求却没有增加。既然认为2018年是拖拉机销售较好的年份，那么不应该忽视这一因素。在剔除这一异常峰值的情况下重新估计趋势，可以发现2019年全年农用拖拉机需求与往年相比保持稳定。从不同功率的农用拖拉机表现来看，对比所有不同马力类别拖拉机变化趋势可以发现，与2018年相比，除了221千瓦以上的拖拉机降低了4%之外，2019年其他不同马力拖拉机的注册量都有所增加。总体而言，超过一半的注册拖拉机功率低于75千瓦，这一数字2019年为52%，2018年为51%；不到1/4的注册拖拉机功率超过110千瓦，这一数字2019年为24%，2018年为25%。

从不同国家的市场总体表现来看，欧洲最大的两个拖拉机市场仍然是法国和德国。就农用拖拉机而言，德国、法国、意大利、英国和西班牙占到2019年欧洲农用拖拉机注册量的2/3。具体分析相关国家的市场变化主要有如下特征：一是德国市场。德国2019年拖拉机注册量较2018年增长了约5%。2019年出现了前后两个相反的情况：2019年上半年，注册数明显高于去年同期。考虑其他因素，这一显著增长仍然主要受“Mother Regulation”政策影响，其曾导致2018年第一季度注册量显著下降。此外，还有另一项于2019年7月1日生效的欧盟法规（“Functional Safety”）也造成一定影响，适用以前标准的机械只有到这时候才被允许注册，这又导致了一段时期内经销商拖拉机注册量的增加，拖拉机库存也相应增加，其影响结果最终在第四季度才显示出来，那就是12月注册量的急剧下降。二是法国市场。2019年有34 555台农用拖拉机首次注册（含所有类型/所有动力，包括园艺用拖拉机），与2018年相比增加了15%。如果剔除园艺用拖拉机，2019年法国农用拖拉机的增幅超过25%。这是自2013年（法国农业机械行业设定的标杆年）以来，拖拉机注册量达到的最高水平。拖拉机的平均功率也继续增加，2019年拖拉机平均功率为147.7马力，同比持平略增。

（四）其他重点市场形势

1. 俄罗斯

2019年，俄罗斯40马力以下、40~100马力两类两轮驱动农用拖拉机销量分别增34.07%和22.02%，100马力以上两轮驱动农用拖拉机销量则减5.85%，四轮驱动农用拖拉机自走式联合收割机销量分别减15.63%和22.70%。就2020年5月当月来看，仅100马力以上两轮驱动农用拖拉机销量同比减14.17%，其余马力段两轮驱动农用拖拉机和自走式联合收割机销量均出现增长，其中40~100马力两轮驱动农用拖拉机和自走式联合收割机销量增幅分别高达85.62%和72.85%，四轮驱动农用拖拉机销量没有变化（表3）。从2020年1—5月总销量来看，所有农用拖拉机和联合收割机销量均出现增长，40马力以下、40~100马力和100马力以上两轮驱动农用拖拉机销量同比分别增9.15%、35.80%和13.43%，总农用拖拉机销量增幅达22.16%；四轮驱动农用拖拉机和自走式联合收割机销量同比分别增33.80%和117.11%。

表3　俄罗斯农用拖拉机和联合收割机市场

类别	5月销量			1—5月总销量		
	2020年/台	2019年/台	增长/%	2020年/台	2019年/台	增长/%
两轮驱动农用拖拉机	2 062	1 654	24.67	10 509	8 677	21.11
其中：<40马力	883	814	8.48	3 437	3 149	9.15
40~100马力	852	459	85.62	4 867	3 584	35.80
>100马力	327	381	-14.17	2 205	1 944	13.43
四轮驱动农用拖拉机	213	213	0.00	1 045	781	33.80
总农用拖拉机	2 275	1 867	21.85	11 554	9 458	22.16
自走式联合收割机	643	372	72.85	2 221	1 023	117.11

数据来源：美国装备制造商协会。

2. **日本**

近年来，日本农机工业的发展波动较大。其中，在2013年达到峰值，2016年达到谷底，2019年小幅回升后与2017年基本持平。从主要农机产品的产值变化情况来看，自走式拖拉机一直是产值比例最高的农机产品，2013—2019年自走式拖拉机产值占当年农机工业总产值比例稳定在48%~55%；微耕机和手扶拖拉机产值整体呈持续下滑趋势，2019年达到历史最低值；其他农机产品产值基本均呈现波浪形发展趋势（表4）。

表4　日本历年主要农机产品产值变化情况　　单位：百万日元

类别	2013年	2014年	2015年	2016年	2017年	2018年	2019年
自走式拖拉机	256 509	261 697	257 589	227 436	244 883	245 266	265 506
微耕机与手扶拖拉机	18 485	19 165	15 289	16 216	15 303	14 893	14 243
水稻移栽机	40 458	41 447	30 525	31 466	33 111	36 502	37 388
喷雾机	14 003	14 091	12 926	12 759	14 438	13 576	13 716
联合收割机	89 107	85 894	71 221	58 491	77 097	59 141	73 762

数据来源：日本农机工业协会。

二、国际贸易格局

（一）主要农机产品

2018年，世界主要农机产品总出口额为365.77亿美元。从产品结构上看（表5），拖拉机是出口贸易的主要产品，出口额占比达58.34%；其次是收获机械，占比达18.03%；耕整地机械、种植机械、植保机械占比较低，分别为9.50%、5.35%和8.77%。

从国际市场占有率看（表6），德国和美国市场占有率较高，仅德国一个国家就占到了21.24%，两国合计占到了世界出口的1/3还要多，排名前十的国家合计占比为73.79%。另外，国际市场占有率排名前二十的国家占比均超过1%，合计占比达91.63%。

表5　2018年世界主要农机产品出口情况

类别	出口额/百万美元	占总出口额比例/%
拖拉机	21 340.53	58.34
耕整地机械	3 476.66	9.50
种植机械	1 958.56	5.35
植保机械	3 207.79	8.77
收获机械	6 593.80	18.03
合计	36 577.36	100.00

数据来源：根据UNComtrade数据库整理得到，拖拉机中除单轴拖拉机外均包含少量牵引车数据，本节以下图表如无注明则均为相同数据来源。

表6　2018年世界十大主要农机产品出口国

国家	出口额/百万美元	占总出口额比例/%
德国	7 767.96	21.24
美国	5 546.90	15.16
意大利	2 573.95	7.04
法国	2 348.46	6.42
中国	1 936.74	5.29
日本	1 828.61	5.00
英国	1 736.92	4.75
比利时	1 215.09	3.32
奥地利	1 057.23	2.89
印度	978.30	2.67

（二）拖拉机

拖拉机是出口额最高的农机产品。从细分产品出口结构看（表7），占比较高的产品依次是130千瓦以上轮式拖拉机、37~75千瓦轮式拖拉机和75~130千瓦轮式拖拉机，占比依次为29.01%、28.16%和23.20%，其他四类产品占比均不到10%，占比最低的为单轴拖拉机，仅为1.18%。

表7 2018年世界拖拉机主要产品出口情况

类别	出口额/百万美元	占拖拉机出口额比例/%
单轴拖拉机	251.21	1.18
履带式拖拉机	1 391.11	6.52
18千瓦及以下轮式拖拉机	1 013.90	4.75
18~37千瓦（含）轮式拖拉机	1 533.19	7.18
37~75千瓦（含）轮式拖拉机	4 950.12	23.20
75~130千瓦（含）轮式拖拉机	6 010.11	28.16
130千瓦以上轮式拖拉机	6 190.90	29.01

从国际市场占有率看（表8），依然是德国和美国市场占有率最高，分别占21.01%和15.00%，排名前十的国家合计占比为80.38%。另外，国际市场占有率排名前二十的国家合计占比达96.03%。

表8 2018年世界十大拖拉机产品出口国

国家	出口额/百万美元	占总出口额比例/%
德国	4 483.42	21.01
美国	3 200.97	15.00
法国	1 772.27	8.30
日本	1 599.57	7.50
英国	1 530.09	7.17
意大利	1 529.62	7.17
印度	888.39	4.16
奥地利	824.15	3.86
芬兰	717.55	3.36
韩国	608.05	2.85

进口贸易方面（表9），37~75千瓦轮式拖拉机进口集中度不高，最大的进口国为美国，占比为23.01%，排名前十的国家进口合计占比为63.57%；75~130千瓦轮式拖拉机进口分布方面，美国和法国进口合计占比为30.25%，排名前十的国家合计占比为68.00%；130千瓦以上轮式拖拉机集中度明显不高，最大的进口国加拿大也只占到了9.55%，排名前十的国家进口分布相对较为均匀，合计占比为67.10%。

表9　部分拖拉机产品十大进口国家

37~75千瓦（含）轮式拖拉机	占比/%	75~130千瓦（含）轮式拖拉机	占比/%	130千瓦以上轮式拖拉机	占比/%
美国	23.01	美国	15.51	加拿大	9.55
西班牙	7.96	法国	14.74	德国	8.56
德国	7.58	英国	8.18	美国	8.42
法国	4.94	德国	5.37	法国	7.31
意大利	4.53	加拿大	4.92	英国	6.56
加拿大	4.04	波兰	3.68	澳大利亚	4.67
波兰	3.51	澳大利亚	3.30	比利时	3.54
俄罗斯	2.77	意大利	3.16	意大利	3.43
泰国	2.65	挪威	2.49	西班牙	3.12
英国	2.57	瑞典	2.41	波兰	2.73

（三）收获机械

收获机械是出口额仅次于拖拉机的农机产品。从出口结构看（表10），出口占比较高的产品依次是联合收割机和其他收获机械，占比分别为65.12%和24.57%，脱粒机和根茎或块茎类收获机占比仅为3.13%和7.18%。

表10　2018年世界收获机械主要产品出口情况

类别	出口额/百万美元	占拖拉机出口额比例/%
联合收割机	4 293.65	65.12
脱粒机	206.58	3.13
根茎或块茎类收获机	473.46	7.18
其他收获机械	1 620.11	24.57

从国际市场占有率看（表11），依然是德国和美国市场占有率最高，分别占30.16%和20.34%，排名前十的国家合计占比为86.25%，相比而言集中度更高。另外，国际市场占有率排名前二十的国家合计占比达95.86%。

表11　2018年世界十大收获机械产品出口国

国家	出口额/百万美元	占总出口额比例/%
德国	1 988.79	30.16
美国	1 341.28	20.34
比利时	741.40	11.24
巴西	318.50	4.83
中国	298.36	4.52
意大利	280.36	4.25
泰国	278.87	4.23
波兰	166.87	2.53
法国	161.82	2.45
日本	110.98	1.68

进口贸易方面（表12），联合收割机进口集中度明显不高，最大的进口国为加拿大，占比为18.38%，排名前十的国家进口合计占比仅为53.93%。其他收获机械进口方面，美国和中国进口合计占比为20.23%，排名前十的国家合计占比仅为57.00%。

表12　部分收获机械产品十大进口国家

联合收割机	占比/%	其他收获机械	占比/%
加拿大	18.38	美国	12.17
法国	6.54	中国	8.06
乌克兰	4.85	巴西	7.80
澳大利亚	4.47	法国	6.08
罗马尼亚	3.93	俄罗斯	5.32
波兰	3.77	加拿大	4.07
保加利亚	3.26	阿根廷	3.92
比利时	3.16	澳大利亚	3.66
英国	3.02	英国	3.18
德国	2.56	墨西哥	2.73

三、主要国家产业支持政策新变化

世界主要发达国家或地区的农机产业支持政策，主要方向是推进精准农业发展。与此同时，发展中国家主要政策方向则是加快推进农业机械化发展，其中，南亚地区是未来农机市场发展的重要潜力区域之一，也是中国农机贸易和投资的重要目标区域。

（一）欧洲

2019年，欧洲农机工业协会发布《农业技术2030》战略报告，规划了欧洲先进农业机械产业的未来，并为2030年提供了解决方案。该战略主要关注以下3个关键领域：一是提高机械行业对于农业生产的贡献。需要采取的举措包括：欧盟需重视农机产业与农业之间的内在联系，并体现在相关战略、政策和产品立法中；需要建立一项连贯一致、具有前瞻性的欧盟农业机械行业监管议程；欧盟立法必须与农业机械的使用和操作相适应，并进行影响评估；重视自我监管机制，包括测试和精简认证系统，以避免小型产品和中小企业的授权程序过于繁琐和成本高昂。二是推动欧洲进入数字精准农业前沿。需要采取的举措包括：加强欧盟共同农业政策中有关绿色、数字和精准技术的资金支持以及知识共导；加强利用欧盟相关研究项目的资金，以推动农业效子技术的采用；提高农民及其咨询顾问的数字技能；加强欧盟对农村宽带的投资，为农业革命建立一个强大的数字基础设施。三是加强欧洲先进农业设备研发领导地位。需要采取的举措包括：欧盟应加强具有重要潜力技术领域的研究资助，尤其是自动化、机器人，数字连接和人工智能等领域；支持高效率、低排放量的农机具开发；通过提供高安全标准的农机，到2035年使欧洲农机道路死亡率减少50%；通过加深公众对于行业的了解和认识，进一步提升农业和产业部门的吸引力；促进高质量、高技术、环保的欧洲农用车辆出口，以增加第三市场份额；通过可持续的激励和能力建设，加速全球尤其是发展中国家的农业机械化进程。

（二）巴基斯坦

巴基斯坦制定了促进农业机械化发展的诸多政策，取得了较好的实施效果。一是成立委员会和举办研讨会讨论制定农业机械化政策。1960年，巴基斯坦粮食和农业委员会讨论了推行机械化的范围。农业机械化委员会于1968年为调查与农业机械化有关的各种问题而成立，其分析了5年、10年和15年的农业系统和建议方案。第六个五年计划（1983—1988年）承认了农业机械化在促进农业生产方面的作用。1986年4月成立的全国农业委员会在制定建议时也强调了农业机械化的必要性。巴基斯坦国家农机管理局还发布了制定政策和战略的指导方针，推动举办国家研讨会，并向包括巴基斯坦在内的参与国传播农业机械化政策和战略信息。1983年，国家农机管理局举办了关于农业机械化规划、政策和战略的研讨会，随后于1986年举办了同一主题的培训讲习班。国家农机管理局建议通过各种技术咨询会议、区域研讨会和听取农机化专家建议，系统地规划和实施机械化方案和项目。二是针对性地提出问题解决方法。20世纪90年代初巴基斯坦国家农业政策对农业机械化给予了应有的重视。强调了与农业机械化有关的以下6个主要问题：适当的机械化、拖拉机销售对机构信贷的依赖、农机具的有限使用、当地生产的农业设备质量、最佳灌溉用水量以及采后处理技术等；提出了5个步骤来解决这些问题：①通过信贷购买拖拉机时，将强制按照农业生态区规定购买最低数量的成套工具；②向愿意采用新开发技术设备的农民提供奖励，如洒水滴灌设备、水力斜坡道泵、机械插秧机、联合收割机、采后设备等；③鼓励在公共和私营部门建立农业服务租赁中心；④加强公共或私营部门的农机培训中心建设；⑤采取措施鼓励建立由当地工匠开办的村级农机修理车间。从政策实施结果看，在2015—2016年财政年度预算中，巴基斯坦政府将农业机械进口关税从30%降至9%；将进口特定的农业机械和设备关税降幅从0%到5%，为推进农业机械化创造了良好的发展环境。这些特定农业机械的清单包括拖拉机、联合收获机、园艺和花卉机械、灌溉排水设备、温室作业设备、土地平整机械、斜铲式推土机、激光平地机、播种机、插秧机、蔬菜移栽机、乳业、畜牧业和家禽养殖设备等。

（三）斯里兰卡

斯里兰卡也采取了多种政策支持和促进农业机械化发展。一是采取多样化的支持措施。斯里兰卡政府对农民的支持包括向生产者提供信贷、制定农产品最低价格、修建灌溉工程以及鼓励国内移民到新的灌溉地区等形式。政府在通过优惠条件向小农提供信贷方面发挥了越来越大的作用，这项政策的主要手段直到1986年还只是向合作社提供补助金。农业信贷有三种形式：用于农民购买种子和肥料的短期贷款；用于购买机械的中期贷款；用于储存、运输和碾米设备资本支出的长期贷款。农民个人无法获得长期贷款，但合作社可以此建设基础设施。二是成立农业研究政策委员会，并颁布了1987年第47号《农业研究政策法》。其宗旨是发展一个充满活力的、促进斯里兰卡社会经济发展的有效和可持续的农业研究体系，使命是加强和调动国家农业研究系统、大学、私营部门和其他相关联利益方的研究能力，为农业发展创造和传播适用的技术和信息。其法定职能是：制定国家农业研究政策；农业研究的组织、协调、规划和执行；分配筹集资金用于研究、监测和评价以及技术传播；开发农业科技人力资源；促进区域或国际联系以获取现代技术、信息、科技人才交换、种质资源等；向农业科学家、农民、私营部门和其他利益相关方传播技术和科学信息；对农业研究项目、机构和部门定期审查；建设农业及相关领域科学信息库；提供卓越的农业研究。农机制造商可通过以下机构和机构获得所需的设计、原型、技术以及机械的测试和认证，分别是努沃勒埃利耶农场机械化研究中心（FMRC）、阿努拉达普拉采后技术研究所（IPHT）、埃卡拉国家工程研究与发展中心（NERDC）和阿努拉达普拉农业机械化培训中心（FMTC）。在上述机构中，FMRC、IPHT和NERDC参与了农业机械的研发。这些机构根据各自的专业特点，满足不同种类机械使用需要，以及来自基层农民、相关官员、非政府组织和省级技术工作组的相关需求。

四、跨国企业发展形势

（一）约翰迪尔

从总体业绩来看，2019年约翰迪尔经营业绩继续保持增长态势（图2），总销售净额较2018年增长4.60%，与2008年以来的峰值基本持平。从行业分布来看，包括草坪机械在内的农机领域依然是约翰迪尔的主营业务板块，2019年较2018年增长了2.05%；但是农机领域占总销售净额的比例继续下降，2019年为67.84%，是2008年以来的最低比例。从区域分布来看，由美国和加拿大组成的北美市场仍然是约翰迪尔的主力市场，2019年北美市场销售净额较2018年增长了7.52%，占年度销售净额的比例为58.08%。

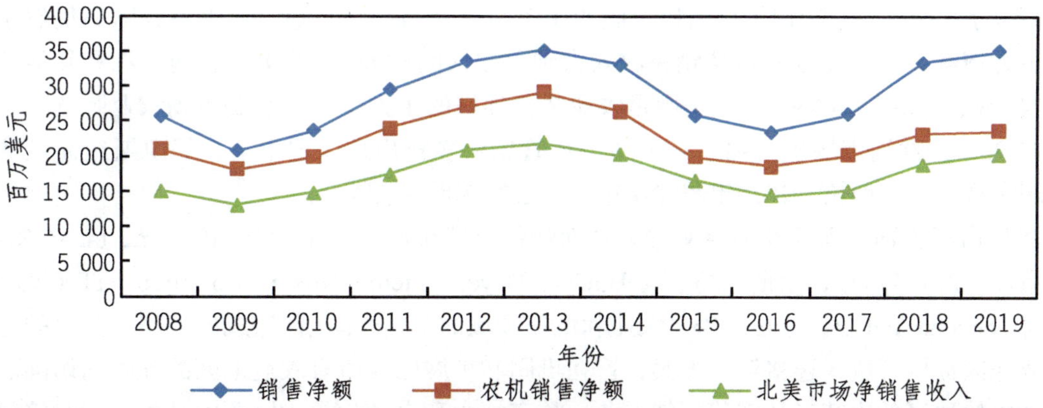

图2 约翰迪尔历年销售净额

数据来源：约翰迪尔公司年报。

约翰迪尔2019年的净利润实现了大幅增长（图3），2019年较2018年增长了37.22%，净利润占销售净额比例达到了9.3%，是2015年以来的最高水平。其中，2019年包括草坪机械在内的农机领域净利润占到了净利润总额的77.04%。

在农机海外市场拓展方面，约翰迪尔重点强化在南美市场的布局。一是收购阿根廷的PLA公司。PLA总部位于阿根廷，在阿根廷Las Rosas和巴西Canoas设有工厂，该公司成立于1975年，主要制造喷雾器、播种机和其他农业设备，之前在四大洲都有销售产品。2018年7月，迪尔完成了对PLA的收购。二是收购巴西的Unimil公司。2019年10月，迪尔签署了收购Unimil的协议。Unimil成立于1999年，是一家从事甘蔗收割机的零部件市场业务的巴西私营公司，位于巴西圣保罗的皮拉西卡巴，拥有约430名员工，现已成为公认的甘蔗收割机零件供应商。Unimil的加入进一步印证了约翰迪尔在巴西投资开展甘蔗业务以及帮助客户降低甘蔗生产成本的承诺。迪尔最近还推出了一种旨在显著降低生产成本的新甘蔗收割机，并通过JD Link提供的连接支持能最大限度地延长设备正常运行时间和提高生产效率。现在借助Unimil的实力，迪尔将为客户提供更多具有成本效益的零部件组合方案。Unimil将保留其现有品牌名称，而其直接对接客户的业务模式也将计划继续保持。

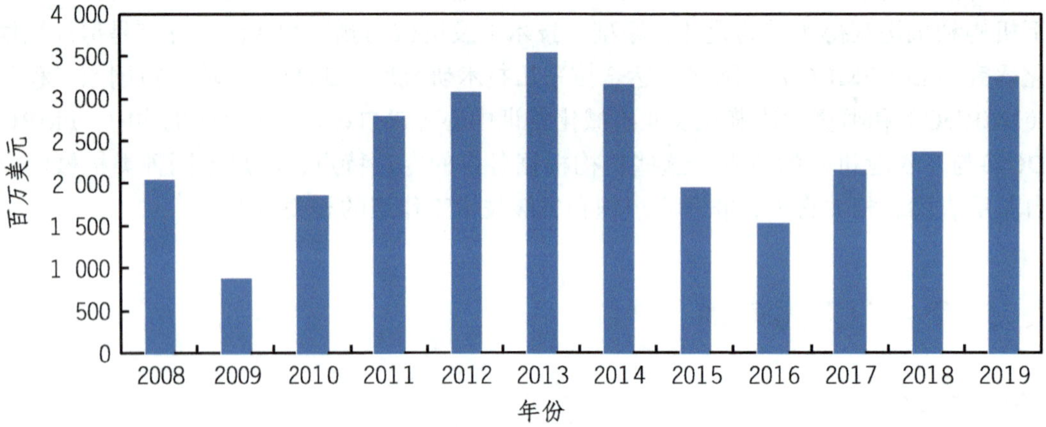

图3　约翰迪尔历年净利润

数据来源：约翰迪尔公司年报。

（二）凯斯纽荷兰

从总体业绩来看，2019年凯斯纽荷兰经营业绩出现小幅下滑，总销售净额较2018年下降6.04%。从行业分布来看，农业装备领域依然是凯斯纽荷兰的主营业务板块，2019年销售净额较2018年下降了6.19%，占2019年总销售净额的比例为41.91%。从区域分布来看，欧洲仍然是凯斯纽荷兰的主力市场，2019年欧洲市场销售收入占到总收入的50.6%，北美洲、南美洲和其他地区分别占比为24.2%、10.3%和14.9%；北美则是农业装备领域的主力市场，北美市场农业装备净销售额占比达到35.98%，欧洲市场也占到了35.37%。尽管销售净额出现微弱下滑，但凯斯纽荷兰的净利润2019年却实现了大幅增长，2019年较2018年增长了32.30%（图4）。

在海外市场方面，凯斯纽荷兰则继续全面强化全球布局。一是参与创建ConectarAGRO继续扩大巴西市场。2019年4月，凯斯纽荷兰与AGCO、Bayer、Jacto、Nokia、Solinftec、TIM和Trimble等合作创建ConectarAGRO。这是由来自农业和电信领域的8个合作伙伴组成的集团，其目的是为巴西所有农业地区提供开放式连接解决方案，旨在巩固和扩展巴西所有农业地区的互联网访问。该计划将会帮助农村地区的生产者从现代精细农业、数字技术和自动化技术资源中受益，同时接触到网络所带来的各种新产品和服务。ConectarAGRO将促进开放和标准化的技术应用，为技术的最终用户也就是巴西农户提供更多的自由和灵活性。二是收购澳大利亚农机具制造商。2019年11月，凯斯纽荷兰宣布达成收购澳大利亚农机具制造商K-Line Ag的协议。K-Line Ag成立于1993年，是澳大利亚农业机具业务的先驱和创新者，总部位于澳大利亚新南威尔士州考拉市，在2013年将业务扩展至北美，曾通过为世界上环境最严酷的土壤条件设计坚固可靠的产品而成为澳大利亚第一耕种设备制造商。此次收购将增加对培育优质苗床至关重要的和对有效提升产量起基础性作用的耕种等管理设备，进一步增强凯斯纽荷兰的国际农业设备品牌New Holland Agriculture作物生产组合的竞争优势，也进一步体现了凯斯纽荷兰农业部门寻求战略性收购以增强农业产品的竞争力、发挥作为行业协调者的作用。K-Line的产品将通过Case IH在北美以及Case IH、New Holland和K-Line自身渠道在澳大利亚和新西兰销售。三是收购美国零部件制造商ATI Inc.。2019年11月，凯斯纽荷兰宣布签署收购ATI Inc.的协议，ATI Inc.是生产用于大马力拖拉机和联合收割机的橡胶履带系统的国际制造商，成立于1997年，总部位于印第安纳州，最初专门从事生产用于阿拉斯加北坡地震勘探的橡胶履带，之后将该技术扩展到各系列农业履带的生产。此次收购将为凯斯纽荷兰的国际农业品牌Case IH和New Holland Agriculture的客户提供工厂装配行业领先跟踪技术的访问权，扩大现有范围以使他们能够根据其特定的浮动、悬挂和牵引力要求来定制产品。目前凯斯纽荷兰的T9铰接式拖拉机系列已安装了履带，在此次收购后履带系统将在Case IH上使用，并将于2020年在美国内布拉斯加州大岛工厂生产的联合收割机上开始使用。收购ATI Track Systems是凯斯纽荷兰战略收购计划的一部分，推动了农业领域的整合，将为专业农业企业提供获得多项专利、行业领先的跟踪技术，进一步巩固凯斯纽荷兰在追踪技术中的领导地位。四是收购Geoprospectors GmbH少数股权。2019年12月，凯斯纽荷兰宣布收购Geoprospectors GmbH的少数股权，这是一家为精准农业和地下工程生产土壤检测设备的领先供应商。总部位于奥地利特赖斯基兴，创建于2014年，在2019年1月加入AGXTEND平台，生产SoilXplorer传感器和ISOBUS DepthXcontrol套件。这次收购使得凯斯纽荷兰能通过提高在土壤传感领域的技术水平，增强AGXTEND的上游产品线和分配网络的协同作用，促进突破性新产品的研发。

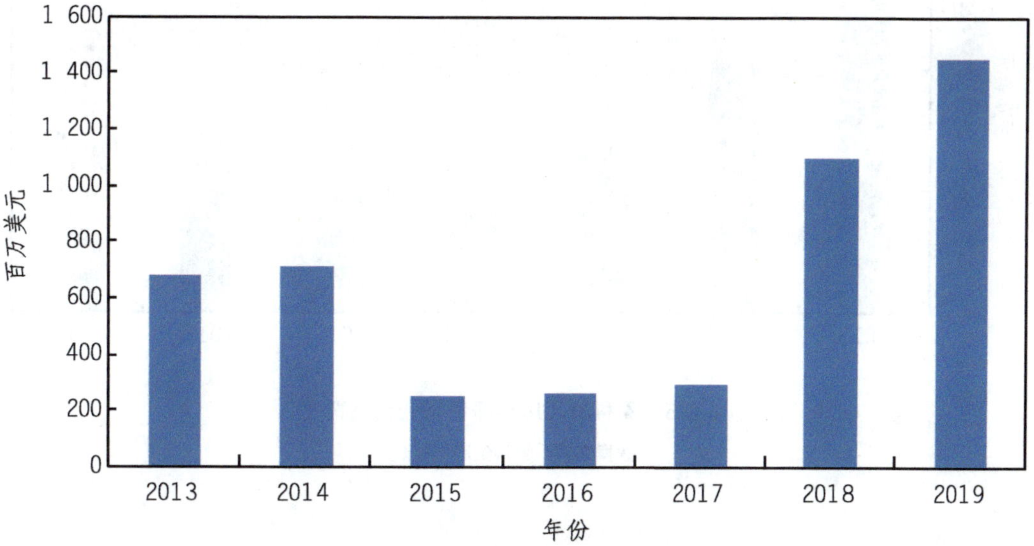

图4 凯斯纽荷兰历年净利润情况

数据来源：凯斯纽荷兰公司年报。

（三）爱科集团

从总体业绩来看，爱科集团2019年销售净额较2018年略有下滑，下降幅度为3.32%。相比而言，净利润下滑幅度更大，2019年较2018年下降了56.15%，是2013年来的最低水平，净利润占销售净额比例仅有1.38%（图5）。

在海外市场拓展方面，爱科2019年重点强化美洲和非洲地区布局。一是合作强化数字农业技术领域实力。2019年3月，爱科在美国宣布与世界领先的数字农业技术开发商和发行者Solinftec建立商业和技术合作伙伴关系。此次合作将使爱科的客户能够直接接触到Solinftec的产品，包括车载计算机、气象站、土壤传感器、遥测网络、专有算法以及能生成实用建议的实时信息，从而提高运营效率和农艺成果。该新方案于2019年初在巴西对甘蔗、大豆、玉米和棉花的种植者推出，并于2020年在美国对玉米和大豆种植者推出。二是在巴西推进开放战略。2019年4月，爱科在南美宣布将Solinftec添加到名为Farm Solutions的系列方案包中，还囊括了新加入的Tecgraf和InCeres。Farm Solutions旨在粮食周期的每个阶段实现有效控制、高效率和一致性，并专注于提高特定农作物的产出和培育精度，通过数据分析来控制交通规划、土壤的绿色管理以及在单个平台上实现协同管理，从而提高运营效率。目前，Solinftec已为巴西的甘蔗、大豆、玉米和棉花的种植者提供服务。不断扩展的产品和服务包是爱科开放战略的直接结果，以便把结合其他技术和合作伙伴的方案推向市场，为客户带来更智能高效的产品。三是通过合作加快拓展非洲市场。2019年6月，爱科和AT Capital S.A签署备忘录，一起合作开发位于莫桑比克Maputo的农业工业园（PAM）。PAM农业项目旨在为莫桑比克建立可靠和有充足空间的粮食生产能力，以满足国内和出口需求。据推测该项目在第一阶段的投资约为5 200万美元。AT Capital S.A是一家位于莫桑比克Maputo的私营公司，重点实施对莫桑比克战略部门的投资，比如农机工业。项目第一阶段包括建立农产品生产系统，家禽养殖和畜牧业以及价值链中的其他服务例如屠宰厂，还包括水电供应和基础道路的建设等。

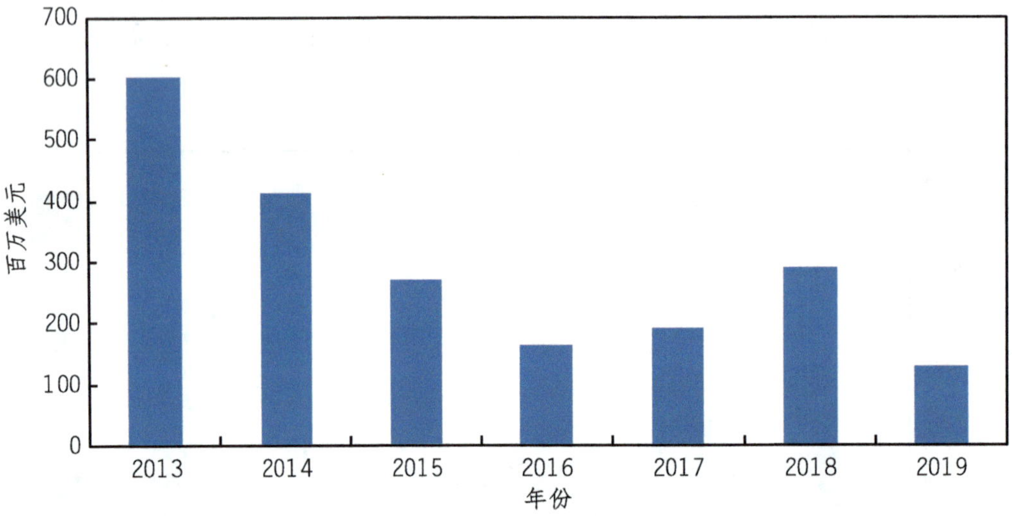

图5 爱科集团历年净利润变化情况

数据来源：爱科集团年报。

（四）克拉斯

从总体业绩来看，克拉斯2019年销售净额与2018年基本持平。但是净利润下降幅度较大，2019年净利润较2018年下降了36.52%，是近3年来的最低水平（图6）。

在海外市场拓展方面，克拉斯2019年主要强化在北美和欧洲布局。一是进一步扩大美国市场。2019年12月，克拉斯和Burnips Equipment Co.在美国密歇根州布雷肯里奇开设了新办事处，继续扩大业务范围。新办事处将专注于为密歇根州中部地区的客户提供更好的服务，以及为该地区的现有客户提供更便利及时的零件供给和其他服务。Burnips Equipment自1972年成立以来一直都是家族企业，已发展到遍及密歇根州和印第安纳州北部的7个地区。在Burnips Equipment Co.的帮助下，克拉斯将品牌业务扩展到了密歇根州中部地区。二是拓展欧洲二手机械市场。2019年，克拉斯与在线二手机械平台E-FARM.COM签订了合作协议，这家位于汉堡的初创公司在其在线平台上销售二手农业机械，透明、高效地绘制了整个销售流程——从客户咨询和购买到运输和交付，客户和零售商从这超越了国界的简单流程中受益。此次合作使克拉斯能够为零售商提供在将来开拓新的市场和客户群的机会，并在技术支持下实现专业化和加快销售过程，这为没有品牌的农业机械部门提供了新的营销机会。三是合作推进数据接口项目。克拉斯与凯斯纽荷兰、约翰迪尔和365FarmNet共同参与了最近宣布的数据接口项目DataConnect。DataConnect支持平台之间交换基础机械数据，使用户可以在他们选择的单个平台内查看所有品牌机械的信息。这种“云到云”技术可实现数据无缝对接和自动化，实现实时数据交换，即时了解整个机器群。而且无需任何其他硬件和软件组件即可工作，确保处理数据的安全性。该技术将应用到成千上万已连接的机器上。随着凯斯纽荷兰的品牌Case IH、New Holland Agriculture和STEYR的加入，“云到云”现在包括5个主要的农用设备品牌及其各自的远程信息处理平台。

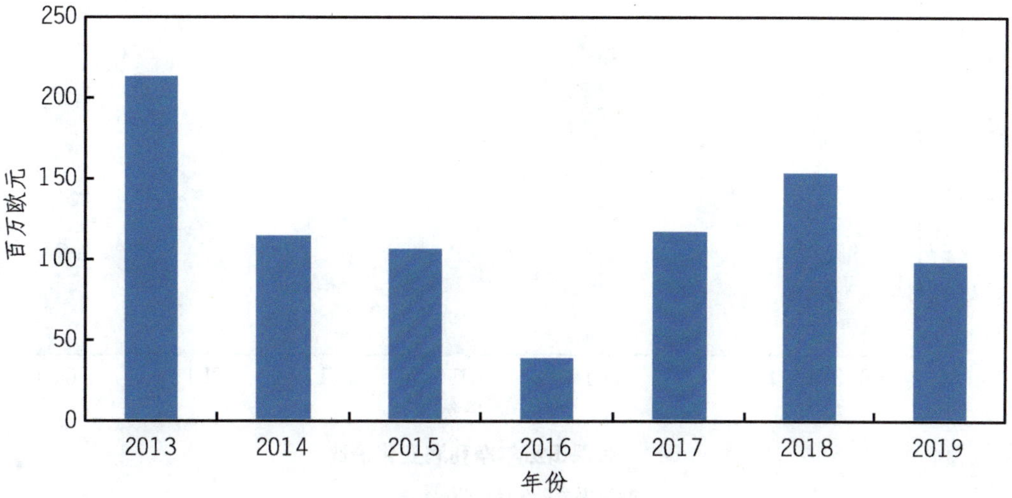

图6　克拉斯历年净利润变化情况

数据来源：克拉斯公司年报。

（五）久保田

从总体业绩来看，久保田2019年销售净额较2018年增长3.77%，达到2013年以来的最高水平。净利润也有小幅增长，2019年净利润较2018年增长7.58%，与2013年以来的峰值基本持平（图7）。

在海外市场拓展方面，久保田2019年重点强化了北美、欧洲和亚洲市场的布局。一是加速拓展北美业务。为了缩短产品开发周期并将其优化为符合北美当地规格的产品，久保田与位于加拿大的布勒工业有限公司签订了OEM协议，开发和生产170马力以上的新型拖拉机。该公司在北美地区设计、制造和销售大型拖拉机方面拥有强劲实力，计划从2019年下半年开始把久保田量身定制的大型拖拉机引入美国和加拿大，以培育北美的大型拖拉机市场。另外，久保田在美国佐治亚州建立了新的研发基地，对主要在北美运营的割草机、多功能车辆等进行全面本地开发，并通过比以往更快地推出满足市场需求的产品来提高客户满意度。二是在日本和欧洲设立专业部门“创新中心”。为应对业务的全球化和扩大产品阵容，久保田在日本和欧洲设立了“创新中心”，宗旨是为应对客户需求的新变化，对超出现有产品领域界限的业务、产品和服务进行规划和计划，通过对外部合作伙伴（如风险投资公司、不同行业的公司、大学和研究机构）的投资和联合研究来促进开放式创新，积极整合ICT和AI等先进技术，加速创建农业和建筑等业务领域的新业务、产品和服务，创造超出期望的新价值。三是加快对美国农业技术领域初创公司的投资和合作。久保田投资了位于美国加利福尼亚州的初创企业先进农场技术有限公司，通过开放式创新进入果树收获自动化领域；该公司主要提供基于机器人技术的农业领域自动化解决方案，目前正在开发商用草莓自动收获机器人。另外，久保田还参加了由农业技术领域的美国初创公司SVG创投运营的“启动加速器计划”，以进一步加强与初创企业、农业生产者、研究机构和大学等众多参与者的合作，推进开放式创新。四是加强与荷兰瓦赫宁根大学合作深耕智慧农业领域。久保田在荷兰瓦赫宁根大学设立了“久保田欧洲创新中心”，进一步促进与该大学智慧农业研究中心的合作，以在荷兰甚至欧盟收集与智能农业有关的最新技术信息。此外，还将通过参与各种研究项目（如农业工作自动化和农业数据的有效利用）来促进与智能农业相关的研究与开发。五是加快缅甸农机市场的占领。主要是在缅甸建立新的总部和物流基地，通过整合分散在缅甸3个地方的总公司和物流部门，提高供应链效率，扩大针对经销商的服务培训中心，助力缅甸农业机械化的进一步发展。

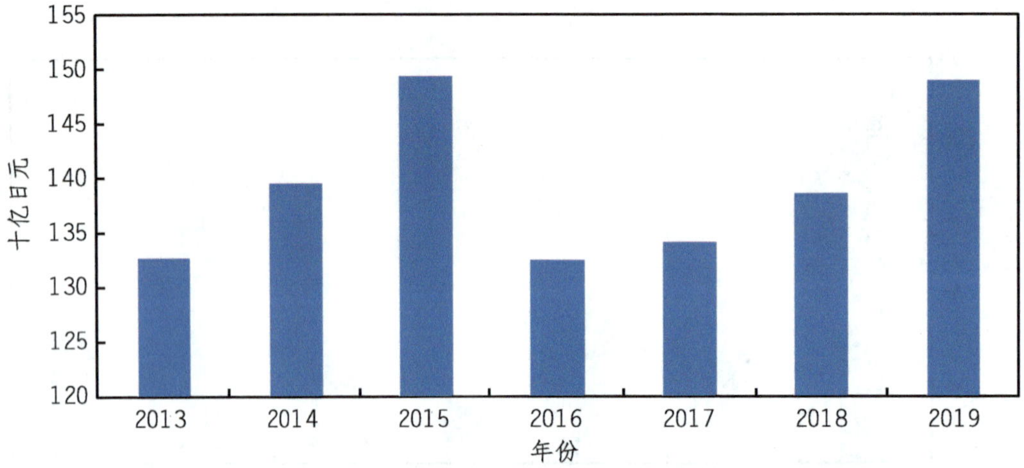

图7　久保田历年净利润变化情况

数据来源：久保田公司年报。

五、世界供需形势展望

（一）世界农机市场短期内可能会持续衰退

作为本年度最大的“黑天鹅事件”，全球范围内新冠肺炎疫情发展态势的不确定性，使全球经济增长、重要农产品供给等均出现了极大变数，进而使得短期内全球农机市场的复苏发展可能性进一步变小。因此，预计短期内全球农机市场都将会呈现低迷状态。

（二）世界农机产品贸易格局将继续保持稳定

由于农机产品出口对强大国内制造体系的严格要求，世界农机产品贸易格局短期内将会保持基本稳定。主要特征仍然会表现为主要农机产品出口集中度较高，主要出口国家依然是德美等发达国家；进口集中度较低、进口国分布较为分散。发展中国家预期将会继续出台农业机械化发展的促进和支持政策，加快推动本国农机化和农机市场发展。

（三）跨国企业市场垄断程度将会进一步提高

知名跨国企业在全球农机市场尤其是部分区域的发展话语权将会进一步提高。预期世界五大知名农机跨国企业会继续面向潜力区域，进一步拓展海外农机市场，可能的形式主要以并购知名农机企业或购买股权为主。综合来看，跨国企业农机市场的垄断程度会持续提高，有关国家本土农机企业的生存空间会被进一步挤压，本土企业包括中国企业在内非常有必要在细分产品领域塑造自己的优势。

参考文献

马铮，2020. 世界农机市场呈不平衡图景[J]. 农机市场（3）：57.
徐丽君，杨自栋，2017. 中国农机向巴基斯坦“走出去”前景分析[J]. 世界农业（7）：178-183，244.
众筹，2020. 美国：大数据打造精准农业[J]. 当代农机（7）：56-57.

（农业农村部南京农业机械化研究所　张　萌）